데스퍼레이트 그라운드

ON DESPERATE GROUND

ON DESPERATE GROUND

KODEF 안보총서 109

데스퍼레이트 그라운드

ON DESPERATE GROUND

★ 절망의 땅 장진호의 미 해병과 불굴의 영웅들 ★

햄프턴 사이즈 지음 | **박희성** 옮김

플래닛미디어
Planet Media

워커Walker와 맥Mack에게

그리고 변함없이 건재한 한국전쟁 세대에게

손자는 전쟁터의 지형地形에는 아홉 가지가 있고,
이것을 "구지九地"라고 했다.
그중 마지막이자 가장 고통스러운 지형은
군대가 지체없이 싸워야 파괴에서 살아남을 수 있는,
도망갈 곳도 없고 쉽게 후퇴할 수도 없는 곳이다.
만약 적을 만나면,
곤경에서 벗어나기 위해 전투를 벌이거나 항복할 수밖에 없는 곳이다.

손자는 이곳을 "사지死地"(영어로 "desperate ground")라고 했다.

CONTENTS

프롤로그

고요한 아침의 나라

● 안개비가 내리는 가운데 그들은 상륙정에 몸을 기댄 채 공격하기로 예정된 해안을 살피기 위해 뱃전을 넘겨다보았다. 공격의 선봉인 미 제1해병사단 1만 3,000여 명의 해병들이 흔들리는 그물 밧줄을 타고 배에서 내려와, 해협 수로 속에서 이리저리 흔들리며 나아가는 소함대의 선박에 간신히 몸을 싣고 있었다. 일본 트롤 선원들에게서 징발한 녹슨 선체에서는 시큼한 소변 냄새와 썩은 생선 대가리 냄새가 났다. 뱃멀미로 창백해진 해병들은 항구 뒤로 솟은 검게 그은 산기슭의 윤곽선을 보았고, 강과 바다가 만나는 강 하구 습지의 염분 냄새와 갯벌의 끈적함을 느꼈다. 날개가 구부러진 제비를 닮은 코르세어Corsairs 전투기들이 도시 상공으로 진입하여 1,000파운드의 폭탄을 투하했고, 적이 땅을 파고 들어가 있다고 알려진 깊은 산비탈 속 진지에는 5인치 로켓을 발사했다. 먼 바다에서는 함포들이 해안 너머의 도시에 포화를 퍼부었고, 그로 인해 손상된 부탄 저장소는 계속 불타며 짙은 먹구름 같은 연기를 내뿜고 있었다.

1950년 9월 15일의 덥고 습한 아침, 해병들은 적을 기습하고 전쟁을 반전시키기 위해 지구를 반 바퀴 돌아 목적지에 도착했다. 대규모 기습

상륙작전은 전선의 후방에서 실시되었다. 불과 몇 달 전만 해도 시골마을과 농장에 있던 이 젊은이들은 전세 열차에 실려 미국을 가로질러 캘리포니아California로 집결했다. 그런 다음 수송함에 탑승하여 기초군사훈련을 받고, M1 소총 분해조립을 배웠으며, 붐비는 갑판에서 교육을 받았고, 견인되어 떠다니는 목표물에 대해 사격 연습을 했다. 그들은 태평양을 건너 일본에서 잠시 정박했다가 큰 태풍을 헤치고 다시 나아갔다. 그들은 수송함을 타고 한반도를 돌아 황해의 황토색 바닷물을 헤치며 서해안으로 항해했다.

9월 13일까지 총 260척의 함정이 7만 5,000명 이상의 병력과 수백만 달러 상당의 전쟁 물자를 실어 날랐다. 14일 함대는 목표인 '비어수로飛魚水路, Flying Fish Channel'(폭이 좁은 수로라는 의미-옮긴이)에 접근했다. '비어수로'는 25만 인구의 산업도시 인천으로 이어졌다. 인천은 전략적으로 중요하지만 수도 서울로 이어지는 위험스런 항구였다.

9월 15일 오전, 인천 서쪽 해상에 함정들이 수평선을 따라 전개했고, 긴 회색의 배들이 안개 속을 뚫고 나왔다. 먼저 구축함 스웬슨Swenson, 맨스필드Mansfield, 드헤이븐DeHaven이 나타났다. 그 다음은 고속수송함 완턱Wantuck, H.A 배스H.A. Bass, 디아첸코Diachenko, 그리고 상륙함 포트 매리온Fort Marion이, 그 다음은 중순양함 톨레도Toledo, 구축함 거크Gurke, 헨더슨Henderson, 로체스터Rochester가, 그 다음은 영국 해군 경순양함 케냐Kenya와 자메이카Jamaica, 공격수송함 카발리에Cavalier와 헨리코Henrico가 뒤를 이었다. 먼바다에는 고속 항공모함들이 전개해 있었고, 항공모함에서는 코르세어 전투기들(항공모함용 전투기-옮긴이)이 치명적인 출격을 위해 어둑한 하늘로 날아올랐다.

오후가 되어 미 해병대가 인천 방파제 부근으로 접근하자, 적의 탄환이 소리를 내며 수면을 가로질렀고, 박격포탄이 사방에 마구 떨어졌다. 해병대는 몇 분 안에 화강암으로 만들어진 방파제에 도착했다. 그들은 방파제를 기어올라 한국 중부의 서해안에 발을 들여놓게 되었다.

이 젊은이들에게 한국은 무엇이었을까? 누군가에게 한국은 뒤틀린 운명의 땅, 염증이 생긴 맹장과도 같은 땅, 미국에서는 이제 더 이상 볼 수 없는 초가집이 있는 땅이었다. 인천으로 접근하고 있는 일부 부대는 지난 한 달 동안 한국의 남쪽 끝에서 유엔군의 일원으로 전투에 참가했지만, 미 제1해병사단의 대부분은 한국에 대한 경험이 없었다. 그들은 한국의 비극적인 역사에 대해 거의 알지 못했고, 수세기 동안의 혼란과 외세의 속박 속에서도 한국인들이 이 자랑스러운 문화를 얼마나 충실히 유지해왔는지에 대해 공감하지 못했다. 한국은 고래들 사이에 낀 새우처럼 역사에 떠밀려온 작은 나라였다. 몽고족, 만주족, 러시아인, 일본인은 한국을 그들 마음대로 주물렀다. 한국에 대해 아무것도 아는 것이 없어 불안한 미국의 젊은 병사들은 이제 막 한국에 도착하여 일부 병사들이 고향의 도서관에서 슬쩍 가져온 여행안내서를 돌려봤다.

그들은 한국이 은둔의 왕국, 고요한 아침의 나라로 알려져 있고, 대표 음식이 엄청나게 매운 발효음식 김치라는 것을 알게 되었다. 일부 해병은 한국의 일부 지역에서는 아직도 농부들이 농작물에 영양분을 공급하기 위해 분뇨를 사용하고 있으며, 저녁 식사로 가끔 개고기를 구워 먹는다는 글을 읽고 경악했다. 시베리아의 바람이 휘몰아치고 산이 많은 척박한 나라, 여름에는 무덥고 겨울에는 숨이 막힐 정도로 추운 나라라고 씌어 있었다.

하지만 이러한 여행안내서를 통해 한국에 대해 무엇을 정말로 알 수 있었겠는가? 트웨인Twain이 썼듯이, 신은 미국인들에게 지리를 배우게 하려고 전쟁을 일으켰고, 제1해병사단 대원들은 앞으로 이 거칠고 슬픈 땅에서 많은 것을 배우게 될 것이다. 누군가는 한국에 대해 깊은 친밀감을 느끼게 되겠지만, 대부분의 대원들은 한국이 진짜 그렇든 아니든 간에 한국을 싫어하게 될 것이다. 그러나 무엇보다도 대부분의 대원들에게 한국은 그저 공식적인 전쟁이 아닌 전쟁에서 명확하지도 않은 대의명분을 이유로 고향에서 멀리 떨어져 아무도 예측할 수 없는 최종단계를 위해 싸우고 피를 흘리고 죽어야 하는 머나먼 땅에 불과해 보였다.

해병대는 가장 먼저 싸우고, 가장 먼저 죽이고, 가장 먼저 죽는다는 전통이 있었다. 해병은 질문을 많이 해서 명성을 얻은 것이 아니다. 몇 달 안에 그들은 지구상에서 가장 인구가 많은 나라의 군대와 마주하게 될 것이고, 전쟁 역사상 가장 참혹한 전투 중 하나에 관여하게 될 것이다. 많은 대원이 집으로 돌아가지 못할 것이다. 하지만 살아남은 대원들에게는 한국이 그들의 정신과 영혼에 영원히 새겨질 것이다. 이곳에서 일어난 일들을 대다수의 미국인들은 빨리 잊겠지만, 해병은 결코 잊지 못할 것이다.

이제 상륙정들은 포격으로 여기저기 구덩이가 팬 인천항의 섬들을 지나, 파도가 밀려와 부딪쳐 하얀 포말을 일으키는 방조제의 깎아지른 듯한 경사면을 향해 움직이고 있었다. 탄환이 소리를 내며 날아다니다 바다 위에 떨어져 기묘한 무늬를 만들었다. 포탄이 굉음을 내며 머리 위로 날아가자, 해병들은 상륙정 내벽 안으로 좀 더 바짝 몸을 웅크렸다.

PART 1

서울

/

"전쟁은 오판으로부터 시작되는 것이다."

- 바바라 터크먼 Barbara Tuchman -

(1912–1989, 미국 역사가 겸 저술가. 『8월의 포성Guns of August』으로 퓰리처상 수상)

Chapter 1

교수님

/

황해에서

● 공식적으로 크로마이트 작전Operation Chromite이라고 알려진, 인천 부두와 방파제에 전개된 야심 찬 인천상륙작전은 현대 전사戰史에서 가장 대담하고 기술적으로 복잡한 교전 중 하나였다. 워싱턴의 엄청난 의구심에도 굴하지 않고 이 상륙작전을 처음으로 구상한 사람은 더글러스 맥아더Douglas MacArthur 장군이었다. 따라서 그의 이름은 인천상륙작전과 떼려야 뗄 수 없는 관계에 있다. 하지만 세부 계획 실행을 가장 직접적으로 책임졌던 장교는 상륙과 초기 공격을 설계하고도 칭송받지 못하고 크게 알려지지 않는 등 여러 면에서 맥아더와 정반대였다. 그 장교는 미군 역사상 가장 과소평가된 장군 중 한 명인 제1해병사단장 올리버 프린스 스미스Oliver Prince Smith이다.

지휘함인 마운트 매킨리 함USS Mount McKinley 갑판에서 스미스는 안개 장막 속을 이리저리 옮겨다니며 최선을 다해 그 과정을 지켜보았다. 그는 바다의 큰 파도에 배가 들썩거리자 눈을 가늘게 뜨고 망원경을 들여다보았다. 멀리 방파제에 접안한 소형 상륙주정Landing Craft(부대 및 장비의 수송, 접안, 하역 및 철수용으로 특별히 건조된 상륙전용 주정-옮긴이)이 제자리에 위치하고 있었다. 각 주정의 뱃머리에서는 해병대원들이 가파른 곳을 오르기 위한 사다리 한 쌍을 들어올렸고, 대기하고 있는 함정들은 더듬이를 떨고 있는 거대한 곤충처럼 접안되어 있었다. 사다리를 기어오른 해병대원들은 시야에서 사라졌다. 그러나 정찰기에서 보내오는 무선 보고는 모두 긍정적이었다. 해병대는 이제 시내에 진입했고, 이미 폐허가 된 항구를 따라 산업단지와 기타 시설들을 점령하고 있었다.

스미스의 사단은 엄청난 전투력을 가지고 있었다. 그들은 캘리포니아주 캠프 펜들턴Camp Pendleton에서 급하게 투입되었지만, 사단 장교들과 부사관의 대부분은 노련한 전사들로서 제2차 세계대전 당시 태평양 전쟁에 참전해 과달카날Guadalcanal, 타라와Tarawa, 이오지마Iwo Jima, 오키나와Okinawa와 같은 곳에서 활약한 제1해병사단 올드 브리드Old Breed 대원이었다. 그들은 상륙작전에서 무엇을 해야 할지를 아는 사람들이었고, 그것을 증명하는 훈장들을 가지고 있었다. 어느 해병의 설명에 따르면, "그들은 여러 대의 지프에 실어야 할 만큼 많은 훈장들을 받았다." "그들이 받은 퍼플 하트Purple Hearts(미국에서 전투 중 부상을 입은 군인에게 주는 훈장-옮긴이) 훈장들을 운반하려면 트럭 한 대는 필요했을 것이다." 군대 중의 군대 제1해병사단은 미국이 요구했던 것 이상으로 용감하고 잘 훈련되어 있었다. 스미스 사단에서 복무한 어느 해병대 대위는 "세계 최강의 사단이었다"라고 자랑했다. "우리는 주인의 적에게 송곳니를 박아넣는 것만 생각하는 사슬에 묶인 위험한 사냥개 도베르만이었다."

스미스는 침공이 진척되자 크게 안도했다. 저항은 미미했다. 북한 수비군은 허를 찔렸거나, 아니면 강력한 화력에 압도당한 것이었다. 그러나 스미스는 선불리 축하하지 않았다. 그는 운이 좋은 것뿐이라고 생각했다. 제2차 세계대전 당시 펠렐리우Peleliu 전투(제2차 세계대전 당시 미군과 일본군의 전투로, 태평양 전쟁의 대표적인 격전으로 꼽힘-옮긴이)에서 부사단장이던 그는 정보의 실패와 전략적 실수의 결과로 무의미한 인명이 손실되는 것을 목격했었다. 펠렐리우에서 겪은 사건들로 상처를 입은 그는 철저하게 주의하면서 진행하는 경향이 있었다. 대원들을 죽게 만든

1950년 9월 15일 인천에 상륙한 미 제1해병사단 5연대 1대대 A중대 3소대 선두에서 발도메로 로페즈 중위가 제일 먼저 방파제를 넘기 위해 사다리를 기어오르고 있다. 〈사진 출처: WIKIMEDIA COMMONS | Public Domain〉

것은 다른 것이 아니라 자만심이라는 것을 경험했기 때문이다.

스미스는 맥아더가 침공을 이끌고 있는 마운틴 매킨리 함에 소란스러운 기자들을 초청한 것이 약간 못마땅했다. 그는 맥아더의 사람들이 확신에 차 기대했던 그의 승리 순간을 포착하기 위해 그렇게 많은 기자들을 모은 것이 볼썽사납다고 생각했다. 그는 "이것은 선전용 전쟁이다. 우리 함정은 구경꾼들로 들끓고 있다"라고 경멸조의 글을 남겼다.

스미스는 마운틴 매킨리 함에 탑승한 맥아더와 많은 시간을 보냈다. 지난 며칠 동안 그들은 대규모 호송대와 함께 온갖 종류의 레이더, 무선전화, 그리고 첨단 통신장비를 갖춘 이 460피트 높이의 떠다니는 지휘소인 마운틴 매킨리 함을 타고 일본에서부터 건너왔다. 스미스는 최고사령관이 처음에는 인상적이었고, 가끔 재미있었지만, 결국에는 참을 수 없는 인물이라는 것을 알게 되었다. 스미스는 맥아더가 "대화를 나눌 때 극적 요소를 많이 가미해 말하는 타고난 배우"라고 말했다. 스미스는 맥아더가 "훌륭한 업적을 많이 달성한 것은 사실"이라고 인정하면서도 "그의 거만한 선언들은 좀 참기 어렵다"라고 말했다.

≡

56세인 올리버 프린스 스미스는 지적이고 말투가 부드러웠다. 이러한 그의 모습은 전형적인 해병의 모습과는 좀 거리가 있었다. 그는 허세를 부리지 않았다. 끊임없이 파이프 담배를 피워대는 버클리Berkeley 졸업생인 그는 군대에서 지식인으로 명성이 자자했다. 사람들은 그를 "교수님The Professor"이라고 불렀다. 어느 해병 역사가는 그를 "금욕적인 사상가이자 선생님"이라고 표현했다. 그는 프랑스어를 유창하게 구사했고, 술도 적게 마셨으며, 고전을 즐겨 읽었고, 절대로 욕을 하지 않았다. 전문적인 정원사였던 그는 여가 시간에는 장미를 키웠다. 그리고 끊임없이 메모하는 사람이었다. 작은 녹색 개인 수첩을 가지고 다니며 속기로 기록했다.

1917년 입대해 해병대에 일생을 바친 제1해병사단장 올리버 프린스 스미스 장군은 겉으로는 온화하고 내성적으로 보이나 속은 곧고 강한 외유내강형이었다. 그는 지적이고 말투가 부드러웠으며, 허세를 부리지 않았다. 끊임없이 파이프 담배를 피워대는 버클리 졸업생인 그는 군대에서 지식인으로 명성이 자자했다. 사람들은 이런 그를 "교수님"이라고 불렀다. 〈사진 출처: WIKIMEDIA COMMONS | Public Domain〉

갈대같이 말랐고 키가 컸으며, 상대를 꿰뚫어 보는 듯한 푸른 눈의 날카로운 얼굴과 일찍 세어버린 머리카락이 매력적인 그는 의도적으로 신중하면서도 정확하게 말했다.

그러나 스미스는 겉으로는 온화하고 내성적으로 보이나 속은 곧고 강한 외유내강형外柔內剛이었다. 그의 휘하 부하에 따르면, 그는 한번 결심하면 "바위처럼 결단력이 있었다." 젊은 시절 스미스는 윈치winch(드럼에 와이어 로프를 감아 짐을 오르내리게 하거나 끌어당겨서 이동시키는 기계-옮긴이) 조작자로 일하다가 이후 산타크루즈 산맥Santa Cruz Mountains에 있는 거칠고 시끄러운 벌목장에서 조장으로 일했다. 그는 힘든 일을 경험했고, 그의 손을 보면 그것을 알 수 있었다. 그는 가난한 집안 환경을 딛고 일어서 장학생이 되었으며, 요세미티 국립공원Yosemite National Park에 있는 오두막에서 신원미상 가해자에 의해 유일한 자매인 페기Peggy가 강간 살해된 채 발견되는 등 자신의 가족에게 생긴 여러 비극들을 헤쳐나갔다.

전장에서 스미스는 무자비할 정도로 효율성을 신봉했다. 한 해병은 스미스는 "강인하고 교활하며 지략이 뛰어나고 냉정하며 냉소적이고 거친 전문 킬러"라고 썼다. 그는 전쟁에서 기사도 정신을 강조하는 사람들을 별로 좋아하지 않았다. 교전에서의 승리는 화려한 행동이나 상징적인 지상 점령을 통해서가 아니라 적을 체계적으로 파괴함으로써 얻을 수 있는 것이었다. 콴티코Quantico 해병기지에서 그는 현대 전쟁에서 실시된 돌격의 효과를 분석한 강의로 유명했다. 그는 수치를 일일이 계산한 후 돌격이 대체로 가짜 영웅들의 에너지 낭비임을 분명히 보여주었다.

그는 자신의 결정이 미칠 영향을 예리하게 알고 있었다. 그는 제2차 세계대전 당시 태평양을 가로지르며 여러 전투를 치르는 동안 매일 정확한 전투사상자 수를 자신의 일기에 기록했다. 그것은 그가 밤마다 하는 그만의 의식이나 다름없었다. 마지막 1달러가 어디에 쓰였는지를 알려고 하는 날카로운 회계사의 열정처럼, 스미스는 전쟁의 정확한 인적 비용을 계산하고자 했다. 한국에서 스미스의 휘하에서 복무했던 어느 해병대 역사학자는 "스미스가 병사들의 목숨을 쓸데없이 낭비하지 않으리라는 것을 알게 되었다"라고 말했다.

스미스는 1917년에 입대해 해병대에 일생을 바쳤다. 해병정신은 그를 규율적이고 청렴하게 만들었다. 그는 오랜 군 생활 동안 괌, 마리아나

제도Marianas Islands, 워싱턴 D. C.Washington D. C., 아이슬란드Iceland, 파리 주미 대사관 등 전 세계를 누비고 다녔다. 아이티Haiti의 정글에 있는 방갈로와 루아르 계곡Loire Valley(프랑스 중부 루아르강 유역의 계곡-옮긴이)에 있는 성에서도 살아봤다. 그리고 소대부터 모든 부대를 지휘해봤다. 그는 "교수이자 사무직원"으로 불리었다. 그는 프랑스의 명문 군사학교인 고등군사학교Ecole Supérieure de Guerre에서 공부한 최초의 미 해병이었다. 한 설명에 따르면, 스미스는 "일하는 것을 좋아하고, 사소한 것에서 기쁨을 찾는 보기 드문 사람이었다." 그는 교과서를 통해 전쟁을 이해했지만, 도덕적 오점과 용기, 혼돈이 혼재하는 전장의 경험을 통해서 군사학의 이론과 관념이 얼마나 형편없고, 얼마나 얻기 힘든 것인지를 알게 되었다. 그는 "공부를 한" 해병이었지만, 언제 책을 버려야 할지 알고 있었다.

그의 지휘 스타일은 기이할 정도로 침착했다. 콴티코에서 근무할 때 참모장은 스미스가 좀처럼 목소리를 높이지 않는 위엄을 갖춘 드문 신사라는 것을 알게 되었다. "만약 당신이 가슴을 치며 크게 소리치고 장황하게 말하는 사람을 단호한 사람이라고 생각한다면, 스미스는 단호한 사람이라고 할 수 없었다. 야단스럽게 떠들어대는 것은 그의 성격과 거리가 멀었다. 그의 휘하에서 복무했던 사람들은 그가 어떠한 의사 표현을 하더라도 경청했으며 그것을 지시로 받아들였다."

한국에서 트루먼Harry S. Truman 대통령의 눈과 귀 역할을 맡고 있는 퇴역 육군 장성 프랭크 로우Frank Lowe는 스미스를 이렇게 묘사했다.

"그는 극도로 긴장된 상황에서도 아주 친절하고 침착하며 활기찬 사람이다. 그는 교수처럼 보이는데, 그의 이런 모습 때문에 사람들은 그가 공격적인 호랑이라는 것을 모르는 경향이 있다. 그의 공격 개념은 적을 찾아내어 죽이되, 사상자는 최소한으로 줄이는 것이다. 비록 그가 엄격한 해병 규율을 강조하는 사람이기는 하지만, 장교들과 부하들은 그를 우상으로 여긴다."

스미스는 또한 미국 내에서 저명한 상륙작전 전술 및 실행 계획 전문가 중 한 명이었다. 실제로 그는 그것을 주제로 책을 쓰기도 했다. 그는 콴티코와 캠프 펜들턴Camp Pendleton의 강의실에서 상륙작전에 대해 가르쳤고, 펠렐리우와 오키나와 해변에서 그의 상륙작전 전술 몇 가지를 완벽하게 성공해 보였다. 교수 스미스의 해안 훈련은 전설적이었다. 상륙작전은 까다로운 계획, 신중한 실행, 절묘한 타이밍 감각을 요구하는 전쟁에서 가장 복잡한 기동 중 하나였다. 그것은 해병대가 존재하는 핵심적 이유이며, 해병의 특기이자 해병의 전문이었다.

해병대는 '바다의 군인'으로, 해안지대를 위협해 교두보를 구축하기 위해 투입하는 기습부대shock troops였다. 해병은 지느러미가 있는 생물로서, 적의 해안으로 밀려 올라가야만 다리가 생겨났다. 제2차 세계대전 동안 해병대는 태평양에서 몇 번이고 반복해서 그들의 필요성을 입증해 보여주었고, 맥아더는 아일랜드 호핑Island Hopping 작전 내내 해병대에 의존하면서 한결같이 잘 준비된 해병대의 전투력에 감명을 받았다. 스미스의 제1해병사단은 해병대 중에서 가장 규모가 크고 가장 오래되고 가장 훈장을 많이 받은 사단이었다. 그래서 맥아더가 합동참모본부의 더 나은 판단에 반대하면서 인천항을 기습한다는 대담하고 믿을 수 없을 정도로 위험한 계획을 수립하기로 결정했을 때, 이 계획을 작성하는 데 필요한 사람이 누구인지 분명히 알고 있었다.

≡

크로마이트 작전 이면의 개념—대담함, 압승, 권위—은 맥아더의 스타일과 많이 일치했다. 그는 오랜 경력 동안 예상치 못한 장대한 작전을 선호했다. 호전적인 낭만주의자 맥아더는 과감한 기습, 망치와 모루, 그리고 강력한 타격에 대해 말하길 좋아했다. 그에 대해 공정하게 말하면, 한국전쟁의 전세戰勢를 뒤집기 위해서는 기적같은 일이 일어나야 한다는 것은 너무도 분명했다.

제2차 세계대전이 끝날 무렵 연합국은 일본 제국의 전리품을 어떻게 처리할 것인가 하는 문제에 직면해 있었다. 일본의 식민지인 한국 문제 처리를 두고 연합국 정상은 얄타 회담Yalta Conference에서 미국의 젊은 외교관 딘 러스크Dean Rusk의 제안대로 한반도를 38도 선을 경계로 분단하기로 합의했다. 이 38도 선은 임의적인 것이었다—38도 선을 경계로 나뉜 '두 국가'는 같은 문화, 같은 역사, 같은 언어를 공유했다. 이제 한반도는 한 독립 정부 하에서 3,000만 국민이 통일될 때까지 일시적으로 북쪽은 소련이 신탁통치하고 남쪽은 미국이 신탁통치한다는 조건 하에 남북으로 분단되었다. 그러나 통일은 결코 이뤄지지 않았다. 남한과 북한은 미국과 소련의 관리 하에 각자의 영역을 빠르게 재건해나갔다.

남한에서 미국은 확고한 반공주의자이며 친자본주의자이고 미국 교육을 받은 이승만이라는 지도자를 내세웠다. 이승만은 나라를 하나로 단결시켰지만, 결국에는 무자비한 독재자가 되었다. 1947년 집권하자 이승만 정부는 야당 지도자들을 고문하고 암살했으며, 7만 5,000명 이상의 좌익 저항세력을 죽인 군사작전을 이끌었다. 이 '곤란한 민주주의 동지'는 유엔에 당혹감을 안겨주었다. 공산주의의 세계적 봉쇄에 점점 더 집중하고 있던 미국은 이를 모르는 척하는 경향이 있었지만, 이승만의 경찰국가 전술을 우려한 트루먼 정부는 대한민국에 중화기heavy arms를 제공하는 것을 거부했고, 이로 인해 한국은 공격에 취약한 상태가 되었다.

한편 북한에서는 소련이 김일성을 직접 뽑아서 신생 공산국가를 이끌게 했다. 김일성은 제2차 세계대전 당시 일본에 저항해 게릴라를 이끈 사납고 교활한 항일투사였으며 공산주의 이데올로기로 세뇌되어 있었다. 그는 자신의 전설을 널리 알리면서 투사로서의 공적을 과장했다. 북한 농민들 사이에서는 김일성이 전투 중에 자신을 보이지 않게 만드는 방법과 심지어 물 위를 걸을 수 있다는 얘기까지 나돌았다. 의식적으로 스탈린Stalin의 모델을 모방한 그는 자신을 "위대한 지도자"라고 칭하면서 자신을 기리기 위한 거대한 동상과 광고판을 세우면서 인격 숭배를 전개했다. 훗날 추종세력들은 그를 "인류의 태양이자 세상에서 가장 위대한 사람"이라고 선언하기까지 했다. 권력의 고삐를 굳게 잡은 그는 조직적으로 자신의 정치적 경쟁자들을 투옥, 추방 또는 살해했다. 김일성은 하나의 정부, 즉 자신의 정부 아래서 한반도를 통일하여 "미국 제국주의자들과 그들의 꼭두각시"의 모든 흔적을 근절하는 "행복한 사회"를 만들겠다고 공언했다.

몇 년 동안, 남한은 북한의 국경 침범을 막아냈고, 북한 역시 마찬가지였다. 복수를 위한 살인과 게릴라 공격, 그리고 국경에서의 교전이 일상화되었다. 1949년 후반에 이르자, 친일 협력자들을 처벌하고 광범위하고 뿌리 깊은 상처를 청산하기 위한 내전이 한반도 전역으로 확대되고 있었다. 1950년 6월 25일, 소련에 의해 훈련받고 소련제 무기로 무장한 김일성의 군대는 선전포고 없이 남한을 기습남침했다. 김일성은 한반도 전체를 점령하겠다는 희망을 가지고 재빨리 서울을 점령하고 남쪽으로 밀고 나갔다.

도쿄에 있던 맥아더 장군은 걱정하지 않는 듯했다. 그는 김일성의 침공이 시작된 날 "한 팔을 뒤로 묶고도 처리할 수 있다"라고 큰소리쳤다. 유엔 안전보장이사회는 이 침공을 규탄하고 회원국들이 한국에 군사적 지원을 해야 한다고 결의했다. 한국군을 지원하기 위해 미군이 급히 전쟁에 투입되었고, 이후에 유엔군이 합류하게 되었다. 그러나 1950년 늦여름 무렵 유엔군은 한반도 남동부 끝으로 내몰려 바다를 등진 채 간신히 버티고 있었다. 유엔군은 진지를 구축하고 해안도시인 부산 주변에 방어선을 설정했다. 땅끝 귀퉁이에서 그들은 용맹스럽게 싸웠으나 더 이상 살아남을 수 없었다. 김일성은 완전한 승리를 눈앞에 두고 있었다.

맥아더의 생각은 더 많은 병력과 장비를 패배하고 있는 낙동강 방어선에 투입하는 것이 아니라, 오히려 전선에서 벗어나 그보다 훨씬 위쪽에서 은밀히 대규모 병력을 상륙시키는 것이었다. 맥아더는 그 전투력으로 김일성의 보급선을 끊고 서울을 재빨리 탈환할 수 있다고 보았다. (그는 수도에서 가장 가까운 항구라는 이유로 인천을 선택했다.) 자신이 '동양의 정서'를 직감적으로 이해하고 있다고 생각한 맥아더는 전쟁이 시작된 지 정확히 3개월이 지난 9월 25일에 한국 최대의 도시를 점령하는 것은 적에게 심리적 피해를 입힐 것이라고 주장했다. 그는 아시아인들이 숫자에 예민하다고 믿었다. 김일성의 군대는 이러한 상황을 불운의 징조로 해석할 것이라고 생각했다.

8월 23일 도쿄에서 열린 전략회의에서 맥아더는 자신의 유명세와 위세를 총동원해 작전에 아주 회의적인 장군과 제독들을 설득했다. 맥아더는 "우리는 강하고 깊게 공격해야 한다"고 단언했다. 그것은 적이 예상할 수 없는 교묘한 작전이어야 했다. 한반도의 맨 아래에서 위로 밀고 올라가는 것이 아니라, 한반도의 배꼽을 공략해 들어가야 한다. 그는 기습적으로 인천에 상륙하여 서울을 점령함으로써 "한반도 남쪽 전체를 봉쇄하게 될 것이다"라고 말했다. 그렇게 되면 김일성은 서울과 부산에 있는 유엔군 사이에 갇히게 될 것이다. 맥아더가 좋아하는 비유에 따르면, 북한군은 마치 망치와 강한 모루 사이에 끼인 것처럼 될 것이다.

소집된 전쟁위원회가 여전히 그 계획을 의심하는 것을 보자, 맥아더는 자신이 할 수 있는 가장 높은 수준의 미사여구를 동원했다. "운명의 초침이 똑딱거리는 소리가 들립니다." 그는 떨리는 목소리로 말했다. "우리는 지금 행동하지 않으면 죽을 것입니다." 그는 계속해서 다음과 같이 말했다. "나는 이 작전이 5,000 대 1의 도박이라는 것을 알고 있고, 그러한 확률을 감수하는 데 익숙합니다. 크로마이트 작전은 성공할 것이며, 10만 명의 생명을 구하게 될 것입니다. 우리는 인천에 상륙할 것이고, 나는 적들을 짓밟을 것입니다."

☰

8월 말에 캘리포니아 캠프 펜들턴에서 일본으로 소환된 스미스 장군은 맥아더를 만나 구체적인 계획을 수립하기 시작했다. 스미스는 맥아더의 사령부가 있는 도쿄 도심의 다이이치Dai Ichi 생명보험 빌딩에서 최고사령관이 자기 자신을 위해 얼마나 특이한 아부하는 환경을 조성했는지 감지하기 시작했다. 더글라스 맥아더에게는 참모는 없었고, 아부하는 사람만 있었다. 스미스는 이것을 직접 보았다.

70세의 5성 장군은 그 당시 미국 역사상 가장 강력한 군대의 표상이었다. 맥아더는 군 경력이 길고 화려했으며, 다양한 최연소 기록을 가지고 있었다. 그는 최연소 웨스트포인트 육군사관학교장이었고, 최연소 육군참모총장이었다. 그는 1918년에 최연소 장군이 되었다. 제2차 세계대전 동안 그는 미국 역사상 가장 큰 패배인 바탄Bataan과 코레히도르Corregidor 함락의 당사자였지만, 필리핀 해방과 일본의 항복을 주관했다. 이런 그가 이제 연합국 최고사령관, 미 극동 최고사령관, 한국 주둔 유엔군 총사령관이라는 직함을 갖게 된 것은 어찌 보면 당연했다. 또한, 그는 일본점령군 최고사령관으로서 일본인 8,300만 명을 다스리는 실질적인 통치자였다.

일본인은 그를 미국인 천황, 미국인 총독, 미국인 카이사르라고 불렀다. 그들은 그를 엘 스프레모El Supremo(최고의 남자를 뜻하는 스페인어-옮긴이), 위대한 나리Great Panjandrum라고 불렀다. 그는 상하관계를 나타내는 수직적 대명사를 아주 좋아했고, 항간의 평에 따르면 "자신의 신성함을 중히 여기는 근엄한" 사람이었다. 아시아는 그의 개인 소유지가 되었고, 14년 동안 미국을 방문하지 않았던 그는 모국보다 극동을 더 잘 아는 것 같았다. 마치 그는 황제가 된 것 같았다. 그는 자신의 일상과 자신의 삶을 안락하게 하는 것들을 지키려고 했고, 권력을 과시하고 매스컴에 보도되는 자신에 대한 기사에 아주 세세하게 신경을 썼다. 한국전쟁이 시작된 이래 맥아더는 한국이 아니라 도쿄에서 작전들을 지휘했다는 점에서 전장戰場에 없는 장군이라 할 만했다. 그는 아침 사진 촬영이나 오후 정찰을 위해 가끔 한국으로 날아가곤 했지만, 전쟁 기간 내내 한국 땅에서 단 하룻밤도 보내지 않았다.

맥아더는 스미스를 따뜻하게 맞이했고, 칭찬을 계속하며 내실로 안내했다. 맥아더는 인천상륙작전이 결정적인 역할을 할 것이며 전쟁은 한 달 안에 끝날 것이라고 말했다. 뿐만 아니라 인천이 해병대에게 실질적인 안전을 제공할 것이라고 말했다. 제2차 세계대전 후, 워싱턴에서는 해병대를 근본적으로 격하시키려는 논의가 이루어졌다. 핵무기의 출현과 공군의 등장으로 해병대의 상륙작전 시대는 끝났다고 주장하는 이도 있었다. 그러나 맥아더는 이것에 절대로 동의하지 않았고, 인천이 자신의 주장을 증명할 것이라고 믿었다. 스미스는 버클리Berkeley에 있는 아내 에스더Esther에게 "그는 거침없이 말했소. 이 작전이 태양 아래서 해병들의 입지를 영원히 보장해줄 것이라고 생각하는 것 같더군. 그가 해병대를 많이 생각하는 것 같소"라고 썼다.

이러한 이유로 처음에 스미스는 맥아더와 그의 계획에 긍정적이었다. 그러나 도쿄에서 며칠을 보낸 뒤, 최고사령관이 상당히 이상하고 다른 사람들이 자신을 숭배하기를 바라는 인간이라고 판단했다. 맥아더는 예스맨으로 둘러싸여 있었는데, 그중 상당수는 필리핀에서부터 함께해온 사람들이었다. 그는 곤란하거나 불쾌한 사실로부터 자신을 보호하려는 것처럼 보였다. 그는 자신이 만든 폐쇄된 우주에 살고 있었다.

이상하게도 맥아더는 정보를 찰스 윌러비Charles Willoughby라는 프로이센 태생의 정보참모에게 의존했다. 아돌프 칼 체페-바이덴바흐Adolf Karl Tscheppe-Weidenbach에서 태어난 윌러비는 비밀스런 사람이었으며, 독일에서 있었던 그의 과거 대부분은 미스터리에 싸여 있었다. 맥아더는 그를 "나의 사랑스런 파시스트"라고 다정하게 불렀다. (극우주의자인 그는 나중에 스페인의 독재자 프란시스코 프랑코Francisco Franco의 고문이 되었다.) 윌러비 장군은 최고사령관을 기쁘게 할 수만 있다면 언제든 그럴듯한 음모를 만들어낼 수 있다는 자세로 정보참모부를 운영했다. 한 육군 대령은 "맥아더가 원하는 것이 무엇이든 간에 윌러비는 맥아더를 위한 정보를 만들어냈다"라고 말했다.

맥아더를 위해 일한 사람들은 그를 신으로 여기는 것 같았다. 따라서 그들에게 맥아더의 머리에서 나온 인천상륙작전은 의문의 여지가 없는 신의 작전이었다. 스미스는 "그런 참모들과 함께 있는 한, 맥아더는 신이었다"라고 썼다. "그를 지탱해준 것은 자신감 그 이상의 것이었다. 그것은 바로 그가 실패할 리 없다는 미신에 가까운 신비로운 믿음이었다."

하지만 따지고 보면 스미스를 걱정하게 만든 것은 맥아더가 아니라, 맥아더의 참모장 에드워드 "네드" 알몬드Edward "Ned" Almond 소장이었다. 다이이치 빌딩에 있는 그 누구보다도 알몬드는 맥아더를 떠받들었고, 여러모로 그의 행동을 모방했다. 불그레한 얼굴에 버지니아Virginia주 출신인 그는 악명 높을 정도로 까다로운 사람이었다. 그는 종종 "두려운 네드Ned the Dread"라고 불렸다. 기병 장교인 알몬드는 제2차 세계대전에서 눈에 띄는 전공을 세우지 못했다. 그러나 맥아더는 다른 사람들이 놓친 알몬드의 자질을 보고 직권으로 그의 군경력을 부활시켰다. 알몬드는 맥아더에게 진심으로 고마워했다. "나는 항상 감사했다. 나에게 그런 기회를 준 유일한 사람이 맥아더였다."

알몬드의 맥아더에 대한 충성심은 너무나 맹목적이어서 많은 비평가들은 그를 아첨꾼이라고 생각했다. 맥아더는 그를 참모장으로 만든 것에서 더 나가아, 제10군단 사령관에 임명했다. 인천에 상륙하게 될 제10군단은 대규모인 데다가 대부분이 통제하기 힘든 육군 부대로 편성되어 있었다. 편제상 제1해병사단이 제10군단에 배속되었기 때문에 스미스는 알몬드의 명령에 따라야 했다. 알몬드가 사실상 그의 상관이 되는 셈이었다.

그래서 스미스는 도쿄에서 알몬드를 처음 만날 때 약간 두려움을 느꼈다. 처음부터 일이 잘 풀리지 않았다. 알몬드는 스미스를 한 시간 반 동안 기다리게 한 다음 무뚝뚝하게 그의 사무실로 불렀다. 알몬드는 스미스보다 겨우 한 살 위였음에도 불구하고 스미스를 "이보게 젊은이"라고 불렀다.

제10군단장 에드워드 알몬드는 맥아더를 떠받들었고, 여러모로 그의 행동을 모방했다. 그의 맥아더에 대한 충성심은 너무나 맹목적이어서 많은 비평가들은 그를 아첨꾼이라고 생각했다. 〈사진 출처: WIKIMEDIA COMMONS | Public Domain〉

"알몬드에 대한 나의 첫인상은 별로 좋지 않았다"라고 스미스는 인정했다. 그는 육군 장성 알몬드가 '거만하다'는 것을 알게 되었다. 알몬드는 지휘 경력을 물었다. 사실 지휘 경험은 스미스가 더 많았다. 그들이 다가오는 상륙작전의 세부사항을 논의하기 시작했을 때, 스미스는 날짜와 위치에 대해 의문을 제기했다. 스미스와 해군 제독 제임스 도일 James Doyle은 인천이 복잡한 수로, 숨겨진 모래톱, 감제고지, 그리고 다른 위험요소들로 인해 적절한 장소가 아니니, 그 대신 남쪽으로 약 20마일(32.19킬로미터) 떨어진 포승면(경기도 평택 서부에 위치-옮긴이)에 상륙해야 한다고 말했다. 인천은 이 상륙작전에 적합한 곳이 아니라고 스미스는 주장했다.

인천의 조수 간만 차는 노바스코샤Nova Scotia주의 펀디만Bay of Fundy(캐나다 남동쪽 대서양 연안에 있는 만-옮긴이)과 함께 전 세계에서 조수 간만 차가 가장 컸다. 음력뿐만 아니라 수로 연구를 참고했던 스미스는 목표일인 9월 15일에 인천의 썰물과 밀물의 차이는 약 32피트(9.75미터)가 될 것이라는 걸 알고 있었다. 또한, 조수 간만 차와 함께 조류도 끊임없이 변할 것이다. 이것들은 위험한 문제들을 일으킬 수 있었다. 상륙시간을 조금이라도 잘못 맞추면 해병대가 여러 시간 동안 갯벌에 갇히게 될 수도 있었다. 그렇게 되면 넓은 갯벌에 빠져 있는 표적이 될 것이 분명했다. 그리고 인천에는 상륙할 진정한 '해변'이 없었고, 특별하게 설계된 사다리가 필요한 높은 콘크리트 방조제만 있었다. 게다가 인천항에 소련제 기뢰가 설치되어 있다고 믿을 만한 충분한 이유가 있었다.

알몬드는 이런 우려를 일축했다. 그는 "인천에는 조직적인 적이 없다"라고 말했다. 스미스는 알몬드가 상륙작전, 즉 조수의 변화를 활용하는 방법, 목표와 우선순위를 정하는 방법, 해상·육상·공중의 상호작용을 조정하여 아군 피해와 민간인 사상자를 최소화하는 방법 등에 대해 아무것도 모른다는 것을 알 수 있었다. 기존 계획이 제대로 수립되지 않았다고 스미스는 생각했다. 알몬드는 "터무니없이 비현실적"이었고, "감당하기 어려운 육체적 어려움"에 대해 무지했다. 스미스는 육군의 "거창한 계획"이 "현실에 부합하지 않는다"는 것을 알게 되었다. 또한 알몬드가 "해병대에 대해 전혀 모른다"는 것을 확인했다.

알몬드는 스미스에게 이것은 간단한 작전이며 "아주 기계적인 작전이 될 것"이라고 장담했다. 날짜와 장소는 정해져 있었다. 맥아더는 인천이 상륙지점으로서 아주 부적합하기 때문에 오히려 인천이 최적의 상륙지점이 될 수 있다고 주장했다. 이렇게 상륙에 부적합한 인천에 미군이 상륙하리라고 북한군이 전혀 예측하지 못할 것이기 때문이다. 어쨌든, 알몬드는 스미스에게 침공에 대해 논의해야 할 큰 문제들은 이미 결정이 난 상태라고 말했다. 그는 스미스에게 세부사항에 대해 착수하라고 충고했다. 그런 다음 스미스를 자신의 사무실에서 내보냈다.

한 해병 역사학자에 따르면, "나중에 두고두고 회자될" 개인적인 불화가 시작된 것이었다. 두 사람은 아주 달랐다. 알몬드가 스미스를 신중하고 현학적이라고 생각했다면, 스미스는 알몬드를 부하들의 생사에 대해 무신경할 정도로 경솔하다고 보았다. 알몬드가 전쟁으로 인한 개인의 희생을 인정하지 않았다는 것은 아니다. 그의 아들과 사위 역시 제2차 세계대전 중에 전사했다. 그러나 제10군단장 알몬드는 조지 패튼George Patton의 공격적인 대규모 기동 이론에 경도되어 있었다. 스미스와 알몬드가 서로를 혐오하게 된 근원에는 성격적 갈등이나 육군과 해병대의 경쟁의식에서 비롯된 불가피한 의견대립보다 더 큰 무언가가 있었다. 두 사람은 지휘방식과 지휘방법론, 즉 전쟁이 무엇인지, 전쟁이 어떻게 전개되어야 하는지, 그리고 전쟁의 목표가 무엇인지에 대한 의견 대립으로 충돌하기 시작했다. 그러나 이 두 사람은 함께 인천으로 가고 있었다.

그리고 스미스의 깊은 의구심과 상륙지점으로 부적합한 인천의 분명한 문제점에도 불구하고 인천에 상륙하게 될 것이었다. 스미스와 도일은 해병대와 해군의 기획 및 전문가팀을 활용하여 맥아더의 개념을 현실화하여 알몬드의 제10군단이 안전하게 상륙할 수 있게 해야 했다. 스미스가 말했듯이, "행정적 대혼란"이 발생할 게 분명했다. 스미스와 도일에게 청사진을 작성하는 데 주어진 시간은 겨우 2주뿐이었다.

☰

9월 15일 오후, 맥아더의 절묘한 작전은 그가 예상했던 대로 훌륭하게 진행되고 있는 것 같았다. 스미스의 해병대는 최소한의 사상자를 내고 인천에 무사히 도착했다. 하루가 끝날 무렵, 스미스의 대대장들은 21명의 미군 전사자와 164명의 부상자가 발생했다고 보고했다. 대규모 작전치고는 인명 피해가 적은 편이었다.

마운트 매킨리 함에 탑승한 기자들은 현장을 포착하려고 했다. 영국 특파원 레지널드 톰슨Reginald Thompson은 "이따금 해군 함포 포구에서 연기

1950년 9월 15일, 마운트 매킨리 함에서 인천상륙작전을 지켜보고 있는 맥아더 장군. 맥아더는 인천에 있는 지금 이 순간이 "내 인생에서 가장 행복한 순간"이라고 외쳤다. 〈사진 출처: WIKIMEDIA COMMONS | Public Domain〉

가 나왔고, 그 부드러운 연기는 회전포탑 주변에서 거대하고 느린 손가락처럼 아른거렸다." "머리 위로 그 포탄들은 하늘에 보이지 않는 마찰음을 냈으며… (그리고) 먼지구름은 세상을 노란 장막 밑에 숨겼다."

"로켓선(로켓포를 갖춘 함정-옮긴이)의 진동과 포성은 견딜 수가 없었다."《뉴욕 해럴드 트리뷴New York Herald Tribun》의 유명한 기자이자 미국 최초의 여성 전쟁특파원 중 한 명인 마거릿 히긴스Marguerite Higgins는 이렇게 썼다. "도시 전체가 불타고 있는 것 같았다." 히긴스는 "화염에 휩싸인 부두의 붉은 연무를 볼 수 있었고", "위압적인 기관총 사격 소리"가 들렸다. 바로 그때 "해병대의 물결이 연이어 해안을 강타한 후 시내로 진입하는 길을 열었다."

북한군은 어디로 갔는가? 그들은 완전히 겁에 질린 것 같았다. 그들의 보루는 파괴되었고, 그들이 한때 점령했던 숲이 우거진 고지들은 완전히 타서 말끔해 보였다. 다음날부터 수만 명의 미군이 상륙하리라는 것은 분명했다. 인천상륙작전이라는 대담한 도박이 큰 성공을 거두고 있었다. 마운트 매킨리 함에서 이 드라마를 본 트루먼의 연락담당관 프랭크 로우Frank Lowe 장군은 맥아더가 "모자 속에서 흰 토끼를 꺼냈다. 나는 기적을 보았다"라고 말했다. 함교 위 회전의자에 앉아 펼쳐지는 광경을 지켜보던 맥아더는 황홀했다. 그는 선글라스와 가죽 재킷을 착용한 채 한 해군 관찰단이 "나폴레옹 포즈Napoleonic pose"라고 부르는 자세를 취하고 있었다. 최고사령관은 인천에 있는 지금 이 순간이 "내 인생에서 가장 행복한 순간"이라고 외쳤다. 그는 이 작전에서 아무런 결점을 찾을 수 없었다. 그는 "우리의 손실은 경미하다"라면서 "모든 명령이 성공했다"라고 언급했다. 그리고 "해군과 해병대가 가장 빛났다"라고 덧붙였다.

스미스도 자부심에 차서 미소 지었지만, 아무말 하지 않았다. 스미스는 훗날 "이 작전이 단순해 보인 이유는 전문가들이 작전을 수행하고 있었기 때문이다"라고 자랑했다.

Chapter 2

반동분자의 집

/

서울

● 북으로 20마일(약 32km) 떨어져 있는 서울의 시민들은 미군을 맞을 준비를 하며 초조하게 기다렸다. 서울은 전쟁에 지친 200만여 명이 살고 있는 아시아에서 다섯 번째로 큰 도시로, 집들이 산등성이와 울창한 푸른 구릉에 톱니바퀴처럼 모여 있어 조각누비이불과 같은 모습이었다. 도시 가운데를 띠처럼 가로지르는 넓은 한강에는 전쟁으로 파괴된 다리가 안개에 휩싸여 있었다. 9월의 무더위에 도시는 활기를 잃은 상태였다. 전차는 전기가 부족해 꼼짝도 하지 못했고, 텅 빈 창고들은 그늘에 있는데도 한증막 같았으며, 몇 안 되는 시장 행인들의 발소리만이 콘크리트 바닥에 울려 퍼졌다. 몇 대의 인력거만 다니는 거리는 황량했고, 상인들은 서둘러 집으로 돌아갔다. 사람들은 대개 집에 머물면서 가족과 함께 보냈다. 전에도 이런 일을 겪은 적 있어서 그들은 무슨 일이 일어나고 있는지 알고 있었다. 먼저 지축을 뒤흔드는 대포소리가 들린 뒤 전차의 굉음이 도로에 울려 퍼지고, 폭탄과 칼날과 피가 뒤따랐다. 충성의 결정, 생사의 결정 같은 어려운 선택은 순식간에 해야 할 것이다. 서울 시민들이 슬픔에 익숙해졌다고 해서 슬픔에 무뎌진 것은 아니었다.

도시 외곽, 서대문이라고 알려진 북아현동의 구릉지대 거리에 커튼이

쳐진 고요한 2층짜리 일본식 주택이 자리 잡고 있었다. 그 집 사람들은 집 안에서 거의 움직이지 않았다. 가끔 작은 아이가 유리창에 코를 대고 있는 모습만 보였다. 북한 당국은 이 집에 "반동분자의 집"이라는 꼬리표를 붙였다. 공식적으로는 이 집에 아무도 살고 있지 않은 것으로 되어 있었다. 그러나 실제로 이 집에는 태어난 지 1년도 안 된 쌍둥이 남자아기들을 포함해 6명의 전쟁고아들이 살고 있었고, 아이들은 이 집을 우리 집이라고 불렀다.

그들을 돌보는 사람은 사촌인 의대생 이배석이었다. 그는 수염이 까칠하게 났지만 목소리는 여리고 얼굴은 소년처럼 앳된 스무 살 청년이었다. 미군이 다가오고 있던 그 불안한 날에 배석은 어두컴컴한 방들을 돌아다니면서 어린 사촌들에게 조용히 하라고 주의를 주고는 국수나 쌀로 된 보잘것없는 식사를 챙겨주며 최선을 다해 부모 노릇을 했다. 이 집은 꽤 괜찮았다. 한때 이 집은 책과 클래식 음악 음반들이 가득 찬 활기 넘치는 곳이었다. 악기들이 여기저기 놓여 있었고, 벽 가까이에는 잘 조율된 피아노가 있었다. 배석은 만약 그가 목격되면 잡혀 죽임을 당할 수도 있다는 것을 잘 알고 있었기 때문에 밖으로 나가는 위험한 짓은 하지 않았다. 누가 지켜보고 있는지, 그들의 변덕스런 동정심이 어디로 향하게 될지 결코 알 수 없었다. 이웃들은 이웃을 몰래 감시했다. 친구들이 고발자가 되었다. 가족마저도 서로에게 등을 돌렸다. 사촌들은 담장 너머에서 소리가 들릴 때나 방문자가 문을 두드릴 때 어떻게 행동해야 하는지 잘 알고 있었다. 이런 상황이 발생하면, 배석은 조용히 위층으로 올라가 침실 벽장 속 짐 속에 몸을 숨기고, 큰 아이들은 문을 닫고 재빨리 큰 장식장 안으로 들어간 다음 그 안에서 문제의 상황이 사라질 때까지 조용히 기다려야만 했다.

≡

배석이 북한군을 두려워한 이유는 역설적이게도 그가 북한 출신이기 때문이었다. 그는 북동부의 산업도시에서 태어나 아홉 남매 중 맏아들로 자랐고, 17세가 되던 1946년 공산정권이 들어선 초기에 탈출했다. 그는 국경경비대를 피해 남쪽으로 이어지는 산길을 일주일 동안 걸었다. 돈 한 푼 없이 굶주린 배석은 38선을 넘어 남한 수도로 향하는 석탄 트럭에 올라탔다.

서울 어딘가에 친척이 살고 있다는 것을 알고 있었던 그는 오랜 수소문 끝에 북아현동 집에 석탄가루를 뒤집어쓴 채 나타났다. 고모와 고모부는 즉시 그를 데리고 들어갔다. 그들은 따뜻하고 너그럽고 친절한 보기 드문 사람들이었다. 당시 그들에게는 4명의 어린 자녀가 있었다. 그들은 교육을 받았고, 북한에 사는 배석의 가족과는 전혀 다른 삶을 살고 있었다. 소작농의 후손인 배석의 부모는 글을 모르는 상인이었다.

배석의 고모부 안성교는 꽤 주목받는 바이올리니스트이자 국립대학의 유명한 클래식 음악 교수였다. 그는 신동이었고, 도쿄에서 음악을 공부했으며, 인기 있는 4중주단의 일원으로 한국 전역에 방송되는 라디오 프로그램에서 정기적으로 공연을 했다. 그러나 집안의 선동가는 배석의 고모였다. 고모인 이옥선은 교사이자 시민운동가였고, 자신의 생각을 말하는 것을 두려워하지 않는 대담한 여성이었다. 이옥선은 여성신문을 발행했고, 1948년 런던 올림픽에 최초로 선수단을 파견할 때 남한올림픽위원회 조직위원이었다.

배석의 고모와 고모부는 그의 새로운 부모가 되었고, 배석이 의사가 되기를 권했다. 곧 그는 예비의과대학에 입학했다. 용돈을 벌기 위해 그는 서울의 서쪽 외곽 지역을 걸어 다니며 고모의 신문을 배달했다. 그런 다음 밤에는 미국 대사관 직원들이 사는 기숙사 단지에서 일했다. 이곳에서 그는 빠르게 영어를 배울 수 있었다.

배석은 종종 북한에 있는 가족을 생각했다. 그는 아버지와 어머니, 8명의 동생들이 그리웠다. 집을 떠날 때 겨우 세 살이었던 막내 여동생 순자가 과연 자신을 기억할까 걱정이 되었다. 그는 새로운 공산정권 하에 있는 가족의 운명에 절망했고, 다시는 볼 수 없을지도 모른다고 걱정했다. 국경 경계가 점점 더 강화되고 있어, 국경을 통과하는 자체가 점점 더 위험해지고 있었다.

어떤 날은 지독한 향수병이 배석을 괴롭혔다. 그는 서울에서의 새로운 생활이 행복했다. 하지만 이런 행복 속에서도 가끔은 자기만 이런 행복을 누려는 것에 대해 죄책감이 들 때도 있었다. 4년 동안 그는 이곳에서 고모와 고모부, 그리고 커가는 아이들과 함께 살았다. 1950년 초 옥선이 쌍둥이를 낳았다. 배석은 공부도 잘했다. 그는 의사가 되기 위한 길을 잘 가고 있었고, 미래에 대한 희망도 있었다.

그러다 1950년 6월 25일, 모든 것이 바뀌었다. 김일성의 공산군이 국경을 넘어 서울을 점령했다. 미 대사관에 근무하던 배석은 어느 날 창밖을 내다보다가 거리에 있는 전차를 보았다. 포탑이 빙글빙글 돌더니 전차포가 배석의 창문을 바로 겨누고 있는 것 같았다. 처음에 그는 남한 전차라고 생각했지만 곧바로 깨달았다. 그 전차는 소련제였다. 북한군이 이미 그곳에 있었던 것이다.

김일성의 북한군이 도시를 장악하자, 외국 고위인사들은 해외로 도피했고, 정부는 피난길에 올랐다. 남한의 빈약한 군대는 한반도 끝에서 방어태세를 갖추기 위해 남쪽으로 후퇴했다. 조선인민군이 권력을 장악하면서 서울은 격변의 소용돌이에 휩싸이게 되었다. 공산당 관리들은 반동분자로 의심되는 사람들을 체포하여 급조한 인민법원에 세웠다. 시민들이 공개적으로 '자아비판'을 하고 새로운 국가에 충성을 맹세하는 사상집회도 열렸다. 공산당은 스탈린과 김일성을 선전하는 대규모 군사퍼레이드를 펼쳤다. 라디오 방송국들은 평양발 방송을 전송하며 공산당 찬가와 신나는 소련 찬가를 내보냈다. 한편, 새로운 점령자들은 조상의 문화

유산을 파괴하는 만행을 저질렀으며, 정확하게 규정할 수도 없는 이른바 '인민의 적'을 처형하고 시체를 집단 무덤에 묻어버렸다. 3,000명 이상의 사람들이 목숨을 잃었다.

이 악몽 같은 혼란 속에서 배석은 어찌할 바를 몰랐다. 버려진 미 대사관은 북한군에게 점령되었고, 그는 직업을 잃었다. 그는 의학 공부도 포기했다. 배석은 거리에서 자신이 눈에 띄면 위험하다는 것을 깨달았다. 자신과 같은 징집 연령의 젊은이는 즉시 경찰들의 의심을 살 것이다. 북쪽에서 온 군인이라면 누구라도 배석의 말투를 듣고 그가 어디서 왔는지 알 것이다. 숨길 수 없는 사투리가 그의 정체를 노출시킬 것이다.

건강한 신체와 정신을 가진 북한 젊은이가 서울에 살면서 무엇을 하고 있었단 말인가? 그는 싸워야 했다. 그는 미국의 맹공에 대비해 그의 동무들과 함께 있어야 했다. 대답은 분명했다. 그는 인민의 적인 반동분자임에 틀림없었다.

그래서 고모와 고모부의 주장에 따라 그는 몸을 숨겼다. 거의 석 달 동안 그는 서대문 안인 북아현동 집에 숨어 있었다.

≡

이 집에서 위험에 처한 것은 배석뿐만이 아니었다. 옥선도 두려워할 만한 충분한 이유가 있었다. 거침없는 지역사회조직가community organizer, 신문편집자, 그리고 한국의 애국자인 그녀의 경력은 그녀를 큰 위험에 빠뜨렸다. 수년 동안 그녀는 영향력 있는 많은 사람들을 화나게 만들었다. 서울에 사는 많은 사람들은 그녀의 신문이 너무 공격적이고 신랄하다고 생각했다. 공산당 관계자들은 그녀의 신문사를 재빨리 폐쇄시켰고, 공식 당기관지만 허용하고 서울에 있는 다른 신문사들도 전부 폐쇄시켰다. 7월 어느 날, 헌병이 옥선을 찾아와 문을 두드렸다. 그들은 그녀를 근처 군기지까지 데려가서 꽤 오랫동안 심문했다. 그들은 그녀를 석방했지만,

매일 아침 찾아와 당국에 '보고하라'고 요구했다.

옥선은 아침마다 부지런히 그렇게 했다. 그러던 어느 날, 그녀는 군기지에 갔다가 다시는 돌아오지 못했다. 아무도 그녀를 다시 보지 못했다. 어떤 정보도 없었다. 그녀는 온데간데없이 사라져버렸다.

안성교는 최선을 다해 대처하려고 노력했다. 그는 아내의 실종에 대해 항의하지 않았다. 그렇게 하면 자신의 목숨이 즉시 위태로워질 것이라고 생각했기 때문이다. 그는 6명, 배석까지 포함하면 7명의 아이를 키워야 했다. 그는 침착한 체해야 했다. 그는 옥선이 아마 감옥에 갇힌 채 살아 있을 것이라는 희망으로 버텼다. 안성교는 도쿄에서 음악을 공부한 것이 자신에게 치명적일 수 있다는 것을 알고 있었다. 전쟁 시작부터 공산당원들이 다른 여러 표적들 가운데서 일본 '협력자'를 사냥하고 있다는 말을 들었기 때문이다.

안성교는 대학에서 계속 강의를 했고, 가끔 집에서 개인 교습을 하기도 했다. 그러나 어느 날 아침 학교에 갔다가 돌아오지 않았다. 그 역시 사라졌다. 배석은 다시는 그를 보지 못했다.

배석은 혼자서 아이 6명을 책임지게 되었다. 그는 고모와 고모부가 죽었다고 생각할 수밖에 없었다. 다행히 옥선에게는 서울 시내 다른 곳에 사는 신경이라는 언니가 있었다. 신경은 큰 위험을 무릅쓰고 배석이 아이들을 돌보는 것을 돕기 위해 음식을 가지고 집에 오곤 했다. 어느 날 오후 신경이 그 집에 있을 때 한 방문객이 문을 두드렸다. 신경이 겁에 질린 채 빗장을 열자, 놀랍게도 문앞에 소총을 든 북한군 병사가 서 있었다.

북한군 병사는 집 안 출입을 요구하며 들이닥치더니 가구들을 뒤엎고 서랍과 찬장을 뒤지며 수색하기 시작했다. 그가 무엇을 찾고 있는지 알 수 없었다. 그는 현관문 바닥에 무릎을 꿇고는 가지런히 놓인 신발들—대부분이 아이들의 신발이었다—을 살펴보았다. 그는 그중에서 어른 신발을 낚아채며 들어 올렸다. 배석의 것이었다. "이 고무신은 누구 거야?" 북한군 병사가 소리쳤다. "주인이 누구야!"

신경은 침착함을 유지했다. "그 낡은 신발요? 그거 내 남편 거예요. 오늘 남편은 장에 갔어요."

수상한 기미를 눈치 못 챈 북한군 병사는 신발을 내려놓고 떠났다. 윗층 벽장에서 떨고 있던 배석은 모든 대화를 들었다.

≡

미군이 다가오고 있었기 때문에 배석은 서울에서 새로운 폭력이 일어날까 봐 두려웠다. 북한군은 도시를 장악하려는 절박함에서 약탈, 강간, 보복살인 등 어떤 것이라도 저지를 수 있었다. 미군이 진입하면 집집마다 전투가 벌어질 것 같았다. 궁지에 몰려 비관한 점령군들이 덫에 걸린 호랑이처럼 민간인들을 맹렬히 공격할 것이라고 배석을 생각했다.

무더운 9월의 그 시절, 거리의 모든 소리가 그의 심장을 뛰게 했다. 그는 사촌들을 걱정했다. 그는 조국을 걱정했다. 이따금 그는 멀리서 몸서리치는 포격의 진동을 느낄 수 있었고, 비행기들이 머리 위에서 날아다니는 소리를 들을 수 있었다. 배석은 커튼의 작은 틈으로 밖을 유심히 살피면서 기다렸다.

Chapter 3

한강 도하

/

인천

● 미 제10군단의 병력들이 계속 항구로 진입하여 2만, 3만, 6만 명이 되었다. 만조 때마다 더 많은 상륙함들이 해협으로 들어왔다. 상륙함 해치에서 전차와 상륙장갑차, 견인포, 불도저와 지프, 그리고 끝없는 탄약 상자가 쏟아져나왔다. 침공은 이제 막을 수 없었다. 교두보는 성장하는 포자처럼 빠르게 확대되었다. 식량, 연료, 의약품, 발전기, 무선장비, 소총, 수류탄, 포탄 등 보급품이 부두에 가득 차 있었다. 어느 영국 기자의 말대로 "대규모 조직력의 귀재인 미국인이 그들이 할 수 있는 가장 빠른 속도로" 보급품을 계속해서 공급하고 있었다.

올리버 스미스 장군은 침공이 개시된 이후로 줄곧 마운트 매킨리 함에서 내리기를 간절히 바라고 있었다. 9월 16일 저녁, 스미스 장군은 마침내 방조제로 가는 차량에 탑승할 수 있었고, 제1해병사단 대원들이 저항군의 마지막 거점을 소탕하자 검게 그은 항구의 한구석에 사단본부를 설치했다. 불과 이틀 사이에 인천이 소탕되었다. 한 통신원은 "인천은 불에 다 타버려 다시는 사람이 살 수 없을 것처럼 보였다"라고 말했다. 이미 스미스는 북동쪽으로 24마일 떨어진 서울을 향해 시선을 돌리고 있었다.

맥아더가 참모들과 스미스(앞 열 왼쪽에서 세 번째)를 대동하고 폐허가 된 인천 항구를 의기양양하게 시찰하고 있다. 〈사진 출처: Naval History & Heritage Command〉

맥아더 장군은 여전히 자신의 숫자이론을 옹호하면서 9월 25일에는 서울을 반드시 점령해야 한다고 단호하게 주장했다. 맥아더에게는 서울을 점령하려면 먼저 전투를 치러야만 한다는 것보다도 날짜가 주는 상징성이 훨씬 더 중요했다. 그는 틀림없이 모든 지역에서 전투가 일어날 것이고 그들의 요구사항과 일정을 맞추려면 전술상의 까다로운 문제들이 발생할 수도 있다는 것은 전혀 신경쓰지 않았다. 스미스는 태평양에서의 경험을 통해 전투에 직면하게 되면 미리 정해진 데드라인은 지키기 어렵다는 것을 배웠다. 하지만 그는 최선을 다할 것이다.

맥아더는 폐허가 된 항구를 둘러보기 위해 참모들과 특파원들을 대동하고 의기양양하게 해안을 시찰하던 중 사단 지휘소에서 스미스를 만났다. 맥아더는 스미스에게 모든 부대를 동원해 서울로 밀고 들어가라고 재촉했다. 스미스는 이미 그렇게 하고 있었다. 그는 서울에서 가장 가까우며 가장 큰 활주로가 있는 김포비행장을 점령하기 위해 자신의 연대 중 하나인 제5해병연대를 북서쪽으로 보냈다. 또 제1해병연대를 보내 서울 근교 영등포로 이어지는 주요 도로를 점령했다. 그의 해병대는 이미 서울로 접근하고 있었다. 하늘에는 아군 비행기가 가득 차 있었고, 미군 포병들은 도시 외곽을 계속 공격하고 있었다. 군사작전은 순조롭게 진행되고 있었다.

그러나 몇 가지 장애물이 스미스의 앞을 가로막았다. 적군은 여전히 여러 마을을 점령하고 있었고, 일부 지역에는 지뢰가 매설되어 있었다. 그리고 어느 곳에나 저격수가 있었다. 그리고 한강이 있었다. 넓고 유속이 빠른 감조 하천(하천의 하류에서 밀물과 썰물의 영향을 받아 강물의 염분, 수위, 속도 따위가 주기적으로 변화하는 하천-옮긴이)인 한강은 한반도에서 가장 큰 수로 중 하나로, 강의 지류가 남북한 유역 멀리까지 뻗어 있었다. 한강은 태백산맥의 서쪽 경사면에서 흘러내려 풍요로운 충적평야에서 완만해졌다가 연안 섬의 미로를 따라 소용돌이 치며 서해로 흘러 들어갔다. 서울에 있는 한강은 강폭이 0.25마일(400m)이나 되었고, 바다와 진흙 냄새가 났고, 탁한 수로에는 동갈치와 큰가시고기, 숭어와 장어들이 가득했다.

스미스는 어떻게든 한강을 건너야 했다. 한강의 다리는 전부 파괴되었고, 당장 수리할 수 없었다. 그래서 공병은 즉석에서 무언가를 고안해내야 했다. 이제 인천상륙작전의 도전은 새로운 도전으로 바뀌었다. 어떻게 하면 1만 3,000명의 해병이 물살이 거세고, 가장 좋은 나루터는 이미 요새화되어 있으며, 강가는 진흙탕인 한강을 신속하게 건널 수 있을까?

≡

제10군단장 네드 알몬드 장군은 한강을 도하하는 방법에 대한 아이디어가 부족했다. 알몬드는 가교를 만들기 위한 부품의 공급을 도쿄에 요구하지 않고 이 문제의 해결을 스미스와 자신의 참모들에게 떠넘겼다. 이 육군 장군은 인천상륙작전과 마찬가지로 강을 건너는 것도 쉽게 해결할 수 있는 또 하나의 기계적인 문제일 뿐이라고 생각하는 듯했다. 스미스의 작전참모 알파 바우저Alpha Bowser는 훗날 다음과 같이 비웃었다. "알몬드 장군은 마치 한강에 5, 6개의 온전한 다리가 있는 것처럼 생각하는 버릇이 있었다. 물론 온전한 다리는 한 개도 없었다."

알몬드는 성스러운 데드라인인 9월 25일까지 서울에 도착하려는 맥아더의 열망을 충족시키는 데 모든 초점을 맞추고 있는 듯했다. 그는 참모들과 스미스에게 더 빨리 기동하라고 계속 재촉했다. 만약 강이 앞을 가로막는다면 어찌할 것인가? 스미스는 나중에 "속도와 대담함에 대한 조언은 부족함이 없었다"라고 썼다.

알몬드는 스미스에게 더 이상 "이보게 젊은이"라고 하지 않았다. 그러나 스미스는 제10군단장의 자질을 훨씬 더 중요하게 생각하기 시작했다. 무엇보다 우려스러운 것은 그의 성급함과 즉흥적으로 판단하는 경향, 그리고 추상적인 목표를 위해 마음대로 현장의 현실을 무시하려는 그의 태도였다.

유럽 전선 시절부터 알몬드의 스타일을 알고 있던 사람들은 그를 아드레날린에 흠뻑 젖어 혼돈을 즐기는 탁발수도승whirling dervish(이슬람교에서 황홀한 상태에서 빙글빙글 돌거나 격렬하게 춤추거나 노래 부르는 등의 법열적 의식을 행하는 수도승-옮긴이)처럼 여겼다. 그의 용기가 부족한 것은 분명히 아니었다. 그는 이탈리아 전선에서 자신의 안전을 거의 생각하지 않고 싸웠다. 그러나 그는 사소한 일까지 간섭하는 못 말리는 좀생이인데다가 쉴 새 없이 바쁘고, 리더가 되기에는 무능해 보였다. "우리는 그를 하드 차저hard charger(공격적이고 타인을 지배하려는 성격을 가진 사람-옮긴이)라고 불렀다. 그는 여러모로 자만심이 강한 사람이었다." 스미스의 작전참모 알파 바우저 대령이 말했다. 바우저가 생각하기에 알몬드는 "비정상적이고 변덕스러웠다." 바우저는 "만약 그에게 명백한 한 가지 잘못이 있다면, 나는 그것이 일관성이 없는 것이라고 말할 것이다"라고 덧붙여 말했다.

또한 알몬드의 성질 역시 유명했다. 한 역사가는 이렇게 말했다. "그는 조금만 화가 나도 고함을 질렀다." 알몬드는 주변에 긴 불안의 흔적을 남겼다. 그는 "주위에 아무도 없는 무인도에서도 위기를 초래할 수 있는 인물"로 알려져 있었다. 당시 알몬드의 보좌관이었던 알렉산더 헤이그Alexander Haig는 그를 "내가 아는 사람 중 가장 무모한 사람"이라고 평했다. 알몬드에게는 단 한 가지의 전투방식, 즉 공격밖에 없는 것 같았다. 계획과 사전 숙고는 그에게 어울리지 않았다. 그에게 전쟁은 앞으로 나아가고, 땅을 차지하고, 깃발을 꽂는 것이었다. 한 관찰자는 "공격적이어야 할 때 네드는 공격적이었다. 신중을 기해야 할 때도 네드는 공격적이었다"라고 썼다.

따라서 스미스도 공격적이어야 했다. 스미스는 한강 도하에 대한 해결책을 즉석에서 제시해야 했다. 1만 명이 넘는 대원들이 함정에서 육상을 공격할 때 신뢰성이 증명된 캐딜락Cadillac V-8 엔진 2대를 장착한 상륙장갑차에 가득 탑승한 채 강을 건너야만 했다. 더 큰 문제는 1대의 중량이 42톤이나 되는 해병대 전차와 같은 대형 장비를 어떻게 운반하느냐 하는 것이었다. 다양한 프로토타입을 시험한 끝에 공병은 대형 공기압 부교를 기반으로 한 어설퍼 보이는 보트를 설계해 제작했다. 한 기자는 기자들이 탑승한 바지선은 목재 매트리스에 지나지 않았지만, 효과가 있었다고 말했다. 시간이 좀 걸렸지만, 이 삐걱거리는 보트는 전차를 강 건너편으로 실어 옮겼다.

20일 새벽, 스미스는 높은 고지에서 첫 번째 도하 지점을 쌍안경으로 관찰했다. 그는 "적군의 사격이 심했지만, 우리 병력은 계속 진입했다"라고 썼다. 결연한 비버beaver(귓바퀴는 몹시 작고 뒷발에 물갈퀴가 발달하여 헤엄을 잘 치는 비버과의 포유류-옮긴이) 무리처럼 그의 부하들은 강물을 마구 휘저으면서 강을 건넜고, 보트의 흔적은 넓은 회색 수면 위에 매혹적인 V자 무늬를 남겼다. 먼 둑이 내려다보이는 푸른 고지에 위치한 북한군이 사격했지만, 해병대의 선봉은 강물을 헤치며 재빨리 강변에 다다른 뒤 고지로 올라가 적의 포를 침묵시켰다.

도하는 거의 완벽하게 성공했고, 스미스의 해병대는 곧 서울을 향해 돌진했다. 그들은 도로를 따라 행진하거나 트럭을 타고 계단식 언덕을 거쳐 수수밭과 추수 준비가 끝난 논, 푸른 정원과 열매가 달린 과수원을 지나갔다. 도중에 그들은 북한군 무리와 마주쳤으나 그 수는 별로 많지 않았다. 적은 교외에서 거의 저항을 하지 않았다. 서울 방향의 능선 위로 장작더미가 쌓여 있었고, 공기는 누런색 연기와 먼지로 물들었다. 도로가로 쏟아져 나온 시민들의 일부는 환호하거나 깃발을 흔들었고, 다른 일부는 혼란과 희망이 뒤섞인 심각한 표정으로 바라보고 있었다.

해병대가 서울로 바짝 다가서면 설수록 상황은 점점 더 절박해지고, 공포감은 점점 더 커져만 갔다. 도로는 길을 재촉하는 피난민들과 함께 허물어진 건물의 잔해와 엉킨 전선으로 혼란스러웠다. 마치 폭풍이 다가오고 있는 것 같았다. 제7해병연대에서 복무한 조지프 오언Joseph Owen은 “여자들은 머리에 커다란 소쿠리를 인 채 소지품으로 넘쳐나는 수레를 밀고 있었다”라고 썼다. “지저분한 아이들이 허리가 굽은 할아버지 할머니 옆에서 아장아장 걷고 있었고, 군인들은 아이들에게 사탕을 던져주었다. 나이든 사람이든 젊은 사람이든 한국인들은 사탕을 주우려고 흙 속을 뒤졌다.”

≡

해병대가 도시 외곽 지역을 수색하기 시작하면서 인명 피해가 확실히 늘어난 것은 무리한 맥아더의 데드라인 때문이라고 스미스는 생각했다. 스미스는 9월 25일이라는 날짜가 억지라고 생각했다. 그것은 신문의 헤드라인을 장식하기 위해 생각해낸 정치적 속임수에 불과했다. 스미스는

1950년 9월 18일 소탕작전 중 언덕 아래 북한군 진지에 포격을 가하는 미 해병대 3.5인치 바추카포 사수. 〈사진 출처: U. S. Marine Corps History Division | OFFICIAL USMC PHOTO | CC BY 2.0〉

자신의 해병대가 25일까지 서울을 점령하려면, 포격과 폭격을 집중해 도시 대부분의 지역을 폐허로 만들어야만 가능할 것이라고 생각했다. 그렇게 되면 서울은 심각한 피해를 입을 것이고, 민간인 사상자 수는 엄청날 것이다.

스미스는 200여 만 명이 사는 이 도시를 덜 파괴하고 점령할 수 있는 다른 방법이 있다는 것을 알고 있었다. 알파 바우저는 해병대가 "실패 없이" 서울을 점령할 수 있다고 주장했다. 그 방법이란 서울을 포위하여 적의 보급선을 차단한 후 수비군을 한 블록씩 몰아내는 것이었다. 그러나 이런 종류의 전투 방법은 맥아더가 정한 시간보다 더 많은 시간이 필요했다.

그래서 대포를 전진배치하여 도시 전역의 목표물을 "무력하게 만드는" 포격을 개시했다. 물론 이것은 서울 시민의 마음속에는 공포를 불러

일으킬 수 있는 파괴적인 포격에 대한 완곡한 표현에 지나지 않았다. 알몬드 장군은 적군이 산산조각이 날 것이라며 기뻐했다. 그는 그 과정에서 도시가 파괴될지도 모른다는 우려에 전혀 개의치 않는 것 같았다.

최고사령관도 그런 불쾌한 일들에 연연하고 싶지 않은 것 같았다. 맥아더는 자신이 완전한 승리를 거두기 직전이라고 느꼈고, 그 어떤 것도 자신의 행복감을 꺾을 수 없었다. 인천상륙작전은 대성공이었다. 그가 예언했던 모든 것이 실현되고 있었다. 그는 적을 기습하는 데 성공했다. 낙동강 방어선 근처에서는 북한군이 와해되고 있었고, 월튼 워커Walton Walker 장군이 지휘하는 제8군단을 비롯한 유엔군은 포위망을 뚫고 나갈 준비를 하고 있었다. 맥아더의 마음은 이미 전쟁의 끝에 가 있었다.

맥아더는 침공의 진전에 매우 기뻐하며 자신은 다음날인 9월 21일 아침에 도쿄에 있는 사령부로 돌아가고, 서울을 향한 진격은 알몬드와 스미스에게 맡기기로 결정했다. (인천상륙작전이 시작된 이래 맥아더는 단 한 번도 해안에 내리지 않고 모든 설비가 다 갖추어진 마운트 매킨리 함에서 허풍을 늘어놓고 있었다.) 맥아더가 보기에 서울 수복은 소탕작전에 지나지 않았다. 제2차 세계대전 내내, 그는 작전에 앞서 목표 지역에 평화를 가져오겠다고 공개적으로 선언하는 습관이 있었는데, 그의 이 오래된 습관은 여전했다. 그는 수도 서울 안에 3만 명 이상의 북한군이 포위에 대비해 진지를 구축하고 있다는 보도를 무시하는 것 같았다. 그는 도시가 며칠 안에 함락될 것이라고 주장했다. 북한군 수비대는 쉽게 궤멸될 것이라고 했다.

스미스 장군은 어리둥절했고, 자만에 가까운 맥아더의 자신감에 약간 놀랐다. 스미스는 맥아더와 함께 김포비행장으로 갔고, 그곳에서 최고사령관은 활주로 위에서 즉석으로 훈장수여식을 거행하여 모두를 놀라게 했다. 맥아더는 낮은 목소리로 스미스를 "용맹한 사단장"이라고 부른 뒤 스미스의 가슴에 은성훈장Silver Star(미군 3급 무공훈장-옮긴이)을 달아주었다.

은성훈장은 미군이 전투에서 승리했을 때 받을 수 있는 가장 영예로운 최고 훈장 중 하나였다. 이것은 엄청난 영광이었지만, 스미스는 이러한 행위에 굴욕감을 느꼈다. 이 행사는 시기상조처럼 보일 뿐만 아니라, 무엇보다도 자신이 은성훈장을 받을 만한 어떤 것도 하지 않았다고 생각했기 때문이다. 은성훈장은 적의 포화가 빗발치는 전선에서 영웅적인 행동을 한 사람들을 위한 것이었다. 스미스는 아내에게 "이 훈장은 전투에서 용감하게 싸운 이들을 위한 것"이라며 "사단장에게는 적절하지 않다"라고 말했다.

맥아더는 상관하지 않았다. 그는 이런 종류의 화려한 전쟁의식을 좋아했고, 진정으로 스미스가 훈장을 받을 만한 자격이 있다고 생각하는 것 같았다. 맥아더는 스미스와 악수를 나눈 뒤 도쿄의 안락함을 찾아 비행기에 올랐다.

맥아더에 대한 스미스의 불안감은 날이 갈수록 깊어지고 있었다. 그는 당혹감과 혐오가 담긴 엷은 미소를 지었고, 아침 햇살에 눈을 깜박이며 활주로에 시선을 두고 서 있었다.

그리고 다시 서울 점령 문제에 관심을 돌렸다.

Chapter 4

등대 아래

/

서울

● 북아현동 집 깊숙한 곳에서도 이배석은 올가미가 조여오는 것을 느낄 수 있었다. 미군은 서쪽에서 서울로 접근하고 있었고, 그들은 거리 단위로, 블록 단위로 압박하며 이웃을 파고들고 있는 것 같았다. 배석은 집 바깥, 녹음이 우거진 서대문의 교외를 가로질러 달리고 있는 지프와 트럭들의 소리를 들을 수 있었다. 하늘에는 전투기들로 가득 찼다. 그는 기관총과 박격포 소리도 들을 수 있었다. 집 창문이 끊임없이 덜컹거렸다.

동네 인근 명소였던 바위 너머에서 교전 소리가 들렸다. 때로는 아주 가까운 곳에서 들리기도 했다. 비명과 울음소리, 지직거리는 무전기 소리, 명령을 하달하는 소리가 밤늦게까지 들렸다. 서울을 향한 전투는 막바지에 접어들고 있었다.

배석과 사촌들은 먹을 것이 거의 남아 있지 않았다. 그렇게 오랫동안 갇혀 있었으니 당연했다. 그는 조카들을 계속 꾸짖으면서 조용히 하라고 주의를 주었다. 덥고 숨 막히는 집은 감옥이 되어버렸다. 그러나 배석은 자신들이 이 집에 좀 더 있어야 한다는 것을 알고 있었다. 그들에게는 선택의 여지가 없었다. 그는 지금이 가장 위험한 순간, 즉 결단을 내려야 하는 순간임을 감지했다. 미군이 이 도시의 중심부에 가까이 다가갈수록 북한군은 더욱 미쳐 날뛸 것이 뻔했다. 가장 위험한 순간은 북한군으로부터 해방되기 직전일 것이라고 그는 생각했다. 그러나 그는 낙관적이었다. 배석은 자라면서 들었던 표현 하나를 떠올렸다. "등대 바로 아래가 가장 어두운 곳이다."

주위가 조용해지자, 그는 북쪽에 있는 가족을 생각했다. 가족이 살아 있는지 궁금했다. 미군의 인천 침공은 그들에게 무엇을 의미할까? 서울을 점령한 후에도 미군은 계속해서 북한군을 쫓아내면서 북으로 갈 것인가? 김일성이 북한의 깃발 아래 나라를 통일하려 했던 것처럼 유엔도 남한의 기치 아래서 나라를 통일하려 할 것인가? 그렇다면 배석은 다시 한 번 가족을 만나게 될지도 모른다. 그는 그 생각에 기뻤고, 마음속으로 아름다운 고향의 모습을 떠올렸다. 그러면서도 또 다른 한편으로 가족이 너무나도 많은 남북한 사람들이 그랬던 것처럼 혼란에 휘말려 죽을 수도 있다고 걱정했다. 이 땅은 온도계처럼 수은주가 북쪽에서 남쪽으로 내려갔다가 다시 남쪽에서 북쪽으로 올라갔다. 어느 방향이든 온도계의 변화는 어딘가에 있는 누군가에게 비극을 의미했다.

며칠이 더 지난 9월 23일 오후, 서대문 위로 고요함이 감돌았다. 전투는 멈춘 것 같았다. 위층에서 창밖을 내다본 배석은 놀라운 광경을 포착했다. 동네에 많은 부대가 집결해 있었던 것이다. 그들은 행군하지 않고 둘러서서 담배를 피우며 이야기를 나누고 웃고 있었다. 인근에 차량들이 주차되어 있었고, 기관총 주변에는 모래주머니가 쌓여 있었다. 배석은 그들을 더 자세히 살펴보고 깨달았다. 미군이었다.

그 후 배석은 사려 깊지 못한 행동을 했다. 그는 계단을 뛰어 내려와 대문을 활짝 열어젖힌 다음 밖으로 뛰어나와 미군에게 달려갔다. 이웃에서 북한군 첩자 짓을 하는 누가 보고 있는지 알 수 없었다. 전투 중이라 신경이 날카로운 미군이 자신을 위협한다고 생각하고 그 자리에서 배석을 총으로 쏠 수도 있었다. 그러나 흥분한 나머지 배석은 조심성을 잃어버렸다.

"웰컴Welcome!" 그가 소리쳤다. "웰컴 아메리칸스Welcome Americans! 웰컴 투 서울Welcome to Seoul!"

그는 두 팔을 들고 다가가 활짝 웃었다. 그가 유창하게 대화하자, 미군들은 놀랐다. 대사관에서 일하면서 영어를 배운 보람이 있었다. 이 미군들은 제1해병사단 소속으로, 올리버 프린스 스미스 장군의 지휘 아래 있다고 했다. 그들은 담배 한 대와 껌 몇 개를 배석에게 권했고, 배석은 그들과 한동안 이야기를 나누며 서 있었다. 그는 자신의 창백한 얼굴이 부끄러웠다. 그는 마지막으로 밖에 나간 지 석 달이 다 되어 얼굴이 창백해진 자신의 모습에 당황했지만 기쁨을 감추지 못했다.

전투복을 입은 해병들은 햇볕에 그을리고 지저분하고 면도도 하지 않은 상태였지만, 자신들을 자랑스러워한다는 것을 배석은 느낄 수 있었다. 그들은 인천에 상륙한 뒤 배를 타고 한강을 도하해서 서쪽에서 서울을 공격했다고 말했다. 인근에서 벌어진 전투 중 일부는 끔찍했다. 배석은 집 근처 바위지대 너머에서 북한군과 미군의 시체를 보았다. 해군 의무대원들이 부상당한 전우를 찾기 위해 전사자 사이를 헤치고 다녔지만 헛수고였다.

배석은 미군에게 함께하고 싶다고 말했다. 그는 바위 밑에 집을 짓는 도마뱀처럼 어둠 속에서 사는 것이 지긋지긋했다. 그는 참호 앞에서 충성을 외치고 싶었다. 그는 전투의 일부가 되고 싶었다.

그는 흥분한 채 집으로 돌아왔다. 그러나 다음날 아침 다시 미군을 만나러 나갔을 때 그의 가슴은 철렁 내려앉았다. 해병대가 사라졌다. 하룻밤 사이에 전선이 변경되었던 것이다. 서대문은 다시 한 번 북한군의 점령 지역이 되었다. 배석은 열정적으로 미군을 환영하는 행동을 보임으로써 자신을 노출시켰을 뿐만 아니라, 사촌들까지 위험에 처하게 만들었다. 그는 자신의 어리석음을 저주하며 조용히 집으로 돌아와 문을 꽉 잠갔다.

Chapter 5

바리케이드 전투

/

서울

● 서울로 접근할수록 전투는 점점 더 격렬해졌다. 스미스 장군의 해병대는 인천에서 맞닥뜨리게 될 것이라고 예상했던 북한군의 저항을 이제서야 받기 시작했다. 북한 인민군 제25여단은 거의 모든 주요 교차로에 흙과 볏짚과 모래로 채워진 삼베 자루를 쌓고 초가집과 주택에 있는 가구와 잡동사니들로 보강해 만든 바리케이드를 설치했다. 북한군 저격수들은 지붕과 발코니, 높은 건물, 격납고, 지상 창문이 있는 지하실에 진지를 선정했다. 한편 거리에는 러시아제 지뢰들이 매설되었다. 도시의 모든 구석구석에는 부비트랩이 설치되어 있었다.

맥아더 장군은 서울 점령은 식은 죽 먹기라고 스미스에게 장담했었다. 그러나 맥아더는 그 광경을 끝까지 보기 위해 남한에 있지 않았다. 그는 700마일 떨어진 도쿄에서 자신의 궁정에 둘러싸인 채 세상과 격리된 그의 세계를 돌보고 있었다. 그는 서울 수복 과정에서 발생하는 골치 아픈 복잡한 상황에 신경쓰려 하지 않을 것이다. 그는 멀리서 지켜보다가 그 더러운 일이 끝나면 승리의 장소로 돌아올 것이다.

스미스는 자의적이고 인위적으로 설정된 데드라인에 맞춰야 했기 때문에 포병으로 도시를 초토화할 수밖에 없었다. 하기 싫은 결정이었지만, 일단 결정을 내리자 그는 자신의 무기를 아낌없이 사용했다. 한강을 따라 수마일 떨어진 곳에 자리 잡은 곡사포들이 화염을 토해냈다. 24시간이 넘도록 지축이 흔들릴 정도로 서울 땅은 심하게 요동쳤다. 종군기자 레지널드 톰슨Reginald Thompson은 "천천히 그리고 냉혹하게, 도시의 마지막 생명 하나까지 사정없이 강타했다"라고 썼다.

서울의 대부분이 불타고 있었다. 창문은 산산조각 났고, 보도는 구멍 투성이였으며, 건물들은 벽이 허물어지고 큰 구멍이 뚫린 채 난장판이었다. 한 해병은 "도시는 그야말로 엉망진창이 되어버렸다"라고 말했다. 잿더미가 거리를 뒤덮었고, 콘크리트 덩어리가 발밑에서 저벅거렸으며, 망가진 전선이 도로를 따라 뒤엉켜 있었고, 짐을 나르던 가축들이 거리를 뛰어다녔다. 공포에 질린 수천 명의 시민들은 어디로 가야 할지 모른 채, 대량살상으로 인한 죽음의 악취가 진동하는 짙은 연기 속에서 기침을 하고 울부짖으면서 이리저리 뛰어다니고 있었다. 한 기자는 "이렇게 끔찍한 해방을 겪은 사람은 찾아보기 힘들 것이다"라고 썼다.

폐허가 된 도시 속에서 해병대는 잔해를 헤치며 한 블록씩 전진했다. 타임-라이프Time-Life의 사진작가 데이비드 더글러스 던컨David Douglas Duncan은 "머리 위를 지나가는 총탄이 가까이에서 끊임없이 날아와 그들을 위협했기 때문에 그들은 몸을 구부리고 움찔했다 "라고 말했다. 해병대는 서울에 있는 장소들의 지명을 알지 못해 '넬리의 젖꼭지', '도살장 고지', '죽음의 능선', '피와 뼈의 코너' 등 자신들이 이름을 지어 불렀다. 한 기자는 "스미스는 마치 흰담비처럼 부하들을 서울 근교 두더지 고지에 배치했다"라고 썼다. 그들은 도시의 급경사면들을 넘어 작전했고, 때로는 동굴로 뛰어들어 화염방사기로 적을 제거했다.

그 후 해병대는 원래는 플라타너스 나무들이 늘어서 있는 넓고 곧은 도로였으나 지금은 훼손된 마포대로에 진입하여 중앙공원도로를 따라 달렸다. 퍼싱Pershing 전차는 잔해로 쌓인 아스팔트 위를 달리면서 포탑을 회전시켜 목표물을 공격했다. 그리고 이따금 건물 지붕 모퉁이를 타격하고, 목표물을 찾아 샛길로 들어가 그 목표물을 제거했다.

공병과 착검이 된 M1 소총을 휴대한 보병이 전차의 뒤를 따랐다. 눈이 충혈되고 얼굴이 검게 그은 대원들은 불길을 피하면서 뜨거운 열기를 막기 위해 두 손으로 얼굴을 가렸다. 그들은 탐색하고 웅크리고 또 탐색하면서 조심스레 기찻길을 지났고, 저격수의 사격을 피해 뛰어다녔다. 그리고 문을 발로 차고 울타리를 기어오르고 정원을 샅샅이 뒤졌다. 때때로 연기가 자욱한 건물 잔해 속에서 시신이 무더기로 쏟아져 나오기도 했다.

시가전은 해병대의 주특기가 아니었다. 제2차 세계대전에 참전했던 대원들은 해변이나 정글에서 싸우는 데 더 익숙했지만, 신경을 곤두세워야 하는 이 작전에 곧 적응했다. 한 바리케이드에서 다음 바리케이드로 스미스의 부하들은 조금씩 앞으로 나아갔다. 한 해병대 공병은 "거리 곳곳에서 더럽고 참담한 전투가 벌어졌다"라고 말했다. 그들은 박격포와 수류탄, 그리고 로켓포와 함께 백린탄으로 바리케이드를 폭파했다. 적색 예광탄이 연기가 자욱한 공기를 뚫고 날아가 모래주머니에 충돌하자, 기관총이 사격을 시작했다. 해병대는 저항하는 모든 사람을 죽였고, 어떤 대원은 적의 시체들을 보고 "피떡"이라고 불렀다. 항복한 북한군은 벌거벗은 채 무리 지어 이동했다.

폭파전문병들이 매설된 지뢰의 위치를 파악하고 무력화시키기 위해 앞으로 나아가는 동안, 다른 팀은 여러 은신처에서 적의 무장세력을 사냥했다. 해병대가 뒷골목을 지나갈 때면 화염병이나 폭탄이 든 가방이 창문에서 떨어지기도 했다. 한 해병은 "이러한 공격으로 인한 긴장감은 우리를 매우 예민하게 만들었다. 만약 자신의 어머니가 갑자기 우리 앞에서 뛰어나왔더라도 즉시 사살되었을 것이고, 아마 우리 모두는 환호했을 것이다."

그들은 천천히 마포를 따라 대사관과 주요 관공서, 기차역과 왕이 살던 덕수궁을 향해 나아갔다. 한 해병중대는 북한 저격수들로 편성된 수비대가 있는 가톨릭 성당을 공격해야 했다. 이 해병대원들이 발견한 성당은 공산당 본부로 개조된 상태였다. 벽에 있는 종교적인 그림들은 깨끗하게 지워졌고, 스탈린과 김일성의 거대한 포스터가 제단에 걸려 있었다. 미군 병사들이 한국 여성과 아이들을 학살하는 모습을 담은 선전 포스터도 있었다.

성당 안팎에서 전투가 벌어지자, 성당 바깥 나무 기둥에 매달려 있던 큰 종이 총알에 맞아 쨍그랑 소리를 냈다. 총격이 잦아들자, 용감한 한국 민간인 4명이 종탑에 올라가 기둥 위에 발끝을 딛고 섰다. 전쟁특파원 마거릿 히긴스는 "그들은 대담하게 하늘을 향해 손을 뻗어 종을 쳤다. 전투 소음 너머로 종소리가 선명하게 울려 퍼졌다"라고 전했다. 불타는 도시에 어울리지 않는 성스러운 소리였다. 종을 치던 사람들이 내려오더니 그중 한 명이 미군에게 "이것은 고맙다는 말입니다"라고 설명했다.

해병대가 만신창이가 된 서울의 심장부를 압박하자, 점점 더 많은 민간인이 거리로 쏟아져 나오기 시작했다. 타임-라이프의 데이비드 더글러스 던컨은 "어떤 사람들은 매우 흥분해 알 수 없는 말을 지껄이며 당황한 대원들에게 원치 않는 선물을 하는 등 마냥 행복해 보였다"라고 말했다. 레지널드 톰슨은 어떤 시민은 "시든 호두 같은 얼굴로 흐느껴 울면서 애처롭게 고마움을 전했다"라고 썼다. 그러나 대부분의 사람들은 톰슨이 표현한 대로 "기이하게 무표정한 얼굴"로 새로운 해방자들을 주시했다. 이들의 표정은 헤아릴 수 없는 고난을 견디고 일말의 행운을 믿고 있는 전쟁신경증에 걸린 사람들의 표정이었다. 톰슨은 "구원 과정에서 쓰리고 끔찍한 일들을 겪었다고 해서 우리가 구하러 온 이 사람들을 못 본 척하기는 어려웠다"라고 말했다.

≡

네드 알몬드 장군이 지금 가장 신경 쓰는 것은 속도였다. 그는 9월 25일까지 서울을 점령하겠다는 맥아더의 소망을 실현시키겠다는 일념뿐이었다. 그래서 알몬드는 지프와 헬리콥터를 타고 끊임없이 전장을 가로질러 전투지휘소를 방문했고, 정찰기에서 도시를 점검하면서 더 빠르고 과감한 공격 방식을 요구하고 있었다. 제10군단장은 스미스가 꾸물거리고 있다고 생각했다. "스미스는 내 생각만큼 속도를 내지 않았다"라고 말했다. 그는 훗날 "스미스는 요구받은 임무를 정해진 시간에 완수하지 못한 것에 대해 항상 변명했다"라고 말했다. 알몬드의 작전장교는 "급속한 기동이 절실한 상황"에서 해병대가 "분노할 정도로 신중했다"라고 주장했다.

스미스는 신중했다. 그는 꼼꼼한 기획자였다. 그렇게 타고난 면도 있었고 훈련을 통해서 그렇게 된 면도 있었다. 그는 알몬드의 끊임없는 자극에 분개했다. 그러나 스미스의 공격적 민첩성 부족은 두 사람의 관계를 악화시키는 한 가지 요인에 불과했다. 인천상륙작전 이후 두 사람 사이의 골은 더욱 깊어졌다. 부분적으로는 지휘 스타일의 문제 때문이었다. 스미스가 본 알몬드의 초기 인상은 다음과 같았다. 제10군단장은 허풍으로 가득 차 있었다. 그는 거드름 피우며 회의에 참석했고, 최소한의 논의 끝에 최소한의 지성에 근거한 선언을 한 다음 거드름을 피우며 나갔다. 그의 많은 자질 때문에 그를 존경했던 알렉산더 헤이그는 "그는 이 일을 할 수 없는 사람이라는 것을 인정해야 했다. 신뢰받기 위해서 그는 경험이 더 필요했다"라고 썼다. 헤이그는 알몬드가 "화를 잘 내고 한번 화를 내면 화산같이 폭발했다"고 말했다. "퉁명스러움은 그의 트레이드 마크였다." 그는 "회의적인 눈빛으로 가득한 싸늘한 푸른 눈을 가지고 있었으며… 부하들을 무자비하게 몰아세웠다." 일이 잘못되었을 때, 네드는 자기를 반성할 생각은 하지 않고 곧바로 부하들을 나무랐다.

사실 그는 이미 이런 성향으로 유명했다. 제2차 세계대전 동안, 그는 전부 흑인들로만 편성된 제92보병사단을 지휘하게 되었다. 당시 군대 내에서는 최남부에서 온 백인 장교들이 흑인 병사들의 독특한 요구와 버릇에 대처하는 데 준비가 가장 잘 되어 있다는 기이한 믿음이 있었다. 버지니아주 루레이Luray 출신으로 버지니아 군사학교Virginia Military Institute를 졸업한 알몬드도 여기에 동의했다. 그는 "사람들은 남쪽에서 온 우리가 흑인을 좋아하지 않는다고 생각합니다. 그러나 우리는 그들이 능력이 있다는 것을 잘 알고 있습니다"라고 말했다. (그리고 그는 다음과 같이 덧붙여 말했다. "그것이 사실이기는 하지만, 우리는 그들과 같은 테이블에 앉고 싶지는 않습니다.")

알몬드의 의심스러운 자질에도 불구하고 그가 소장으로 승진하여 이탈리아에서 흑인으로 편성된 사단을 지휘하게 될 정도로 육군 내에는 이런 편견이 널리 퍼져 있었다. 알몬드는 제92보병사단의 성과가 부진하자, 소위 "니그로Negro의 성격과 그 습관과 성향"을 거론하면서 사단의 단점을 전적으로 인종 탓으로 돌렸다. 그는 흑인 병사들은 게으르고, 무질서하고, 무관심하고, 비겁하고, 형편없다고 주장했다. 알렉산더 헤이그는 "그는 육군의 인종 통합을 믿는 사람이 아니어서, 나와 같은 사람들이 현실을 깨닫게 하기 위해서는 교육 혹은 그보다 더 강한 무언가가 필요하다고 생각했다"라고 썼다. 알몬드는 휘하의 흑인 병사들이 훈련에서 무엇이 부족했는지, 전장에서 무엇이 잘못되었는지에 대해서는 무관심했다. 문제는 그가 "불량품"이라고 불렀던 흑인 병사들을 배정받은 것이었다. 피해 대책 전문가임을 증명한 알몬드는 승진을 위한 길을 찾았다. 그는 군대에서 다시는 흑인을 전투부대에 배치해서는 안 된다고 상부에 적극 권고했다.

지금, 이 같은 인물이 아프리카계 미국인뿐만 아니라 푸에르토리코인, 한국인, 그리고 수많은 다른 나라의 군대로 구성되어 여러 언어를 사용하는 대규모 다국적 침공군을 지휘하고 있었다. 백인이 아닌 사람들에 대한 그의 편견은 한 치도 변함이 없었다. 알몬드의 인종적 편견은 적군에게까지 확대되었다. 그는 적군을 "국스gooks(아시아계를 비하하는 말-옮긴이)", "칭크스chinks(중국인을 비하하는 말-옮긴이)", 그리고 "런드리맨

laundrymen(세탁업자)"이라고 부르는 습관이 있었다. 그는 아시아군을 대수롭지 않게 생각했고, 그 마음을 숨기려고도 하지 않았다. 그는 결국 그들이 맞서 싸우지 않을 것이라고 확신했다. 이러한 그의 견해는 펠렐리우와 오키나와에서 일본 방어군과 싸운 경험이 있는 스미스의 견해와 상반되었다.

이와는 대조적으로 시민의 권리에 대한 진보적인 태도를 지닌 캘리포니아 출신의 스미스는 직접 제1해병사단의 통합을 감독했었다. 그의 감독 아래 흑인 병력의 입대와 훈련은 아무런 잡음 없이 이루어졌다. 스미스의 논리는 간단명료했다. 일단 해병대의 일원이 되면 인종은 전혀 문제가 되지 않는다. 해병은 해병일 뿐이라고 그는 말했다.

☰

스미스의 해병대원들이 서울로 진입하기 위해 전투를 벌이고 있을 때, 아주 사소한 미국 언론 보도가 알몬드와 스미스 사이의 반감을 심화시켰다. 그 주, 인천상륙작전이라는 블록버스터급 기사를 게재한《타임》지는 스미스를 표지인물로 선정했다. 알몬드는 스미스와 해병대에 관한 이 멋진 기사에 당황했다. 해병대가 침공에 앞장섰다고 하더라도 엄밀히 말하면 해병대는 알몬드의 제10군단의 지휘를 받는 부대였다. 알몬드는 만약《타임》지가 누가 보더라도 표지인물로 확실한 맥아더를 선정하지 않았다면 자신을 선택했어야 한다고 생각했다. 영향력 있는 뉴스 잡지가 스미스를 인천의 영웅으로 추대하기로 한 결정은, 제10군단이라는 어색한 조직 내에서 이미 긴장감의 원인이었던 해병대와 육군 상호 간의 질투심만 더욱 부추길 뿐이었다. (《타임》지를 좋지 않게 생각했던) 스미스는 대수롭지 않다는 태도를 보이며 인정해준 것은 좋았지만 "그것이 그 가치보다 더 많은 문제를 야기시켰다"라고 불평했다.)

해병연대가 수도로 진입하자, 스미스는 주로 전술과 관련하여 알몬드와 심각한 견해차를 보이기 시작했다. 제10군단장은 스미스가 서울을 공격하면서 다양한 진격로를 따라 해병사단을 나누어 도시 깊숙한 곳까지 진격한 다음 다시 집결하는 방법을 계속 제안했다. 스미스는 그 계획은 보급선이 복잡해질 뿐만 아니라 아군의 십자포화로 인해 사상자가 발생할 수도 있다고 말했다. 만약 이러한 작전이 정밀하게 실행되지 않는다면 자신의 부대가 서로를 향해 총을 쏠 수도 있다고 말했다. 스미스는 이른바 '화력의 조정'에 대해 거듭 우려를 표명했다. 스미스는 각 연대는 타 연대를 긴밀하게 지원하면서 한 발씩 전진하여 응집력 있는 전투력으로 사단을 온전하게 유지해야 한다고 생각했다. 그는 부하들을 여러 개의 독립된 부대로 쪼개지 않고 집중시켜야 한다고 믿었다. 스미스가 이런 여러 가지 문제를 제기했지만, 알몬드는 이를 무시했다.

그 뒤 스미스는 알몬드가 서울 도심에 있는 자신의 해병연대장에게 개인적으로 명령을 하달하고 있었다는 실망스러운 사실도 알게 되었다. 이러한 지휘체계 위반은 스미스를 격분시켰다. 그것은 전쟁터에서 혼란을 야기할 뿐이었다. 한 목격자에 따르면, 스미스는 "화가 머리끝까지 치밀어 올랐지만, 분노 표출을 자제하면서 알몬드에게 그것을 중지하라고 말했다." 그런 다음 "만약 제게 명령을 내리면 그것을 수행하겠습니다"라고 말했다.

알몬드는 뭔가 분명 오해가 있는 것 같다고 변명했고, 스미스의 부하들에게 그런 지시를 한 적이 없다고 부인했다.

"제 연대장들은 그런 인상을 받고 있습니다"라고 스미스가 짧게 반박했다.

"그럼 내가 그런 인상을 바로잡겠소"라고 알몬드가 말했다.

참기 힘들 정도로 어색한 상황이 지속되자, 그 상황을 지켜본 몇몇 사람들은 스미스의 공격적인 어조가 불복종이나 다름없다고 생각했다. 스미스는 걸핏하면 화를 내는 알몬드가 자신에게 반대하는 사람들을 즉석에서 제거해버리는 것으로 유명하다는 것을 잘 알고 있었다. 일설에 의하면, 그는 "자신에게 불만을 표출한 부하들을 제거하는 경향"이 있었다.

그러나 스미스는 알몬드가 도를 넘더라도 개의치 않았다. 그는 진심으로 알몬드의 판단에 대해 걱정하고 있었다. 알몬드는 스미스의 해병사단을 자신이 관리하려고 했는데, 이것은 스미스처럼 절차를 중시하는 사람에게는 모욕이나 다름없었다. 스미스의 경고성 발언에는 불쾌감이 묻어 있었다. 스미스는 알몬드가 다혈질적인 충동과 원초적인 편견을 가진 존재이며, 홍보에 지나치게 초점을 맞추는 정치적 도구이자, 도쿄에 있는 어떤 권위자를 기쁘게 하는 데 에너지를 쓰는 사람이라고 생각 했다. 무엇보다도 최악인 것은 알몬드가 제1해병사단 대원들의 목숨뿐만 아니라 서울 시민의 목숨까지도 위험하게 만드는 무모한 행동을 하고 있다는 것이라고 스미스는 생각했다.

≡

9월 25일이 되었지만, 서울은 여전히 함락되지 않고 있었다. 해병대원들은 시내 곳곳에서 치열한 총격전을 벌이고 있었다. 그러나 알몬드 장군이 수도 서울을 점령하고 해방시켰다는 공식 성명을 발표하는 것을 막을 수는 없었다. 성명서에는 "북한군이 38도 선 이남에 대한 기습공격을 감행한 지 3개월이 지난 오늘, 제10군단의 전투부대는 수도 서울을 탈환했다"라는 내용이 적혀 있었다.

해병대는 알몬드의 발표를 비웃었다. 불타는 도시의 거리에서는 아직도 사람들이 싸우며 죽어가고 있었다. 맥아더는 설사 그것이 진짜 해방이 아니더라도 정해진 날짜까지 점령을 완료하려고 했다. AP통신의 한 특파원은 "서울이 해방되었다고 하지만, 남아 있는 북한군은 그 사실을 몰랐다"라고 비꼬았다.

그러던 9월 25일 저녁, 스미스에게 알몬드에 대한 최악의 의심이 확고해지는 사건이 발생했다. 그날 밤 스미스는 알몬드로부터 많은 수의

1950년 9월 25일 제1연대장 루이스 B 풀러 대령(왼쪽)과 부사단장 에드워드 크레이그 장군(오른쪽)이 사단 지휘소에서 이야기를 나누고 있다. 〈사진 출처: U. S. Marine Corps History Division | OFFICIAL USMC PHOTO | CC BY 2.0〉

'퇴각하는 적'을 추격하라는 매우 혼란스러운 명령을 받았다. 당시 스미스의 해병연대는 도시의 여러 지역에서 총격전을 벌이고 있었다. 그들은 적이 퇴각하고 있는 모습은 보지 못했다. 반대로 그날 밤 북한군은 강력한 반격을 시작했다. 그러나 알몬드는 스미스의 해병대에게 현재 벌어지는 치열한 전투상황에서 벗어나 낯선 도시의 칠흑같이 어두운 시내에서 '탈출'하는 수천 명의 북한군을 추격하라고 요구했다. 해병대 정찰대가 확인한 바에 따르면, 그들은 존재하지 않았다.

스미스는 그 명령이 잘못되었다는 것을 감지했다. 희망적인 생각에서 비롯된 잘못된 정보에 근거한 것 같았다. 그는 알몬드가 "모든 상황을 깊이 고려하지 않고 충동적으로" 명령을 하달했다고 믿었다. 스미스는 그 임무가 미친 짓이라고 생각했다.

그러나 명령은 명령이었고, 스미스는 부하들에게 하달할 수밖에 없다는 것을 알고 있었다. 그는 자신의 연대장 중 한 명인 레이 머레이Ray Murray 대령에게 무전을 보내 명령을 하달했다. 머레이는 격렬하게 항의했다. 머레이는 무전을 통해 "추격을 할 수 있는 병력이 없습니다. 지금 당장 처리해야 하는 현장에서 지옥 같은 전투를 하고 있습니다"라고 외쳤다.

스미스 장군은 신중하게 말했다. 그는 "자네의 문제는 이해하네. 하지만 추격을 개시하라는 제10군단의 직접 명령이 있었네"라고 말했다. 스미스의 차분한 어조에는 다음과 같은 외교적인 숨은 의미가 담겨 있었다. 명령을 들어라. 그리고 즉시 잊어라.

머레이는 "예, 예, 알겠습니다!"라며 명령을 수령한 뒤 전투에 복귀했고, 그날 밤과 다음날까지 이어진 전투에 연대 전투력을 투입했다. 그는 결코 '후퇴하는' 적을 추격하지 않았다.

이런 모든 일이 혼란스러웠지만, 스미스는 다음과 같은 중요한 교훈을 얻었다. 앞으로 그는 네드 알몬드 장군과 아슬아슬한 줄타기를 해야만 한다. 그는 알몬드로부터 명령을 받을 때마다 샅샅이 살피고 면밀히 검토했다. 그는 제10군단장을 존중하는 방법과 함께 그를 무시할 방법도 찾아야 했다. 자신의 해병대원들의 목숨이 거기에 달려 있었다.

Chapter 6

우리 민족의 구세주

/

서울

● 9월 29일 이른 아침, 맥아더 장군과 그의 아내 진Jean은 도쿄에서 비행기에 탑승해 몇 시간 후 9시 30분에 김포공항에 도착했다. 최고사령관은 남한 정부의 열쇠를 이승만 대통령에게 상징적으로 넘겨주는 공식 기념식을 주관하기 위해 왔다. 그날은 더글러스 맥아더가 가장 좋아하는 위풍당당한 승리의 날이었다.

맥아더는 오랫동안 군대라는 무대의 주인공이었고, 군인과 정치인 사이에서 사진이 잘 나오는 자리에 자신을 배치하는 재주가 있는 사람이었다. 그는 필리핀에서도 그랬는데, 당시 그는 레이테Leyte 해안에 상륙하면서 "내가 돌아왔다"고 세상을 향해 발표했다. 그는 히로히토裕仁 일왕으로부터 항복문서를 받았지만, 미주리 함USS Missouri에서 다시 항복행사를 열었다. 오늘은 역사적인 순간이었고, 미국인 카이사르Caesar에게 또 다른 월계관이 주어지는 순간이었다.

엄밀히 말하면 서울은 여전히 함락되지 않았기 때문에 맥아더가 세상에 공표한 것은 상당히 솔직하지 못한 일이었다. 아직도 전투가 진행되고 있었지만, 맥아더의 사람들은 사진 촬영을 할 수 있을 만큼 지상의 상황이 안정적이라고 선언했다. 그들은 공항에서 오는 주요 도로를 청소했다. 최악의 화재를 진압하고 도랑에 소독약을 뿌렸다. 갈라진 곳과 구멍을 메우고, 잔해물을 긁어내고, 뒤엉킨 전선을 제거했다. 스탈린의 포스터, 김일성의 동상, 북한 인공기를 제거했다. 이제 서울은 해방자를 맞을 준비가 되었다.

맥아더 부부는 이승만 대통령과 함께 화려한 오성 번호판을 단 쉐보레 자동차에 올라탔다. 차량이 굉음을 내며 출발했고, 이어 40대의 지프가 따라오는 자동차 행렬이 이어졌다. 그들은 지난 며칠 동안 해병대 공병이 존 패트리지John Partridge 중령의 감독 아래 24시간 내내 일하여 훌륭한 부교를 만든 한강을 편안하게 건넜다. 서울로 향하는 길에는 25야드마다 경계병이 차려자세로 서 있었다. 환호하는 수백 명의 어린이들이 종이로 만든 태극기를 흔들었다. 기뻐하는 군중들에게 미소지으며 손짓하는 맥아더는 기분이 좋아 보였다.

그러나 차량 행렬이 시내로 들어서자, 그의 표정은 심각해졌다. 그는 서울이 얼마나 황폐해졌는지 알지 못했던 것이다. 한 블록 한 블록을 지나면서 골격만 남은 건물들은 연기에 휩싸여 있었다. 차량 행렬은 잔해더미를 피하기 위해 방향을 틀어야 했다. 검게 그은 돌과 무너진 건물 잔해들이 마구 뒤섞인 모습은 아마겟돈Armageddon을 방불케 했다. 전쟁터를 떠나 있던 맥아더 장군은 그 광경을 보고 정신이 번쩍 든 것 같았지만, 그때나 나중에나 이 파괴의 원인이 자신이나 자신이 내린 결정과 관련이 있다는 것을 전혀 인식하지 못했다.

자동차 행렬이 서울 중심부에 가까워질수록 맥아더와 수행원들은 죽음의 악취를 더 많이 맡을 수 있었다. 전투의 마지막 날, 서울은 골육상잔의 광기가 가득했다. 공산군은 진지를 포기하기 전에 여성과 어린이, 노인, 한국군 가족, 친미 성향의 사람들에게 복수했다. 수천 명이 처형되었다. 미군은 대규모 묘지를 발견했고, 시체가 쌓여 있는 집들을 발견했다.

광이 나는 헬멧을 쓰고 새하얀 장갑과 윤이 나게 닦은 부츠를 신고 교통을 통제하고 있는 헌병의 안내에 따라 마침내 맥아더와 보좌관들은 덕수궁에 이르렀다. 중앙청 건물에서 맥아더는 자신이 가장 좋아하는 장교인 네드 알몬드 장군을 포함한 몇몇 장교들에게 훈장을 수여했다. 맥아더는 인천에서 결정적인 협공을 지휘한 '용감함의 전형"이라며 알몬드에게 공로십자훈장Distinguished Service Cross을 수여했다.

그리고 정오 무렵, 맥아더는 창문에 화려한 보라색 벨벳이 드리워진 중앙청 로비로 들어섰다. 이승만의 팔을 잡고 계단을 천천히 내려가자 로비는 조용해졌다. 사진기자들은 난간에서 떨어져 있었다. 로비에는 유리로 된 커다란 원형 홀이 있었는데, 천장에는 산산조각이 난 유리 조각들이 매달려 있었다. 먼 곳에서 포성이 들릴 때마다 유리 조각들이 천장에서 바닥으로 떨어져 쨍그랑 소리를 내며 박살이 났다. 이것은 서울에서 아직 전투가 끝나지 않았음을 일깨워주었다.

올리버 스미스는 먼지투성이 녹색 군복을 입고 서서 장교 몇 명과 함께 행사 진행 과정을 지켜보았다. 스미스는 그 모든 일이 못마땅했다. 그는 아직도 연기를 내뿜고 있는 도시 한복판에서 이렇게 공개 행사를 거행하는 것은 현명하지 못한 일이라고 생각했다. 더 못마땅한 것은 그와 해병들이 이 행사를 위해 탐탁치 않은 경호 임무를 부여받았다는 것이었다.

스미스의 부하들은 중앙청 주변의 넓은 지역을 봉쇄하고 순찰해야 했으며, 맥아더와 수행원들의 안전을 책임져야 했다. 이 일은 스트레스가 많은 임무였다. 어느 한곳에 숨어 있는 저격수 한 명, 잘 설치된 폭탄 한 개는 스미스가 책임져야 할 국제적 비극을 초래할 수 있었다. 그는 다른 곳에서 싸우고 있어야 할 많은 수의 해병이 이 불필요한 행사에 투입된 것을 못마땅하게 생각했다.

최고사령관이 연단으로 다가갔다. 그는 경건한 표정으로 머리를 숙인 채 주기도문을 낭송했다. 그러고는 감정에 북받쳐 떨리는 목소리로 이렇게 말했다. "자비로우신 하나님의 은총으로, 세상에서 가장 큰 안식처이자 인류에게 영감을 주는 유엔의 기치 아래 싸우는 우리 군대는 이 오래된 한국의 수도를 해방시켰습니다." 그가 이승만을 향해 고개를 돌리자 그의 눈에서 눈물이 주르르 흘러내렸다. 그는 "대통령님, 나의 장교들과 나는 이제 군 복무를 재개하고, 대통령과 대통령의 정부에게 시민들에 대한 책임의 이행을 맡기겠습니다"라고 말했다.

포성이 다시 울렸고, 천장에서는 더 많은 유리 파편이 떨어졌다. 스미스의 장교 중 한 명은 농담 반 진담 반으로 이곳이 전선보다 더 위험하다고 말했다.

일흔다섯 살의 독재자 이승만은 단상에서 몸을 돌려 맥아더의 손을 꼭 잡았다. 이승만 대통령은 눈처럼 흰 머리에 선명한 회색 정장을 입고 있었다. 그는 인생의 상당 부분을 도망자나 망명자로 살았으며, 한때 일본 장교들로부터 끔찍한 고문을 당해 손가락에 화상을 입었다. 하버드Harvard와 프린스턴Princeton에서 공부한 그는 완벽한 영어를 구사했고, 자신을 맥아더의 절친한 친구로 여겼다. 그는 시선을 최고사령관에게 돌리며 말을 시작했다. "우리는 당신을 존경하오. 우리는 우리 민족의 구세주로 당신을 사랑하고 있소. 나와 대한민국 국민의 영원한 감사를 말로는 다 표현할 수 없다오."

그런 다음 이승만은 군중을 바라보며 남한 사람들의 마음속에 깊이 자리한 희망을 말로 표현했다. 그는 "부디 우리 아들의 아들이 오늘을 뒤돌아보고 오늘을 통합과 이해, 용서의 시작으로 기억하길. 오늘이 억압과 복수의 날로 기억되지 않기를."

이승만이 연설할 때 청중들은 멀지 않은 곳에서 들려오는 총성을 들을 수 있었고, 열린 창문을 통해 부패하는 시체의 악취가 계속 흘러들어왔다. 그러나 행사가 무사히 끝나서 스미스는 다행스러웠다. 맥아더는 자신의 차량을 타고 곧장 공항으로 향했다. 몇 시간 후 맥아더는 다시 도쿄의 미국 대사관에 파묻혔다. 한편 스미스 장군은 상징적인 임무가 아니라 실제로 당면한 북한의 마지막 잔병을 뿌리 뽑고 서울을 해방시키는 임무로 돌아왔다.

三

이미 맥아더는 더 큰 성과를 노리고 있었다. 그는 수도 서울을 해방시키고 남한을 전쟁 이전 분단선으로 복귀시키는 것에 만족하지 않았다. 인천-서울 군사작전의 성공은 너무나 극적이었고 전세戰勢를 역전시킬 만큼 완벽했기 때문에 최고사령관은 저멀리 북쪽으로 밀고 올라가려는 야망을 품고 있었다. 갑자기 그는 완벽한 승리가 자신의 손아귀 안에 있다는 것을 느낄 수 있었다. 그는 자신의 군대가 38선을 넘어 후퇴하는 김일성 군대의 마지막 패잔병들을 모조리 제거할 수 있다는 것을 알고 있었다. 그런데 왜 38선에서 멈추는가? 왜 평양을 점령하지 않는가? 압록강까지 몰아붙여 한반도 전체를 통일하면 왜 안 되는가?

그렇게 한다면 그것은 정말 큰 승리가 될 것이고, 공산주의, 스탈린, 모든 곳의 전체주의 정권에 큰 타격을 줄 것이다. 맥아더가 해낼 수만 있다면, 그것은 그의 경력에서 최고의 순간이 될 것이다.

워싱턴에서는 합동참모본부가 희미한 그 가능성을 인식하기 시작했다. 트루먼 대통령과 딘 애치슨Dean Acheson 국무장관도 마찬가지였다. 인천상륙작전 이후 분위기는 순식간에 침울함에서 흥분으로 변해 있었다. 행복감이 정부청사를 가득 메웠으며, 사소한 의심을 제기하여 분위기를 깨는 것에 신경 쓰는 사람은 거의 없었다.

거의 모든 사람이 수확이 가능할 만큼 열매가 잘 익었다는 것을 알 수 있었다. 미국인들은 김일성을 도망치게 했다. 맥아더는 화력과 추진력을 가지고 있었고, 유엔을 자기편에 두고 있었다. 더 이상 그의 앞을 막는 장애물은 없었다. 38선은 어쨌든 인공적인 경계선이었고 지도 제작자들이 만들어낸 지도상의 선일 뿐이었다. 맥아더는 몇 년 전에 38선은 "현대 역사에서 가장 큰 비극 중 하나이다. 이 장벽은 반드시 무너질 것이다"라고 말했다. 이제 그것이 그의 손이 미치는 곳에 있는데, 왜 계속 가서는 안 되는 것인가?

그래서 판이 커졌고, 그 임무는 아주 천천히 진행되었다. 만일 그것이 자만심이었다면, 맥아더뿐만 아니라 모든 사람이 묵인해온 자만심이었다. 이후 에이브럴 해리먼Averill Harriman 국무부 특사는 "'아니오'라고 말하기 위해서는 초인적인 노력이 필요했을 것"이라고 말했다. "심리적으로 일을 끝내지 않는 것이 거의 불가능했다."

이 시점에서 사실상 맥아더를 막을 수 없을 것 같았다. 인천상륙작전의 놀라운 성공 이후, 그의 주가는 오를 대로 올라 있었다. 그의 논리나 통찰력에 이의를 제기하는 사람은 거의 없었다. 어느 저명한 육군 장군의 말에 따르면, 만약 맥아더가 자신의 부대에 물 위를 걸으라고 명령하면, "기꺼이 그것을 시도하는 사람이 있었을지도 모른다." 애치슨 장관은 그를 "인천상륙의 마법사"라고 불렀다. 지난 몇 주 동안의 놀라운 전환 이후, 애치슨은 "이제 맥아더를 멈추게 할 수는 없다"라고 말했다.

도쿄로 돌아오자마자, 맥아더는 조지 마셜George Marshall이 보낸 "일급기밀" 긴급 통신문을 받았다. 마셜 국방장관은 맥아더 최고사령관에게 38선을 넘어 그가 필요하다고 판단하면 신속하게 멀리까지 진격할 수 있는 권한을 위임했다. 글자 그대로 맥아더는 그가 원하는 곳이면 어디든지 갈 수 있는 통행증을 발급받은 상태였다. 마셜 국방장관은 "전술적으로나 전략적으로 구애받지 말고 38선 이북으로 진격해도 좋다"라고 보증해주었다. 이 문서는 트루먼 대통령의 승인을 받은 것이었다.

다음날인 9월 30일이 되자 맥아더는 벌써 그에게 주어진 행동의 자유를 즐기고 있었다. 그는 "나는 북한이 우리의 군사작전에 무방비상태라고 생각합니다"라고 워싱턴에 전보를 보냈다. 북한 상공에서 무자비한 폭격이 시작된 이후로 3년간 거의 멈추지 않고 계속되었다. 이로 인해 북한의 거의 모든 도시와 마을, 기반시설이 파괴되었다. 전쟁이 끝날 무렵에는 수백만 명의 민간인이 목숨을 잃었다. 국무부 관리인 딘 러스크는 "북한에서 움직이는 모든 것과 모든 구조물을 폭격하는 것이 명시된 국무부 정책이었다"라고 썼다.

이런 대규모 참사가 공중에서 진행되자, 맥아더는 공식적으로 북한에게 항복을 요구했다. 김일성에게 "당신의 군대와 전쟁수행 능력의 완전한 파괴는 이제 불가피하다"라고 썼다. "나는 당신과 당신의 지휘하에 있는 병력이 즉시 무기를 내려놓기를 바란다." 김일성은 아무런 대답도 하지 않았다.

10월 1일, 한국군 1개 대대가 유엔군 중 처음으로 38선을 넘어 진군했다. 며칠 안에 많은 수의 미군이 그들의 뒤를 이었다. 군용차량들이 평양을 향해 북쪽으로 진격하자, 맥아더는 워싱턴의 전폭적인 지지를 계속 누렸다. 트루먼 행정부는 맥아더에게 한 가지를 경고했다. 그것은 바로 중국이나 소련이 전쟁에 개입할 수도 있으니 이들의 전쟁 개입 징후 유무를 포착하기 위해 경계를 늦춰서는 안 된다는 것이었다. 그들이 개입했다는 징후를 포착하면 곧바로 맥아더는 진격을 중지해야 했다.

≡

며칠 안에 스미스의 해병대는 남한에 마지막까지 남은 북한군을 물리쳤다. 마침내 수도 서울은 평온해졌다. 그의 부하들은 서울의 북쪽과 동쪽으로 기동하여 의정부로 가는 길목에 있는 산에 차단선을 구축했다. 그곳에서 그들이 부여받은 임무는 국경을 향해 북쪽으로 쇄도할지도 모르는 김일성의 병력을 격파하는 것이었다.

스미스는 서울 외곽의 낡은 의료 건물에 임시 사단본부를 설치했다. 방들은 여전히 석탄산carbolic acid(살균제·소독제로 쓰는 화학물질-옮긴이)의 톡 쏘는 냄새가 풍겼다. 어느 방에는 영안실 판자처럼 보이는 것이 있었는데, 스미스는 그것을 보면 "우울해진다"는 이유로 그것을 없애버렸다. 그와 그의 장교들은 건물 안을 정리하기 시작했다. 그는 양동이와 휴대용 물통을 이용하여 오랜만에 목욕을 했다. 평생 화초를 기른 장군은 뒤쪽에서 정원을 발견하고는 기뻐했다. 정원은 잡초들로 뒤엉켜 있었지만, 그는 그곳에서 매일 싱싱한 꽃들을 꺾어 식탁을 장식할 수 있었다.

맥아더 장군의 계획에 따르면, 제1해병사단을 포함한 제10군단은 몇 주 안에 북쪽으로 향하게 되어 있었다. 그러나 그들은 지상에서 진격하지 않을 것이다. 대신 그들은 인천으로 돌아와 배에 짐을 싣고 한반도 주변을 순항하면서 해안을 따라 멀리 북한 주요 항구인 원산을 향해 항해할 것이다. 그곳에서 또 다른 상륙작전을 실시하고, 이어서 압록강 방향으로 진군하면서 북한 동부의 험준한 산속으로 진격할 것이다. 한편 월튼 워커Walton Walker 장군의 제8군단은 낙동강 방어선을 돌파한 뒤 북한의 수도 평양을 점령하고, 한반도 서쪽을 따라 진격할 계획이었다. 이러한 지휘 분할 전략은 2개의 대규모 전력이 통행이 어려운 산악지대로 분리된 채 동시에 북쪽으로 나아가야 했기 때문에 매우 복잡해 보였다. 하지만 사람을 현혹시키는 복잡성이야말로 맥아더가 원하는 것이었다.

10월 11일 스미스는 인천으로 돌아와 마운트 매킨리 함의 선실에 숙소를 마련하고, 그곳에서 원산상륙작전 계획을 구상했다. 그의 해병들은 부대 단위로 담당지역에서 복귀하여 배에 탑승할 준비를 했다. 일부는 인천의 뒷골목을 경험할 수 있는 시간을 가졌다. 제7해병연대의 조지프 오언의 말에 따르면, 그들은 "초라한 술집을 자주 찾았다. 여자들도 많았지만, 위스키가 죽여줬다."

바다 위에 떠다니는 사무실에서 일하고 있던 스미스 장군은 한국에서의 임무가 더 크게 바뀐 듯하여 마음에 들지 않았다. 그는 계획의 임시적 성격, 알몬드 장군의 불분명한 목적의식과 과잉반응에 의구심을 품고 있었다. 그들은 북쪽으로 향하고 있었지만, 아무도 얼마나 멀리 갈지 모르는 것 같았다. 최종 단계는 명확하지 않았고, 시간계획표도 없었다.

그는 아내 에스더에게 보내는 편지에 "한국에 얼마나 있을지 모르겠소"라고 썼다. "지금쯤이면 우리는 한국을 떠났을 것이라고 생각했소. 38선 북쪽으로 가지 않았더라면 그랬을 거요."

그는 또한 밤이 얼마나 쌀쌀해졌는지에 대해서도 언급했다. 그는 가을이 온 것을 느낄 수 있었다. 살을 에는 듯한 냉기가 느껴졌다. 그는 전투복 안에 스웨터와 모직 속옷을 입고 있었다. 그는 에스더에게 다음과 같이 썼다. "겨울에 이 나라에서 작전할 일이 없었으면 좋겠소."

Chapter 7

신의 심복

/

서태평양 웨이크섬

● 일출 직전, 바스락거리는 야자수 너머 수평선 위로 비행기 한 대가 굉음을 내며 날고 있었다. 프랫 앤 휘트니Pratt and Whitney 엔진 소리는 하얀 산호 해변에 부서지는 큰 파도와 어울어져 점점 더 커졌다. 아침 6시인데 이미 무더웠다. 날짜변경선에서 약간 서쪽으로 떨어진 바다 한가운데에 있는 이 작은 미크로네시아 환초에는 팬아메리칸 항공사Pan American Airlines가 지은 막사가 태풍의 피해를 입은 채 줄지어 있었다. 제2차 세계대전의 녹슨 유물들이 파도 속에 반쯤 잠겨 있었다. 수세기에 걸쳐 이 외로운 해안에는 조난자, 난파된 정복자, 포경 선원, 상인들이 왔으며, 1900년대 초에는 한동안 일본인들이 구아노, 검은등제비갈매기, 푸른얼굴얼가니새, 검은 발을 가진 알바트로스처럼 화려한 색상의 깃털을 가진 이국적인 새들을 찾으러 이곳에 왔다. 웨이크섬Wake Island은 대부분의 역사 동안 무인도였지만, 적어도 자랑할 만한 현대적 장점이 하나 있었다. 사방 천 마일 범위 내에서 비행장 하나를 수용할 수 있는 곳은 웨이크섬이 유일했기 때문에 웨이크섬은 멀리 떨어진 미 제국의 바다 한가운데 있는 주유소가 되었다. 1950년 10월 15일 일요일, 더글러스 맥아더는 부서진 산호 옆 활주로에 서서 다가오는 비행기가 착륙하기를 기다렸다. 장

군은 금빛으로 된 육군 야전모를 쓰고, 양쪽 깃에 별 5개가 달린 편안한 카키색 셔츠를 입고 있었다.

맥아더는 바쁜 사령부에서 단 1분이라도 불려 나오는 것을 싫어했다. 그는 한 기자에게 "하나님이나 미국 정부만이 나의 사명을 완수하는 것을 막을 수 있다"라고 말한 적이 있다. 그러나 지금 그는 도쿄에서 2,000마일 떨어진 이곳에 서 있었다.

밝은 은빛과 푸른빛을 발하는 프로펠러 항공기는 섬 내부의 석호 위를 날았다. 장군은 그것이 해리 S. 트루먼Harry S. Truman의 전용기인 인더펜던스Independence임을 알고 있었다. 맥아더는 트루먼 대통령을 만난 적이 없었다. 그는 트루먼이 왜 많은 비용과 불편을 감수하고 워싱턴으로부터 지구 둘레의 3분의 2 거리인 7,000마일을 날아서 이 작은 산호초 섬에서 자신을 만나기로 했는지 의아했다. 트루먼은 하찮은 일로 여기까지 날아오지는 않았을 것이다. 맥아더를 문책하러 온 것일까? 계획하고 있는 중요한 무언가가 있기라도 한 걸까? 어떤 비밀 계획이나 무기를 공개하려는 것일까?

맥아더는 알지 못했다. 전지全知의 신神이라는 신비로운 이미지를 기반으로 공적 페르소나persona(다른 사람들 눈에 비치는 외적 인격 혹은 가면을 쓴 인격을 뜻함-옮긴이)를 만들어낸 사람에게, 모른다는 것은 최악의 고문이었다. 트루먼의 참모들은 사전에 아무런 의제도 제시하지 않았기 때문에, 맥아더는 어떤 더 큰 음모가 있는 것은 아닌지 추측만 할 뿐이었다.

이번 회담에서 한국이 가장 중요한 주제가 되리라는 것은 분명했다. 그러나 맥아더에게는 이것 역시 이상했다. 한국에 대해 더 이야기할 것이 있나? 맥아더는 한국전쟁이 거의 끝나가고 있다고 확신하고 있었다. 인천상륙작전 이후, 상황은 극적으로 반전되었다. 김일성의 군대가 흐트러지면서 맥아더는 압록강을 향해 계속 몰아붙였다. 한반도는 곧 선거를 치르게 될 자유정부 아래에서 통일될 것이었다. 도쿄에 있는 최고사령부는 승리에 대한 기대가 고조되었고, 워싱턴도 마찬가지였다.

맥아더는 승리가 확실해서 이 회담을 묵살하고 싶었지만, 정치적 계산이 회담의 중요한 이유일 거라는 생각이 들었다. 그는 중간선거가 몇 주 후에 미국 전역에서 치러질 것이라는 것을 알고 있었다. 그는 트루먼이 웨이크섬에 기자들과 사진기자들을 데리고 온다는 것도 알고 있었다. 그가 나중에 말한 것처럼, 이것은 그가 누려야 할 전장의 영광을 대통령이 누리게 하려는 '정치적 술책'일 수도 있다고 의심했다.

선거 홍보도 그 이유 중 하나였겠지만, 맥아더는 그보다 더 불길한 숨은 이유를 발견했다고 생각했다. 그는 이것이 함정일지도 모른다고 걱정했다. 그의 보좌관들도 마찬가지였다. 그의 최고보좌관이자 조언자인 코트니 휘트니Courtney Whitney 장군은 활주로 위에서 맥아더와 함께 대기했다. 대통령의 비행기가 섬 위를 빙빙 돌면서 하강하기 시작하자, 휘트니는 훗날 자신이 "교활한 정치적 매복"이라고 부르게 되는 상황을 감지했다.

≡

인디펜던스는 6시 30분에 착륙했다. 때마침 아침 해가 태평양 위로 솟아오르고 있었다. 트루먼 대통령은 남색 더블 정장과 중절모 차림으로 상냥한 미소를 지으며 기민하게 비행기에서 내려왔다. 그는 기분이 좋아 보였지만, 사실 불안했다. 그는 비행 중에 친구에게 다음과 같은 편지를 썼다. "나는 아주 중요한 일을 앞두고 있다네. 내일 신의 심복과 이야기를 해야만 하거든."

안경을 쓴 미주리 출신의 트루먼은 예순여섯 살에 백발이 성성했지만, 비행기에서 나오는 그의 모습은 여전히 기민했다. 제1차 세계대전 당시 포병 대위였던 트루먼은 캔자스시티Kansas City에서 몇 년 동안 남성복 매장을 운영한 후 의도치 않게 정치를 시작했다. 그는 많은 점에서 맥아더와 정반대였는데, 특히 그의 모든 경력에서 과소평가돼왔다는 점에서 그랬다. 《타임》지는 한때 그를 "민주당의 기묘한 실수"라고 얕본 적이 있지만,

그는 많은 사람이 놓친 극한의 강인함을 지니고 있었다. 일설에 의하면, 그는 황동처럼 물러 보이는 겉모습과 달리 속은 강철처럼 강했다고 한다.

맥아더는 계단 아래에서 기다렸다. 의전에 따르면, 그는 통수권자에게 경례를 해야 했지만, 트루먼의 손만 움켜쥐었다. "대통령님!" 그가 큰 소리로 말했다.

"장군, 안녕하십니까" 트루먼이 말했다. "와줘서 기쁩니다. 오래전부터 만나 뵙기를 기다렸습니다."

"다음에는 그렇게 오래 걸리지 않았으면 좋겠습니다, 대통령님."

두 사람은 활주로에서 잠시 멈춰 서서 사진기자들을 향해 포즈를 취했다. 트루먼은 "엄청나게 사진을 찍어대네"라고 말했다. 주위로 참모들과 보좌관들이 모여들었다. 합참의장인 오마 브래들리Omar Bradley 장군도 그곳에 있었다. 그리고 딘 러스크 국무부 차관보, 에이브릴 해리먼Averell Harriman 특사, 프랭크 페이스Frank Pace 육군장관도 있었다.

트루먼과 맥아더는 팔짱을 끼고 활주로를 벗어나 섬에서 가장 좋은 차량인 낡아빠진 쉐보레 세단의 뒷좌석에 탑승했다. 비밀경호요원이 운전기사와 함께 앞좌석에 탔고, 트루먼과 맥아더가 활기차게 대화를 이어갔다. 트루먼은 가장 중요한 문제를 언급했다. 중국인들이 한국전에 개입할 가능성은 얼마나 되나요? 트루먼은 "그것이 걱정스럽다"고 말했다. 그것은 군사적인 질문이라기보다는 지정학적·외교적, 혹은 심리적인 질문이었다. 어느 누가 마오쩌둥毛泽东이 무엇을 할 것이라고 말할 수 있을까? 그러나 트루먼은 그 문제에 대한 맥아더의 의견을 듣길 원했다.

맥아더는 트루먼의 우려를 덜어주었다. 그가 입수한 정보에 따르면, 중국인들은 전쟁에 감히 개입하지 못할 것이고, 설사 그들이 전쟁에 개입하게 되더라도 자신의 군대가 그들을 격퇴시킬 것이라고 장담했다. 그는 마오저뚱의 군대를 대수롭지 않게 여겼다. 그들은 주먹밥으로 연명하면서 얼마 되지 않는 조악한 총과 잘 터지지 않는 폭약에 의지한 채 조락노(조라기로 꼰 노-옮긴이)와 대나무를 든 농노 무리에 지나지 않았다.

반원형 막사에서 트루먼은 고리버들 의자wicker chair(버들가지를 엮어 만든 의자-옮긴이)에 앉고 맥아더는 등나무 의자에 앉은 채 대화를 계속했다. 그들의 대화 내용은 정확히 알려지지 않았다. 그러나 두 사람은 어느 정도 의미 있는 얘기를 나눈 것 같았다. 트루먼은 맥아더를 "활기를 주는 흥미로운 사람"이라고 말했다. 맥아더는 대통령이 "특별한 것은 없었다. 나는 처음부터 그가 좋았다"라고 말했다.

≡

7시 30분이 조금 지난 시각, 그들은 해변을 따라 민간항공관리국Civil Aeronautics Administration이 운영하는 분홍색 콘크리트 블록 건물로 이동했다. 비밀경호요원들이 코너에 위치를 잡았다. 해병대 헌병들은 카빈총을 들고 있었다. 트루먼과 맥아더가 안으로 들어가자, 전체 회의가 진행되었다. 긴 소나무 탁자 주위에 20여 명의 보좌관과 직원들이 모였다. 트루먼은 한쪽 끝에 앉았고, 맥아더가 그의 오른쪽에, 해리먼이 왼쪽에 앉았다. 신선한 파인애플이 제공되었고, 창살 모양의 덧문 사이로 바닷바람이 불어왔다. 대기실에서는 속기사가 속기로 기록했다.

트루먼은 즉시 편안한 어조로 말을 건넸다. 그는 "코트를 입을 날씨는 아니네요"라고 말했다. 그는 재킷을 벗자, 다른 사람들도 따라 했다.

맥아더는 편안한 분위기에 느긋해졌다. 그는 "담배를 피워도 괜찮겠습니까?"라고 물었다. 그는 옥수수 파이프와 담배 주머니를 꺼냈다.

"피우세요. 내 얼굴에 담배 연기가 제일 많이 날아오겠군요!" 트루먼이 재치 있게 말했다.

웃음이 가라앉은 후 트루먼은 수첩에 미리 써온 질문 목록을 보았다. 첫째, 그는 맥아더의 남은 전쟁 스케줄을 알고 싶었다.

최고사령관은 "조직적인 저항은 추수감사절까지 종결될 것"이라고 전망했다. "북한군은 허망한 희망만 좇고 있습니다. 그들은 철저하게 두들겨 맞았습니다. 겨울이 되면 살아 남은 북한군은 궤멸될 겁니다." 잠시 맥아더는 다가오는 대량살상을 꺼려하는 것 같았다. 그는 "그들을 파괴하는 것은 내 가치관과 맞지 않습니다. 하지만 그들은 집요합니다. 동양인은 생명보다 체면을 중시합니다"라고 말했다.

장군은 자신의 예측을 너무 확신하며 연말까지 많은 병력이 한국을 떠날 수 있을 것이라고 생각했다. 프랑스, 네덜란드, 그리고 유엔의 요청받은 다른 나라의 부대는 더 이상 필요하지 않았다. 그는 그들이 더 이상 작전을 하지 않아도 될 것이라고 확신했다.

그 뒤 트루먼은 아침 일찍 자신과 맥아더가 나눈 이야기를 다시 꺼냈다. "중국의 태도는 어떨 것 같소?" 트루먼이 물었다. 압록강으로 가는 것은 마오쩌둥을 자극할 수도 있고, 심지어 세계대전을 일으킬 수도 있었다. "중국인의 개입 위험은 없소?"

맥아더는 마치 사석에서 대화를 나누는 것처럼 트루먼의 질문에 가볍게 응수했다. 그는 "우리는 더 이상 그들의 개입을 두려워하지 않습니다"라고 답했다. "만주에는 30만 명의 중공군 병력이 있습니다. 그중 5만~6만 명만이 압록강을 건널 수 있습니다. 중공군은 항공지원이 없습니다. 엄청난 살육이 있게 되겠지요." 그는 압록강은 중국인의 피로 붉게 물들 것이라고 말했다.

놀랍게도 트루먼도, 그리고 테이블에 앉은 다른 사람들도 후속 질문을 하지 않았다. 참석한 모든 사람이 맥아더의 분석에 동의하는 것 같았다. 그들은 중공군을 조금도 염려하지 않는 것 같았다. 혹시 염려한다고 해도 의견을 제기하지 않았다. 그들은 현혹되어 멍해졌다. 임박한 전쟁의 종말에 대한 희열과 맥아더가 끌어당기는 자력磁力에 빠져 그들의 생각은 무뎌졌다.

맥아더는 파이프를 물어뜯으며 담배 연기를 가득 내뿜었다. 트루먼의 한 보좌관은 "그는 내가 본 사람 중 가장 설득력 있는 사람이었다"라고 말했다. 맥아더의 낙관적인 견해는 트루먼과 그의 부하들이 믿고 싶었던

1950년 10월 15일 웨이크섬 회담을 마치고 섬을 떠나기 전에 비행장에서 맥아더에게 네 번째 청동 무공훈장을 수여하고 있는 트루먼 대통령. 〈사진 출처: WIKIMEDIA COMMONS | Public Domain〉

것이었다. 승리가 너무나도 가까워진 상황에서 다른 모든 시나리오는 불필요하게 집중을 방해는 것일 뿐이었다. 결정적인 순간이 그들을 스치고 지나갔다. 그리고 많은 생명이 달려 있는 걱정스럽고 골치 아픈 질문은 중단되었다.

≡

웨이크섬 비행장에서 트루먼은 열대의 눈부신 햇빛 속에서 맥아더의 가족을 위해 준비한 설탕에 절인 자두 한 상자를 주었고, 그런 다음 카메라의 찰칵 소리와 함께 맥아더에게 네 번째 청동무공훈장Oak Leaf Cluster을 수여했다. 그는 맥아더의 "불굴의 의지와 흔들림 없는 믿음"을 칭찬했다.

두 사람은 힘차게 악수를 했다. 맥아더는 "안녕히 가십시오. 그리고 즐거운 비행이 되십시오"라고 말했다. "대통령님과 대화를 나누게 되어 정말 영광이었습니다."

11시 35분, 인디펜던트는 하와이를 향해 선회하며 동쪽으로 향했다. 몇 분 후, 맥아더의 비행기도 도쿄로 향했다. 그들이 대화를 나눈 시간은 겨우 몇 시간밖에 되지 않았다. 그 이후 두 남자는 다시는 만나지 않았다.

Chapter 8

인간을 잡아먹고 싫어하는 호랑이

/

베이징

● 마오쩌둥은 중국 베이징北京의 옛 황궁이 있던 중난하이中南海에서 한국 정세에 대해 참모들과 비밀리에 토의하고 있었다. 마오쩌둥은 참전을 열망했다. 그는 "다른 나라가 위기에 처해 있다. 우리가 가만히 있는다면 후회할 것이다"라고 말한 것으로 알려졌다. 최근 스탈린의 흑해Black Sea 별장에서 일련의 회담을 마치고 귀국한 저우언라이周恩来 외교부장은 이에 동조했다.

마오쩌둥은 국공내전의 베테랑 장교이자 대장정 시절부터 오랜 동지였던 펑더화이彭德怀에게 중공군의 지휘권을 맡기기로 결정했다. 펑더화이는 이를 수락했다. 펑더화이는 "미군이 오직 강에 의해 중국과 분리된 한국을 점령하면, 중국 동북부가 위험해질 것이다"라고 주장했다. 그는 "미국은 언제든지 중국에 대한 침략전쟁을 벌일 구실을 찾으려 할 것이다. 호랑이는 인간을 잡아먹고 싶어한다. 언제 먹을지는 호랑이의 식욕에 달려 있다. 어떤 양보도 그것을 막을 수 없다"라고 말했다. 미군의 압록강 주둔 가능성을 묘사할 때 일부 중국 사령관들은 다음과 같은 가상의 비유를 사용했다. 미국은 중국이 멕시코를 침공해 텍사스Texas 국경까지 진군하는 시나리오에 동의하지 않을 것이다. 그 반대가 정확히 이곳의 상황이었다.

펑더화이와 마오쩌둥은 그들도 인정하고 있는, 훨씬 더 큰 화력을 보유한 미군을 함정에 빠뜨리기 위한 전략에 동의했다. 펑더화이는 다음과 같이 썼다. "우리는 일부러 아군이 약한 것처럼 보이게 해서 미군을 자만하게 만든 뒤 그들을 아군 지역 깊숙이 유인하는 전술을 사용해야 한다." 그런 다음 수적으로 훨씬 우세한 펑더화이의 군대가 "적과 백병전을 벌여 눈사태처럼 적진을 휩쓸어버릴 것이다." 이 전략은 '적의 우월한 화력을 쓸모없게 만들 것'이라고 펑더화이는 생각했다.

며칠 지나지 않은 10월 19일, 대규모 중공군 부대인 인민지원군이 비밀리에 국경을 넘어 북한으로 진입했다. "지원군"이라는 단어는 마오쩌둥이 정규군을 파견하지 않았으니 미국에 공식적인 전쟁을 선포한 것이 아니라는 것을 암시하는 수사적 해석의 여지가 있는 계산된 정치적 허구였다. 또한 이것은 이웃 북한에 있는 중국 공산주의 동지들을 옹호하기 위해 자발적으로 일어난 대중 봉기는 막지 않겠다는 의미였다. 확실히 속이기 위해 그는 병사들에게 공식적으로 중공군임을 식별할 수 있는 휘장을 군복에서 제거하라고 명령했다. 미군이 자신의 부하들을 북한군으로 착각할 정도로 어리석다고 생각하는 것 같았다. 그는 "우리의 머리카락은 모두 검은색이니 아무도 그 차이를 구별할 수 없다"라고 말했다. 1주일 후, 마오쩌둥은 20만 명의 병력을 북한에 추가로 투입하라고 명령했다.

마오쩌둥의 관점에서 보면, 이것은 수십 년간의 대결이었다. 마오쩌둥이 식민지를 수탈했던 유럽 열강들의 옛 제국주의의 연장선상에 불과하다고 여겼던 미국 제국주의는 한 세기 넘게 중국의 발전을 좌절시키고 중국 내정에 개입해왔다. 그는 심지어 아편전쟁, 의화단운동, 그리고 중국 내륙 깊숙한 곳까지 파고든 미국 선교사들의 파괴적 행위까지 거론하면서 미국의 개입을 해로운 것으로 보았다. 미국은 장제스蔣介石에게 무기를 공급하고 물품이나 자금을 원조하면서 마오쩌둥의 혁명을 적극적이고 공개적으로 전복시키려고 했었다. 지금은 미국이 점령한 일본의 기지에서 아시아 전역으로 세력 범위를 넓히고 있는 것처럼 보였다. 패배한 장제스가 대만에서 진을 치고 마오쩌둥이 대만을 공격하겠다고 위협했을 때, 트루먼 대통령은 제7함대를 보내 대만해협을 지키도록 했는데, 마오쩌둥은 이 행동을 모욕으로 여겼다. 이제 한반도의 38선을 넘어 중국의 국경을 향해 나아가고 있는 미국은 구태의연한 수법을 쓰고 있다고 마오쩌둥은 주장했다.

그러나 놀랍게도 마오쩌둥은 개인적으로 미국 문화에 큰 관심을 보였고, 어떤 면에서는 중국이 미국의 에너지 넘치는 혁신 정신과 기술력을 모방하기를 원했다. 그는 중요한 것에 있어서는 마지못해 소련에 의존해야 했고 세계공산주의 이데올로기에 경의를 표하기는 했지만, 스탈린을 싫어하고 두려워하고 불신했다. 1950년 2월 중·소 조약 체결로 승인된 듯 보인 중국과 소련의 동맹은 사실상 정치적 속임수였다. 두 나라는 서로를 매우 경계했으며 미묘한 관계를 유지하고 있었다. 마오쩌둥은 중국이 소련 체제를 그대로 모방하는 것을 결코 바라지 않았다. 공산주의에 대한 그의 비전은 진정한 중국 사상, 중국 역사, 중국 문화를 고려하여 고유한 국가 정체성과 마르크스-레닌주의의 특정 측면을 유기적으로 결합하는 것이었다. 그는 미국이나 유엔이 중화인민공화국의 국가적 지위를 인정하지 않는 것에 괴로워했다. 그는 어떤 의미에서 미국인들이 자신과 그의 혁명을 진지하게 받아들이도록 할 수 있는 유일한 방법은 중국이 정면으로 맞서는 것뿐이라고 결론지었다. 그것이 중화인민공화국을 전 세계에 인정하도록 만드는 방법이 될 것이었다. 그래서 중국은 공격을 결정했다.

게다가 중국은 이미 미국과 세계에 자신들이 공격할 것이라는 사전경고를 발령했다고 마오쩌둥은 생각했다. 저우언라이는 2주 전 베이징에서 K. M. 파닉카르Panikkar 주중 인도대사에게 미군이 38선을 넘으면 중국이 개입할 것이라고 직접 말했다. 저우언라이는 아주 강한 어조로 경고했다. 인도는 마오쩌둥 정권을 중국의 합법적인 정부로 공식적으로 인정한 몇 안 되는 비공산주의 국가 중 하나였기 때문에 파닉카르는 결정적으로 중요한 외교 채널 역할을 했다. 파닉카르는 즉시 뉴델리New Delhi에 있는 네루Jawaharlal Nehru 수상에게 전신을 보냈고, 네루는 이 성명을 미국과 유엔 당국에 바로 전달했다. 그러나 결국 맥아더와 트루먼의 수석 보좌관들은 이 경고를 믿을 수 없는 소식통을 통해 전달된 단순한 공산주의 선전으로 치부했다. 마오쩌둥은 자신의 의사를 분명히 전달했다고 믿었다. 그러나 미국은 그 메시지를 무시했다.

☰

새로 탄생한 중화인민공화국의 57세의 중국 최고 지도자 마오쩌둥은 지난해 장제스에게 승리를 거두고 이제 세계무대에서 자신의 권력을 공고히 하고 힘을 과시하고 싶었다. 무자비하고 편집증적이며 고대 군사 철학자 손자孫子의 추종자이자 교활한 전략가였던 그는 이상한 습관과 집착, 강한 카리스마를 가진 사람이었다. 경호원들의 경고에도 불구하고, 그는 중국의 정신을 흡수하기 위한 방법으로 양쯔강을 포함한 중국의 모든 주요 강에서 수영을 하겠다는 생각에 푹 빠져 있었다. 그 외에는 거의 대중 앞에 모습을 드러내지 않고 궁전 깊숙한 곳에 있는 수영장에서 종종 테리 천(수건처럼 수분 흡수가 잘 되도록 짠 천-옮긴이)으로 만든 가운과 슬리퍼를 신고 대부분의 국무國務를 수행했다. 그는 기차, 배, 비행기 등을 이용해 비밀리에 여행했으며, 자신의 나무침대를 가지고 이동했다. (심지어 스탈린과의 회담을 위해 모스크바를 방문할 당시에도 나무침대를 가져갔을 정도였다.) 그는 일정이나 시간에 대한 전통적인 관습을 무시했다. 그는 하루가 24시간이든 아니든 어떠한 규칙적인 것도 따르지 않았기 때문에 그의 참모들은 그의 불규칙한 습관과 돌발적인 에너지 폭발에 끊임없이 당황했다.

마오쩌둥은 또한 강한 성적 욕구를 가지고 있었고, 오르가즘이 노화를 직접적으로 막아준다고 믿었다. 발기부전을 피하기 위해 녹용을 갈아 만든 추출물을 자주 주사했다. 비록 기혼이었지만 참모들에게 아름다운 젊은 여성들을 준비시키도록 했으며, 때로는 하루에 무려 12번의 잠자리를 가지기도 했다. 줄담배를 피워 치아가 칙칙한 갈색으로 변했고, 가장 기본적인 구강 위생도 실천하지 않고 하루에 한 번만 진한 차로 입을 헹구었다. 소름끼칠 정도로 역겨운 냄새를 풍기는 그의 입에서는 농양으로 인해 가끔 고름 냄새가 났지만, 그는 치료를 거부했다. 그는 고향 후난湖南의 기름지고 매운 음식을 좋아했는데, 이 음식은 변비를 유발하여 며칠에 한 번씩 관장을 해야 했다. 개인 주치의는 그가 "정상적인 배변을 하게 되면 참모들이 축하했다"라고 말했다. 또한 그는 갑자기 열이 오르고 땀을 많이 흘리고 사지가 욱신거리는 기이한 신경질환에 시달렸다.

마오쩌둥은 힘과 활력이 넘치는 사람이었지만, 자신의 건강에 대해 끊임없이 걱정하고 적이 자신을 독살하려 한다고 확신했다. 중국 고대사에 아주 관심이 많았고, 마작을 아주 좋아했으며, 시인처럼 자세하게 묘사하거나 때로는 아리송한 은유적 표현을 사용해 말하기도 했다. 그는 소련 독재자 스탈린에게 한국에서 미군을 몰아내자고 설득하면서 "입술이 찢어지면 이가 시린 것처럼 미국이 한반도 전역을 정복하면 중국과 소련 모두 위협받을 것"이라고 경고했다.

三

마오쩌둥은 만주를 거쳐 북한으로 군대를 보내면서 미국의 압도적인 공군력의 우위뿐만 아니라 지속적인 항공 정찰비행을 고려해야 했다. 그러나 분명한 사실은 어떤 종류의 차량도 제대로 갖추지 못한 마오쩌둥의 군대를 공중에서 발견하기란 거의 불가능하다는 것이었다. 일부 보병부대는 몽골 조랑말과 심지어 어떤 경우에는 쌍봉낙타까지 이용해 짐을 운반하게 했다. 중공군은 주간에는 자고 야간에만 이동했다. 날이 밝기 직전에 중공군은 빗자루와 소나무 가지를 이용하여 길이나 눈 위에 난 자신들의 발자국을 지웠다. 그들은 비행기가 접근하는 소리가 들리면 휴대한 천으로 자신을 덮었다. 그들은 대부분 미리 만든 주먹밥과 과자를 배급받았기 때문에 냄새를 풍기거나 위치가 적발될 염려가 있는 불을 지필 필요가 거의 없었다.

중공군은 낮 동안에는 오두막, 동굴, 갱도, 그리고 철도 터널에 숨었다. 어떤 병사들은 낮에 눈에 띄지 않고 낮잠을 잘 수 있도록 나무줄기에 몸을 묶기도 했다. 그러나 밤이 되면 마오쩌둥의 군대는 산등성이를 넘고 산길을 지나 한반도 등줄기를 타고 남쪽으로 계속 이동했다. 그들은 이동하면서 북한 농민들에게 구걸하거나 도둑질을 해서라도 가능한 한 현지에서 생존해야 했다. 이 굶주린 군대가 지나가는 길에는 사슴, 황소, 말, 고양이, 쥐, 개 등 모든 생물이 빠르게 사라졌다. 군대는 먹을 것을 찾기 위해 텃밭과 지하 저장실을 약탈했다. 한 중공 병사는 진술에서 얼어버린 날감자가 음미하며 먹을 수 있는 최고의 별미였다면서 "마치 바위를 핥는 것 같았다"라고 말했다.

마오쩌둥의 병사 대부분은 힘이 없는 아주 가난한 젊은이들이었다. 그들은 고대 사회부터 전통적으로 소모용 전사로 취급받아온 하찮은 하층계급 출신이었다. (중국 격언에는 "못에 좋은 쇠를 쓰지 않는 것처럼 병사로 좋은 사람을 쓰지 말라"라는 말이 있다.) 마오쩌둥은 한국에 파견하는 부대를 고귀한 애국자라고 추켜세우면서, 다른 한편으로는 그들을 자신이 원하는 대로 해야 하는 총알받이, 전쟁쓰레기, 노예로 여기는 것 같았다.

중공군 중 한 명인 황즈는 쓰촨성四川省 출신으로 글을 모르는 18세 농민이었다. 황즈는 제9병단 병사 대부분이 그렇듯이 호전적인 남성의 전형이었다. 그의 성장기는 비극적이었다. 그는 겨우 여섯 살에 기근으로 인해 부모와 헤어져야 했고, 그로 인해 초보적인 교육조차 받을 수 없었다. 그는 "나는 자라면서 배고픔을 피하는 것 외에 꿈이나 야망 같은 것은 가져본 적이 없다"라고 말했다. 황즈는 여러 해 동안 다양한 봉건 지주를 위해 비굴한 일을 하면서 시골에서 방랑한 후, 군대에 입대하여 14세의 나이에 일본군과 싸우기 시작했다. 이후 중국 내전 동안, 황즈는 민족주의자와 공산주의자 양쪽 편에 서서 싸우기도 했다. 그는 먹을 수만 있다면 진영은 중요하지 않았다. 끊임없는 격변은 그에게 생존하려면 정신을 바짝 차리고 "어린 대나무처럼 구부러지는" 것을 배워야 한다는 숙명론적인 감각을 심어주었다. 황즈의 제27군 소속 부대는 대만을 침공하기 위해 남쪽에 있었는데, 1950년 10월 그와 전우들은 갑자기 북쪽으로 향하는 열차에 탑승하게 되었다.

그들이 안둥安東(1965년에 단둥丹東으로 바뀜-옮긴이)의 북동부 지방에 도착하여 압록강을 건너기 시작했을 때 비로소 미군과 싸우게 될 것이라는 소리를 들었다. 황즈는 "나는 미군에 대해 전혀 몰랐다. 태어나서 지금까지 그들을 본 적이 없다. 그러나 군관들은 나에게 미제국주의자들을 과소평가하지 말라고 계속 말했다. 그들은 침략자였고, 우리의 적이었다. 개인적으로 나는 이것에 전혀 신경 쓰지 않았다. 나는 그냥 군인이었다. 나는 그곳에서 명령을 따라야 했다."

당시 산시성山西省 출신으로 나이가 많은 28세의 병사 양왕푸가 말했다. "그들은 제국주의가 바로 우리 집 문 앞에 있다고 말했다. 이것이 우리가 들은 얘기다. 제국주의 범죄자들이 우리 집 문 앞에 있었다. 그들은 우리 집을 침입할 준비를 하고 있었다. 우리는 미국이 한국을 넘어 중국을 침략할 것이라는 말을 들었다. 그래서 조국을 수호하기 위해 우리가 오게 된 것이었다."

미군과 싸울 황즈나 양왕푸 같은 병사들에게 제공된 것은 거의 없었다. 마오쩌둥과 장군들은 이 점을 잘 알고 있었다. 그들은 미군이 무기, 수송, 통신, 보급 면에서 자신들보다 우세하다는 이점을 가지고 있다는 것을 잘 알고 있었다. 그러나 마오쩌둥은 자신의 군대가 미군이 부족한 것을 가지고 있다고 믿었다. 그는 그것이 "투지"라고 말했다. 그는 자신의 군대 병사들이 종교적 열정과도 같은 선천적인 호전성을 가지고 있다고 주장했다. 그것은 바로 충만한 애국심과 혁명의 동지애에 의해 힘을 얻는 전투에 대한 열의와 욕망이었다. 그는 미군이 기계에 의존하는 반면, 자신의 군대는 사람에 의존한다고 말했다. 만약 미군이 비행기, 전차, 폭탄으로 싸운다면, 자신의 군대는 기습과 유연한 기동과 같은 인간의 능력에 의존할 것이고, 물론 압도적인 병력 수에도 의존할 것이다. 마오쩌둥은 "중국은 비록 약하지만, 인구가 많고 병사가 많다"라고 썼다.

마오쩌둥은 미국의 우월성을 비웃었다. 심지어 핵무기도 중국의 투지에는 상대가 되지 않는다고 생각했다. 미국은 종이호랑이에 불과하다고 생각했다. 그는 "무기는 전쟁에서 중요한 요소이지만 결정적인 요소는 아니다"라고 말했다. "결정적인 것은 사물이 아니라 사람이다." 미국은 자기 방식대로 싸울 것이고, 그도 자기 방식대로 싸울 것이다. 그는 "적은 핵폭탄을 사용할 수 있고, 나는 수류탄을 사용할 수 있다. 내가 적의 약점을 찾아내서 끝까지 쫓아가겠다. 결국 나는 적을 물리칠 수 있다"라고 주장했다.

PART 2

산악지대로

/

"산악에서 전쟁을 수행하는 사람들은
고지를 확보한 다음 좁은 길을 통과해야 한다."

– 18세기 프랑스의 유명한 군인 모리스 드 삭스Maurice de Saxe,
『전쟁의 기술에 대한 공상Reveries on the Art of War』 중에서 –

Chapter 9

"많이, 많이"

/

북한 원산

● 제10군단의 군함들은 10월 중순에 인천을 출발하여 서해를 지나 해안을 따라 항해했다. 70척이 넘는 함정들이 군산과 목포를 지나 한반도의 끝을 돌며 복잡한 해안의 섬을 헤치고 대한해협으로 진입했다. 철책에서 항구까지, 장병들은 불과 한 달여 전에 잔인한 전투가 벌어졌던 방어선에서 해방된 부산을 볼 수 있었다. 그 다음 수송함은 폭풍이 부는 동해로 진입해 영덕과 삼척을 거쳐 양양을 지났다. 마침내 그들은 북한 해역으로 건너가 38선 북쪽으로 100마일(약 160km)이 조금 지나 큰 만안에 접해 있는 인구 7만 5,000명의 항구도시 원산으로 향했다.

그러나 그들이 원산에 접근했을 때, 놀랍게도 함정들이 방향을 돌려 부산 해안을 향해 항해했다. 아무도 이유를 모르는 것 같았다. 명령이 바뀌었나? 전쟁이 끝났나? 집으로 가고 있는 건가? 갑자기 함정들은 다시 한 번 방향을 돌려 북쪽으로 항해하기 시작했다. 하지만 얼마 못 가 다시 한 번 방향을 틀었다. 배 안에 갇혀 있던 7만 명이 넘는 제10군단 병력은 무슨 일이 일어나고 있는지 전혀 알지 못했다.

결국, 병사들 사이에서 다음과 같은 말이 퍼졌다. 북한군이 소련 전문가들과 함께 원산 앞바다에 기뢰를 부설했다는 것이었다. 유엔군이 이곳

1950년 10월 18일 원산항 기뢰소해작전 중 대한민국 해군 소해정 YMS-516이 자기기뢰에 의해 폭발하고 있다. 〈사진 출처: Naval History & Heritage Command〉

에 상륙할 것이라고 예상한 그들은 다양한 현지 선박(바지선, 정크선, 예인선, 어선 등)을 타고 항구로 나가 대부분이 소련제인 기뢰를 수중에 부설했다. 항구에는 기뢰가 우글거렸다. 수천 개의 접촉기뢰contact mine(배 따위가 부딪치면 저절로 터지는 기뢰-옮긴이)와 자기기뢰magnetic mine(배가 가까이 지나가면 자기감응 작용을 일으켜 자동으로 폭발하는 기뢰. 적 군함의 접근을 막기 위해 물속에 설치한다-옮긴이)가 수면 바로 아래에 부설되어 있었다.

그래서 미군 소해정minesweeper(수중에 부설된 기뢰를 발견하고 제거·파괴하여 함정이 안전하게 항행할 수 있도록 하는 해군 군함-옮긴이)과 해군 잠수부들이 항구에 접근하기 위해 투입되었다. 24척이 넘는 이런 특수 함정들이 투입되었고, 헬리콥터들이 공중에서 윙윙거리면 정찰임무를 수행했다. 소해정들은 뱃머리에서 멀리 뻗어 있는 정교한 와이어 구조물을 가지고 있었는데, 이 구조물은 다양한 부양물, 감압기, 기뢰가 계류되어 있는 강철 케이블을 끊을 수 있을 만큼 강한 커터를 갖추고 있었다. 북한군 포병들이 해안에서 포격하는 동안에도 소해정은 한 번에 하나의 긴 수로에 있는 기뢰들을 제거하면서 항구를 왕복했다.

그것은 지루하면서도 위험한 작업이었다. 10월 10일, 미군 소해정 2척이 기뢰에 부딪혀 산산조각이 났다. 폭발로 12명이 전사했고, 수십 명이 부상을 입었다. 1주일 후, 한국군 해군 소해정도 파괴되었다. 대원들은 특히 사악하게 설계된 소련제 기뢰 하나를 발견했다. 그것은 12척의 배는 무사하게 통과시키고 13번째 배에서 폭발하도록 설계되어 있었다. 한 해병대원은 숫자 13이 "미국에서 그런 것처럼 소련에서도 불길한 의미를 갖는지 알고 싶은 마음이 들었다"라고 썼다.

항구의 위험성을 고려하여, 제10군단의 상륙은 소해정이 그 힘든 임무를 완수할 때까지 연기할 수밖에 없었다. 그래서 부대는 12시간마다 방향을 바꾸면서 해안을 왔다 갔다 항해했다. 해병대는 이것을 "아무데도 못 가는 항해" 또는 "요요 작전"이라고 불렀다. 거의 2주 동안, 그들은 할 일 없이 바다에 머물면서 육지가 스쳐 지나가는 것을 지켜만 보았다. 식량 공급이 줄어들자, 함정은 머스터드 샌드위치, 생선 머리 수프, 그리고 정체불명의 음식들을 제공했다. 제7해병연대의 조지프 오언은 "고통과 메스꺼움, 불만과 따분함으로 인해 견디기 힘들었으며, 씻지 못한 몸과 땀에 젖은 옷에서는 냄새가 진동했다"라고 말했다. 한 해병대원은 "시간 죽이기가 죽는 것보다 더 힘들었다"라고 얘기했다.

해상 생활이 더욱더 견디기 힘들었던 것은 그들이 원산에 이미 평화가 찾아왔다는 무전을 들었기 때문이었다. 서울에서 지상으로 진격한 한국군이 원산에 도착하여 적의 모든 저항을 진압했다. 제1해병항공대는 인근 비행장에 근무지를 설치하고, 병력과 물자를 안전하게 착륙시킨 후 하역하고 있었다. 사실 원산 일대는 연예인 밥 호프Bob Hope가 조종사들을 위한 USO 코미디 공연을 위해 방문했을 정도로 너무나 평화로웠다. 그는 공연 중에 그와 댄싱걸들이 어떻게 해안에 있는 유명한 해병대원들을 음악에 장단을 맞춰 열광하게 만들었는지 자랑했다.

三

마침내 10월 26일, 항구가 어느 정도 안전하다고 공표되자, 해병대와 제10군단의 다른 부대를 태운 함정들이 내항으로 진입했다. 태백산맥에 눈이 흩날리는 서늘한 가을날이었다. 원산은 대부분의 정유소와 공장들이 폭격을 당해 생기를 잃은 산업도시였다. 하지만 원산은 전략적으로 중요한 도시였고, 도청 소재지(북강원도 도청 소재지-옮긴이)였으며, 축복받은 훌륭한 천연 항구였다. 남쪽으로는 수세기 동안 예술가와 시인들의 성지순례지였던 험준한 바위산인 금강산이 솟아 있었다. 금강산은 계절마다 다른 이름을 가지고 있었다. 가을에는 단풍으로 물든 큰 산이라는 의미의 풍악산楓嶽山으로 불렸다. 하지만 겨울에는 암석이 뼈처럼 드러난다고 해서 개골산皆骨山이라고 불렸다.

올리버 스미스 장군은 해변에 상륙하여 서둘러 원산에 지휘소를 설치했다. 2만 명이 넘는 제1해병사단 병력이 시차를 두고 해변에 상륙하기 시작했고, 전차와 장갑차, 구급차, 포병, 그리고 다른 군용 물자들이 그 뒤를 이었다. 항구에 부설된 기뢰를 제외하고, 적은 거의 아무런 저항도 하지 않았다. 스미스가 원래 상륙작전으로 계획한 작전은 공식적으로 '행정적 상륙'으로 격하되었다.

비록 북한군은 그곳을 떠났지만, 모든 곳에 부비트랩을 설치해놓았다. 당일 해안에 도착한 후 2명의 해병대원이 모닥불을 피우기 위해 바닷물에 떠밀려온 목재를 찾아 해변을 따라 걸었다. 잠시 후 물건더미를 발견한 그들은 그것을 뒤지기 시작했다. 그 순간 엄청난 폭발이 일어났다. 공식 보도에 따르면, 두 해병대원은 "말 그대로 산산조각이 났고, 한 명은 유해를 확인하는 것조차 불가능했다. 그들은 공동묘지에 묻혔다."

제10군단도 해변의 많은 곳에 지뢰가 매설되어 있음을 확인했다. 새로 원산에 도착한 한국군은 이 문제에 대한 잔인한 해결책을 내놓았다. 그들은 한 무리의 북한군 포로들을 겁박하여 격자로 해변을 따라 걷게 했다. "초현실주의적인 장면이었다." 그것을 목격한 알렉산더 헤이그는 이렇게 회상했다. "포로들이 지뢰를 밟아 산산조각이 나면 다른 사람들이 그 틈을 메우고 천천히 앞으로 행진했다." 결국, 거의 모든 포로들이 자기 군대가 매설한 폭발물에 의해 죽었다.

이러한 암울한 상황을 남겼음에도 불구하고, 북한군은 더 이상 힘이 없었다. 전쟁터의 상황은 유동적이었지만, 지금까지 정찰대가 지방에서 마주친 북한 병사들은 체계적이지 못하고 사기가 떨어져 있는 것 같았다. 궁지에 몰리게 되면 강인한 투사가 될 수도 있겠지만 현시점에서는 굶주린 게릴라 무리에 지나지 않았으며, 낮에는 숨어 있었고, 밤에는 북쪽을 향해 절뚝거리면서 먹이를 찾아다녔다. 도쿄에 있는 맥아더 극동사령부의 정보 보고서는 "대규모 조직적 저항은 끝이 났다"라며 자랑했다. "북한 군부와 정권이 만주로 피신했을 수도 있다. 적의 야전부대는 무력할 정도로까지 소멸되었다."

김일성의 군대가 소규모 지연작전과 매복공격을 시도할 수도 있었지만, 제10군단은 이를 신속히 처리할 수 있을 것이라고 보았다. 알몬드 장군은 이렇게 확신했다. "그것은 일방적 승리가 될 것이다."

스미스 장군이 원산에 있는 제10군단 사령부에 있는 알몬드를 만나러 갔을 때, 그는 기대감과 승리로 들떠 있는 듯한 분위기를 느꼈다. 알몬드는 천하무적이라고 느끼고 있는 것 같았다. 몇 주 전에 스미스가 그랬던 것처럼 그는 이제 막《타임》지의 표지에 실렸다. 알몬드는 전쟁이 거의 끝났다고 생각했다. 이미 알몬드는 한국에서 어떤 부대를 귀국시킬지에 대해 이야기하고 있었다. 그러면서도 그는 스미스가 3개 해병연대를 가능한 한 빨리 조직해 전장에 투입시켜 해안 회랑에 있는 북한군을 소탕한 후 계속 북쪽으로 가기를 원했다.

새로운 계획은 스미스의 해병사단이 해안에서 40마일 떨어진 항구도시인 흥남으로 서둘러 가는 것이었다. 거기서부터 사단은 북서쪽으로 방향을 틀어 평원을 가로지른 뒤 한국의 척추인 이른바 "용의 등"을 형성하고 있는 아주 넓은 태백산맥으로 진입할 것이다. 그들은 꼬불꼬불한 좁은 길을 따라 70마일 이상을 올라가 고원지대에 있는 인공호수인 장진호로 향할 것이다. 이 인공 호수는 미군이 가지고 있던 오래된 일본 지도에는 초신 저수지Chosin Reservoir로 되어 있었다. (지역 주민들은 이것을 장진호라고 불렀는데, 이 인공 호수를 만들기 위해 사용된 강이 장진강이다.) 호숫가에 도착하자마자 스미스의 부하들은 계속해서 압록강을 향해 행군하기로 되어 있었는데, 압록강은 북쪽으로 100마일을 더 가야 했다. 알몬드는 서울 수복을 위해 싸울 때 그랬던 것처럼 최고 속도를 요구했다.

처음부터 스미스는 알몬드의 계획을 의심했다. 무엇보다도 그것은 그의 해병사단 병력과 장비의 긴 행렬이 거의 100마일에 가까운 좁은 산길을 따라 올라가야 한다는 것을 의미했다. 그들은 적이 어느 지점에서 절단할지 모르는 보급망에 의존하면서 단 하나의 길을 따라 움직여야 했다. 이 황량한 지역에는 지원군을 받거나 사상자를 대피시킬 수 있는 활주로도, 활용 가능한 철도도, 그리고 이외에 다른 어떠한 수단도 없었다. 그들에게 들어오는 길도 하나뿐이었고, 무슨 일이 일어나더라도 나가는 길도 하나뿐이었다. 더 많이 전진할수록 보급선은 더 길게 신장될 것이고, 생존은 이 연약한 탯줄에 더 의존하게 될 것이다. 수천 년 동안 보급 문제에 의해서 수많은 전투의 승패가 갈렸다. 군대는 밥심으로 행군한다는 옛말이 있다. 병력에게 어떻게 보급할 것인가에 대한 명확한 이해는 모든 공격 작전의 필수요소였고, 이 질문은 진군을 고려하기 전에 장군이 제기해야 하는 가장 기본적인 질문이었다. 그러나 알몬드는 이 문제에 대해 거의 생각하지 않았다.

스미스가 봤을 때, 이런 식의 보급은 이동하는 군대에 결코 해서는 안 되는 짓이었다. 그것은 그가 프랑스의 군사학교에서 배운 대부분의 것을 위반하는 것일 뿐만 아니라, 콴티코와 펜들턴에서 자신이 해병대에게 가르쳤던 것을 거스르는 것이었다. 일반적으로 말하면, 목표는 분산하는 것이 아니라 집중하는 것이었다. 지휘관은 결코 자신의 사단이 적대적인 먼 나라에서 장거리에 걸쳐 얇게 퍼져 있는 것을 원하지 않았다. 그렇게 되면 여러 부대가 사실상 서로를 지원하고 방어하는 것이 불가능했다. 스미스는 알몬드에게 그렇게 되면 제1해병사단이 분산되어 약화되는 것을 피할 수 없다고 말했다. 알몬드는 그를 무시했다.

=

물론 험준한 지형도 문제를 복잡하게 만드는 또 다른 요소였다. 그들이 가진 지도만으로 판단하기는 어려웠지만, 스미스는 길이 좁고, 관측이 불가능한 커브길과 병목지점이 도처에 있는 것으로 판단했을 때 장진호로 가는 길이 전형적인 매복 지역처럼 보였다. 지도에 표시된 장진호는 촌충寸蟲 무리처럼 보였다. 그는 부하들이 미지의 곳으로 진입해야 한다는 것을 알게 되었다. 그곳은 적이 어느 곳이나 숨어 있을 수 있는 산속이었다. 다시 한 번 해병대는 전통적으로 경험하지도, 훈련을 해보지도 못한 미지의 세계를 정복하라는 요구를 받았다. 서울에서 경험한 시가전도 낯설었고, 고산지대에서의 전투 역시 마찬가지였다. 해병대원들은 공해상에서 공격을 시작하여 해안가를 습격하고, 교두보를 확보하는 방법을 배웠다. 그들은 산에 대해 잘 아는 사람들이 아니었다.

스미스는 분명히 그 길을 따라 올라갈 수는 있지만, 서둘러서 진행하고 싶지는 않았다. 산악지대를 이동하는 통상적인 방법은 측면 부대를 보내 고지들을 확보하면서 길을 따라 이동하는 것이라고 그는 알고 있었다. 병력과 차량 본대가 산 아래 길을 따라 전진하는 동안 이 측면 부대는 위에서 방어선을 형성하면서 산등성이를 넘어야 했다. 이렇게 하면 모든 부대가 유기적으로 연결되어 전진할 수 있었다. 하지만 이런 기동은 알몬드가 요구한 것보다 훨씬 더 속도가 느렸다.

알몬드는 이런 스미스의 얘기를 아주 융통성 없는 교과서적 방법으로 치부했다. 스미스의 걱정에는 해병대가 독자적으로 작전을 실행할 수 있는 적과 맞닥뜨릴 수도 있다는 예상 밖의 가정이 그 기저에 깔려 있었다. 그곳은 그저 넓게 트인 지역에 불과했고, 황량한 땅에는 아주 작은 마을 몇 개만 흩어져 있었다. 해병대는 아마 그와 같은 산에서 사람을 보지 못할 것이다. 스미스는 존재하지도 않는 적을 걱정하고 있었다. 만약 그의 해병대가 빨리 기동하여 압록강까지 간다면, 전쟁은 끝나고 그들은 집으로 돌아갈 수 있을 것이다.

알몬드는 압록강을 향해 세 곳에서 진격할 계획을 세웠는데, 제1해병사단은 그중 한 진격로를 담당했다. 이 3개 군은 서로 분리된 채 각자 다른 경로를 따라 진격해야 했다. 이들은 험준한 지형을 고려할 때 어느 한쪽에 문제가 발생할 경우 다른 곳에서 도움을 줄 수 없는 열악한 상황에 처하게 될 것이다.

알몬드는 한국군 사단들로 구성된 제1군단을 동해안을 따라 진격하게 했다. 제1군단 진격로의 서쪽 다음 진격로는 미 제7보병사단이 맡았는데, 알몬드는 압록강으로 가는 도중 또 다른 저수지인 '부전호赴戰湖(함경남도 부전군에 있는 호수-옮긴이)'를 지나가고 싶었다. 스미스의 해병대는 만주 국경으로 진격하는 제10군단의 가장 서쪽에서 진격할 예정이었다. 그리고 후방에는 예비대로 미 육군 제3보병사단이 있었다. 마지막으로 알몬드는 크고 작은 특수작전을 진행하기 위해 다양한 독립부대로 분리되어 서로 다른 방향으로 전진하는 '특임대'를 구성하는 계획을 수립했다.

사실, 제10군단은 전투력 측면에서 볼 때 결속력이 거의 없었다. 제10군단은 7만 명 이상의 병력으로 구성된 임시 군단으로, 여러 군대와 여러 국가의 부대들로 구성되어 있어 관리하기 어려운 괴물이었다. 또한 제10군단은 알몬드의 입장에 봤을 때 실망스럽게도 다양한 인종이 뒤죽박죽 섞여 있었다. 그는 자신의 지휘하에 그렇게 많은 흑인 병력을 두는 것을 아주 싫어했고, 가능하면 흑인의 전장 참가를 운전과 사소한 비전투 임무로 제한하려고 했다. 그러나 알몬드가 가장 우려한 것은 제65보

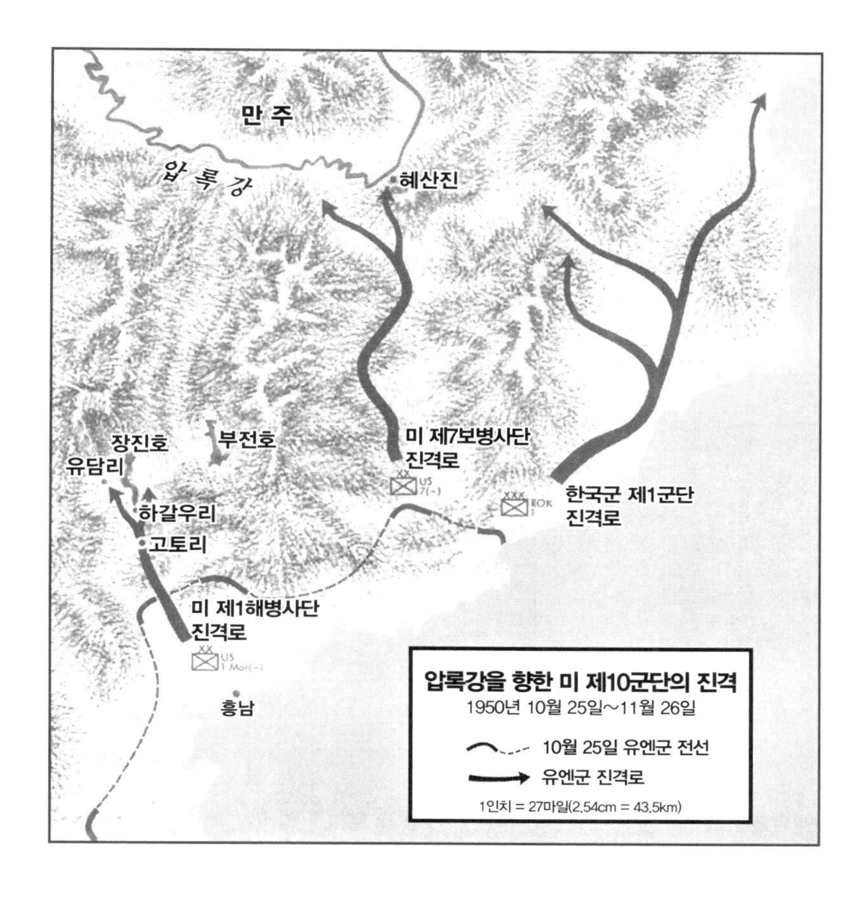

병연대인 푸에르토리코 병력이었는데, 그는 특별한 이유도 없이 이들을 완전히 무능하다고 간주하면서 그들에 대해 "나는 이 유색인종 부대를 별로 신뢰하지 않는다"라고 말했다.

압록강 진격을 위한 알몬드의 단편적이고도 다선형적인 계획은 제10군단을 더욱 분열시킬 뿐이었다. 사령부에 있는 지도는 고르디우스의 매듭Gordian knots(아무리 애를 써도 해결하기 어려운 복잡한 문제를 가리키는 말-옮긴이)과 십자형 진로가 혼란스럽게 표기되어 있었다. 알몬드는 전장이 좀 복잡해 보이기 시작했다는 것을 인정했다. "나는 한국 전역으로 군대를 분산시켰다"라고 말했지만, 자신의 추진력이 부대들의 목표를 달성하게 할 것이고, 이 혼란의 파노라마에서 자신의 명령 방식이 승리를 가져

오게 할 것이라고 확신했다.

스미스와 그의 장교들은 알몬드 계획이 성급하고 부주의하다고 여기며 경악했다. 알몬드 계획의 일부인 해병대의 진격 계획뿐만 아니라 모든 것이 그랬다. 그들은 알몬드의 발상이 세상물정 모르는 어린애가 그러듯 단순하고 어리석다고 생각했다. 그는 마치 공깃놀이를 하는 것처럼 닥치는 대로 사단을 이리저리 섞었다. "나는 그의 판단에 의문을 제기했다"라고 스미스의 작전참모인 알파 바우저 대령이 훗날 말했다. "나는 알몬드 장군이 이 계획을 갑자기 그의 손에 잡힌 완전한 승리라고 그의 마음속에서 그리고 있다고 생각했다."

≡

한번은 스미스가 겨울이 다가오기 때문에 산속으로 너무 깊이 진입하는 것은 경솔해 보인다고 알몬드에게 말했다. 설령 압록강까지 갈 수 있다 하더라도, 스미스는 제10군단이 어떻게 눈 덮인 북쪽 지역 전역에 걸쳐 진지를 유지하고 겨울 동안 재보급을 받을 수 있을지 알지 못했다.

알몬드는 스미스의 말을 비웃었다. 그는 스미스가 쓸데없이 걱정을 많이 하는 사람이라고 생각했다. 알몬드는 "확실한 것은, 스미스 장군이 그의 해병사단이 전방 지역으로 진입하여 미확인된 군대와 교전하게 되리라는 것은 기정사실이라고 불평했다는 것이다"라고 썼다. 알몬드는 "스미스는 그가 받은 명령을 실행하는 데 지나치게 신중했다"라고 말했다.

≡

그러나 이미 스미스의 사단본부에는 새로운 적이 참전한다는 소문이 퍼져 있었다. 처음에 그것은 과수원과 골목길에서 들려오는 속삭임, 은밀한 표정, 그리고 예감에 불과했다. 그러나 스미스가 원산에 도착한 지 5

일째인 10월 31일, 첫 번째 난감한 보고서가 들어왔다.

스미스의 제7연대는 장진호로 올라가는 길을 정찰하기 위해 정찰대를 파견하기 시작했다. 내륙으로 약 20마일 떨어진 산기슭에 있는 수동水洞에 도착한 한 정찰대가 몹시 긴장한 한국군과 마주쳤다. 그들은 중공군과 총격전을 벌였다고 말했다. 얼마나 많은 병력과 맞닥뜨렸느냐는 질문에 한국군은 "많이, 많이"라고만 말했다.

그러나 한국군은 16명의 포로를 잡았고, 심문 결과 마오쩌둥의 군대인 인민해방군 제124사단 370연대 소속이라는 것을 알게 되었다. 그들은 10월 중순에 압록강을 건넜다고 했다. 이 중공군은 놀랍게도 정보를 기꺼이 누설하고 있었다. 그들은 숨길 것이 없는 것 같았다. 마치 유엔군이 그들이 누구이고 어디서 왔는지 알기를 원하는 것 같았다. 노골적으로 자신들이 수십만 명에 달하는 훨씬 더 많은 대규모 중공군의 일부라고 밝혔다.

이 놀라운 보고서와 유사한 몇몇 다른 보고서들이 지휘계통에 보고되었을 때, 알몬드의 정보부서원들은 반사적으로 정확성에 대해 이의를 제기했다. 제10군단 정보 메모에는 이에 대해 "이 정보는 확인되지 않았고, 현재 받아들여지지 않고 있다"고 간략하게만 기록되어 있었다. 알몬드의 사령부는 야전 장교들에게 "중공군이 참전할지도 모른다는 사실과 다른 잘못된 느낌을 전하는 것을 중단하라"라고 권고했다.

신뢰할 수 있는 지상군의 정보를 믿지 않는 이 이상한 거부는 거의 즉시 맥아더의 도쿄 사령부에서 발송한 G-2 공식 문서에 그대로 반영되었다. 이 문서는 중공군이 한국에 들어왔다는 확실한 증거가 없다고 주장했다.

스미스 장군은 야전에서 오는 신호와 도쿄에서 오는 신호가 서로 충돌하고 있다는 것에 당황했다. 불확실성의 안개 속에서 스미스는 사단본부를 더 위쪽 해안에 위치한 또 다른 중요 공업도시의 외곽에 버려진 공과대학으로 옮겼다. 그 도시는 함흥이었다.

Chapter 10

함흥차사

/

북한 함흥

● 북쪽으로 진격하면서 제10군단의 육군과 해병대원들은 모든 분야에서 한국의 인력이 필요하다는 것을 알게 되었다. 요리사와 항만 노동자, 잔심부름꾼, 수리공, 운전기사, 사무원이 필요했다. 하지만 무엇보다도 필요한 것은 통역사였다. 언어장벽은 심각한 문제였다. 한국어와 영어의 차이뿐만 아니라 일본어를 영어와 한국어로 통번역하는 것도 문제였다. 알려진 바와 같이, 미군은 일제 강점기에 만들어져 일본어로 출간된 지도와 보급매뉴얼을 가지고 작업을 해야만 했기 때문이다. 제10군단 지휘관들은 이 험난한 땅에서 기동하려면 3개의 다른 언어로 통번역하는 것이 필요하다는 것을 인식했다.

그래서 제10군단의 모병관들은 새로운 3개 국어 통역관들을 찾기 위해서 서울 인근 지역을 수색했다. 이것은 쉬운 일이 아니었다. 거의 모든 징집연령대의 청년들이 어디선가 싸우고 있거나 전투 중에 이미 부상을 입거나 죽었기 때문이다. 하지만 결국 모병관들은 유능한 통역관들을 찾아내어 북쪽으로 보낼 준비를 하고 있었다. 그들 중 한 명이 서울 서대문에 사는 19세 의대생 이배석이었다.

≡

서울에서 전투가 벌어지는 동안, 배석은 며칠 더 걱정하며 몸을 숨기고 있었다. 마침내 북한군의 저항이 잠잠해졌다. 미군이 서대문을 다시 장악하자, 그는 이번에는 자신 있게 북아현동의 집에서 나왔다. 큰고모 신경이 가계를 맡아 아이들을 키우기로 했고, 배석은 제10군단 본부에 신고하며 그의 군생활을 시작했다. 인터뷰는 신중해야 했다. 그는 서울에서 태어나고 자랐다고 말했다. 자신이 북쪽 출신이라는 것을 밝히면 자동으로 실격될 것이라고 생각했다. 설상가상으로 미군이 그를 공산당원으로 의심하거나 잠입자나 간첩으로 여겨 감금할 수도 있었다.

배석은 좋은 인상을 주었고, 제10군단 모병관들은 그를 고용했다. 그는 통역병으로 미군 헌병과 함께 전략적 경계초소와 애로지역(지세가 협애하여 공략이 어렵고 방위에 용이한 지점을 가리키는 군사 용어-옮긴이)에서 근무하도록 배속되었다. 북쪽의 상황이 급변함에 따라, 육군 기획자들은 그를 몇 주 동안 대기 상태로 서울에서 기다리게 했다. 마침내 10월에 육군 기획자들은 첫 번째 임무를 의논하기 위해 배석을 소환했다. 제10군은 그를 북동쪽 먼 곳에 있는 함흥으로 보낸다고 했다. 함흥은 중요 공업도시였고, 전투의 중심이었다. 그리고 약 10만 명에 가까운 대규모 유엔군이 함흥과 인근 원산, 그리고 압록강까지 투입될 것이라고 설명했다. 스미스 장군의 제1해병사단이 이미 그곳에 있었다.

이 말을 들은 배석은 감정이 복받쳐 장교의 그 뒤 말을 거의 알아듣지 못했다. 함흥은 그가 태어나고 자란 고향이었다. 그곳에 가족이 살고 있었다. 아버지와 어머니와 형제들이 아직 살아 있다면 말이다. 세계의 모든 도시 중에서 함흥은 그가 가장 가고 싶은 곳이었다. 그는 미군 장교에게 이 사실을 말할 수 없었다. 비밀을 유지해야 했다. 기쁨을 감추기 위해 애써 진지한 표정을 지었다. 그는 함흥에 대한 꿈을 자주 꾸었고, 시장의 소란스러운 소리, 염분이 섞인 강의 냄새, 서쪽 산기슭, 도시 뒤쪽의 바닷바람 등이 몹시 그리웠다. 아마도 과거를 낭만적으로 묘사한 것이겠지만, 어린 시절의 장소들은 기억 속에 깊이 새겨져 있었다. 어렸을 때 떠난 그는 이제 청년이 되어 있었다. 그는 4년 동안 집을 떠나 있었다. 이제 그는 집으로 가고 있었다.

≡

태백산맥의 시작 부근에 있는 해안 평야를 따라 위치한 함흥은 수세기 동안 조용한 주요 지방도시였다. 특별한 사건이 없었던 도시의 역사는 음모를 다룬 몇몇 이야기 책에 나왔다. 1398년, 조선을 개국한 이성계는 자신 아들이 궁궐에서 일으킨 반란으로 쫓겨난 후 함흥으로 피신했다. 새로운 왕 태종이 아버지와 화해하기 위해 관료들을 함흥으로 보냈는데, 이성계는 그때마다 그들을 죽였다. 함흥차사는 심부름을 간 사람이 소식이 없거나 오지 않음을 뜻하게 되었다.

서울에 사는 동안 배석은 가끔 함흥을 떠나 나그네가 신세가 된 자신이 다시는 함흥 소식을 듣지 못하게 되는 것은 아닐까 걱정했다. 그는 결코 다시 찾지 못할 고향에서 가족은 고생하고 고통받고 있는데, 자신은 축복받은 삶을 살고 있다는 생각에 깊은 자책감으로 괴로워했다. 그는 인생에서 가장 중요한 가족에 대한 책임을 저버렸다고 생각했다.

함흥 중심부 근처에는 송천강을 가로지르는 큰 다리가 있었다. 만세교는 "장수長壽 다리"라고 불렸다. 음력 설날에 다리를 건너면 장수와 행운을 가져온다 하여 그렇게 하는 전통이 있었다. 가족은 팔짱을 끼고, 손을 잡고, 웃고, 즐거운 노래를 부르며 다리를 왔다 갔다 했다. 그의 가족은 매년 다리를 건넜다. 이 나들이는 배석의 가장 행복한 추억 중 하나였다. 그는 혹시 가족에게 무슨 일이 있는 건 아닌지 걱정이 되었다. 만세교가 가족을 어느 정도 보호해주지 않았을까? 아니면 그것이 그저 단순한 미신이었을까?

1910년 일본이 한국을 공식적으로 점령했을 때, 함흥은 단지 이런 전설과 민속 전통에 젖어 있는 시대에 뒤진 작은 마을이었다. 그러나 1920년대 중반에 일본인들이 한국에 대한 지배력을 강화하면서 근대화가 시작되었다. 일본 기술자들이 야심 찬 아이디어를 생각해냈다. 함흥 북서쪽 산맥에 도로를 만들고, 북쪽 압록강으로 흘러가는 중요한 지류인 장진강의 수력을 이용하고자 했다. 기술자들은 함흥에서 약 70마일 떨어진 고지대에 계곡을 물에 잠기게 하는 대형 댐을 건설하기로 했다. 장진강의 물이 차올라 여러 지역을 삼킬 것이고, 그 결과로 생긴 호수는 부챗살 모양으로 40마일 이상 뻗어 흐를 것이다. 그것은 산속, 실질적으로 한국의 지붕에 펼쳐진 깊은 인공호수가 될 것이었다.

이 계획은 그 자체로도 거의 불가능한 것으로 여겨졌지만, 기술자들은 보다 더 대담한 계획을 구상했다. 그들은 산에서 해안까지 차가운 호숫물을 땅속으로 구불구불 흘러가게 하는 수로망을 건설하면 강의 흐름을 효과적으로 역류시킬 수 있다고 생각했다. 그렇게 하면, 북쪽으로 흐르던 강은 인공 수로관을 통해 남쪽으로 흘러가게 될 것이다. 중력에 따라 작동하는 수로는 수력발전소로 흘러 들어갈 것이고, 평야에 있는 함흥과 인근 항구도시 흥남을 아마도 한국에서 가장 큰 군사·산업 중심지로 만들 수 있을 것이라고 보았다.

어떤 사람들은 돈키호테 같다고 말했다. 어떤 사람들은 기술자들이 신처럼 행동하면서 자신의 섭리를 시험하고 자연의 신성불가침한 힘을 조작하고 있다고 말했다. 그러나 이 거대한 프로젝트는 계획대로 진행되었다. 장진호長津湖는 이배석이 태어난 해인 1929년 완공되었고, 함흥과 흥남은 "한반도 기업왕"이라고 불리는 노구치 시타가우野口遵가 설립한 일본 기업 노구치NOGUCHI의 지시 아래 변혁을 겪었다. 극동에서 가장 큰 질소비료공장이 빠르게 건설되었고, 이 지역은 세계에서 가장 큰 황산암모늄 생산지 중 하나가 되었다. 그 후 정유공장, 화학공장, 직물공장, 금속주조공장, 군수공장 등이 생겨났다. 이 공장들은 다이너마이트와 수은

산화물과 고옥탄 항공연료를 생산했다. 아시아 전역에 걸친 일본의 팽창주의적 목표들을 촉진하기 위해 만들어진 악취를 풍기고 끝없이 연기를 분출해내는 산업단지였다.

새로운 인공호수로 인해 이주하게 된 사람들을 포함해 수천 명의 농민들이 공장에서 일하기 위해 산에서 내려왔다. 학교들이 생겨났고, 기차역, 시청, 교외, 그 모든 것이 전차와 지하 하수구, 전기와 전신선으로 연결되었다. 적어도 당국이 그 지역의 변화를 묘사한 방식에 따르면, 그것은 민간 계획과 중앙 설계가 만들어낸 현대적 경이로움 그 자체였다. 일본의 독창성과 한국의 땀으로 사람들은 도시를 건설하는 호수를 만들었던 것이다.

≡

이것이 배석이 자란 신흥도시의 분위기였다. 1930년대 내내 함흥은 여러 면에서 일본의 도시로서 조직화·산업화·근대화·군국화되었다. 한국은 일제 통치라는 '검은 우산' 아래 살고 있었다. 점령자들은 종종 잔인하게 함흥 시민들을 모욕하고 착취하는 한편, 그들을 동화시키려고 했다. 즉, 그들을 일본의 신하로 만들기 위해 한국인의 민족의식을 서서히 말살해갔다. 함흥에서 소년이었을 때, 배석은 천황이 있는 방향인 동쪽을 향해 절하는 법을 배웠다. 그는 신사 입구의 조거鳥居 아래에서 무릎을 꿇고 신토神道(조상과 자연을 섬기는 일본 종교-옮긴이)의 신들에게 기도했다. 학교에서 그와 급우들은 "하나된 마음으로 황제를 섬기겠다"는 약속과 함께 천황의 신하 서약을 낭독해야 했다. 모든 시민들과 마찬가지로 배석도 자신의 한국 이름을 버리고 일본 이름으로 개명해야 했다. 일본어를 배웠고, 학교에서 한국어를 공부하는 것은 금지되었다. 애국가도 부르지 못하고, 태극기도 휘날리지 못하고, 전통 의상인 한복도 입지 못했다. 사람들은 심지어 한국식 머리 모양을 하지 못하게 강요받아서 자신의 땋은 머리와 상투를 잘라내야만 했다.

배석은 일본의 권위와 전문지식을 상징하는 일본인 교사, 일본인 공무원, 일본인 군인 및 세무사와 경찰 등을 어디에서나 볼 수 있었다. 시장은 일본인이었다. 도지사도 마찬가지였다. 도시 자체에도 일본식 이름이 붙었다. 함흥은 간코咸興가 되었다. 많은 한국인들이 "사상경찰"이라고 부른 일본 헌병들은 반대의견이나 한국인의 정체성이 담긴 표현들을 근절하면서 도시에 대한 통제를 강화했다. 헌병은 시민들을 10가구로 구성된 근린주민조직을 조직했다. 일본법을 준수하도록 되어 있는 이 작은 단위는 한국인이 한국인을 적대시하고 이웃들끼리 서로를 감시하게 만듦으로써 지역주민 관계에 소름끼치는 악영향을 미쳤다.

1930년대 후반, 함흥의 대규모 산업단지는 격화되는 일본과 중국의 전쟁을 위한 무기고이자 용광로가 되었다. 엄청난 양의 폭발물이 그곳에서 제조되었다. 일본이 진주만을 공격한 후 함흥의 작업량은 기하급수적으로 늘어났다. 비밀 프로젝트의 하나로 일본 물리학자들은 일찍이 핵무기를 만들려고 했다. 장진호 주변에 있는 산에서 채굴한 우라늄을 조잡한 사이클로트론cyclotron(1930년 미국 캘리포니아 대학의 E. O. 로렌스Lawrence와 M. S. 리빙스턴Livingston이 창안한 이온가속기. 원자핵 연구에 널리 이용되는 동시에 방사성 동위원소의 제조에도 이용되고 있다-옮긴이)을 통해 중수를 생산했고, 기초적인 원자장치(핵분열성 방사능물질을 이용하는 장치. 특히, 원자포탄 또는 기타 미사일을 말함-옮긴이)까지 개발했다.

물론 이런 은밀한 행위를 알지 못했지만, 배석과 급우들은 피할 수 없이 전쟁에 말려들었다. 고등학교 내내 이제 곧 욱일승천기를 지키기 위해 미국인들과 싸울 것이라고 예상해 검과 총검 연습을 포함한 의무적인 군사훈련을 받았다. 14세에 그는 제로기Zeroes(제2차 세계대전에서 활약한 일본의 함상전투기-옮긴이) 엔진에 사용될 항공연료를 만드는 정유공장에서 일하게 되었다. 전쟁이 진행됨에 따라 일본인들은 더욱 극악무도해졌다. 징용당한 젊은 한국 남성들은 일본으로 보내져 광산과 조선소,

공장에서 강제로 일하게 되었다. 수천 명의 젊은 한국 여성들은 전선에서 간호사로 일한다는 명목 하에 "자원봉사여단Volunteer Service Brigade"이라고 불리는 곳에 동원되었는데, 사실 이 여성들은 일본 군인들을 위한 이동식 매음소에 성노예로 납치된 것이었고, 이른바 "위안부"라고 불렸다. 또한, 일부 한국인들은 731부대로 알려진 만주에 본부를 둔 가학적인 의학 실험 프로그램에서 실험용 마루타로 이용되고 있다는 소문이 돌았다.

1945년 8월, 당시 16세였던 배석은 곧 극도로 사악한 정권을 위해 싸우도록 징집될 것이라는 것을 알고 있었다. 그러나 미국인들이 히로시마廣島와 나가사키長崎에 원자폭탄을 투하한 후 일본은 항복했다. 배석은 때마침 죽음을 모면했다. 8월 22일, 소련군이 함흥으로 진군하여 도시를 해방시켰다. 한때 기고만장했던 일본인 점령자들은 하룻밤 사이에 도망자가 되었고, 집에서 쫓겨나고, 체포되고, 자산을 빼앗겼다. 그들은 거지, 하녀, 넝마주이가 되었다. 많은 사람들이 소련의 수용소로 보내졌고, 다시는 볼 수 없었다.

처음에는 많은 동포들처럼 배석도 세계적인 사건들 덕분에 한국이 마침내 압제자의 멍에에서 벗어났다는 것을 기뻐했다. 그러나 새로운 현실이 자리하기 시작했다. 소련이 일본만큼 무자비하다는 것이 드러났고, 애국자 세대에 활기를 불어넣었던 통일 한국의 열망이라는 희망은 사라졌다. 부패, 재판 없는 처형, 술 취한 소련 병사들의 상점 약탈, 가택수색, 함흥 여성 강간 이야기가 만연했다. 정신적 충격을 받은 소녀들과 여성들은 성폭행을 피해 소년과 남자로 변장하기 시작했다. 소련인들은 술을 마시기 위해서라면 무슨 짓이든 할 것 같았다. 토할 때까지 술을 마셨고, 술을 찾아 사람들의 집에 침입했다. 소련은 함흥과 흥남의 공장을 체계적으로 해체하여 가장 귀중한 장비를 기차에 싣고 블라디보스토크Vladivostok로 운반했다. 이런 것이 전쟁의 특권이었다. 소련은 막판 적절한 순간에 참전한 전장의 전리품을 마음껏 즐겼다.

배석과 급우들은 학교로 돌아갔다. 이번에는 일본어 대신 러시아어를 배웠다. 콧수염이 있는 스탈린의 얼굴은 어디에나 걸려 있었다. 키릴 문자와 현수막은 붉은색으로 물들었다. 한국이나 일본식 이름을 가진 학교와 건물에 번호가 붙었다. 일본어를 말하는 것조차 범죄가 되었고, 미국 선교사들과 일본인들이 한국에 들여온 게임인 야구는 퇴폐적인 부르주아 스포츠로 비난받았다. 혁명에 관한 이야기가 전파되었다. 평양에서 영향력 있는 공산주의자들이 와서, 마르크스주의와 레닌주의의 원리에 대해 종종 해석할 수 없는 러시아 전문용어로 가득 찬 장광설을 늘어놓았다. 그런 뒤 퍼레이드, 집회, 자아비판 집회를 열었다. 새로운 법령에 따르면 당국의 허가 없이 5명 이상이 모이는 것은 범죄였다. 배석에게 전환점이 된 사건이 벌어진 것은 같은 반 친구와 함께 시청과 기차역 근처 대중광장에서 열린 공산주의 집회에 참석했을 때였다. 포스터 속 김일성은 군중들을 보고 웃고 있었다. 무대 위 벽에는 빳빳한 군복을 입은 새로운 지도자들이 미소를 지으며 손을 흔드는 뻔뻔한 얼굴들이 걸려 있었다. 모든 것이 결정되어 있었고, 이미 모든 자리가 채워져 있었다.

정치적으로 훨씬 더 영리한 배석의 친구는 분노를 참을 수 없었다. "한국은 소련이 아니다!" 그가 소리쳤다. "한국은 한국이다. 하나의 땅, 하나의 언어, 하나의 민족!" 그는 이 반대 메시지를 너무 크게 외쳤는데, 여러 명의 헌병이 그를 발견하고, 권총을 들고 둘을 잡으려고 다가왔다. 두 소년은 눈을 크게 뜨고 서로를 바라본 뒤, 안전을 위해 사람들을 헤치고 도망쳤다.

이것이 배석의 정치적 각성의 싹이 트게 된 시발점이었다. 그는 독재의 얼굴, 전체주의의의 얼굴을 힐끗 보았다. 이곳에서는 미래가 없다는 것을 알게 되자 몹시 초조해졌다. 한반도의 허리에는 선이 그어져 있었고, 그는 그 선을 넘고 싶었다. 이런 생각을 밝히자 아버지는 놀랍게도 승낙했다. 너는 맏이다. 가라. 아마 다른 사람들도 뒤따르게 될 것이다.

아버지는 돈을 주면서 준비사항을 알려주었다. 배석이 기차를 타고 원산까지 내려가면, 안내자가 다른 젊은 피난민들과 함께 그를 데리고 남쪽으로 갈 것이다. 그들은 절에서 점심을 먹고 어두침침한 숲에서 잠을 잘 것이다. 그들은 우호적인 공모자들이 준비한 음식을 먹을 것이다. 마치 지하철도 같은 그 오솔길은 고지와 산 너머로 모세혈관처럼 뻗어 있었다.

16세이던 1946년 초 어느 날, 배석은 어머니와 아버지와 포옹했다. 여동생인 순자를 더 특별하게 꼭 껴안았다. 다른 7명의 형제에게는 불분명한 미소를 지었다. 그리고 38선으로 향했고, 서울에서 새로운 삶을 시작했다.

4년이 지난 지금, 그는 집으로 가고 있었다. 제10군단이 그의 서류를 준비하는 대로 그는 함흥으로 날아갈 예정이었다.

Chapter 11

대규모 공사

/

워싱턴

● 이른 아침 미 국회의사당 뒤로 해가 뜨자, 해리 트루먼 대통령은 백악관을 수리하는 동안 살고 있던 행정숙소인 블레어 하우스Blair House에서 나와 펜실베이니아 애비뉴Pennsylvania Avenue(백악관과 미 국회의사당을 대각선으로 잇는 워싱턴 D. C.의 중심거리-옮긴이)를 거닐었다. 그는 멋진 양복을 입고 지팡이를 짚고 있었다. 그날은 계절에 맞지 않게 더웠다. 낮에는 기온이 화씨 80도(섭씨 26.7도)를 넘어섰다. 가을인데 다시 여름이 된 것 같았다. 새들은 새로운 활력으로 날개짓을 하고 있었고, 곤충들은 계절의 마지막을 즐기고 있었다. 트루먼 역시 인디언 서머Indian summer(북아메리카에서 한가을과 늦가을 사이에 비정상적으로 따뜻한 날이 계속되는 기간-옮긴이)인 1950년 11월 1일 그날, 보도를 따라 분주히 걸어가는 모습이 오늘따라 경쾌해 보였다.

대통령 경호원들은 이런 아침에 산책하는 걸 싫어했다. 매일 트루먼은 새로운 지역으로 방향을 바꿔가며 워싱턴의 여러 지역, 퍼기 바텀Foggy Bottom(워싱턴 D. C. 포토맥 강변의 안개가 자주 끼는 저지대-옮긴이), 맥퍼슨 광장McPherson Square(워싱턴 D. C. 중심가에 있는-옮긴이), 그리고 내셔널 몰National Mall(워싱턴 D. C. 중심가에 있는 공원-옮긴이) 등을 활기차게 걸었다.

인디펜던스Independence(미국 미주리주 서부 도시-옮긴이)에서 온 그 작은 남자는 발걸음이 빨라, 1분에 120보씩 걸었다. 트루먼은 "여기저기 걸으면서 산책하는 것은 생각을 명료하게 정리할 수 있는 정말 좋은 방법이다. 노쇠한 심장일수록 계속 펌프질을 해서 혈액을 뇌에 공급해야 한다"라고 말했다.

웨이크섬에서 맥아더와 만난 지 2주가 지났고, 그 성공적인 회담이 준 장밋빛 희망 때문에 트루먼은 그 이후로 계속 기분이 좋았다. 대통령은 여러 가지 정황상 한국전쟁이 거의 끝나가고 있고, 적어도 연말까지는 많은 병력이 귀국할 것이라고 여전히 믿고 있었다. 웨이크섬에서 마오쩌둥이 공식적으로 참전하지 않을 것이고 분쟁이 더 큰 전쟁으로 확대되지 않을 것이라고 말한 자신의 바람대로 상황이 그렇게 흐르고 있는 것처럼 보였다.

대통령은 산책을 마치고 관저인 웨스트 윙West Wing으로 가서 수영복으로 갈아입고 백악관 수영장을 몇 번 왕복했다. 그는 수건으로 몸을 닦고, 옆 체육관에서 삐걱거리는 로잉 머신rowing machine(노를 젓는 듯한 동작을 하는 운동기구-옮긴이)을 50번 당긴 후, 샤워를 하고 다시 옷을 입었다. 9시가 조금 지나 트루먼은 집무실로 들어가 책상 앞 회전의자에 앉았다. 책상 위에는 그 유명한 "THE BUCK STOPS HERE(모든 책임은 내가 진다)"라는 말이 새겨진 호두나무 명패가 놓여 있었다. 그는 일을 시작했다.

참모회의가 끝난 후, 트루먼은 책상 위에 있는 서류 더미로 눈길을 돌렸다. 여러 문서들 중에서 그의 관심을 가장 먼저 끈 것은 CIA 국장인 월터 베델 스미스Walter Bedell Smith 장군의 보고서였다. 그 보고서는 한국에 관한 내용을 담고 있었는데, 그 내용은 아주 충격적이었다. 그 보고서는 더글러스 맥아더의 배타적인 장교 집단뿐만 아니라 워싱턴의 최고 첩보원들을 통해 수집된 정보들 중에서 믿을 만한 정보들을 걸러내어 작성한 여러 첩보기관들의 현장 보고서에서 나온 내용을 담고 있었다. 스미스의 메모에는 "중공군이 대규모로 압록강을 건너 북한으로 밀려들고 있는

게 확실하다"라고 되어 있었다. 중공군은 압록강에서 남쪽으로 100마일(160.0km)이나 내려와 이미 유엔군과 "교전"하고 있었다.

CIA는 "현재 야전에는 1만 5,000~2만 명으로 추산되는 중공군 병력이 있다"라고 말했다. 이것은 놀라운 수치였지만, CIA는 이 중국군의 주된 목적이 유엔군을 공격하는 것인지, 아니면 만주 남부에 전기를 공급하는 북한의 몇몇 수력발전소를 방어하는 것인지 확신하지 못했다. 스미스는 아마도 중공군은 이러한 중요한 수력발전소들을 보호하기 위해 압록강 남쪽의 '무인지대'에 '완충지대'를 만들려고 한 것 같다고 말했다.

그러나 CIA 보고서는 "일련의 사건과 보고서들은 중국 공산당이 전쟁의 위험이 증가하더라도 북한군에 대한 지원과 원조를 확대하기로 결정했음을 보여준다"라고 분명히 말했다. 스미스는 "중국 공산주의자들은 유엔이 목표를 명확하게 밝혔음에도 불구하고 만주 침공을 두려워할 것"이라고 말했다. 그는 "소련의 지시에 따라 중국 공산주의자들이 한국에 대한 전면적인 군사 개입을 시도할 가능성을 배제할 수 없다"라고 경고했다.

트루먼 대통령은 마오쩌둥의 군대가 한국에 있고, 미군과 충돌하고 있다고 분명히 밝힌 보고서를 받은 것은 이번이 처음이었다. 그 정보는 진짜였고, 공식적으로 북한 땅에는 수만 명의 중공군이 있었다. 갑자기 미군은 매우 다른 전쟁을 벌이고 있었다.

≡

그날 아침 늦게 트루먼은 웨스트 윙 밖으로 나와 의회 명예훈장Congressiona Medal of Honor 수여식을 주관하기 위해 시간에 맞춰 로즈 가든Rose Garden으로 갔다. 트루먼 대통령은 이오지마Iwo Jima에서 영웅적으로 싸운 해군 대령 저스티스 체임버스Justice Chambers에게 권위 있는 훈장을 수여했다. 그날은 거의 화씨 80도(섭씨 약 26.7도)에 가까운 화창한 날씨였고, 잔디밭은 하얀 격자무늬를 배경으로 빛나는 초록빛을 띠었다.

수여식 행사장은 국방장관 조지 C. 마셜과 미 해병대사령관 클립튼 B. 케이츠Clifton B. Cates 장군을 비롯한 군 고위인사들로 가득했다. 대통령이 잠시 국방장관과 미 해병대사령관과 상의했는지는 기록되어 있지 않다. 이날은 축하 행사를 위한 날이었기 때문에 곰곰이 생각하거나 전략을 수립할 수 있는 자리가 아니었지만, 마오쩌둥의 군대가 한국에 진입했다는 공식적인 소식은 마셜과 케이츠에게 아주 중요한 관심사였을 것이다. 특히 케이츠에게는 자신의 제1해병사단이 중공군의 활동이 증가된 바로 그 국경으로 진격하고 있었기 때문에 더욱 그러했다.

이런 군 행사를 좋아했던 트루먼은 정원 너머로 보이는 어수선한 공사 현장 때문에 분위기가 다소 안 좋다는 것을 깨달았다. 대규모 건축 사업의 일환으로 공사 중이었던 백악관은 내부는 철거되고 외부는 거대한 지지대로 지탱되고 있는 외관만 화려한 건물에 지나지 않았다. 땅을 고르는 장비들이 절꺽절꺽 소리를 내며 움직이고 있었고, 일꾼들이 드릴로 백악관 건물 벽에 깊게 구멍을 뚫고 요란한 소리를 내며 쿵쿵 치는 소리가 들렸다.

프랭클린 루스벨트Franklin Roosevelt가 사망한 후 트루먼 대통령과 부인 베스Bess가 백악관으로 이사했을 때, 그들은 백악관이 유령이 나올 것 같은 곳이라고 느꼈다. 어떤 방들은 말을 하려고 하는 것 같았다. 마룻바닥이 흔들렸고, 천장이 무너졌으며, 크리스탈 샹들리에가 머리 위에서 쨍그랑 소리를 냈다. 1948년 6월 딸 마가렛Margaret의 피아노 한쪽 다리가 썩은 거실 바닥을 뚫고 들어가기도 했다. 엔지니어들은 어디에서나 무너진 석조, 처진 건물의 기초, 화재 위험성을 발견했다. 한 보고서에 따르면 여러 개의 기둥이 "타성으로만 버티고 있었다"라고 지적했다.

그래서 트루먼은 이사를 갔고, 건설 인부들이 왔다. 건설 인부들은 건물 골조 깊은 곳에서 100년이 넘도록 사용되지 않은 낡은 배선, 고장난 배관 및 환기구를 발견했다. 한 보고서에는 백악관의 "중추 신경"이 심각하게 손상되어 "대규모 공사가 필요하다"고 되어 있었다.

1949년 소련이 핵실험에 성공했다는 사실을 알게 되자, 최소 핵폭발을 견딜 수 있도록 설계된 새로운 기밀 벙커를 만들기 위해 땅을 더 깊이 파기 시작했다. 현대 세계는 무서운 국면으로 바뀌고 있었고, 초강대국 지위가 아직 생소한 미국은 그 역할에 따른 위험에 대비하기 위해서 스스로를 개선하려고 애썼다. 세계에서 가장 강력한 국가의 최고 권력자로서 원자력 시대를 선도한 트루먼 대통령은 당분간 펜실베니아 애비뉴 건너편에서 실제보다 좋게 보이는 타운하우스에 살고 있었다.

명예훈장 수여식이 끝난 후, 트루먼은 블레어 하우스로 가서 베스와 간단히 점심을 먹었다. 그 후, 그는 위층으로 올라가 겉옷을 벗고 속옷만 입은 채 창문을 열었다. 그런 다음, 낮이면 항상 그랬듯 낮잠을 자려고 누웠다.

≡

오후 2시 20분, 레슬리 코펠트Leslie Coffelt라는 이름의 백악관 경찰관이 블레어 하우스 서쪽에서 경비 임무를 수행하고 있을 때, 그리셀리오 토레솔라Griselio Torresola라는 25세의 푸에르토리코 남성이 초소 모퉁이를 몰래 돌며 독일제 루거Luger(독일제 반자동 권총-옮긴이)를 움켜잡았다. 또 다른 푸에르토리코인 오스카 콜라조Oscar Collazo는 발터Walther P38 반자동 권총으로 무장한 채 펜실베이니아 애비뉴 건너편에서 블레어 하우스로 접근했다. 두 젊은 공모자는 (흰색의 가는 줄무늬가 있는 짙은 색) 정장과 스냅 브림 모자snap-brim hat(테를 자유로 올리고 내릴 수 있는 중절모-옮긴이)를 썼다. 이들 중 누구도 트루먼 대통령에게 개인적인 감정이나 악의는 없었다. 이들은 트루먼이나 그의 정치에 대해 거의 아무것도 알지 못했다. 하지만 그들은 다른 이유에서 그를 죽이기로 결심했다.

콜라조와 토레솔라는 푸에르토리코 민족주의자로, 폭력적인 반란을 조장하고 푸에르토리코의 독립을 주장하는 세력과 결부되어 있었다. 두 사람은 세상을 놀라게 하는 행동만이 자신들의 독립운동에 대한 세인의 관심을 불러일으킬 수 있다고 생각했다. 그들은 한국전쟁에 대해 화가 났고, 푸에르토리코 군인들이 자신의 고향에서 누리지도 못한 자유를 위해 싸우기 위해 유엔군으로 참전했다는 사실이 모순이라고 보았다. 두 공모자의 불만이 일부 타당한 것처럼 보였지만, 그들의 계획은 터무니없었다. 그들은 아무런 사전조사도 하지 않았다. 그 음모는 불과 며칠 전에 시작되었다. 그들은 전날 밤 뉴욕에서 기차를 타고 내려왔다.

그리셀리오 토레솔라는 경관에게 돌진했다. 그는 아주 가까이에서 경찰관에게 연달아 3발을 발사했다. 코펠트는 치명적인 부상을 입고 초소 의자에 털썩 주저앉았다. 그 뒤 토레솔라는 사복 경찰관을 향해 3발을 발사해 부상을 입혔다.

블레어 하우스 동쪽에 있는 또 다른 초소에서 오스카 콜라조는 도널드 버드젤Donald Birdzell이라는 경찰관의 다리에 총을 쏴 슬개골을 산산조각 냈다. 그때 한 비밀경호원이 총을 발사했고, 총알이 블레어 하우스의 쇠울타리 말뚝에 맞고 튕겨져 나왔다. 혼잡한 보도 위에서는 구경꾼들이 엄폐물을 찾아 흩어졌고, 펜실베이니아 애비뉴 바로 아래 약국의 두꺼운 유리창이 박살났다.

낮잠에서 깨어난 트루먼 대통령은 무슨 일이 벌어졌는지 확인하기 위해 열린 창문으로 달려갔다. 그는 여전히 속옷 차림으로 눈부신 빛 속에서 눈을 가늘게 뜨고 진행 중인 총격전을 내려다보았다. 공모자들 중 한 명이 그때 올려다보았다면, 그들의 최종 목표가 분명히 시야에 들어왔을 것이다.

"물러서십시오! 물러서십시오!" 누군가가 대통령에게 소리쳤고, 대통령은 방 안의 그늘 속으로 몸을 숨겼다.

몇 초 후, 콜라조는 가슴에 총을 맞고 쓰러져 계단 밑바닥으로 굴러 떨어졌다. 중상이기는 했지만 치명상은 아니었다. 그 후, 초소에서 피를 흘리던 레슬리 코펠트 경관은 죽음의 고통 속에서 마지막 힘을 짜냈다. 콜트Colt 리볼버를 든 그가 경비실에 몸을 기댄 채 지탱하면서 토레솔라에게 한 방 쏘았고, 토레솔라는 울타리 뒤에서 머리에 총을 맞고 죽었다.

갑자기 시작된 총격전이 끝나자, 펜실베니아에 애비뉴에는 섬뜩한 침묵이 흘렀다. 그것은 비밀경호국 역사상 가장 큰 총격 사건이었다. 두 남자가 죽거나 죽어갔고, 다른 3명이 부상을 당했으며, 2분도 채 안 되는 시간 동안 27발이 발사되었다.

≡

한 시간 후 알링턴 국립묘지Arlington National Cemetery에서는 고위인사들이 제2차 세계대전 당시 영향력 있는 조언자였던 영국 육군 원수를 기리는 기념비 제막식의 시작을 기다리고 있었다. 군중 속에 앉아 있던 딘 애치슨 국무장관 옆에 존 스나이더John Snyder 재무장관이 서둘러 앉았다. "대통령을 암살하려는 시도가 있었습니다"라고 스나이더가 말했다. "무슨 일이 일어났는지는 모르겠습니다."

"대통령은 괜찮습니까?" 애치슨이 물었다.

"모르겠습니다." 스나이더가 대답했다. "블레어 하우스 앞에서 총격 사건이 보고되었습니다."

주변 사람들이 그 대화를 들었고, 중얼거림과 헉 하는 소리가 군중 사이에서 들렸다. 그 후 해병대가 "대통령 찬가Hail to the Chief"를 연주했다. 대통령의 리무진이 도착했고, 비밀경호원 8명이 대형 오픈카를 타고 그 뒤를 따랐다. 진한 녹색 양복을 입은 트루먼 대통령은 엄숙하면서도 침착한 모습으로 차에서 내렸다. 군중 곳곳에 보안요원들이 추가로 배치되었고, 다른 요원들이 국립묘지 곳곳의 나무 뒤에 숨어 있는 것이 보였다.

트루먼은 행사장에 도착해서 자리에 앉을 때쯤, 미소를 지으며 마치 "세상에 아무 걱정도 없는 사람"처럼 애치슨을 바라봤다. 애치슨 국무장관은 안도의 한숨을 내쉬었다. 그는 "워싱턴에 있는 우리 모두가 심한 공포를 느꼈다"라고 말했다.

나중에 트루먼의 삶을 돌아보며 그때의 암살 시도에 대해 묻자, 트루먼은 현실적으로 대답했다. "대통령은 그런 일들을 예상해야 합니다. 하지만 그것은 결코 일어나서는 안 되는 사건이었습니다." 그는 자신의 목숨을 구해준 '위대한 경호원', 특히 병원에서 죽은 코펠트를 생각했다.

트루먼은 암살 시도자들에 대한 경멸을 숨기지 않았다. "그 일을 벌인 두 사람은 아주 어리석었습니다. 그들이 세운 것보다 더 나은 계획을 내가 준비할 수도 있었는데 말입니다. 지금 한 명은 교수대를 마주하고 있고, 다른 한 명은 죽었습니다"라고 말했다.

제막식이 끝난 후 트루먼은 국방장관 조지 마셜과 잠시 대화를 나눈 뒤 리무진을 타고 포토맥Potomac강을 건넜다. 이른 저녁, 트루먼이 블레어하우스 계단으로 돌아왔을 때 청소부 한 명이 핏자국을 닦아내고 있었다.

Chapter 12

도깨비불

/

수동 협곡

● 수동 마을은 장진호로 이어지는 큰길 옆에 진흙으로 지은 낡아빠진 초가집이 모여 있는 작은 마을이었다. 그곳은 태백산맥으로 통하는 관문으로, 해안 평야에서 빠져나와 고지대가 시작되는 곳이었다. 주변 지역에는 볏짚단이 쌓여 있는 논과 감나무가 있었다. 이 늦은 계절에 대부분은 수확이 끝났고, 농부들은 겨울 동안 먹을거리를 준비하느라 열심히 일했다. 소달구지가 들판 둔덕을 따라 달렸다. 마을 사람들의 움직임을 통해 긴급 사태가 곧 발생하리라는 것을 예감할 수 있었다. 그들은 다가오는 추위와 앞으로 벌어질 전투에 대비하는 것 같았다.

11월 2일까지, 제7연대의 해병 3,000명 대부분이 수동으로 이동했다. 함흥에 있는 쥐가 들끓는 창고에서 며칠 동안 숙영을 한 부대는 이 전원 마을을 새 근거지로 삼게 되어 기뻤다. 마을 남쪽에는 바위로 뒤덮인 깊은 협곡이 있었는데, 바로 그곳 마른 강바닥 옆에 연대 대부분이 진을 쳤다. 대부분의 대원들은 근심걱정이 없어 보였다. 심지어 평온해 보이기까지 했다. 그들은 곧 집으로 향하게 될 것이고, 모든 것이 마무리되어 이번이 이 나라에서 그들이 공훈을 세울 수 있는 마지막 기회라는 소문을 믿었다.

이제 모두가 중공군이 이 근처 내륙지역에 집결할 것이라는 말을 들었다. 만약 그렇게 된다면 어떻게 해야 할까? 배에서 끔찍한 2주를 보낸 많은 해병대원들은 어떤 식으로든 전투를 하거나 작전을 하고 싶어 안달이 났다. 북한군이 산으로 사라졌다면, 그 다음엔 중공군이 내려올 것이라는 시각이 우세해 보였다. 이렇게 멀리까지 와서 적을 보지 못한다면 얼마나 당황스러운 일인가.

그날은 밝았고 희망에 차 있었다. 그리고 고지대 공기에는 소나무 향기가 났다. 해병대원들은 별 문제 없이 북한에 진입한 것에 안심하고 있는 것 같았다. 그들은 트럭을 타고 중간에 적과의 조우 없이 함흥에 도착했다. 길가에 늘어서 있는 아이들은 활짝 웃으며 작은 깃발을 펄럭이면서 사탕을 구걸했다. 한 해병대원은 "한국전쟁이 전투 없는 가짜 전쟁처럼 보이기 시작했다. 쉽게 승리하리라는 잘못된 자만심이 자리 잡기 시작했다고 말했다."

조지프 오언 중위는 수동으로 향하던 날 그 들뜬 기분을 떠올렸다. 오언은 "대원들은 사기가 충천해 있었다. 그들은 모험을 떠나는 건강한 젊은이들이었다"라고 썼다. 오언의 중대인 제7연대 베이커Baker 1중대는 행복하게도 사과 과수원에 자리를 잡았다. 그의 대원들은 자신의 무기를 청소하고 총검을 갈았고, "고참들은 태평양 섬들에서 그들이 맹렬한 일본군과 싸운 이야기를 다시 들려주었다."

대원들은 '야한 노래'를 부르고, 초원으로 나가서 소란스럽게 미식축구를 했다. 돼지가죽 대신 두루마리 종이를 상의로 덮어 꽉 묶은 것을 축구공으로 사용했다. 이것은 거의 사냥여행처럼 느껴졌다. 젊은 대원들은 시골에 진을 치고, 모닥불 옆에서 담배를 피우며 허튼소리를 하고, 모터와 총을 만지작거렸다. 북한은 인디언 서머처럼 때 아니게 따뜻했고, 이로 인해 대원들은 뛰어놀고 싶은 기분이었다. 심지어 어떤 대원은 근처의 개울에서 벌거벗은 채 수영을 했다.

그러나 제7연대장 호머 리첸버그Homer Litzenberg 대령은 이런 편안한 분위기에 눈살을 찌푸렸다. 그는 무슨 중대한 일이 일어날 것 같은 느낌이 들었다. "진격의 리첸Blizzin' Litzen"이라는 별명을 가진 리첸버그는 네덜란드계 펜실베이니아인으로, 제2차 세계대전 당시 티니안Tinian(태평양 서북부 마리아나 제도에 있는 섬으로 제2차 세계대전의 격전지-옮긴이)과 사이판Saipan 전투에 참전했다. 한국에서 함께 복무했던 한 장교는 그를 "남을 괴롭히는" "아주 고집 센 네덜란드인"이라고 말했지만, 부하들의 고통에 눈물을 흘릴 줄 아는 사람이라는 평가도 있었다. 그는 "키가 크고, 붉으스레한 얼굴에 각진 체구를 가지고 있었다." 스미스 장군과 같이 리첸버그는 일찍 머리가 희어, 해병대에서 "위대한 백발 아버지"라는 별명으로 불렸다.

리첸버그는 연대 장교들과 부사관들을 한쪽으로 집합시킨 뒤 진지하게 말했다. 그는 머지 않아 곧 그들이 제3차 세계대전의 첫 번째 전투에 참여할지도 모른다고 말했다. "우리는 중공군을 만날 것으로 예상되는데 첫 전투에서 승리하는 것이 중요하다"라고 경고했다. 그는 장교들에게 다음과 같이 전달하라고 말했다. 중공군과 대적하는 것은 뻔하고 겁많은 북한군과 대적하는 것과는 전혀 다를 것이다. 이 말은 마오쩌둥의 군대가 더 잘 훈련되고, 더 잘 조직되고, 더 경험이 많다는 것을 의미할 뿐만 아니라, 그들 뒤에 버티고 있는 문화의 무게, 고대 사회의 힘, 수많은 인구가 가하는 압박이 엄청나다는 것을 의미하기도 했다. 리첸버그는 자신의 연대가 다음 세계 분쟁에서 개시 사격을 하게 될 것이라고 확신했다. 그것은 여러 해에 걸쳐 전 세계 여러 대륙이 느끼게 될 이념의 충돌이 될 것이다.

"우리는 그 결과가 베이징뿐만 아니라 모스크바에도 부정적 영향을 미치기를 바란다"라고 리첸버그는 말했다. "그 결과는 전 세계에 반향을 불러올 것이다."

"위대한 백인 아버지" 리첸버그의 말은 그가 의도한 대로 대원들을 겁먹게 만들었고, 그가 말한 것의 본질이 대원들 사이에 서서히 스며들었다. 그날 밤, 별이 없는 하늘 아래에서 대원들은 자신의 군장 속에 몸을 기댄 채 불안 속에서 잠을 청했다.

三

그리고 바로 그 순간, 그것이 시작되었다. 자정 무렵에 대원들은 나팔과 뿔피리의 불협화음을 들었다. 중공군이 협곡으로 쏟아져 내려왔다. 한 기록에는 "검은 새 떼처럼 중공군이 떼를 지어 몰려왔다"라고 말했다. 그들은 제7연대의 2개 대대를 공격하고, 그들 사이의 틈새로 침투했다. 밤새 격렬한 전투가 벌어졌고, 전투는 그 후 며칠 동안 간헐적으로 계속되었다. 전투가 끝날 무렵에는 해병대원 61명과 1,000여 명으로 추정되는 중공군이 목숨을 잃었다. 종종 절제된 표현을 쓰기 좋아하는 스미스조차도 이것을 "상당한 전투"였다고 평가했다.

그러나 중공군은 출현하자마자 사라졌다. 그들은 북쪽 산으로 물러가서 돌아오지 않았다. 수동 협곡은 조용해졌다. 리첸버그 대령과 스미스 장군은 왜 그런지 궁금했다. 중공군은 어떤 전략을 사용하고 있는 것일까? 그들은 어떤 지역을 점령하려는 것이 아니라 어떤 정보를 얻어내려고 한 것처럼 보였다. 그리고 그들이 불규칙한 방식으로 전투하다가 갑자기 철수한 것으로 보아, 그들은 전장에서 승리를 거두는 것보다는 해병대에 메시지를 보내는 데 더 관심이 있는 것 같았다. 하지만 만약 그렇다면, 무슨 메시지를 보내려 했던 것일까?

이 공격은 단지 경고하기 위해 활을 쏜 것에 불과했을까? 우리가 여기 있다! 더 이상은 오지 마라! 해병대를 탐색하고, 전투력을 평가하고, 계속하려는 의지를 시험하기 위한 시도였을까? 더 크고 더 강력한 중공군 부대가 만주에서 도착할 때까지 시간을 벌기 위해 어쩔 수 없이 제물로 바쳐진 차단 및 지연작전이었을까? 아니면 중공군이 수동에 모습을 드러낸 것은 중국인들이 북한 주민들에게 한 정치적 약속을 이행했다는 것을 보여주기 위한 중국의 체면치레였을까? 북한 공산주의 형제들을 돕겠다는 최소한 노력의 징표인가?

스미스 장군의 머릿속에 또 다른 생각이 떠올랐다. 수동에 중공군이 존재한다는 것이 장진호와 특별한 관련이 있을까? 그들이 만주 깊숙이 이어지는 송전망에 전력을 공급하는 중요한 수력발전소의 수문을 지키려고 내려왔을 수도 있었다. (이 때문에 스미스 장군은 장진호 및 북쪽의 다른 수력발전시설에 대한 알몬드의 진격 계획을 처음 들었을 때부터 어리둥절했었다. 왜 자신들은 지도상의 모든 장소 중에서 중국 경제에 영향을 미치는 전략적으로 중요한 자산이 있는 이곳을 향해 진격하고 있었던 것일까? 스미스에게 이것은 미국 측의 고의적인 도발이거나 적어도 중국인들이 그렇게 인식할 만한 움직임처럼 보였다.)

한편, 스미스와 리첸버그 둘 다 중공군 장군들이 수동에서 훨씬 더 교활한 무언가를 성취하려고 했을지도 모른다고 생각했다. 그 공격은 해병대원들이 중공군이 약하다고 생각하게 만들어, 해병대를 중공군이 더 쉽게 포위할 수 있는 산속으로 더 깊이 진격하도록 유인하기 위한 전략일 수도 있었다. 리첸버그가 처음부터 옳았던 걸까? 어쩌면 이것이 제3차 세계대전의 시작일지 모르고, 최악의 상황은 아직 오지 않은 것일 수 있었다.

이 모든 다양한 설명들이 복합적으로 작용하고 있을 가능성도 있었다. 수동에 있는 적의 진짜 동기와 목표는 수십 년 동안 논쟁의 여지가 있는 미스터리로 남아 있다. 그럼에도 불구하고 수동에서 붙잡힌 중공군 포로들은 한국군이 며칠 전에 붙잡은 포로들과 똑같이 솔직했다. 중공군 포로들은 해병대 통역관들에게 자신들이 제124사단 소속이며 10월 중순에 압록강을 건넜다고 흔쾌히 말했다. 그들은 흰색 누비 군복을 입고 있었고, 온순했으며, 기꺼이 상대의 기분에 맞추려고 하는 것 같았다. 그들은 수십만 명의 군대가 뒤에 있다는 것을 암시했다. 제124사단은 단지 첫 제대일 뿐이라는 것이었다. 통역관들은 이것이 중공군이 잡혔을 경우 똑같이 자백하라고 지시받은 대본일 수도 있다고 추측했다. 이러한 중공군 포로들의 이야기는 미군을 겁먹게 만들고 계속 진격하는 것에 대해 다시 생각하게 만들었다. 반면에 포로들은 단순한 진실을 말하고 있는 것일 수도 있었다.

수동 근처에서 붙잡힌 중공군 포로 중 한 명은 해병대에 오랫동안 잊혀지지 않는 기억을 남겼다. 그를 "계속 미소짓는 작은 친구"라고 부른 해병대 대대장은 그에 대해 이렇게 회상했다. "그는 매우 배가 고파서 우리가 그를 위해 데워준 C-레이션들을 게걸스레 먹어치웠다." 그 후 해병대는 그 포로에게 침낭을 제공했고, 그는 포병 지휘소 한가운데서 깊이 잠들었다. 잠에서 깨어난 그는 통역을 통해 산으로 돌아가 항복을 원하는 동료 몇 명을 모아 와도 되겠냐고 물었다. 한 해병대 장교가 그의 요청에 동의하면서 그에게 음식, 담배, 그리고 다른 유인물들을 제공했다. 해병대 방어선까지 호위를 받은 그는 산등성이를 오르는 동안 기분이 좋아 보였다. 꼭대기에서 그는 몸을 돌려 모두에게 손을 흔들었다. 그런 다음 희미한 안개 속으로 사라졌다. 그 뒤 다시는 그를 볼 수 없었다.

함흥의 본부에서 온 스미스 장군은 전장 상황을 다시 한 번 곰곰이 생각해보았다. 그는 맞닥뜨린 적에 대해 환상을 품지 않았고, "우리는 대규모 중공군 부대와 싸우고 있다"라고 썼다. 그런데 왜 중공군이 수동에 나타나서 갑자기 사라져버렸을까? 더 중요한 것은 그들은 지금 어디에 있는가다. 정찰기들은 상공에서 약간의 정보를 획득할 수 있었다. 제124사단이 산속으로 증발한 것 같았다. ("우리를 불안하게 만든 것은 고요함이었다." 한 해병이 말했다. "중공군만큼 규모가 큰 군대는 당연히 소리가 나야 하는데 그렇지 않았다.") 스미스는 헬리콥터를 타고 수동으로 가서 리첸버그와 논의했다. 두 남자는 그것이 이상하다고 생각했다. 지도를 보면서 그들은 마치 눈가리개를 하고 체스 게임에 열중하는 것 같은 기분이 들었다. "적군의 상황을 정확하게 파악하는 것이 매우 어려웠다"라고 스미스는 썼다. 그의 말에 따르면, 중공군은 "도깨비불 같았다."

Chapter 13

브로큰 애로우

/

워싱턴 D. C.

● 수동에 출현했던 중공군의 의미를 알몬드와 맥아더가 무시하자, 워싱턴에 있는 트루먼 대통령과 그의 보좌관들도 더 이상 의미를 두지 않았다. 지난 4일 동안 트루먼의 관심은 또 다른 각축전이 벌어지고 있는 무대로 쏠려 있었다. 예상치 못한 의외의 일들이 전개되었다. 11월 7일, 전국 곳곳에서 중간선거가 실시되었고, 트루먼의 민주당원들은 그 결과에 크게 실망했다. 공화당은 상원에서 5석을 새로 추가했으며 하원에서는 28석을 얻었다. 전국의 많은 선거 캠페인에서 한국전쟁은 중요한 이슈였다. 논란의 여지가 많고 인기가 없는 전쟁을 시작한 트루먼 정부를 비판하는 목소리가 전국 곳곳에서 들렸다.

또한, 이번 선거에서 위스콘신Wisconsin주 출신의 고약한 젊은 상원의원 조지프 매카시Joseph McCarthy가 앞장서서 공산주의자들을 샅샅이 색출해내려는 것 같아 보였다. 지난 2월, 매카시는 딘 애치슨 국무장관이 국무부에 200명 이상의 공산주의자들이 "들끓고 있는" 것을 알고서도 방치했다는 선정적인 비난을 함으로써 전국적으로 악명을 떨쳤다. 매카시는 특정한 "내부의 적"이 국가안보를 약화시켰다고 경고했다. 그는 철저한 조사와 극단적인 조치를 요구하면서 트루먼이 잘 알려진 공산주의자들과

"결탁하고 있으며", 민주당이 장악하고 있는 백악관이 "20년간의 반역"을 주도했다고 비난했다. 매카시는 트루먼에 대해 이렇게 말했다. "개자식은 탄핵되어야 한다."

1950년 선거 기간 동안, 매카시는 전국의 공화당 후보들을 대표하여 선거 캠페인을 벌였다. 그가 분열을 조장하는 아주 터무니없는 인물이었는데도 빨갱이를 사냥해야 한다는 그의 맹렬한 비난은 종종 듣는 이들의 귀를 솔깃하게 만들었다. 1950년 가을 미국은 소련 열병이 휘몰아쳐 핵 공포에 사로잡히고 냉전 편집증에 걸렸다.

철의 장막이 쳐졌고, 매달 또 다른 동유럽 국가가 핵무기를 보유하게 된 스탈린의 소련에 굴복하는 것처럼 보였다. 공산주의 대 자본주의라는 이분법적 세계에서 공산주의가 승리하는 것처럼 보였다. 어떤 교활하고 뻔뻔스런 선동가도 악용할 수 있을 만한 환경이 조성되었다. 예상대로 매카시는 트루먼과 그의 행정부가 "한국에서 죽음의 덫"을 만든 것에 대해 통렬히 비난하면서 "우리는 크렘린과 애치슨, 대통령을 포함한 재무장을 방해한 자들의 문에 덫을 놓을 수 있다"라고 말했다.

이미 1950년은 트루먼의 재임 기간 중 최악의 해라는 오명을 남길 만큼 많은 정치 드라마를 만들어냈다. 두려움과 의심이 판을 치는 시기였다. 미국 국민은 제 그림자를 보고 놀랄 지경이었다. 미국의 뉴스는 간첩 스캔들과 음모 혐의 기사가 주를 이루었다. 그해 초, 소련 스파이 혐의로 기소된 미국 외교관 앨저 히스Alger Hiss는 널리 알려진 재판에서 위증죄로 유죄 판결을 받았다. 영국에서는 제2차 세계대전 동안 로스 알라모스 연구소Los Alamos Laboratory에서 일했던 독일 태생의 물리학자 클라우스 푹스Klaus Fuchs가 소련에 비밀 핵 정보를 제공했다고 자백했다. 그리고 8월에 반역죄로 기소되어 사형으로 이어질 간첩 재판을 기다리고 있던 유대계 미국인 부부 줄리어스Julius와 에델 로젠버그Ethel Rosenberg 사건도 논란이 되고 있었다.

물론 이러한 사건 중 어느 것도 트루먼과 특별히 관련이 있는 것은 없었지만, 그의 행정부에는 의혹과 음모가 짙게 드리워져 있는 것 같았다. 봉쇄정책containment policies(미국이 제2차 세계대전 후의 냉전시대에 소련의 세력 팽창에 대항하기 위해서 수립한 반소반공 세계외교정책-옮긴이)이 실패해 도미노처럼 무너지고 공산주의자가 정부에 침투하고 있다는 인식은 1950년 선거 캠페인에서 공화당의 경쟁자들에게 공산주의에 "관대한" 민주당을 맹렬히 공격할 수 있는 많은 빌미를 제공해주었다.

트루먼은 매카시즘McCarthyism이 국가적인 선거에 영향을 미치고 있는 것 같아 몹시 걱정하고 슬퍼했다. 매카시 상원의원의 난폭한 전술과 비판은 어느 정도 효과가 있었다. 그러나 어쨌든 사기를 떨어뜨린 중간선거 결과는 트루먼이 한국에서 승리하여 비판자들이 틀렸다는 것을 입증해 보이겠다는 그의 의지를 더욱 불타오르게 만들 뿐이었다.

≡

선거 이틀 뒤인 11월 9일 압록강에서 발생한 사건도 트루먼 행정부와 국방부의 이목을 집중시켰다. 어느 미 해군 F9F-2B 팬더Panther(미국 해군의 두 번째 제트 전투기로 한국전쟁에서 가장 많이 사용된 미국 해군의 전투기-옮긴이) 전투기 조종사가 신의주에서 압록강 어귀 근처의 교량 여러 개를 폭파하는 임무를 수행 중이었다. 이 제트 전투기 조종사인 빌 아멘Bill Amen 소령은 항공모함 필리핀 씨USS Philippine Sea에서 이륙하여 강 위를 날고 있었는데, 그때 자신을 끈질기게 따라붙는 적기와 마주쳤다. 나중에 알려진 바에 의하면, 그 적기는 소련의 미그MiG-15였고, 조종사는 소련군 대위 미하일 그라체프Mikhail Grachev였다.

하늘에서 은빛 섬광이 번쩍이는 것으로 보아 끔찍한 일이 벌었음에 틀림없었다. 그 당시 미국 전문가들은 날개가 완만하게 굽어 있고 코가 뾰족한 미그기가 미군이 보유하고 있는 그 어떤 전투기보다도 뛰어나다고 믿었다. 그러나 아무도 확실히 알지 못했다. 어떤 미군 제트기도 전에

1950년 11월 23일 레이테함에서 발진한 F9F-2 팬더 전투기가 북한 상공에서 벌어진 공중전에서 격추한 미그-15 전투기의 모습. 〈사진 출처: Naval History & Heritage Command〉

미그기와 교전한 적이 없었기 때문이다. 이제 압록강 너머에서 2대의 날렵한 전투기가 낮은 안개구름을 뚫고 돌진하면서 진짜 공중전이 시작되었다. 아멘 소령은 그라체프를 선회하다가 미그기 날개에 치명타를 쏘았고, 미그기는 거꾸로 급강하하면서 지상으로 추락했다. 아멘 소령은 자신의 팬더와 함께 안전하게 항공모함으로 복귀했다.

이 사건은 널리 보도되지는 않았지만, 역사에 남을 만한 사건이었다. 그것은 항공역사상 첫 번째 제트기 대 제트기의 공중전에서 상대 제트기를 격추시킨 사건이었다. 또한, 칭송받던 미그기가 무적이 아니라는 것을 알려준 사건이기도 했다. 그러나 워싱턴과 도쿄에서 이 단 한 번의 승리로 축하하기에는 일렀다. 만약 미군 조종사가 흥분되는 새로운 공중전의 첫 라운드에서 이긴 것이었다면 더 좋았을 것이다. 그러나 그럼에도 불구하고 미군 지휘관들은 그날을 불길한 날로 여겼다. 소련은 만주 안둥에 있는 중공군 공군기지에 다수의 미그기 편대를 주둔시켰는데, 이제 그들이 그것을 사용하려 한다는 것이 드러난 셈이었다. 그 후 며칠 동안 소련 제트기와 마주치는 일이 너무 많아져 압록강 일대는 일명 '미그기 골목MiG Alley'이라고 불렸다.

스탈린은 오직 북한군 조종사들만이 미그기를 조종하고 있다고 주장했지만, 미군 전투기 조종사들은 그렇지 않다고 의심했다. 그들은 무선교신 소리에서 소련인의 날카로운 목소리가 짧게 들렸다고 말했다. 만약 이것이 사실이라면, 트루먼 대통령이 이에 대해 더 깊이 생각해볼 필요가 있었다. 중국인들이 전쟁에 적극적으로 참여했을 뿐만 아니라, 이제는 소련도 참전한 것이었다.

☰

다음날인 11월 10일, 트루먼의 집중을 다시 한 번 방해하는 아주 중대한 사건이 발생했다. 그날 밤, 보잉Boeing B-50 슈퍼포트리스Superfortress(미국의 전략폭격기-옮긴이) 한 대가 캐나다 래브라도Labrador에 있는 구스 베이Goose Bay 공군기지에서 이륙했다. 세인트로렌스St. Lawrence강 위를 비행하던 중 그 중폭격기에 문제가 발생했다. 4개의 엔진 중 첫 번째 엔진과 다른 엔진이 고장이 났던 것이다. 조종사는 즉시 화물을 투하해야 한다는 매뉴얼에 따라 몬트리올Montreal 북동쪽으로 약 300마일 떨어진 퀘벡Quebec주 리비에르뒤루Rivière-du-Loup에서 멀지 않은 강 바로 너머로 화물을 투하했다.

문제의 화물은 5년 전 나가사키에 떨어졌던 '팻 보이Fat Boy'의 개량형인 마크Mark IV 원자폭탄이었다. 승무원들은 5.5톤의 폭탄이 2,500피트 상공에서 폭발하도록 고도센서를 맞춰놓았다. 다행스럽게도 그 폭탄은 플루토늄 핵이 없었기 때문에 어떠한 핵반응도 일어나지 않았다. 그러나 그로 인한 폭발의 위력은 엄청나게 커서 퀘벡주 시골의 넓은 지역 위로

100파운드 이상의 방사능 우라늄이 비처럼 쏟아져내렸다. 그 폭발의 진동은 양쪽 강변 수 마일 안에 있는 주민들을 깨울 정도였다. 곧이어 피해를 입은 폭격기는 메인Maine주 로링Loring 공군기지에 가까스로 착륙했다.

미국과 캐나다 관리들은 즉시 사고를 은폐하면서 주민들이 들은 것은 원자폭탄 폭발 소리가 아니라 500파운드의 '연습' 폭탄 폭발 소리이고 의도대로 안전하게 폭발했다고 기자들에게 말했다. 1980년대가 되어서야 미 공군은 이것이 핵폭탄 분실 사고라는 것을 인정했다. 아마 냉전 기간 동안 군사용어로 '브로큰 애로우broken arrow'(핵무기 그 자체나 혹은 핵무기를 이송하는 병기 등에서 모종의 이유로 사고가 발생했지만 우발적 핵전쟁 가능성은 없는 사고를 뜻한다-옮긴이)로 알려진 사건이 여러 건 있었을 것이다.

트루먼 대통령에게 이것은 집중을 방해하는 또 하나의 사건이자 또 다른 반전이었다. 그 사건이 발생한 한 주는 그에게 극적이고 신경이 곤두서는 한 주였다.

Chapter 14

강력한 수단

/

함흥

● 11월 10일 밤, 함흥의 새로운 사단본부 식당에 많은 장교들이 오래된 사무라이 칼을 움켜쥐고 있는 스미스 장군 주위에 모여들었다. 스미스는 신중하고 격식을 갖춘 태도를 취하면서 그 칼을 공중으로 치켜들더니 생일 케이크 위에 내려놓았다. 그것은 구운 빵에 해병대 요리사들이 즉석에서 초콜릿 아이싱icing(빵 같은 음식 위에 설탕을 녹여 얇은 막을 씌운 것-옮긴이)을 해 만든 약간 모양이 이상한 특별할 것 없는 케이크였다. 접시와 포크 옆에는 3개의 초와 펀치punch(물, 과일즙, 향료에 보통 포도주나 다른 술을 넣어 만든 음료-옮긴이) 한 병이 있었다.

이 엄숙한 남자들이 축하하고 있는 생일 파티의 주인공은 스미스도 아니었고, 지금 식탁에 모여 있는 장교들 중 그 어느 누구도 아니었다. 그날은 바로 미 해병대 창설 기념일이었다. 제빵사들은 짤주머니Piping Bag(모양을 내기 위해 생크림 등을 넣고 짤 때 사용하는 주머니-옮긴이)를 짜서 케이크 윗부분에 "U.S.M.C., 1775-1950"라고 글씨를 써넣었다. 이날은 해병대가 창설한 지 175주년이 되는 날이었다.

해병대는 자신들의 생일을 기념하기 위해 부지런히 움직였다. 해병대는 강철 심장을 가진 괴팍한 나이든 전사들로 유명했지만, 사실 그들은

1950년 11월 10일 흥남 사단본부에서 해병대 창설 175주년 기념일 케이크를 자르고 있는 스미스 장군(왼쪽). 접시를 들고 있는 사람은 크레이그 장군이다. 175주년을 맞은 미합중국 해병대, 그것은 어쩌면 사소한 것일 수도 있었지만, 그날을 기념하는 것은 해병대가 한국이라는 특이한 장소에 있다는 것과 가끔은 미군 내에서 그들의 위상이 낮다는 것을 상기시켜주는 의식 중 하나였다. 〈사진 출처: U. S. Marine Corps History Division | OFFICIAL USMC PHOTO | CC BY 2.0〉

감상적이었다. 미 해병대는 본국이든 가장 힘든 전쟁터이든 어디에서든 케이크와 이런 진부한 작은 의식으로 해병대의 생일을 축하하는 오래된 전통이 있었다. 전해지는 이야기에 따르면, 미 해병대는 1775년 11월 10일 필라델피아Philadelphia에 있는 "턴 터번Tun Tavern"이라는 한 선술집에서 창설되었다. 자세한 이야기는 생략하기로 하고, 독립전쟁 와중에 그때 그곳에서 대륙 해병대Continental Marines 첫 신병이 공식적으로 입대했다고 한다.

이것은 스미스 장군이 이곳 함흥에서뿐만 아니라 어디에서든 반드시 지키기로 결심한 성스러운 행사였다. 해병대의 전통을 철저하게 따랐던 스미스는 함흥 서쪽과 남쪽의 야영지에 흩어져 있던 그의 연대가 잠시 시간을 내서 몇 가지 의식을 치르고 갓 구운 케이크, 혹은 적어도 요리사들이 식당 텐트에서 즉석에서 최상의 근사한 음식을 만들어 그날을 기념하도록 했다.

스미스는 건네받은 녹슨 칼로 조심스럽게 케이크를 자르고 관례에 따라 케이크 조각들을 나눠주었다. 첫 번째 조각은 방에서 가장 나이가 많은 해병에게, 두 번째 조각은 가장 어린 해병에게 주었다. 그는 해병대 매뉴얼의 구절을 암송한 다음, 여러 고위인사들이 보낸 축사를 읽었다. 극동해군 사령관인 C. 터너 조이Turner Joy 제독은 다음과 같이 축사를 보냈다. "제175주년 기념일에 나는 당신의 용감한 전우들에게 경의를 표하게 되어 정말 영광이라고 생각합니다. 과거의 공적과 현재 한국 전역에서 보여준 해병대의 용감한 활약은 자랑스러워할 만합니다."

그 다음 스미스와 참모들은 케이크와 펀치를 나눠 먹었다. 의식은 30분 만에 끝났고, 그들은 흩어져 자신의 침상으로 갔다.

≡

175주년을 맞은 미합중국 해병대, 그것은 어쩌면 사소한 것일 수도 있었지만, 그날을 기념하는 것은 해병대가 한국이라는 특이한 장소에 있다는 것과 가끔은 미군 내에서 그들의 위상이 낮다는 것을 상기시켜주는 의식 중 하나였다. 해병대는 오랫동안 엘리트 의식에 대한 부담감을 안고 있었다. 해병대는 지구상의 다른 어떤 전투부대보다도 적은 병력으로 더 많은 것을 할 수 있다고 믿었다. 때때로 그들은 거의 종교집단처럼 보였다. 한국전쟁에 참전한 해병대원 제임스 브래디James Brady는 "우리는 작고 사나운 집단이다. 폭력적인 성직자다. 여러분은 단순히 입대한 것이 아니라, 서품을 받은 것이다." 해병대는 제1차 세계대전의 벨로 우드Belleau Wood 전투(미군을 비롯한 연합군이 1918년 봄 파리로 진격하려던 독일군을 벨로 우드에서 제지한 전투로 미 해병대 역사상 가장 치열했던 전투 중 하나로 기록됨-옮긴이)와 제2차 세계대전의 이오지마 전투(태평양 전쟁 말기인 1945년 2월 19일~1945년 3월 26일에 오가사와라 제도의 이오지마에서 벌어진 미군과 일본군 간의 전투-옮긴이)와 같은 전설적인 군사작전을 이끌면서 엘리트 의식에 푹 빠져 있었다. 해병대는 그들의 소품과 좌우명, 전통과 휘장(불독 마스코트, 글로브 앤 앵커globe-and-anchor 휘장), 매순간 부르고 싶어하는 국가에 열광했다. 해병대는 그들만의 구조, 그들만의 명명법, 그들만의 속어를 가지고 있었다. 그들의 별칭은 "까까머리들Jarheads", "가죽 목도리 사내들Leathernecks", "지옥의 개들Devil Dogs"이었다. 그들은 그냥 군인으로 부르지 못하게 했다. 그들은 그들만의 전투구호인 이상한 "우라oorah"라는 소리를 냈다. 그들은 자신이 해병인 것을 자랑스러워했고 뽐냈으며, 후위 부대를 "강아지들doggies", "입맞춤pogues"이라고 부르며 비하했다. 해병대 최고의 군가인 〈몬테수마 궁전에서부터 트리폴리 해안까지From the Halls of Montezuma to the shores of Tripoli〉를 부르는 해병대는 자신들이 특별한 자질과 특별한 신비로움을 가지고 믿었다. 그들은 가장 먼저 싸웠고, 항상 믿을 만했다. 그들은 "언제나 충성semper fi"(셈퍼 파이semper fi는 셈퍼 피델리스semper fidelis의 줄임말로, 해병대의 신조-옮긴이)했다.

외부인들은 그들의 허풍을 참을 수 없다고 생각할 수도 있었지만, 해병대원들은 이런 식으로 생각하고 이야기할 충분한 이유가 있었다. 중대면 중대, 소대면 소대, 해병대는 미군 중에서 가장 효과적이고 가장 치명적인 군대라고 오랫동안 평가받아왔다. 맹렬한 전투에서 해병대를 그토록 효율적인 군대로 만든 정확한 특성이나 일련의 자질을 식별하는 것이 왜 어려운지 그 이유를 말하기는 어려웠다.

훗날 뛰어난 작가이자 역사학자가 된 한국전쟁 참전 해병 마틴 루스Martin Russ는 이렇게 표현했다. "그것은 그들이 용감했기 때문도 아니고 신이 항상 그들과 함께했기 때문도 아니다. 해병대 신병들은 처음부터 자신들이 선발된 엘리트 부대에 속한다는 강한 신념과, 각별할 정도로 전우를 믿고 의지하며 자신도 전우에게 믿을 만하고 의지할 수 있는 존재가 되어야 한다는 충성의 전통에 영감을 받았기 때문이다. 당시 대부분의 해병은 전쟁터에서 죽는 것이 전투 중에 전우를 실망시키는 것보다 낫다고 믿었다. 이 용맹한 해병대의 궁극적인 목표는 정면공격으로 전투에서 승리하는 것이었다."

제2차 세계대전 당시 중국에서 복무했던 해병대원들이 현지 노동자들이 사용하던 표현인 "경호工合"를 해병이 지녀야 할 특별한 자질로 정확히 포착하고 이것을 형용사 'gung-ho'로 일반화시켰다. 그 한자 "工合"은 "함께 일하자(혹은 함께 힘내자)"라는 뜻이었다.

해병대가 장교집단을 규정하고 육성할 엘리트 사관학교가 없었기 때문인지, 해병대의 정신은 철저히 상하 평등주의적인 경향이 있었다. 그들의 가장 기본적인 주문은 "모든 해병은 소총수"라는 표현에 잘 반영되어 있었다. 이 표현은 모든 해병이 계급이나 전문 분야나 직무에 상관없이 가장 낮은 병사로서 무기를 사용하고 싸우는 법을 알아야 한다는 것을 의미했다. 해병대 조리병과 해병대 무선통신병도 맨 앞에 위치한 소총병들이었고, 해병대 장군들도 마찬가지였다. 거기에는 "나는 스파르타쿠스 Spartacus(고대 로마의 검투사 출신 노예 반란 지도자-옮긴이)다"라는 동지애가 깔려 있었다. 전투가 가장 치열할 때 모든 해병은 서로 교대가 가능해야 했으며, 전투가 일어나기 전에는 모두가 평등했다.

해병대원들의 복장은 꼭 필요한 기본적인 요소만 있을 뿐 화려하지 않았다. 그들의 제복은 장식이 없는 짙은 황록색이었다. 의례적인 행사에서 정복을 착용한 해병대원들—존 필립 수자John Philip Sousa(미 해군 군악대 악장 출신으로 행진곡을 많이 작곡했음-옮긴이)의 지휘 아래 위풍당당하게 행진하는 해병대 군악대나, 머리는 짧게 깎고 손에는 하얀 장갑을 끼고 소매 끝에 핏빛 수장Blood Stripes(해병을 상징하는 줄무늬-옮긴이)을 단 정복을 입고 마네킹처럼 빈틈 하나 없이 대사관을 지키고 서 있는 해병대원들—만 본 사람들에게는 이것이 생소할 수도 있었다. 그러나 대부분의 해병대원들은 미 해병대 찬가의 표현대로 최전선 참호에서 "조국을 위해 싸우고", "우리의 명예를 지키기"를 더 좋아한다고 말했다.

또한 해병대는 그들의 강한 소속감에도 불구하고 피해망상, 상처 입은 자존심, 워싱턴의 군 및 정치 지도층이 그들을 오해하고 과소평가한다는 생각 때문에 힘들어했다. 때때로 해병대는 자신들이 군에서 부당하게 미움받고 학대당하는 의붓자식 같은 생각이 들었다. 그들은 해군도, 육군도, 공군도 아니었다. 공식적으로는 해군에 소속되어 있었지만, 해군이 아니었다. 그들을 보병으로 생각할 수도 있었지만, 그들은 절대 육군 소속이 아니었다. 그들에게는 그들만의 뛰어난 항공기 조종사가 있었지만, 그들은 공군 소속이 아니었다. 어느 누구도 해병대를 레인저Ranger나 그린베레Green Beret 같은 '특수부대'나 잠행 및 기습 기술을 훈련받은 다른 어떤 부대로 여기지 않았다.

요점은 해병대가 육·해·공군과 분리된 아주 특별한 그들만의 집단이라는 것이었다. 이것이 그들을 일종의 따돌림을 받게 만들었고, 그들은 이것을 못마땅해하면서도 즐겼다. 그들은 남들이 꺼리는 일들을 잘 해냈다. 그들은 자신들의 가치를 끊임없이 증명해야 한다고 생각했고, 대중의 눈에는 최근의 공적만큼 그들이 훌륭하게 보였다. 전쟁터에서 그들은 우리 자신 외에는 아무도 우리를 구할 수 없다는 고아와 같은 생각을 하는 경향이 있었다.

이러한 오래된 불만은 최근에 해병대의 팬이 아닌 해리 트루먼 대통령으로 인해 더욱더 커져만 갔다. 불과 몇 달 전 언론에 유출된 서한에서 트루먼은 해병대를 경시하며 "내가 대통령인 한 해병대는 해군의 경찰력으로 존속될 것"이라고 덧붙였다. 트루먼은 계속해서 "해병대는 스탈린과 거의 동등한 선전체계를 가지고 있다"라고 말했다. 트루먼은 진심으로 사과했지만, 그의 발언은 스미스를 포함한 많은 해병대원들에게 심한 모욕으로 여겨졌다. 한국전쟁이 발발하기 전 일관되게 육군을 강조하던 대통령이 해병대를 통상적인 전투부대로 격하시키거나 아예 해체하기를 원했다는 소문이 파다했다. 한국에 있는 많은 해병들은 적과 싸우는 것뿐만 아니라 정부기관으로부터 자신을 구하기 위해 싸우고 있다는 느낌을 받았다. 그들은 그들의 존재 자체가 위태롭다고 인식했다.

≡

그날 밤, 케이크를 먹고 스미스와 그의 부하들이 잠자리에 든 후, 복수하듯 겨울이 다가왔다. 북한의 1년은 규칙적인 사계절의 변화가 없다는 옛말이 있다. 여름이 끝나자 "겨울이 사무라이의 칼날과 같이" 왔다.

아마 지난주의 인디언 서머 때문에 대원들은 무기력해져서 그들 모두가 들은 경고를 잊었을 것이다. 물론 그들은 북한 지역에서는 동장군冬將軍이 장난이 아니라고 들었다. 노스다코타North Dakota(미국 중북부 캐나다와 국경을 접하고 있는 주로, 미국 주 중에서 알래스카 다음으로 가장 추운 주다-옮긴이) 북부 또는 서스캐처원Saskatchewan(캐나다 서부에 있는 주로, 여름은 선선하고 겨울은 춥다-옮긴이)의 날씨와 비슷할 것이라고 짐작했지만, 대원들은 강한 추위와 갑작스러운 기온하락에 대한 준비를 하지 않았다. 밤새 기온은 영하로 떨어졌다. 몇 시간 만에 40도가 급락하여 수은주가 화씨 영하 10도(섭씨 영하 23도) 가까이 곤두박질쳤다. 그러고 나서 만주 스텝 지대에서 몸을 휘청거리게 만드는 혹독한 바람이 곧장 불어왔다. 세찬 바람이 30노트 속도로 파도처럼 밀려왔다.

이 세찬 바람이 스미스의 부하들에 미치는 영향은 엄청났다. 현재 고토리 마을 높은 산에 전개해 있는 제7연대의 병사들에게는 특히 더 그랬다. 리첸버그의 진영은 시베리아 극지관측소처럼 황량했다. 한 해병대 기자는 그곳의 추위를 "축축하고, 고통스러우며, 모든 걸 집어삼킬 듯… 휘몰아치는 짐승"이라고 묘사했다. 한 공식 기록에는 "한기寒氣가 육체는 물론 정신도 마비시킬 만큼 강했다"라고 적혀 있었다. 한기가 콧구멍으로 밀려 들어와 숨쉬기가 힘들었고, 얼굴에 묻은 가래까지 얼 정도였다. 땅에 침을 뱉으면 얼어서 "탁탁 소리"가 났다.

강추위는 사람들의 성격도 변화시켰다. 쾌활한 남자들을 생각에 잠기게 만들었고 강인한 사람들을 움츠리게 만들었다. 한 설명에 따르면, 너무나도 추워서 허풍쟁이들은 "숨이 차서 허풍을 떨 수 없었다"라고 말했다. 모든 사람이 어리석고 단순해졌다. 조지프 오언 중위에 따르면, "대원들은 이 비참하고 추운 나라로 우리를 보낸 빌어먹을 바보들에게 욕을 하는 것 외에는" 그 어떠한 말도 하지 않았다.

식당 텐트에서 끓인 뜨거운 커피 한 잔은 몇 분 만에 얼기 시작했다. 수통과 C-레이션이 꽁꽁 얼었다. 손가락이 금속에 달라붙었다. 헬리콥터가 뜨지 못했다. 상처에서는 피가 흐르지 않았다. 트럭 엔진이 멈췄다. 소총은 고장이 났다. 배터리가 다 닳았다.

군수장교들은 이미 대원들에게 따뜻한 동계 피복(방풍바지, 방한조끼, 두꺼운 모직 옷, 산악침낭)을 지급했지만, 장비는 이런 추위에 견디기 어려웠다. 고토리에 난방용 텐트를 설치했고, 맹렬히 타오르는 등유난로를 밤낮으로 켰다. 그러나 어떤 대원들에게는 단순한 따뜻함 그 이상의 것이 필요했다. 그들은 곧바로 의무실로 가야 했다. 수십 명의 해병대원들이 지쳐 쓰러졌다. 그들은 충격에 빠진 것 같았다. 그들은 멍하고 정신이 반쯤 나갔다. 그들의 바이탈 사인Vital Sign(사람이 살아 있음을 보여주는 호흡, 체온, 심장박동 등의 측정치-옮긴이)은 불규칙해졌고, 호흡수는 위험할 정도로 낮아졌다. 어떤 대원은 이런 긴장상태가 갑자기 히스테리적인 슬픔으로 바뀌어 걷잡을 수 없이 흐느껴 울었다. 해군 의무대원은 이렇게 극심한 추위에 피해를 입은 사상자를 말하는 용어를 만들어냈다. 그들은 이들을 "슈크shook"('shook'는 '충격을 받은'이라는 뜻-옮긴이)라고 했는데, 이는 극심한 추위로 육체적·심리적으로 충격을 받은 대원들을 지칭하는 표현이었다. 스미스 장군은 일지에서 "대원들을 정상으로 회복시키기 위해서는 따뜻하게 해주는 것 외에도 자극제가 필요했다"라고 언급했다.

해병대 찬가는 해병대원들이 "머나먼 북녘의 눈 속에서" "우리가 총을 잡을 수 있는 곳이라면 기후와 장소를 불문하고 싸웠다"고 자랑했다. 겨울철 북한은 그런 곳에 해당되었지만, 독서량이 상당한 스미스조차도 해병대원들이 이런 조건에서 전투를 벌였다는 기록은 기억해내지 못했다. 캘리포니아 출신인 스미스 장군은 가능한 한 햇빛이 잘 드는 곳에서 일생을 보냈다. 그는 아무에게도 언급하지 않았지만, 오래전부터 추운 날씨에 대한 혐오가 육체적 증상으로 나타나곤 했다. 기온이 떨어지면, 손 떨림과 발저림 증상이 나타났다. 되돌아보면, 1918년에 독감에 걸리고 나서부터 이런 증상이 생긴 것 같았다. 이 증상은 그가 제2차 세계대전 초기에 아이슬란드에서 복무했던 긴 겨울 동안 악화되었다. 그 이후로 그는 추위를 피하기 위해 최선을 다했다. 나중에 그가 싸웠던 펠렐리우와 오키나와는 둘 다 극단적으로 참혹했지만, 적어도 따뜻했다.

설상가상으로 가장 추운 북한의 겨울 중 하나로 기록될 만한 혹독한 겨울 추위가 시작되고 있었다. 스미스가 깨달은 것 이상으로 날씨는 임박한 전투에 영향을 미치는 한 요소일 뿐만 아니라, 사실상 그의 모든 결정에 부정적인 영향을 미치고 그가 이동할 때마다 따라다니는 어디에나 있는 제3의 전투원이 될 것이다. 그의 대원들이 해안에서 멀리 이동할수록, 그리고 산악으로 올라갈수록 이 제3의 전투원은 더욱 강해졌다. 한 설명에 따르면, "한 걸음 한 걸음 걸을 때마다 공기가 차갑게 변했고, 냉기가 지면 위를 꽉 채웠다." 미군 아니, 어느 나라의 군대도 이처럼 혹독한 영하의 조건, 더구나 고산지대에서 전투를 한 적이 거의 없었다. 마틴 루스는 다음과 같이 썼다. "수세기 동안 많은 군사작전에서 승리했던 동장군은 폭탄과 총알로 죽은 것보다 더 많은 사상자를 저수지로 불러들이려던 참이었다."

≡

함흥에 있는 따뜻한 제10군단 사령부에서 근무하고 있던 알몬드 장군은 산악 지대에서 부대가 경험하고 있는 북극 날씨에 당황하지 않았다. 기온이 급격히 떨어진 11월 11일, 그는 특별명령을 하달했다. 잠시 보류되었던 이전 계획이 다시 재개되었다. 제10군단의 모든 병력은 가능한 한 빨리 압록강에 도착한다는 목표 아래 압록강을 향한 기동을 재개해야 했다. 여기에는 스미스의 해병대도 포함되었다. 수동에서의 공격은 이제 무시되었다. 그것은 불행하지만 어떤 승리를 향해 가는 도중에 생긴 하찮은 충돌일 뿐이었다. 장진호에서 멈춘다는 계획은 없던 일이 되었다. 스미스의 해병대는 장진호 옆을 신속하게 지나 만주 국경을 향해 계속 가야 했다. 알몬드는 스미스에게 궁극적인 목표로 압록강을 따라 40마일 길이의 특정 구역을 지정했다.

스미스와 참모들은 다시 한 번 알몬드의 과도함에 충격을 받았다. 특히 이런 극한의 추위 속에서 알몬드의 계획은 그들에게 단순히 잘못 생각한 것이 아니라 미친 짓으로 보였다. 그의 머릿속에 있는 전쟁은 지상에서의 전쟁과 관계가 거의 없었다. 11월 14일 스미스는 알몬드를 만났을 때, 다시 그의 우려를 표명했다. 스미스는 여전히 자신의 부대가 분산되리라는 것을 걱정하고 있었다. 그의 부대는 100마일이 넘는 지역에 넓게 분산되어 있었다. 알몬드는 스미스가 자신의 부대를 집중시켜야 한다는 데는 동의했지만, 해병대가 압록강을 향해 서둘러 진격해야 한다는 점에 대해서는 단호했다.

그 순간 알몬드가 말했다. "우리는 그 길을 따라 위로 질주해야 하오." 이 말을 듣자마자 스미스는 무의식적으로 "안 됩니다!"라고 불쑥 내뱉었다. 알몬드는 그의 말을 못 들은 척했다. 그렇지 않았다면 그는 불복종죄로 스미스를 처리해야 했을 것이다. 회의가 갑자기 중단되었고, 스미스는 그의 참모들에게 "사단을 집결시킬 때까지 우리는 아무 데도 가지 않을 것이다"라고 말하면서 몹시 흥분한 채 밖으로 나와버렸다.

처음으로 스미스는 전체적으로 상황을 파악하기 시작했다. 지형, 날씨, 아래로부터의 압력, 위로부터의 압력, 그의 앞에 있는 적과 내부의 적. 체스 조각들이 서서히 하나로 합쳐지면서 그는 앞으로 펼쳐질 전장 상황을 직감할 수 있게 되었다. 그것은 완벽한 함정이었다. 그는 나폴레옹이 1812년에 러시아로 쳐들어간 참담한 군사작전을 떠올렸다. 나폴레옹은 겨울이 점점 다가오자 프랑스 대육군Grande Armée을 보급선에서 멀리 떨어진 적국 깊이 밀어넣었다.

스미스는 자신이 하나가 아닌 4개의 적과 맞닥뜨리게 되었음을 알게 되었다. 그 4개의 적은 산악, 겨울, 중국, 그리고 자신의 상관들이었다. 그는 알몬드의 명령에 노골적으로 거역하지 않고 사단의 진격을 지연시킬 방법을 찾아야 했다. 그는 길을 따라 보급창고를 만드는 방법을 찾아야만 했다. 그리고 황야에서 자급자족하는 요새인 중심 거점도 구축해야 했다. 그는 알몬드나 제10군단으로부터 많은 지원을 받지 못할 것이라는 것을 알고 있었다. 그의 해병대는 자신의 지혜와 자원에만 의지해야 할 것이다. 우리 자신 외에는 아무도 우리를 구할 수 없다.

스미스가 가장 염려한 것은 자신의 해병대가 대규모 전략적 측면에서 봤을 때 분명히 문제가 있는 것으로 보이는 상황으로 치닫고 있다는 것이었다. 물론 그는 대규모 전략의 문제가 자신의 소관(그는 단지 야전 장군일 뿐이었다)이 아니라는 것을 알고 있었지만, 이전에 자신도 그 자리에 있어본 적이 있었고, 혼란스러운 전략에서 비롯될 수 있는 무의미한 대학살도 본 적이 있었다. 6년 전, 스미스가 제1해병사단 부사단장으로 복무하던 펠렐리우 전투 당시 해병대는 결국 목적을 이루지 못한 채 2개월간의 잔인한 교전으로 전사자 1,252명을 포함해 사상자 6,525명이 발생했었다. 해병대는 맥아더의 필리핀 민다나오Mindanao 침공 계획 지원 병력으로서 펠렐리우의 일본 비행장을 점령하기 위해 이 작은 산호섬에 갔다. 그러나 맥아더는 최종적으로 계획을 변경하여 민다나오가 아닌 레이테를 침공하기로 결정했고, 펠렐리우의 활주로를 이용할 필요가 없게 되었다. 어쨌든 전투는 계속되었고, 비행장을 실제로 장악했지만, 그 뒤 어떤 군사작전에서도 그 비행장은 중요한 역할을 하지 못했다. 펠렐리우 전투는 태평양 전쟁에서 가장 희생이 컸던 전투 중 하나였고, 비극적이게도 그 섬은 희생을 피할 수 없었다. 그것을 깨달은 스미스는 "그 모든 피와 희생과 고통은 전략적인 이득을 위한 것이 아니었다"라고 전기작가에게 말했다. 펠렐리우는 저주처럼 그의 뇌리에서 떠나지 않았다. 그는 그 길을 다시 가고 싶지 않았다. 해병대원들을 잃게 만드는 것이 그중 하나였다. 의심스러운 잘못된 전략으로 해병대원들을 죽게 만드는 것은 터무니 없는 짓이라고 생각했다.

11월 15일, 스미스는 워싱턴에 있는 미 해병대 사령관 클립튼 케이츠 장군에게 장문의 편지를 썼다. 그는 단호하지만 차분한 어조로 자신이 처한 문제를 설명하고 다가올 전투에 대한 두려움을 털어놓았다. "이 잔을 저에게서 거두어주소서"(마태복음의 한 구절-옮긴이)라는 그의 말이 머릿속을 떠나지 않고 계속 맴돌았다. 나중에 그의 편지는 선견지명이 있었던 것으로 드러났다.

스미스는 "중공군이 북으로 철수했지만, 저는 리첸버그에게 빠른 진격을 강요한 적이 없습니다. 함흥에서 만주 국경까지 120마일이나 되는 산길을 따라 해병사단을 전개시키는 것이 내키지 않습니다"라고 썼다. 스미스는 케이츠에게 "제10군단의 전술적 판단이나 계획의 현실성에 대한 확신이 들지 않습니다. 부대를 분할하고 그들을 사지로 몰아넣는 임무의 배정이 계속되고 있습니다. 저는 군단장에게 해병대에는 강력한 수단이 있으나, 분산되면 그 효력이 떨어질 수밖에 없다고 거듭 말하려고 노력했습니다"라고 언급했다.

스미스는 다음에 무엇을 해야 할지 모르겠다고 털어놓았다. "우리의 목표가 무엇인지에 대해 고위직에 있는 누군가는 결심을 해야 할 것입니다. 제 임무는 여전히 국경까지 진출하는 것입니다. 저는 겨울 동안 이 지역에 병력을 공급하거나 환자와 부상자를 후송시킬 수 있을지 의문입니다." 스미스는 자신의 임무를 수행할 준비가 되어 있었지만, 앞으로 어떤 일이 벌어질지 알고 있었으며, 부하들에게 요구되고 있는 것이 전략적으로 필요하지도 않고 공정하지도 않다고 생각했다. "저는 한국의 산악에서 벌어지는 동계 군사작전이 미군이나 해병대에게 무리한 요구라고 생각합니다."

스미스는 "이 편지가 비관적으로 보일 수도 있겠지만, 그럴 의도는 아니었습니다. 우리 대원들은 훌륭하게 싸우고 있고, 사기도 높으며, 앞으로도 훌륭히 싸울 것입니다"라고 마무리 지었다.

Chapter 15

죽기 전 마지막 만찬

/

하갈우리

● 스미스 장군은 필요한 경우 요새를 건설해 저항할 수 있는 장소를 찾아냈다. 산악지대에 있는 개활지로 장진호 끝에 있는 넓은 평지였다. 해병대는 이곳을 하갈우리라는 마을 이름을 줄여서 (마을을 뜻하는 리里 자를 빼고) 하가루라고 불렀다. 한 해병대 기록에 따르면, 하갈우리는 "클론다이크Klondike강(캐나다 유콘Yukon강의 지류-옮긴이) 유역의 금광 지대에서 옮겨온 광산 캠프"처럼 보였다. 마을에는 500명의 주민이 살고 있었다. 콘크리트 건물 몇 개와 거리라고 할 만한 것이 한두 개 있기는 했지만, 대부분은 보잘것없는 판자집이 뒤죽박죽 있는 작은 마을이었다. 마을에는 작은 학교, 교회, 그리고 만화 속 악당처럼 미소 짓고 있는 스탈린의 대형 초상화가 있는 공공건물이 있었다. 낡은 전신선이 크레오소트creosote(콜타르로 만든 진한 갈색 액체로, 목재 보존재로 쓰임-옮긴이)를 바른 기둥 위에서 춤을 추듯 움직였다. 황소들은 얼어붙은 진흙을 밟을 때마다 머리에서 수증기를 내뿜고 있었다.

지류가 많은 호수 옆에 있는 이 마을은 거의 혜택을 받지 못했다. 알칼리성 토양이 부족했고, 돌만 가득했다. 한때 주변 산에서 금을 캐기도 했으나, 오래된 갱도는 버려져 판자로 덮여 있었다. 하갈우리 주변에 사는 사람들 대부분은 소작농으로 가난하게 살았다. 마을 가장자리에는 바람에 바스락거리는 기장과 보리를 심은 황폐한 밭이 있었다.

그러나 그 호수는 아주 아름다웠다. 아직 완전히 얼지 않았기 때문에 매혹적인 광채를 발산하고 있었다. 조지프 오언 중위의 박격포 부대는 마을 북쪽 호숫가에 방어선을 구축했다. 오언은 호수를 처음 본 순간을 기억하고 있었다. "호수는 주변 산을 뒤덮은 울창한 소나무 숲이 물에 비쳐 푸른 빛으로 반짝이고 있었다. 우리가 호수를 처음 본 그 화창한 날, 장진호는 고요하게 일렁이면서 빛을 받아 반짝이는 장관을 연출하고 있었다."

스미스 장군은 몇 가지 이유로 하갈우리를 전진 기지로 선택했다. 첫째, 적어도 그가 건설할 수 있는 기반시설이 여기에 존재했다. 하갈우리는 호수 옆에 있는 작고 음침한 마을이었지만, 이 산간지역에서는 가장 큰 마을이었다. 그리고 하갈우리는 전략적으로도 중요한 도로의 교차지점에 위치하고 있었다. 여기에서 주보급로가 갈라졌다. 오른쪽으로 방향을 틀면 호수 동쪽을 따라 나선형으로 올라가는 도로가 나왔다. 왼쪽으로 방향을 틀면 호수 서쪽을 따라 산을 깎아 만든 도로가 나왔다. 따라서 하갈우리는 호수를 따라 모든 교통을 통제하는 관문이었다.

그러나 그 무엇보다도 스미스가 하갈우리를 선택한 가장 중요한 이유는 지형 때문이었다. 그곳은 호수 주변에서 활주로를 만들 수 있을 만큼 땅이 넓고 평평한 유일한 장소였다. 스미스는 지도를 살펴본 뒤 헬리콥터를 타고 이곳 지형을 조사했다. 그 후 11월 16일, 그는 제1해병항공단 사령관인 필드 해리스Field Harris 소장과 함께 스테이션 왜건station wagon(뒷좌석 뒤에 화물실을 만들어 사람과 화물을 동시에 운반할 수 있게 제작된 승용차 겸 화물차-옮긴이)을 타고 하갈우리로 올라갔다. 스미스와 해리스는 마을 남서쪽 가장자리에 있는 토질이 딱딱하고 탁 트인 넓은 지역을 돌아다니다가 해리스가 생각하기에 비행장을 건설하기에 이상적인 장소를 발견했다. 두 사람은 간단한 측정을 한 다음 밭에 쪼그리고 앉아 흙을 파헤치며 토질을 검사했다. 흙은 검고 푸석푸석하고 배수가 잘 되지 않는 것 같았다. 여름에는 수프 같은 늪지로 바뀔 수 있는 토질이었다. 하지만 이런 날씨에는 땅이 꽁꽁 얼어붙어 괜찮을 것 같았다. 스미스는 처음으로 극심한 추위에 대해 좋은 말을 했다. "이것은 우리가 겨울로부터 얻을 수 있는 행운입니다."

스미스가 염두에 둔 프로젝트는 세스나Cessna 경비행기나 정찰기를 위한 간이 활주로 건설이 아니었다. (이 마을에는 이미 소형 항공기가 이착륙할 수 있는 천연 활주로가 있었다.) 스미스는 C-47과 다른 수송기의 이착륙이 가능한 긴 활주로를 원했다. 그는 탄약, 음식, 의약품, 연료 등 엄청난 양의 화물을 가져올 계획이었고, 이 작은 장소를 산악지대에 있는 오헤어O'Hare 공항(시카고에 있는 세계 최대의 공항-옮긴이)과 거의 비슷한 곳으로 만들고 싶었다. 그는 새벽부터 해질녘까지 끊임없이 오가는 대형 항공기들을 상상했다.

며칠 전 스미스가 허허벌판에 비행장을 만들겠다는 창의적 아이디어를 꺼냈을 때, 알몬드는 이해하지 못했다. "왜 비행장이 필요한 것이오?" 스미스는 무엇보다도 하갈우리가 북쪽 전쟁터에서 내려오는 부상자들을 위한 부상자 분류병원triage hospital(전쟁이나 재해 때에 치료의 우선을 결정하기 위해 부상자를 분류하는 병원-옮긴이)이 될 것으로 생각했다고 답했다. 스미스는 큰 활주로가 있으면 해안이나 일본에 있는 병원으로 사상자를 후송하기 위한 대형 항공기를 이용할 수 있었다. 활주로가 많은 생명을 구할 것이다.

이 말에 알몬드는 어리둥절했다. 그는 "무슨 사상자?"라고 말했다. 그는 그 문제를 전혀 고려하지 않았다.

≡

결국, 알몬드는 해병대가 스스로 비행장을 건설하는 한 스미스가 원하는 것은 무엇이든 해도 좋다고 허락했다. 그래서 스미스는 자신의 최고 공병장교인 존 패트리지 중령을 불러왔다. 그는 한강에서는 즉석 뗏목을 만들어 스미스의 사단이 한강을 도하할 수 있게 해주었고, 인천에서 밀려드는 제10군단 부대들을 위해 한강 위에 부교를 설치했었다. 11월 20일부터 패트리지의 공병대대는 함흥에서 가져온 수십 대의 불도저와 기타 땅 고르는 장비를 가지고 작업에 착수했다.

그러나 패트리지는 복잡한 문제가 있음을 발견했다. 하갈우리는 해발고도 4,000피트에 있었고, 그의 매뉴얼에 따르면 C-47을 안전하게 이륙시키기 위해 최소 3,900피트 길이의 활주로가 필요했다. 공기가 희박할수록 더 긴 활주로가 필요했다. 하지만 그의 측정에 따르면, 그의 공병이 규정된 길이의 비행장을 완성할 수 있는 공간이 충분하지 않았다. 3,000피트 길이의 활주로는 가능했다. 그가 아는 한 어떤 조종사도 이렇게 힘든 조건 하에서 운항을 시도해본 적이 없었다. 그러나 스미스는 위험을 감수하기를 원했다.

그래서 패트리지의 폭파전문가들은 땅을 폭파하기 시작했고, 장비들은 얼어붙은 땅을 긁어냈다. 평평하게 보였던 땅은 그렇게 평평하지 않은 것으로 밝혀졌다. 더 깊게 파면 팔수록 이판암과 화강암 바위 파편에 부딪혔고, 때로는 기반암에 부딪혔다. 불도저 운용병들은 흐릿한 투광조명등 빛 속에서 밤낮을 가리지 않고 작업했고, 때때로 적의 저격수가 쏘는 총탄에 시달렸다. 장비 운용자들은 무기를 소지하고 다녔고(모든 해병은 소총수였다), 미군 비행장이 이곳에 건설되는 것을 원하지 않는 적과 싸우기 위해 계속 작업을 중단해야만 했다. 패트리지의 대원들은 공기식 드릴pneumatic drill(압축 공기의 힘으로 움직이는 터빈의 한쪽 끝에 송곳이 달려 있어 회전하면서 구멍을 뚫는 송곳-옮긴이)과 착암기jackhammer(암석을 폭파하기 위한 폭약을 장전裝塡하는 발파 구멍을 만드는 기계-옮긴이)를 사용하여 가장 뚫기 어려운 곳을 부쉈고, 용접공들은 불도저 팬에 강철로 만들어진 날을 부착하여 얼어붙은 땅을 더 깊이 팔 수 있게 했다.

패트리지의 프로젝트는 처음부터 돈키호테적이었다. 최고사령부가 전투는 일어나지 않을 것이라고 주장했음에도 불구하고 대형 항공기가 자신들을 구원할 것이라는 육감을 가진 야전 장군의 걱정을 달래주기 위해 북극같이 추운 날씨와 시베리아 같은 산악지대라는 악조건 하에서 비행장을 건설하려 했으니 말이다. 한니발Hannibal이 알프스 산맥을 코끼리와 같이 행군한 것처럼 그것은 정말 불가능해 보였다. 이를 더욱 믿기 어렵게 만든 것은 촉박한 마감일이었다. 스미스는 패트리지에게 가능한 한 빨리 비행장이 준비되기를 바라며, 늦어도 12월 1일까지는 끝내야 한다고 말했다. 그래서 24시간 내내 불도저가 땅을 팠다.

≡

활주로는 하갈우리를 앞으로 벌어질 전투의 중심 거점으로 만들려는 스미스의 계획 중 일부에 불과했다. 하갈우리는 지휘소, 통신소, 야전병원 역할을 할 것이다. 사단의 중심부는 확고하게 방어된 안전한 방어선 안에 있게 될 것이다. 스미스는 여기에 가장 큰 보급창고와 탄약고를 만들 것이고, 먼 고지에 공포스런 포격을 퍼부을 곡사포 진지를 구축할 것이다. 하갈우리는 이물異物에 박혀 보호된 낭종cyst(사람이나 동물의 체내나 신체 부위에 생긴 물혹-옮긴이)처럼 그곳을 대상으로 하는 모든 공격에 영향을 받지 않았다.

리첸버그의 제7연대는 11월 15일 고토리에서 7마일 위로 이동하여 하갈우리를 점령했다. 이동하는 내내 그들은 중공군과 산발적으로 접촉했다. 하지만 적은 짓궂은 듯 보였고 때로는 허무맹랑하게 보였다. 그들은 뒤쫓으면 사라졌고, 무시하면 다시 나타났다. 그들은 며칠 동안 손이 닿지 않는 곳에 머물러 있었다. 한 보고서에 따르면, 그들은 "보이지 않았지만, 너무 많아서 공기 자체를 휘젓고 다니는 것 같았다." 때때로 그들은 진짜 문제를 일으켰지만, 대부분은 성가시게 하고 괴롭혔다. 나타났다가 사라지기를 반복하며 쫓고 쫓기는 게임을 하는 것처럼 보였다. 마치 해병대에게 그들이 여기에 있다는 것을 알리고 동시에 해병대가 계속 따라오도록 유인하는 것 같았다.

지프와 헬리콥터를 타고 길을 자주 오르내리던 스미스 장군은 이러한 변덕스러운 행동과 그 배후에 뭔가 더 큰 전략이 있음을 인식하고 있었다. 그가 그것을 확실하게 알게 된 곳은 수동에서 서쪽으로 몇 마일 떨어진 황초령이라고 불리는 이상한 병목 지점에서였다.

황초령 수문교는 강이나 개울 위에 있는 일반적인 다리가 아니었다. 그 구조는 일반적인 다리보다 더 복잡했다. 이 지점에서 장진호의 많은 양의 물을 운반하는 지하 터널이 산속에서 밖으로 드러났다. 급류는 "수압관(수력발전소에서 높은 곳에서 수차로 물을 끌어들이는 관. 철관, 철근 콘크리트 관 따위를 쓴다-옮긴이)"이라고 불리는 4개의 큰 강철 파이프로 흘러 들어갔고, 이 파이프들은 물이 수천 피트 절벽 아래로 흘러내려 계곡의 발전소로 향하게 했다. 산비탈에는 밸브와 수도꼭지들의 연결망이 있는 콘크리트 벙커가 있었다. 아래로 물이 떨어지는 4개의 수압관 위에는 캔틸레버cantilever(다리나 다른 구조물을 떠받치는 레버-옮긴이)식 콘크리트 다리가 있었다. 산 위에 너무나도 위태롭게 자리 잡고 있어 비현실적으로 보이는 이 설치물은 더 큰 장진호 수력발전소의 일부였다.

황초령 수문교에 대해 스미스가 걱정한 것은 그것이 파괴되지 않았다는 기이한 사실이었다. 만약 중공군이 스미스의 진격을 막거나 방해하려 했다면, 이미 그것을 날려버렸을 것이다. 그것은 장진호 위쪽 지역으로 진입하는 것을 통제하는 마스터 차단 밸브였고, 쉽게 파괴할 수 있었다. 그러나 그들은 다리를 그대로 둔 채, 해병대를 앞으로 안내하는 것 같았다. 스미스는 그의 전 사단이 안전하게 다리를 건넌 뒤에 중공군이 다리를 파괴하여 해병대를 안전한 해변으로부터 봉쇄할 것이라고 추측했다. 스미스에게는 이것이 홍해를 갈라 이스라엘인을 건너게 한 뒤 파라오의 병사들을 익사시킨 모세의 기적처럼 오래된 교활한 속임수처럼 느껴졌다.

이 일로 훗날 많은 사람들은 스미스가 놀라운 선견지명을 지녔음을 인정했다. 부사단장인 에드워드 크레이그Edward Craig 준장은 말했다. "스미스는 중공군이 우리가 다리를 건넌 다음 다리를 폭파시켜 우리를 완전히 고립시키려 한다고 확신했다. 그것을 내다볼 정도로 스미스는 상황판단이 빨랐다." 스미스가 알몬드에게 황초령 수문교의 위험을 지적했지만, 알몬드는 대응 조치를 하지 않았다. 크레이그는 알몬드가 "중공군을 전사로서 조금도 존중하지 않는 것처럼 보였고, 신경조차 쓰지 않는 것 같았다"라고 말했다.

≡

사실, 알몬드 장군은 이번 주 내내 상당히 정신없이 바쁘고 산만했다. 그는 헬리콥터와 비행기, 트럭과 지프를 타고 거의 끊임없이 움직였다. 제10군단의 많은 부대는 수백 제곱마일에 걸쳐 펼쳐져 있었다. 스미스의 해병사단은 그중 하나였을 뿐이었다. 그래서 알몬드는 확인해야 할 것이 많았다. 그의 단점이 무엇이든 간에 그가 에너지나 열정이 부족하다거나 그 문제에 있어서 용기가 부족했다고 비난할 수는 없었다. 알렉산더 헤이그는 "내가 알기로, 그는 전혀 두려움이 없었다"라고 썼다. "전투 상황에서 그는 하루에도 몇 번씩 치명적 위험에 노출되었다." 의식적으로 자신을 위험에 노출시키는 그의 습관은 제1차 세계대전 당시 프랑스로 거슬러 올라간다. 젊은 군인이었던 그는 부상을 당했고, 영웅적 행위로 은성훈장을 포함한 여러 훈장을 받았다. 이곳 한국에서 이 역동적인 장군은 전방 지휘소를 방문하고 전투 지역으로 바로 밀고 들어갔다.

북한의 제10군단 구역에서 전투가 많았던 것은 아니다. 해병대 외에 알몬드의 부대 중 북한군이든 중공군이든 적과 의미 있는 접촉을 보고한 부대는 거의 없었다. 알몬드 부대 중 일부 연대는 아무런 방해도 받지 않고 압록강을 향해 돌진하고 있었다. 11월 21일, 한국 육군 제17보병연대가 북한 혜산진惠山進의 마을에 도착하자, 알몬드는 역사적인 현장으로 날아갔다. 그는 압록강 강둑에 서서 몇몇 지휘관들과 함께 승리의 포즈를 취하며 사진을 찍었다. 소용돌이치는 강 건너편에서 몇몇 중공군 보초들이 조용히 자신이 맡은 일을 하고 있는 것이 보였다. "그들은 우리에게 발포하려고 하지 않았다. 그들의 입김은 차가운 공기 속에서 증발해버렸다"라고 알몬드의 수행원들과 함께 있던 알렉산더 헤이그는 썼다.

알몬드는 맥아더 장군에게 무전을 통해 그 소식을 전했다. "정말 축하하오, 네드." 맥아더의 목소리가 들렸다. 맥아더는 알몬드와 그의 부하들이 "잭팟을 터뜨렸다"라고 알몬드에게 말했다. 알몬드와 몇몇 사람들은 압록강에서 의식을 치르기 위해 강물을 향해 힘차게 소변을 보았다. 이것이 운명에 대한 희롱이거나, 장군답지 않은 행동으로 보일 수도 있었지만, 알몬드는 그 충동을 참을 수 없었다. 알몬드가 존경하고 롤모델로 여겼던 조지 패튼George Patton 장군은 제3군이 그 넓은 라인Rhine강에 도달했을 때, 강에서 소변을 보았다. 알몬드는 여기서 같은 일을 해야만 한다고 느꼈다.

알몬드는 자기 부하들이 해냈다는 자부심에 우쭐했다. 자기 부하들 대다수가 적을 본 적이 없다는 것은 전혀 개의치 않았다. 그는 압록강으로 향한 질주는 영웅적인 전투의 위업으로 역사에 기록될 것이라고 믿었다. 다음날 알몬드는 "이 사단은 상륙해서 험한 산악지형을 200마일 전진했고, 영하의 날씨에 완강한 적에 맞서 성공적으로 싸웠다는 사실은 역사에 뛰어난 군사적 업적으로 기록될 것이다"라고 썼다.

며칠 후, 알몬드의 제10군단 소속 부대인 킹스턴Kingston 특수임무부대는 신갈파진新乫坡鎭에서 압록강에 도착했고, 그곳에서 잔혹한 가택수색을 통해 잔존하는 북한군을 뿌리뽑았다. 그리고 그들 역시 압록강에서 소변을 보았다. 그것은 유행이 되고 있었다. 다른 대원들은 기념품으로 간직하기 위해 병에 강물을 가득 채웠다. 킹스턴 특수임무부대의 대원들은 한만 국경까지 간 두 번째 미군 부대이자, 마지막 부대가 되었다. 그 과정에서 그들은 예상치 못한 기괴한 일로 사상자가 발생했다. 병사 중 한 명이 백두산 호랑이에게 물려 죽었던 것이다. 어떤 사람들은 이것을 나쁜 징조로 받아들였다.

三

추수감사절인 11월 23일이 되었다. 그리고 스미스 장군은 직속 참모들과 함께 사단본부에서 추수감사절을 보낼 수 있기를 바랐다. 도일 제독은 항구에 정박해 있는 해군 함정 중 한 갤리선에서 조리한 칠면조를 그에게 보냈다. 그런데 막판에 스미스는 알몬드 장군 및 여러 장군들과 그 외 고위급 장교들이 모이기로 한 제10군단 사령부 공식 만찬에 초대를 받았다. 스미스는 그곳에서 그 사람들과 함께 추수감사절을 보내고 싶지 않았다. 그러나 알몬드의 초대를 거절하는 것은 예의에 어긋난다는 것을 잘 알고 있었다.

그 시점에 알몬드는 함흥에 자신이 머물 집을 마련하여 그곳에서 느긋하게 지내고 있었다. 그는 자신의 부하들도 편하게 지내기를 원했고, 그들을 항상 자신 곁에 두었다. 보좌관 알렉산더 헤이그는 알몬드가 거주지로 사용할 수 있는 민가를 찾는 일을 담당하게 되었다. 헤이그는 아름다운 일본식 별장을 찾았고, 알몬드의 취향에 맞게 새롭게 꾸밀 예산을 배정받은 후, 한국의 장인들을 고용하여 모자이크 타일로 된 움푹 들어간 욕조를 만들게 했다. 헤이그는 또한 함흥 상점에서 손으로 그림을 그려넣은 꽃병을 구입하여 별장의 응접실을 직접 장식했다.

어느 날, 한국의 이승만 대통령과 영부인이 함흥을 방문하여 북한 주민들을 안심시킬 수 있는 방안에 대해 논의한 뒤, 그곳에 있는 알몬드의 새 집을 방문했다. 헤이그가 구입한 우아한 꽃병에는 아름다운 싱그러운 꽃들이 꽂혀 있었다. 알몬드는 영부인에게 헤이그가 전쟁으로 파괴된 도시에서 이렇게 아름다운 물건들을 찾아냈다고 자랑했다. 헤이그는 이렇게 썼다. "무뚝뚝하고 거침없는 영부인은 경멸하는 눈초리로 장군을 보며 말했다. '당신의 보좌관이 참고로 알아두어야 할 게 있습니다. 한국에서는 이런 꽃병들은 요강으로 사용하고 있어요.'"

스미스 장군이 알몬드의 사령부에 도착했을 때, 호화로운 그곳에는 총 28명의 손님이 와 있었다. 식당에는 칵테일 바, 흰색 린넨 식탁보, 냅킨, 고급 도자기, 세련된 은식기, 심지어 각 좌석마다 이름표까지 있었다. 맥아더는 칭찬의 의미로 도쿄에서 최고의 요리들을 보내주었다. 스미스의 작전참모인 알파 바우저는 "워싱턴의 공식행사에서나 기대할 수 있는 모든 비품들을 갖춘 정말 호화로운 만찬이었다"라고 회상했다.

스미스는 검소하고 엄격한 편이었다. 그는 "해병대만큼이나 검소한 사람이었다"라고 한 해병대 역사가는 썼다. 그는 자신이 그렇게 호화로운 비품을 갖추고 그런 식사를 하는 것에 대해 약간 불쾌감을 느꼈다. 그의 연대는 위험천만한 들판에서 꽁꽁 얼어붙어가고 있었다. 사치로운 만찬이 꼴사나웠다. 다시 한 번 그는 알몬드가 실제 전장 상황에 대해서는 무관심하다고 생각했다. 스미스에게는 이번 추수감사절 만찬이 종전終戰을 예상하고 그것을 미리 축하하기 위한 행사라고 생각되었다.

알몬드의 입장에서는 스미스가 분위기를 망치고 있는 것처럼 보였다. 그들은 감사해야 할 것이 너무 많았고, 축하해야 할 것이 너무 많았다. 알몬드는 이틀 전에 압록강의 물결을 바라보았다. 그는 행운의 부적이 손이 닿는 곳에 있다는 것을 직접 보았다. 왜 스미스는 긴장을 풀고 즐기지 못할까?

스미스의 해병대를 비롯한 제10군단의 모든 병사들은 비록 정성 들여 만든 것은 아니지만 그들 식으로 만든 칠면조 요리를 대접받았다. 전장에서 향수병에 걸린 젊은 미군 병사들은 그들 나름대로 휴일 잔치를 즐겼다. 메뉴는 새우 칵테일, 올리브, 크랜베리 소스를 곁들인 구운 어린 수컷 칠면조와 설탕에 절인 고구마, 그리고 다진 고기 파이 등이었다. 엄청난 노력과 비용이 들었을 텐데, 조리병과 보급 대원들이 어떻

1950년 11월 22일 하갈우리 제5해병연대의 추수감사절 저녁식사 모습. 〈사진 출처: U. S. Marine Corps History Division | OFFICIAL USMC PHOTO | CC BY 2.0〉

게 그것을 해냈는지 아무도 짐작할 수 없었다. 역사학자 T. R. 페렌바크 Fehrenbach(오늘날까지 미국의 외교·안보정책에 영향을 미치는 6·25전쟁을 다룬 최고의 책을 평가받는 『이런 전쟁This Kind of War』을 쓴 저자-옮긴이)는 "저 높은 비탄의 땅에서 미국인들은 추수감사절 정찬을 즐겼다"라고 썼다. "주둔한 위치에 따라 좋은 음식을 먹은 사람도, 평범한 음식을 먹은 사람도 있었다. 하지만 대부분은 엄청난 노력을 들여 이 험악한 지역에 들여온 칠면조를 배급받았다."

하갈우리에 있는 리첸버그의 제7연대의 굶주린 병사들은 배급지점에서 가장 멀리 떨어져 있었다. 생칠면조가 하갈우리에 도착했을 때, 돌처럼 단단하게 얼어 있어서 조리병은 그것을 녹이는 방법을 생각해내야 했다. 그리고 마침내 해동법을 생각해냈다. 취사장 특별임무대가 단단하게 언 칠면조들을 뜨거운 난로 위에 작은 산처럼 쌓아올린 다음, 눈으로 덮인 두꺼운 텐트천으로 그것을 덮었다. 냉동 칠면조는 이 임시 사우나에서 밤새 해동되어, 아침이 되자 조리병들이 손질하고 구울 수 있을 정도로 충분히 녹았다.

들판에 있는 대부분의 대원들은 적이 없었기 때문에 그 칠면조 요리를 맛볼 수 있었다. 그들은 평생 그것에 대해 이야기할 것이다. 지구 저편 북한의 눈 덮인 그늘에서 열린 추수감사절 축제. 그러나 중공군이 가까이에 있다는 생각이 밀려오기 시작했다. 기분 나쁜 농담이었을지도 모르지만, 접시에 음식을 담았을 때 몇몇 해병대원은 불안한 생각이 들었다. 리첸버그의 부하 중 한 명은 이렇게 표현했다. "우리는 약간 묘한 기분이 들었다. 이것이 죽기 전 마지막 만찬은 아닐까?"

Chapter 16

대화하기에 절대 늦지 않았다

/

뉴욕

● 추수감사절 다음날인 11월 24일 아침 6시를 조금 넘긴 시각, 중공 대표단을 태운 비행기가 뉴욕 아이들와이드 공항Idlewild Airport에 도착했다. 중화인민공화국의 어떤 대사도 미국을 방문한 적이 없었는데, 지금 유엔에서 열리는 특별회의에서 마오쩌둥의 신생 정부를 대변하기 위해 9명(남성 7명, 여성 2명)이 온 것이다. 대표단은 몽골을 가로질러 소련과 유럽을 횡단한 후 런던London으로 갔고, 그곳에서 미국으로 가는 영국의 BOABritish Overseas Airways 비행기를 탔다. 그들은 세계에서 가장 인구가 많은 나라의 외교관이었지만, 트루먼이 공산 정권을 중국의 합법적인 정부로 인정하기를 거부했기 때문에 미국 땅에 외국인 체류자로서 입국했다. 그들은 인정받지 못한 나라의 국민이자 현재 미국과 전면전을 벌일 벼랑 끝에 있는 나라의 시민이었다. 그들을 위한 통상적인 입국행사에는 유엔의 의전담당관, 몇몇 소련 고위인사, 그리고 기자들이 참석했다. 어떤 미국 관리도 감히 모습을 드러내지 못했다.

대표단장 우슈취안伍修权은 비행기에서 내리더니 그가 "세계에서 가장 오만한 제국주의 국가"라는 부르는 나라의 냄새를 맡았다. 우슈취안은 국공내전Chinese civil war(1927년 4월~1950년 5월에 일어난 중국 국민당과 공산당 사이에 벌어진 내전-옮긴이) 중 총탄을 맞아 얼굴에 상처가 있고, 고음의 목소리를 가진 논쟁적인 근육질의 남자였다. 소련에서 교육을 받은 42세의 그는 마오쩌둥의 외무장관인 저우언라이의 믿을 만한 동료였다. 우슈취안은 당연히 경계했다. 그는 미 해군의 대만해협 진출과 압록강을 향한 돌진에 대해 공식적으로 항의하기 위해 사자굴이라고 할 수 있는 미국 자본주의의 심장부에 있는 부패한 대도시로 왔다.

우슈취안은 나중에 "우리 어깨에 무거운 책임이 놓여 있었다. 우리는 맞대응하기 위해 전쟁터에서 토론장으로 이동했다"라고 썼다. 우슈취안은 "우리의 입장에서 이것은 제1의 제국주의 국가에 맞선 정면 투쟁"이었다고 말했다.

우슈취안은 미국이 중국을 상대로 '무력 침공'을 감행했다고 주장했지만, 공항에서 기자들을 만나 모든 미국인들에게 인사를 전했다. "중국인과 미국인 사이에는 깊은 우정이 항상 존재해왔습니다. 저는 이 자리를 빌려 평화를 사랑하는 미국인들에게 인사드리고 싶습니다."

우슈취안과 대표단은 곧바로 맨하탄Manhattan으로 이동하여 월도프 아스토리아Waldorf-Astoria 호텔 9층에 있는 외부와 차단된 인접한 9개 방에 짐을 풀었다. 그들은 호화로운 시설에 감명받았지만, 터무니없는 요금에 멈칫했고, 너무 비싼 요금 때문에 룸서비스 음식을 주문할 수 없었다. 우슈취안 대사와 동료들은 특별한 맛이 느껴지지 않는 밍밍한 음식에 맛을 더하기 위해 매운 멕시코 칠리를 찾기도 했다.

뉴욕경찰 특임대는 일부 과격한 애국자경단원이나 비통한 전사자 부모들이 방에 침입하여 국제적인 사건을 일으키려 할지도 모른다고 걱정하여 유엔 방문객들의 방을 24시간 지켰다. 중공 대표단은 자신들의 방이 도청당하고 있다고 확신했다. 우슈취안은 "도청 시도를 방해할 수 있는 지속적인 소음"을 만들기 위해 밤낮으로 사무실 스위트룸에 라디오를 크게 틀었다고 말했다. 민감한 토론 주제가 생길 때마다 가까운 공원으로 가서 만났다.

모든 유엔 회원국들은 중공 대표단이 미국을 방문한 공식적인 목적은 한국과 대만에서 미국이 취한 행동에 항의하기 위한 것임을 알고 있는 것 같았지만, 그런 인식의 이면에는 세계가 전면전으로 빠져들기 전에 당사국이 합의에 이르기를 바라는 마음이 더 크게 자리 잡고 있었다. 중공군이 공격적인 태도를 보이고 있었지만, 많은 낙관론자들은 마오쩌둥의 특사단이 비밀리에 협상하기 위해 왔을지도 모른다는 희망에 집착했다. 오랜 내전을 끝낸 중공이 미국과 미국의 동맹국들과의 갈등을 확실히 감당할 수는 없을 것이다.

미국, 영국, 프랑스 정부가 압록강변을 따라 휴전선과 완충지대를 설치하는 안을 제안하기로 잠정 합의했다고 널리 보도되었다. 이 무인지대 안에는 만주에 전력을 공급하는 북한 내 모든 수력발전소가 있었는데, 이것이 중공이 논의하려는 주요 쟁점 중 하나인 것으로 보였다. 유엔 회원국들은 이것을 해결할 수 있을 거라는 희망을 품고 있었다. 많은 사람들은 중공 대표단이 이곳 뉴욕으로 온 지금이, 그들을 설득할 수 있는 마지막 기회라고 생각했다. 한 극동지역 대표는 이런 태도를 보였다. "대화하기에 절대 늦지 않았다. 싸우기에는 너무 이르다."

사실 중공 대표단의 방문에는 미스터리의 장막이 드리워져 있었다. 왜 이렇게 많은 수행원을 거느리고 여기까지 왔을까? 만약 그들이 불만을 제기하기를 원했다면, 전신으로도 가능했을 것이다. 중공 대표단의 뉴욕 방문은 불필요하고 비싼 외교적 연극처럼 보였다. 한 유엔 대표는 뉴욕에서 그들의 진정한 목적을 예측하려고 노력하는 것은 "미지의 산맥을 계기비행하는 것과 같았다"라고 말했다.

중공 대표단 9명은 밤낮으로 경호를 받으며 월도프의 호화로운 방에 틀어박혀 유엔 연설을 할 기회를 기다렸다.

☰

중공 대표단이 뉴욕에 도착한 그날, 미국 동부 3분의 1에 걸쳐 이례적인 강력한 폭풍 전선이 형성되기 시작했다. 이 폭풍으로 인해 트루먼 행정부는 중공과의 충돌에 쏠린 관심을 잠시 돌릴 수밖에 없었다. 이 폭풍은 오하이오Ohio와 켄터키Kentucky 동부에 걸쳐 있는 북극 한랭전선에서 시작되었다.

애팔래치아Appalachia 전역에서 수은주가 몇 시간 만에 화씨 50도대(섭씨 10도)에서 10도대(섭씨 영하 12도)로 떨어졌다. 다음날, 차가운 기단이 동쪽으로 향할 때, 캐롤라이나Carolinas에서 온 대서양의 온난다습한 기단이 그 아래를 감싸기 시작했다. 그 폭풍은 '온대저기압'이 되었다. 엄청난 양의 눈이 오하이오, 켄터키, 펜실베니아 전역에 내리기 시작했다. 웨스트버지니아West Virginia의 깊은 곳에 있는 한 마을에서는 하루에 57인치의 눈이 내렸다.

폭풍 전선의 동쪽에는 강풍으로 인해 뉴욕과 뉴잉글랜드New England가 피해를 입었고, 100만 가구 이상의 전기가 끊겼다. 맨하탄은 거의 시속 100마일의 최고 돌풍을 기록했고, 밀려드는 바닷물이 뉴욕의 라과디아 공항LaGuardia Airport의 제방을 넘어 활주로로 범람했다. 궂은 날씨 때문에 중공 대표단은 이틀 동안 월도프-아스토리아 방 안에 머물 수밖에 없었다.

추수감사절 주말과 그 이후까지 계속해서 몰아닥친 이 폭풍은 22개 주에 영향을 미쳤고 353명의 목숨을 앗아갔다. 최악의 피해를 입은 일부 고속도로에서는 주방위군이 투입되어 전차와 화염방사기로 눈을 치웠다. 신문들은 이 폭풍을 세기의 폭풍이라고 불렀다. 그것이 무엇이든 간에 사이클론은 수십 년 동안 연구될 만한 이상 기상현상이었다. 공식적으로 '1950년 애팔래치아 대폭풍'으로 알려진 이 폭풍은 미국 역사상 가장 많은 희생자를 낸 가장 파괴적인 폭풍이었다. 겨울 소용돌이가 발생하는 것은 거의 보지 못한 일이었고, 심지어 폭풍이 온 후에도 소용돌이가 왜 발생했는지 아무도 알지 못했다.

Chapter 17

더 이상 위험한 비행은 금지

/

압록강 너머

● 추수감사절 다음날, 더글러스 맥아더는 이제 전쟁터에 발을 들여놓고 북한의 공기를 들이마셔야 할 때가 되었다고 결정했다. 곧 일어날 중대한 사건들의 배후에 있는 설계자가 자신이라는 것을 온 세계에 상기시켜야 할 때라고 생각했던 것이다. 그래서 최고사령관은 자신이 가장 좋아하는 기자들과 가장 좋아하는 보좌관들을 불러 모은 뒤 도쿄에서 그의 전용기인 바탄Bataan에 이들 수행단과 함께 탑승했다. 몇 시간 만에 4엽 프로펠러 록히드 컨스텔레이션Lockheed Constellation 수송기는 한반도 서쪽 청천강에 있는 제8군 사령부에 착륙했다.

맥아더는 혹독한 날씨에 체크무늬 스카프를 두른 채 비행기에서 내렸고, 연기자적 감성을 완벽하게 발휘하여 마지막 공세에 대한 자신의 계획을 담은 메시지를 부대에 보냈다. 부대원들에게 보낸 통신문에서 맥아더는 협공 작전과 과감한 기동에 대해 다시 한 번 말했다. 유엔군은 그가 "대규모 압축 포위 작전"라고 부르는 것을 시작하고 있었다. 북한의 나머지 지역은 항공기로 적이 조직적으로 '저지된' '구역'으로 분류되었다. 그의 설명에 의하면, 이 마지막 단계에서 그는 군사과학과 비밀스런 무언가가 복잡하게 융합된 것을 적에게 가하려는 것처럼 들렸다.

아마도 맥아더의 화려한 언어보다 더 낯선 것은 그가 자신의 전략을 드러내야 한다고 느끼고 있다는 것이었다. 그는 적을 포함한 전 세계에 자신의 전투 계획을 누설하고 있었다. 그는 자신의 성공을 너무나 확신했기 때문에 비밀에 부칠 이유가 없다고 생각했다. 그것은 심지어 그에게 있어서도 대담하고 화려한 공연이었다. 베이브 루스Babe Ruth가 타석에서 자신이 타격할 공이 날아갈 외야 관중석을 가리켰던 예고 홈런에 비견되는 행동이었다.

맥아더는 이 마지막 작전이 "모든 실질적인 목적을 위해 전쟁을 끝낼" 것이라고 부대원들에게 장담했다. 제8군은 국경의 서쪽 절반을 점령하고, 알몬드의 제10군단은 동쪽 절반을 점령할 것이다. 맥아더는 교전이 몇 주 안에 끝날 것이라고 예측했다. 그런 다음 그는 악명을 떨치게 되는 선언을 했다.(나중에 그는 자신의 발언이 잘못 인용되었다고 주장했지만) 그는 다음과 같이 말했다. "제군들이여 크리스마스까지는 집에 돌아갈 것이다."

맥아더는 월튼 워커Walton Walker 장군 휘하의 장교들을 잠깐 만난 뒤, 그의 군대가 속도를 내기를 바란다는 말을 남기고 그곳을 떠났다. 맥아더는 지상에서 겨우 몇 시간 머문 뒤 곧바로 떠날 준비를 했다. 기자들이 사진을 찍고 그의 말을 정리하기에 충분한 시간이었다. 맥아더에게는 오래 머물 의미가 없었다. 중요한 것은 '압축 포위'가 시작되었다는 점이었다. 그러나 기자들은 이 말을 자세히 설명하려면 너무 장황해서, 이것을 간단명료하게 나타낼 수 있는 표현을 만들어냈다. 그들은 그것을 전쟁을 끝내고 집으로 가기 위한 크리스마스 대공세Home-For-Christmas Drive라고 불렀다.

활주로에서 활기차게 경례를 주고받은 뒤, 바탄은 굉음을 내며 날아올랐다. 그런데 비행 중에 맥아더가 이상한 지시를 내렸다. 공군 조종사 토니 스토리Tony Story 중령에게 비행 계획 변경을 지시했던 것이다. 그는 곧장 일본으로 가고 싶지 않았다. 그는 우회해서 압록강으로 날아가 강을 직접 눈으로 보고 싶었다. 그는 만주 국경을 내려다보면서 많은 논란을 불러으켰던 좀처럼 눈에 띄지 않는 중공군의 흔적을 찾고 싶었다.

스토리 중령은 그의 지시에 놀라 어리둥절했다. 맥아더의 참모들 역시 마찬가지였다. 그들에게는 이것이 불필요하고 위험한 일처럼 보였다. 소련군이나 중공군이 국경을 가로지르는 이러한 비행경로를 도발 행위로 인식할지도 몰랐다. 무방비상태의 수송기가 강굽이(강이 굽이쳐 흐르는 곳-옮긴이)를 따라 비행하면 적 대공포의 사정거리 안에 들게 될 것이다. 맥아더는 운명을 유혹하는 것처럼 보였다.

참모들은 맥아더를 만류하려고 했지만, 맥아더는 (인천을 생각나게 하는) "아주 대담한 비행이 최선의 방어가 될 것"이라고 주장하면서 그들을 물리쳤다. 한 장교는 조심스럽게 스토리 중령에게 비행할 만한 다른 북한의 강을 찾아달라고 간청하면서 맥아더 장군이 그 차이를 알 수 없을 것이라고 했다. 그러나 스토리는 그 제안을 거절하면서 "나는 사령관에게 거짓말을 할 수 없습니다"라고 말했다. 그러자 맥아더의 측근인 코트니 휘트니 장군은 적어도 낙하산복을 입는 예방조치를 취해야 한다고 제안했다. 맥아더는 이 멍청이들을 보고 웃기만 했다. 스토리 중령은 "신사분들은 원하시면 입어도 됩니다. 하지만 비행은 제가 알아서 하겠습니다"라고 말했다.

스토리 중령은 안전을 위해 무전으로 전투기의 호위를 요청하는 것이 좋겠다고 생각했다. 제트기 2대가 김포비행장에서 날아와 바탄을 따라잡았다. 스토리는 더 안전해졌다고 느꼈지만, 위에서 선회하는 전투기의 존재는 맥아더의 비행이 더욱 도발적으로 보이게 했을 뿐이었다.

그들은 북쪽의 압록강 하구로 향하다가 동쪽으로 방향을 틀어 5,000피트 상공에서 굽이치는 강을 따라갔다. 맥아더는 "이 고도에서 우리는 무인지대 전 지역과 시베리아 국경까지 자세히 관찰할 수 있었다. 우리 눈 앞에 펼쳐진 것은 한없이 넓은 시골, 들쭉날쭉한 고지, 크게 갈라진 땅의 균열, 그리고 눈과 얼음으로 뒤덮인 채 죽은 듯 조용히 흐르는 검은 압록강의 물뿐이었다"라고 썼다.

≡

항공정찰 기술이 발전했지만, 맥아더는 특별한 전문지식이 없었다. 하지만 그는 자신이 그렇다고 생각하는 것 같았다. 나중에 그가 표현한 대로, 단지 압록강 상공을 비행함으로써 "나는… 적의 배후에서 무슨 일이 일어나고 있는지 나의 오랜 경험을 바탕으로 분석하고자 했다." 그러나 넓게 펼쳐진 광야를 아무리 봐도 중공군의 흔적은 발견할 수가 없었다. 어떤 기동도, 보급창고도, 땅 위로 돌출된 적군의 대열도 보이지 않았다. 그가 본 것은 '무자비한 황무지'뿐이었다.

하지만 그곳에는 중공군 수십만 명이 있었다. 그들은 위장술의 달인이었다. 일부는 얼음처럼 차가운 압록강을 건넜고, 일부는 중공군 공병이 수면 6인치 아래에 설치한 조립식 부교 위를 걸었다. 일부는 중국의 한 역사학자에 따르면, "은빛 갑옷을 입은 신처럼 온몸에 얼음을 매단 채" 얼어붙은 물속에서 헤엄쳐 나왔다.

전쟁사학자 S. L. A. 마셜Marshall은 마오쩌둥의 군대를 "그림자 없는 유령"이라고 썼다. 주요 기밀사항인 그들의 전투력과 위치, 계획은 철저하게 비밀로 유지되어, 무장 병력이 두 배로 늘어난 것 같았다. 25만 명이 넘는 중공군이 북한으로 넘어갔고, 또 다른 50만 명이 만주 국경 북쪽에 집결했다. 이제 그들은 기다리고 있었다. 마오쩌둥은 미군이 압록강 쪽으로 진격할수록 보급선이 과도하게 확장되고, 통신이 단절되고, 방어선이 아주 얇아진다는 것을 알고 있었다.

마오쩌둥과 펑더화이는 만주 국경에 접근하는 모든 유엔군 중 가장 강력하다고 여겨지는 제1해병사단과 맞서기 위해 자신들의 최고 군대 중 하나인 제9병단을 장진호에 보내기로 결정했다. 마오쩌둥은 펑더화이에게 "미 제1해병사단이 미군 중에서 가장 높은 전투효율성을 보유하고 있다고 하오. 귀하의 장병들은 그들의 주력군을 파괴해야 하오"라고 말했다. 한 보고에 따르면, 중공군 군관들은 미 해병대가 유일무이한 피에 굶주린 살인자이자 강간범으로 "최악의 범죄자"라는 인식을 병사들에게 주입시켰다.

이제 쑹스룬宋时轮 장군이 지휘하는 제9병단은 호수 주변의 산으로 이동하기 시작했다. 산비탈이 너무 가파르고 미끄러워서 무거운 탄약을 가득 진 조랑말들이 산을 올라가지 못했다. 중공군은 즉석에서 해결책을 내놓았다. 그들은 행진로를 따라 요와 담요를 깐 뒤 조랑말들을 끌고 이동했다. 국공내전에 참전했던 노련한 농민 투사가 대부분인 그들은 때로는 과자 몇 개와 약간의 수수, 쌀 요리, 적은 양의 참깨만으로 먼 거리를 행진하는 데 능숙했다. 그들은 원시적인 무기를 가지고 있었지만, 강하게 세뇌당했다는 장점을 가지고 있었다. 그들은 북진하는 미군이 신생 인민공화국에 진정한 위협을 가한다고 세뇌당했다. 미국은 마오쩌둥의 군대가 결실을 맺기 위해 그토록 끈질기게 싸웠던 혁명에 정면으로 반대하는 듯 보였다. 따라서 제9병단의 많은 병력들은 미군을 증오할 만한 충분한 이유가 있었던 것이다.

이제 부대들은 호수 주변 고지대에 자리를 잡았다. 전투 전날, 쑹스룬 장군은 유담리라는 작은 호숫가 마을에서 멀지 않은 곳에 있는 그의 사령부에서 그의 부대에게 "우리는 곧 전투에서 미 해병대를 만날 것이고, 그들을 파괴할 것이다. 그들이 패하면 적군은 무너지고 우리나라는 침략의 위협에서 벗어나게 될 것이다"라고 말했다.

그리고 쑹스룬 장군은 부하들에게 이렇게 외쳤다. "여러분이 집에서 뱀을 죽이듯이 그렇게 해병대를 죽였으면 한다!"

≡

바탄은 국경지대를 따라 날아갔다. 강굽이를 돌 때마다 맥아더의 기분은 밝아졌다. 중공군은 어디에도 보이지 않았다. 독특한 자기중심적인 성격을 가진 그는 자신이 그들을 보지 못한 것은 그들이 그곳에 없었다는 증거라고 생각했다.

정찰비행을 하면서 맥아더의 독특한 성격–성급하고, 터무니없고, 예상하기 어려운 성격–이 많이 드러났다. 실제로 존재하는 (또는 만들어진) 위험요소 때문에 흥미진진한 모험이라는 느낌이 들었다. 하지만 그 이면에 가려져 있는 적의 취약점이 있게 마련이고, 그것을 파고들려면 저 아래 무엇이 있는지 알아야 할 필요가 있었다. 그는 운명을 믿는 사람이었고, 그래서 어떤 전조를 찾는 중이었다. 그의 보좌관들은 나중에 그의 용기에 대해 칭찬했다. 정보국장인 찰스 윌러비는 "하늘에서 이보다 더 대담한 비행을 본 적이 없다"라는 말도 했다. 맥아더는 심지어 이 타당성이 의심스러운 임무로 무공훈장Medal of Valor을 받았다. 공군은 그에게 수훈비행십자장Distinguished Flying Cross과 명예 전투조종사 배지를 수여했다.

맥아더가 완전히 잘못된 압록강 우회 정찰을 정당하다고 믿는 것 외에 압록강 우회 정찰로 그가 얻은 것은 아무것도 없었다. 이것은 그에게 돌이킬 수 없는 순간이었다. 이제 맥아더는 "멈출 수 없는 잔인한 운명으로 행진하는 고대 그리스 영웅"의 모습을 닮아가고 있었다고 한 유명한 육군 장성은 말했다.

최고사령관은 여전히 창밖을 응시한 채 파이프 담배를 피우면서 보좌관들과 농담을 주고받았다. 한반도 동쪽 끝에서 바탄은 바다로 남하하여 일본으로 향했다.

PART 3

장진호

/

"적이 진격하면 우리는 후퇴한다. 적이 숙영하면 우리는 괴롭힌다.
적이 피곤하면 우리는 공격한다. 적이 후퇴하면 우리는 추격한다."

– 마오쩌둥 –

Chapter 18

다른 사람들에게는 힘든 것이 우리에게는 쉽다

/

유담리

● 유담리는 장진호 근처의 산촌으로, 교차로가 있는 작은 마을이다. 동쪽 호수에는 안개 소용돌이 속에서 얼음덩어리가 니켈 빛깔로 반짝였다. 소나무로 덮인 5개의 가파른 산등성이가 마을을 에워싸고 있었고, 해병들 사이에는 자신들이 감시당하고 있다는 불안감이 계속 퍼져가고 있었다. 해가 저물면서 계곡 아래 초가지붕을 얹은 10여 채의 빈 진흙집이 들판 위로 그림자를 드리웠다. 마을 사람들 몇 명이 어색한 미소를 지은 채 문간에 웅크리고 앉아 있었다. 그들은 낯선 미국 사람들과 그들의 무기들을 두려워했고, 전쟁이 빨리 지나갈 것이라는 희미한 희망을 품고 있었다.

유담리 주변 산에서 뭔가 중대한 일이 벌어지고 있었고, 마을 사람들은 그것을 알고 있었다. 그림자 놀이였다. 움푹 꺼진 곳에서 사람이 속삭이는 목소리가 났다. 사슴이 마치 겁에 질린 듯 산등성이에서 도망쳐 내려왔다. 중공군이 북쪽 어딘가에 집결하고 있다는 것을 누구나 알고 있었다. 단지 그들의 병력이 얼마나 많아졌는지, 그리고 그들의 진짜 의도

1950년 11월 29일 비행기에서 투하한 보급품을 실은 낙하산이 유담리에 떨어지고 있다. 〈사진 출처: U. S. Marine Corps History Division | OFFICIAL USMC PHOTO | CC BY 2.0〉

가 무엇인지를 모를 뿐이었다.

11월 27일 오후까지 8,000여 명이 넘는 해병대가 유담리에 도착했고, 그로 인해 그곳은 산업도시처럼 북적였다. 해병대는 재빨리 그 계곡을 장비 창고, 식당용 텐트, 쓰레기 적재장, 군수품 보관소로 변화시켰다. 음침한 후광처럼 마을 위에는 매연층이 걸려 있었고, 거센 바람에 텐트 보호막이 부풀어 올랐다. 해병들은 난롯불에 손을 녹였다. 때때로 비행기가 나타나 낙하산에 부착된 꾸러미를 하늘에서 떨어뜨렸다.

해병대는 유담리를 태백산맥 횡단 개시를 위한 임시 집결지로 사용하고 있었다. 여기서부터 월튼 워커 장군의 제8군단의 측면을 방어하기 위해 서쪽으로 50마일을 진군한 뒤 북쪽으로 방향을 돌려 압록강까지 최종 진격하기로 되어 있었다. 한국은 통일될 것이다. 전쟁은 1, 2주 후면 끝날 것이다. 이 말은 도쿄에서 나온 말이었다.

그러나 맥아더 사령부에서 나오는 낙관론은 유담리 주변의 분위기와는 상당한 차이가 있어 보였다. 이곳 병사들의 얼굴에는 걱정이 가득했다. 해병대는 산등성이를 따라 고지에 밤새도록 철조망을 설치하고 야전삽과 때로는 폭발물을 이용해 얼어붙은 땅에 얕은 참호를 파고 있었다. 유선병들이 통신 전선을 설치하면서 고지를 급히 오르는 동안, 각 소대는 경계를 강화했다. 보병들은 평지에서, 101밀리 곡사포와 다른 중重포들은 가장 높은 고지에서 훈련을 받고 있었다.

유담리에 있는 리첸버그의 제7해병연대와 머레이의 제5해병연대는 자신들이 사단의 선봉이라는 것을 알고 있었다. 그들은 북쪽 맨 앞과 서쪽 맨 앞에 서서 스미스의 부대들 중에서 제일 먼저 깊은 산속으로 진격했다. 해가 능선 쪽으로 지자, 대원들은 자신들이 지원 부대로부터 얼마나 멀리 떨어져 있는지 알게 되었다. 이곳에서 적에게 노출될 위험에 처한 그들은 누군가의 말대로 "그들을 지휘하면서 항상 이것이 마지막 전쟁이라고 말하는 늙은 장군들의 장난감이 된 것 같은 느낌이 들었다."

三

그날 밤 참호를 팠던 부대 중 하나는 제7해병연대 "이지Easy"중대로 알려진 E중대였다. 170명으로 구성된 이 소총중대의 슬로건은 "다른 사람들에게는 힘든 것이 우리에게는 쉽다easy for us, tough for others"였다. 이지 중대는 유담리가 내려다 보이는 북쪽 능선의 가파른 급경사면에 진지를 구축했다. 구체적으로 이지 중대는 1282고지라고 불리는 산등성이의 돌출부를 방어하기로 되어 있었다.(이 고지의 숫자는 해병대가 사용하고 있던 오래된 일본 지도에 미터로 표시된 고도를 의미했다.) 이지 중대의 3개 소대가 고지 정상 부근에 반원형으로 배치되기 시작했다. 그들 뒤쪽에는 유담리와 동료 해병대원들이 700야드쯤 떨어져 있었고, 그들 정면에는 또 다른 가파른 경사가 그들 아래로 펼쳐져 있었다. 이지 중대의 임무는 그 경사면을 감시하고, 모두가 잠든 한밤중에 중공군이 그곳으로 지나가지 않도록 하는 것이었다. 중공군이 북쪽 능선 위로 쏟아져 나와 마을에 있는 해병대 지휘소와 의료 텐트를 덮칠까 봐 두려웠던 것이다. 1282고지는 유담리와 가장 가까운 고지라는 점에서 전략적으로 가장 중요한 지점이었다.

북동쪽을 향한 1282고지의 중앙에는 아칸소Arkansas 출신의 존 옌시John Yancey라는 전설적인 해병이 이끄는 이지 2소대가 배치되어 있었다. 32살의 옌시 중위는 과달카날에서 해군 수훈장Navy Cross을 받았고, 사이판에서도 싸웠던 제2차 세계대전 참전용사였다. 발그레한 얼굴은 상처투성이였다. 과달카날에서 그는 쌀만 먹고 한 달 동안 적진에서 살아남았다. 그는 당시 광적인 적과 싸웠던 해병대원들 사이에서 유행하던 끔찍한 관습대로 젊은이 특유의 전투에 대한 열정으로 백병전을 통해 일본 권총 두 자루, 총검, 그리고 무시무시한 전투 후에 가장 증오하는 적 중 한 명의 시체에서 빼낸 금니 하나를 포함한 많은 전리품을 수집했다. 일설에 따르면, 옌시는 "세상에서 가장 혹독한 학교에서 경험을 통해 교훈을 배웠다." 그의 표창장에 기재된 대로 그는 어느 한 전투에서 "아침 식사 전에" 적군을 36명이나 죽였다. 그의 말에 따르면, 그가 죽인 군인 중에는 "칼로 그의 목을 베려고 했던" 일본군 장교도 있었다.

제2차 세계대전 후, 옌시는 아칸소 대학의 미식축구팀 레이저백스Razorbacks의 라인맨이었다. 이후 그는 리틀록Little Rock에 옌시의 술Yancey's Liquors이라는 술집과 경호Gung-Ho라는 나이트클럽을 운영했다. 그는 최근에 아버지가 되었다. 인천에 상륙한 바로 그날, 아내 조앤JoAnn은 딸을 낳았다. 옌시의 빈틈없는 자세, 은은한 미소, 그리고 검은 콧수염은 호텔 지배인 같은 분위기를 풍겼다. 사라진 것은 흰 재킷뿐이었다. 그는 철저한 완벽주의자였고, 소대원들을 "얘들아the kids"라고 부를 때는 인정사정없는 아주 엄격한 군인으로 변신했다. 그는 엄청나게 욕설을 퍼부었고, 끊임없이 으르렁거리며 명령을 내렸다.

그래도 2소대원들은 옌시를 좋아했다. 그는 전투에서 살아남은 진정한 전쟁영웅이었고, 특별한 재능을 가진 사람이었다. 사람들은 그가 쉽게 파괴되지 않는 철갑 해병이라고 말했다. 그의 걸음걸이는 전염성이 있었다. "엔시는 책에서나 나올 법한 그런 사람이었다. 그런데 내가 실제로 그런 사람을 만나게 될 줄은 전혀 생각지 못했다"라고 필라델피아 출신의 기관총사수 제임스 갤러거James Gallagher가 말했다. "그는 처음부터 우리에게 주지시켰다. 그가 명령을 내리면, 우리는 그를 따라야 한다고." 그는 남부 출신이었지만, 인종차별을 철폐한 새로운 군대에서 부하들이 흑인 해병을 차별하는 기미가 보이면 곧바로 혼을 냈다. "엔시는 카리스마와 강한 정신을 타고난 리더였다." 이지 중대의 레이 워커Ray Walker가 말했다.

다른 소대원은 그에 대해 다음과 같이 말했다. "우리와 함께 있을 때 엔시는 일종의 발할라 콤플렉스Valhalla complex(발할라는 북유럽 신화에서 오딘Odin을 위해 싸우다 죽은 전사들의 영혼이 머무는 궁전-옮긴이)가 있었다." 엔시는 투박한 바리톤으로 말하면서 자신이 가장 좋아하는 시인 키플링Kipling의 긴 시구절이나 가장 좋아하는 단편소설 작가인 O. 헨리Henry의 특정 대사를 인용하기를 좋아했다. 전쟁터에서 믿을 수 없을 정도로 침착한 그는 존 웨인John Wayne 영화에서나 나올 법한 따끔한 훈계를 했다. "얘들아, 적이 이리로 온다!" 부하들은 수동에서 벌어진 총격전에서 그가 고함을 치는 것을 들었다. "신속히 대응하고, 해병대처럼 죽어라!" 그는 존 스튜어트 밀John Stuart Mill의 말을 인용하면서 전쟁은 "추악한 것이기는 하지만, 가장 추악한 것은 아니다. 자신의 안전만을 신경 쓰느라 싸울 의지가 없는 사람은 자유로워질 가능성이 없는 비참한 존재다."

하지만 엔시 중위의 성격에도 엉뚱한 면이 없지 않았다. 그는 전투가 끝나 위험이 사라지면 장난을 치면서 남부 지방 특유의 농담을 하는 데 명수였다. 그의 휘하 해군 의무병은 "그가 오자크Ozark(미국 아칸소주 프랭클린카운티에 있는 도시-옮긴이)에서 온 촌놈"이라고 생각했다. "그의 농담은 낙관적이었다. 그는 이 젊은이들에게 따뜻한 음식이 필요하다는 사실과 추위와 두려움과 향수병을 잊게 만들었다."

옌시를 둘러싼 이야기는 믿을 수 없을 만큼 다채로웠고, 그중 많은 이야기가 사실이었다. 서울 근교 의정부의 어느 황폐한 구역에서 그는 버려진 것으로 보이는 은행의 금고를 C형 폭발물을 사용하여 폭파했다. 먼지가 걷히자, 다발로 쌓여 있는 북한 점령지 지폐가 보였다. 그 전시 지폐는 분명 가치가 없었지만, 그건 중요하지 않았다. 그는 부하들에게 지프에 돈을 실어 나르게 했고, 나중에 그것을 전 중대원에게 나눠주었다. 그의 명령에 따라 모든 대원들에게 최소한 한 묶음의 현금이 주어졌다. 며칠 후 옌시는 맥주를 마시고 부대 야영지로 돌아왔다. 실망스럽게도 그가 잠깐 자리를 비운 사이 부대 상황은 크게 달라져 있었다. 대원들이 육즙이 풍부한 돼지고기를 구으면서 술을 찾고 있었고, 여기저기서 한국인 여자들이 낄낄대고 있었으며, 뒷방에는 "즐거운 비명소리"가 들려오는 위안소가 세워져 있었다. 옌시는 화가 나서 소대의 하사를 불러 어떻게 일이 이 지경이 되게 나뒀냐고 혼을 냈다. 매춘부라니? 하사는 "대원들은 소대장님이 의정부 은행에서 훔친 돈을 매춘부에게 쓰고 있는 건데요"라고 대답했다. "이 매춘부들은 우리가 그저 미친 미국인 부자라고 생각하고 있습니다."

옌시는 그 일을 그냥 놔둘 수밖에 없었다.

≡

황혼이 질 무렵, 옌시는 주변을 순찰하면서 1282고지를 따라 오후 내내 소대가 판 2인용 참호를 검사했다. 대원들은 땀에 흠뻑 젖은 채 근육통을 호소하며 완전히 탈진한 상태였다. 땅은 단단한 콘크리트처럼 파는 것조차 불가능했다. 야전삽은 그저 쨍그랑 하는 소리를 내며 매우 단단한 땅에서 튀어 올랐다. 그러나 옌시는 대원들에게 그들의 목숨은 참호의 깊이에 달려 있다는 것을 상기시켰다. 1인치라도 더 깊게 파는 것이 중요했다. "조금만 더, 얘들아!" 그는 그들에게 계속 으르렁거렸다. "좀 더 깊게!"

엔시는 덤불과 바위로 된 임시 장애물로 참호를 보강하게 했다. 그는 2소대의 측면을 보호하기 위해 반대쪽 끝에 30구경 기관총 2정을 배치했다. 고지 아래의 평지를 조사하고 각도를 읽으려고 노력하면서 그것을 중공군의 관점에서 보려고 했다. 어디가 약점인가? 박격포의 집중 포격에 가장 취약한 곳은 어디일까? 그의 지시로 몇몇 해병대원들이 이동용 조명지뢰trip flare(건드리면 조명탄이 튀어 올라가 빛을 비추도록 만든 지뢰-옮긴이)를 설치하는 동안, 다른 해병대원들은 조약돌을 채운 식량배급통을 긴 통신선에 매달았다.

엔시의 진지로부터 약 40야드 떨어진 곳에 있는 바위 뒤 내리막에 이지 중대 본부가 있었다. 중대 본부에서는 엔시의 상관인 중대장 월트 필립스Walt Phillips 대위가 야간 작전 준비를 하고 있었다. 엔시는 필립스와 부중대장 레이 볼Ray Ball과 상의하기 위해 내려갔다. CP 뒤에는 박격포반이 눈을 파고 있었고, E중대의 무전병은 주파수를 테스트하고 있었다. 엔시와 필립스는 작은 난방 텐트에서 잠시 이야기를 나누었다. 그들은 서로에게 행운을 빌었고, 엔시는 그날 밤 소대로 돌아왔다.

부하들에게 돌아온 엔시는 발 관리의 중요성에 대해 일장 연설을 했다. 그는 발 관리에 집착했고, 끊임없이 그 중요성을 상기시키면서 대원들에게 양말을 갈아 신고, 발을 문지르고, 발가락을 꼼지락거리고, 붕산연고(붕산과 탈수 라놀린, 흰색 연고를 혼합하여 만든 연고. 보호제로서 살균성은 약하나 항균성이 있어 피부병, 화상, 창상의 치료에 쓰임-옮긴이)를 넉넉하게 발라주라고 말했다. 태평양에서 그는 공포스런 '열대 피부병'과 발 관련 질환들을 보았지만, 동상은 그것들보다 훨씬 더 심했다. 그는 "동상은 조용하고 교활한 적이며, 중공군 못지않게 치명적이다. 하지만 종교를 믿고 그의 요법을 따른다면, 적어도 이 산에서 발을 자르지 않고 자기 발로 걸어서 나갈 기회가 있다"라고 말했다.

하루종일 엔시는 브라우닝 자동소총BAR 대원 한 명에게 신경이 쓰였다. 스탠리 로빈슨Stanley Robinson 이병은 마치 불구자처럼 다리를 절뚝거리

1950년 11월 27일 유담리 벙커에서 스탈린 포스터를 들고 있는 미 해병대원. 〈사진 출처: U. S. Marine Corps History Division | OFFICIAL USMC PHOTO | CC BY 2.0〉

면서 고통스러워했다. 로빈슨은 키크고, 날씬하고, 말썽꾸러기 같은 병사였다. 옌시는 그를 좋아했지만, 그를 "문제를 일으킬 소지가 있는 대원"으로 생각했다. 그는 로빈슨에게 군화를 벗으라고 지시했다. 발의 상태는 심각했다. 붓고, 피가 가득 찬 물집, 붉은 피부에 흰 비늘이 난 것으로 보아 동상 초기 증상이 분명했다. 로빈슨의 발가락은 껍질이 벗겨져 감염된 것 같았다. 발가락에는 병변이 발생했고, 양쪽 발목뼈의 피부가 벗겨져 있었다. 한 의무대원이 진찰한 뒤 "로빈슨의 발 치료는 제 능력 밖입니다"라고 말했다.

옌시는 로빈슨에게 소총을 반납하고 유담리에 있는 병원에 신고하라고 명령했다. "자네는 고지를 내려간다."

"뭐라고요?" 로빈슨은 항의했다. 그는 반항하기는 했지만, 옌시를 아버지처럼 우러러보았고, 그의 휘하에 있다는 것에서 편안함을 느꼈다.

하지만 옌시는 받아들일 생각이 없었다. "나랑 장난치지 마라, 로비."

그러자 로빈슨은 자신의 브라우닝 자동소총을 건네주고는 토라진 채로 미끄러운 고지를 어기적거리며 내려갔다.

서쪽 삿갓산 너머로 해가 지자, 1282고지는 곧바로 어둠에 휩싸였다. 옌시는 군장에 불쏘시개 다발을 묶고 다녔는데, 정상 근처 보호구역에서 불을 피우기 시작했다. 어른거리는 그림자 속에서 그는 소대에게 잠시 멈추라는 명령을 내렸다. 전선을 따라서 "옌시 소대장님 명령이다. 소총 끝에 총검을 장착하라"는 말이 퍼져나갔다.

이지 중대 2소대 대원들은 자신의 참호에서 초조해하며 중얼거렸다. "옌시 소대장님은 우리가 모르는 무엇인가를 알고 있는 것일까?"

≡

오후 6시가 조금 지나, 4일 뒤면 보름달이 되는 밝은 달이 남동쪽 지평선 너머로 조금씩 올라오면서 북쪽 능선 비탈을 밝혔다. 아름답고 선명한 밤이었다. 땅안개(땅 위에 서 있는 사람의 눈높이보다 낮은 곳에 끼는 안개-옮긴이)가 걷히고 있었다. 옌시는 바람이 얼음 위의 눈을 쓸어내려 하얀색에 검은 반점이 있는 넓은 호수를 볼 수 있었다. 계곡은 고요했지만, 산발적으로 소화기 사격 소리가 났다. 기온은 화씨 영하 20도(섭씨 영하 29도)였다.

달빛 아래에서 옌시는 다른 해병대원들이 야간 작전을 위해 자리를 잡고 들어간 능선을 식별할 수 있었다. 작전 범위 내의 거의 모든 지점에 또 다른 방어부대들이 각기 다른 고지들—1203고지, 1426고지, 1294고지, 1276고지, 1240고지—을 차지하고 있었다. 각 부대는 자체 규율에 따라 자신의 안전은 스스로가 지켜야 했다. 그러나 이지 중대 대원들은 적어도 그들이 완전히 혼자가 아니라는 것과 건너편 다른 소대의 불쌍한 해병대 놈들도 마찬가지로 밤새 떨고 있을 것이라는 사실에서 위안을 찾았다.

옌시는 그들의 진지 뒤로 달이 떠올라서 달이 비추는 각도상 부하들의 실루엣이 아래에서 접근하는 모든 적에게 잘 보여서 위험하다는 것을 깨달았다. 그는 소대를 50% 경계태세로 변환했다. 즉, 각 참호에서 한 대원이 잠을 자면 그의 전우는 눈을 떼지 않고 총을 겨누어야 했다. 몇 시간 동안 조용하다가, 밤 9시 45분에 이지 중대 무전병이 약 1,000야드 떨어진 고지에 위치한 도그 중대로부터 몇 가지 나쁜 소식을 수신했다. "그쪽도 조심해!" 도그 중대가 경고했다. "우리 대원 중 한 명의 침낭이 총검에 찔렸어."

그로부터 몇 분 후, 옌시는 땅 위에서 1282고지 꼭대기 쪽으로 하얀 그림자가 드리워지는 것을 어렴풋이 확인했다. 그리고 산비탈에 총알을 퍼붓는 중공군 소형 경기관총의 섬광을 보았다. 옌시는 이것이 그다지 큰 공격이 아니라고 생각했다. 사실 공격은 아주 미미했다. 옌시는 그것이 단지 탐색용이라고 생각해 처음에는 위치를 노출시키지 않기 위해 기관총수들에게 발포하지 말라고 지시했다. 중공군은 옌시 소대 전선의 핵심 지점과 취약한 연결고리를 찾기 위해 시험만 하고 있었다. 그래도 몇 분 동안 격렬한 총격전이 벌어졌다. 옌시는 주변을 돌아다니면서 부하들을 살폈다.

갤러거는 자신의 30구경 기관총을 개방하고 자신의 진지로 곧장 다가오는 중공군의 무리를 쓸어버렸다. 그들은 흰색 누빔 상의, 모피 모자, 그리고 운동화처럼 생긴 헝겊신을 신고 있었다. 많은 이들이 흰 망토를 걸치고 있었다. 갤러거는 적병 1명을 근거리에서 제거했다. 적병은 팔꿈치가 기관총의 삼각대 다리 중 하나에 닿으면서 쓰러졌다.

격렬한 몇 분이 흐른 후, 총성이 줄어들다가 멈췄다. 중공군은 전투 방식이 너무나도 이상했다. 그들은 미묘했다. 그들은 나타나자마자 그림자 속으로 사라졌다.

"방심하지 마." 옌시가 소리쳤다. "다시 돌아온다."

옌시는 부하들에게 중공군의 시체를 조사하게 했다. 그중 한 시체에서 줄자, 위치측정판, 그리고 조준의라고 불리는 측량 도구를 발견했다. 옌시는 "그가 아마도 정찰병일 것이다"라고 말하면서 그가 중공군 박격포 포격을 위해 해병대의 위치를 표시해왔을 것이라고 생각했다. 병적증명서에 따르면, 그 중공군은 제70사단 소속 군관이었다.

그 순간 저격수가 먼거리에서 총을 쐈다. 옌시의 왼쪽 뺨을 맞춘 총알이 옌시의 부드러운 코 조직 깊숙이 박혔다. 얼굴과 입으로 피가 흘러내리자, 옌시는 욕설을 퍼부었다. 깊은 상처가 몹시 따끔거렸지만, 옌시는 괜찮았다. 그는 의학적 치료를 거부한 채 장갑을 벗더니 코에서 금속 조각을 빼냈다. 피가 순식간에 솟구치더니 턱수염이 난 피부에 얼어붙었다.

옌시는 출진 물감war paint(북미 원주민 등이 전투에 나갈 때 얼굴과 몸에 바르는 물감-옮긴이)을 바른 사나운 족장처럼 보였다. 그는 경사지를 샅샅이 뒤지며 씩씩댔다. 그는 부하들에게 참호를 좀 더 깊게 파라고 한 뒤, 말했다. "중공군은 다시 올 거다. 하지만 우리는 그들을 맞을 준비가 되어 있다, 알겠나? 내가 말한 대로만 하면 된다."

Chapter 19

단짝 친구

/

덕동 고개

● 중대장은 고지를 살피면서 어떻게 하면 자신과 245명의 부하들이 이 고지를 방어할 수 있을지 예측하려고 애썼다. 만주의 바람이 산길을 휩쓸고 지나갔고, 눈의 결정은 공중에서 반짝였다. 중대원들은 아직 도착하지 않았다. 그들은 오후 늦게 하갈우리에서 트럭 9대로 편성된 호송차를 타고 올라올 예정이었다. 따라서 지금 그는 이 광야에 홀로 있었다. 그는 한 시간 전에 지프를 타고 올라왔고, 생각할 시간을 갖기 위해 혼자 이곳에 있겠다고 했다. 그는 오후 햇살에 비치는 그림자를 보면서 고지 꼭대기에 쪼그리고 앉았다. 그는 지난 한 시간 동안 지형을 확인하고 다녔고, 이곳을 선택했다. 이곳은 바람이 할퀴고 지나간 작은 소나무들이 있는 산기슭에 불과했다. 그러나 본능적으로 장진호에서 전투가 벌어지면 이곳이 가장 중요한 장소가 되리라는 것을 알고 있었다. 이것이 바로 11월 27일 제7연대 2대대 F중대장 윌리엄 얼 바버William Earl Barber 대위가 하갈우리에서 급커브 도로 옆 이 고립된 지점으로 파견된 이유였다. 바버 대위는 야간에 부하들이 진지를 구축할 장소를 지도에 표시하고, 각도와 시야, 장점과 취약성, 사격 가능 구역을 외워두었다.

바버는 영리한 체스 선수 같았다. 그는 전략을 좋아하고 이해했다. 그는 이오지마에서 용감하고 대담하게 싸워서 퍼플하트Purple Heart 훈장과 은성훈장을 받았다. 서른 살에 터프하고, 얼굴에 핏기가 없고, 하나님을 경외하는 바버는 켄터키 동부의 억양으로 느릿하게 말했다. 그는 릭킹Licking강 근처 켄터키주의 데하트Dehart라는 작은 마을에서 근근이 살아가는 농부의 아들로 태어나 그곳에서 자랐다. 계속 이어지는 산등성이와 골짜기, 계곡에서 크게 울려 들리는 이상한 소리, 꾸불꾸불한 길 등 이곳은 바버에게 고향 집 주변의 황폐한 지역을 생각나게 했다. 이곳은 마치 구겨진 종이 같았다. 그럼에도 이곳을 선택할 수밖에 없었던 합당한 한 가지 이유는 이곳이 좁은 산악지대를 뚫고 천천히 나아갈 수 있는 길이었기 때문이다. 그가 여기에 온 것은 이 고지에서 내려다보이는 바로 이 길 때문이었다.

덕동 고개는 주보급로에서 가장 높은 곳에 있었다. 이곳에는 장진호 주변에서 가장 높은 산인 덕동산(1,653m)의 산마루를 따라 나 있는 좁은 길이 있었다. 스미스의 기계화부대들이 북쪽으로 가려면 반드시 이 고개를 통과해야 했다. 이곳은 전략적으로 중요한 곳이었다. 산을 통제하면 고개를 통제하고, 고개를 통제하면 길을 통제하고, 길을 통제하면 전장을 통제할 수 있었다. 따라서 덕동 고개는 전장의 급소였다. 만일 어딘가 있는 중공군 대병력이 고개를 점령하면, 제1해병사단은 둘로 나뉘게 될 것이고, 유담리의 연대는 하갈우리의 병력과 단절될 것이다. 그렇게 되면 전투는 시작하기도 전에 사실상 끝나게 된다.

만약 중공군이 이 고지를 점령하기로 정했다면, 1개 중대는 그들을 저지하기에는 한심할 정도로 부족한 전투력이었다. 바버는 자신의 자산을 현명하게 분배해야 했다. 길을 보호할 수 있는 방어선을 만들되, 적이 어느 방향에서든 공격해올 수 있었기 때문에 스스로 보호할 수 있는 방어선을 구축해야 했다. 고지를 생각에 잠겨 걷던 중 그의 머릿속에 하나의 배치도가 떠오르기 시작했다. 81밀리 박격포와 수냉식 중重기관총이 배치될 지점, 3개 소총소대가 진지를 구축할 지점, 중대장지휘소와 의료 텐트 및 난방 텐트를 설치할 지점, 통신선을 연결해야 할 지점 등을 구상했다.

하갈우리에 있는 대부분의 사람들은 폭스 중대를 이 고지에 보내는 것이 불필요한 예방 조치라고 생각하는 것 같았다. 스미스의 신중함에도 불구하고, 알몬드가 내린 결론은 그 지역의 소수 중공군은 단순히 미군을 감시하고, 교착상태에 빠뜨리고, 괴롭히기 위해 온 것일 뿐, 위험한 전투부대가 아니라는 것이었다.

그러나 바버 대위는 다르게 생각했다. 그는 시간을 내서 포로로 잡힌 중공군이 소지한 소책자를 육군 번역병이 영어로 번역한 것을 읽었다. 그 영어 번역본인 『군사적 교훈Military Lessons』은 미군의 전투력을 과소평가하고 있었다. 그 책에는 "미 보병은 약하다"라고 씌어 있었다. "그들은 죽는 게 무서워서, 과감하게 공격하지도 않고 죽을 때까지 방어하지도 않을 것이다. 그들의 보급망이 끊기면, 그들은 전투에 어려움을 겪을 것이고, 그들의 후방을 차단하면, 그들은 철수할 것이다."

바버는 또한 기원전 4세기 중국의 전설적인 군사전략가 손자孫子의 군사전략을 연구했다. 바버도 읽은 손자의 가르침을 마오쩌둥보다 더 성실하게 따르는 사람은 없었다. 국공내전 동안 마오쩌둥은 종종 자신의 군대를 약한 것처럼 보이게 위장하여 적을 대담하게 앞으로 나오도록 유인하는 위장 전략을 추구했다. 그런 다음, 그는 적절한 순간에 적을 포위해 괴멸시켰다.

바버는 중공군이 그와 같은 전략—숨고, 유인하고, 우회하고, 덮치는 전략—을 구사하고 있는 것 아닌가 의심했다. 이것은 손자의 『손자병법』에서 나오는 전략 그대로였다. 바버는 지금도 중공군이 덕동산 위를 기어다니며 지켜보고 있는 것을 느꼈다.

≡

각종 장비와 함께 바버의 폭스 중대가 나타나더니 골짜기를 갈고 닦았다. 폭스 중대 245명은 도로에서 짐을 내리고, 자신들의 짐과 연장을 들고 고지로 올라갔다. 그들은 M1 개런드Garand 소총, 카빈carbine 소총, 브라우닝 자동소총, 경기관총, 박격포, 바주카포bazooka, 45구경 사이드암sidearm, 그리고 많은 탄띠 등 상당한 무기를 가지고 왔다. 대원들은 거의 17시가 다 되어서야 짐을 산정상으로 다 날랐다. 해가 지고 있어서 그들에게 참호를 팔 시간이 많지 않았다. 모두가 폭스 힐Fox Hill이라고 부르는 고지에 모여 바버 대위의 지시를 기다렸다.

바버가 중대장으로 부임한 지 2주밖에 되지 않았다. 사실, 처음에 대원들은 바버를 별로 좋아하지 않았다. 인천상륙작전과 서울 공격 이후

하갈우리 인근 제7해병연대 폭스 중대의 사열. 〈사진 출처: U. S. Marine Corps History Division | OFFICIAL USMC PHOTO | CC BY 2.0〉

폭스 중대를 지휘하게 된 바버는 11월 중순 일본에서 건너왔다. 대원들의 취향으로 볼 때, 바버는 너무 깔끔하고, 너무 말끔했다. 한 폭스 중대 대원은 바버가 "소심한 사람"처럼 보였다. 또 다른 대원은 그가 "잘 가꾸어진 무덤처럼 차려입었다"라고 회상했다. 첫날, 바버가 중대원들을 잠시 집결시키더니 자신이 전술에 대해 얼마나 알고 있는지를 자랑했다. 바버는 "솔직히 말해서, 나는 아주 훌륭한 보병 장교다"라고 말했다.

폭스 중대 대원들은 이오지마에서 바버가 얼마나 용감하게 싸웠는지 알지 못했다. 25세의 중위가 어떻게 해안에 상륙했고, 몇 주 지나 미 해병대가 맞닥뜨린 가장 끔찍한 전투에서 자신의 소대뿐만 아니라 소총중대를 이끌었는지에 대해서 전혀 알지 못했다. 그는 손에 총을 맞았고, 그 뒤 치명적인 뇌진탕을 입어 양쪽 귀에서 피가 쏟아져 나오기도 했다. 그는 후송되었지만, 회복되자 전투에 복귀했고, 그곳에서 부상자 2명을 구하기 위해 죽을 위험을 무릅쓰고 적의 십자포화 속을 기어 다녔다. 그는 끝까지 싸웠고, 결국 수리바치산(이오지마에 있는 산) 위로 성조기 깃발이 올라가는 것을 지켜보았다.

그 후 그는 점령군으로 일본에서 몇 달을 보낸 다음, 본토로 돌아와서 주로 미국을 돌면서 교관, 모병관, 그리고 소총 중대장으로 복무했다. 그는 소박하고 평범한 장교로, 해병대가 말하는 "무스탕mustang"이었다. 무스탕은 병사로 군경력을 시작해서 진급 과정을 거치고 전투에서 자신의 능력을 입증해 보임으로써 장교로 임관된 사람들이었다. 병사 출신인 무스탕은 전체를 볼 줄 아는 시각을 가지고 있어서인지 종종 야전에서 아주 특별한 자신감을 보였다.

확실히 바버도 그런 것 같았다. 그가 함흥 부근에 있는 자기 중대 대원들을 처음 만난 날, 그는 대원들에게 실망한 점이 한둘이 아니었다. 그는 대원들이 판초 비야Pancho Villa(산적 출신의 멕시코의 혁명가-옮긴이) 도적떼처럼 초라하고 안일해 보인다고 생각했다. 바버의 첫 명령은 부하들에게 면도를 하라는 것이었다. 그런 다음 각자의 무기를 손질하게 하고, 영점사격과 기본적인 신체 단련을 위해 일련의 훈련을 실시했다. 대원들은 마치 다시 신병훈련소에 온 것 같았다. 하지만 사실 그들 중 많은 대원들이 신병 훈련을 받은 적이 없었고, 설사 신병 훈련이 실시되었다 해도 졸속으로 이루어졌다.

중대원들은 자신들을 신병 취급하는 이 새로운 엄격한 중대장을 싫어했다. 그러나 폭스 중대의 많은 대원들이 마지못해 인정하게 된 사실은 그가 대원들에게서 본 약점들이 진짜라는 것이었다.

바버는 "전투에서 행운은 변덕이 심해 기대하기 어렵다. 하지만 나는 최고로 준비가 되어 있는 사람들만이 최고의 행운을 누린다는 것을 수년의 경험을 통해서 깨닫게 되었다"라고 말한 적이 있다. 항상 빈틈없는 바버는 오늘 밤에도 준비에 여념이 없었다. 산 너머로 해가 지자, 기온이 뚝 떨어졌다. 지붕이 없는 트럭 뒤에 타고 계곡을 따라 7마일을 올라왔기 때문에 몸이 언 대원들은 교대로 난방 텐트에 들어가 뜨거운 커피를 마시고 미지근한 C-레이션이라도 먹게 되기만을 기대하고 있었다.

그러나 바버의 첫 명령에 그러한 기대는 사라지고 말았다. 그는 소대장을 집결시켜 신속히 계획을 하달했다. 대원들은 고지를 따라 타원형의 방어선을 형성하고 즉시 참호를 파기 시작해야 했다. 오늘 밤에는 난방 텐트도 없을 것이고, 모닥불도 없을 것이다. 모든 대원들은 경계를 유지한 채 적을 감시하며 맨땅에서 잠을 자게 되었다. 많은 대원들이 이 명령을 받고 욕을 해댔다. 그들은 하갈우리에서부터 줄곧 중공군의 흔적을 보지 못했다. 이것은 짜증나게 꼼꼼한 중대장의 또 다른 불필요한 예방책처럼 보였다. 노출된 고지에서 대원들은 얼어 죽을 것만 같았다. 중대장 바버는 뭔가 알고 그러는 것일까? 아니면 그냥 학대를 즐기는 사람인가?

그러나 명령은 명령이었고, 대원들은 소대장을 따라 각자 맡은 위치로 터벅터벅 걸어갔다. 폭스 중대의 대원들은 야전삽으로 얼어붙은 땅을 파기 시작했다. 중대 지휘소가 길가에 어느 정도 형태를 갖춰가기 시작하자, 바버는 음울한 어둠 속을 응시한 채 많은 금속 연장들이 쇠처럼 단단한 지면을 때려 쨍그랑거리는 소리를 들으면서 기뻐했다.

≡

고지 위 멀리 방어선 북서쪽 가장자리에 있는 바버의 2소대 대원들은 화강암 바위가 흩어져 있는 근처에서 참호를 파는 작업을 하고 있었다. 30명의 소대원 중 헥터 카페라타Hector Cafferata와 케네스 벤슨Kenneth Benson은 북부 뉴저지New Jersey주에서 왔다. 둘은 고향에서부터 약간 알고 지내던 사이로 미식축구 경기장에서는 서로 경쟁했지만, 지금은 지구 반대편 참호에서 함께 지내야 하는 둘도 없는 친구였다. 카페라타와 벤슨은 한 시간 동안 땅바닥을 팠지만, 가엾게도 겨우 몇 인치밖에 파지 못했다. "맙소사!" 카페라타가 말했다. "여기를 제대로 파려면 빌어먹을 다이너마이트가 필요할 거야."

그들은 참호를 파는 작업이 무의미하다고 생각하고, 바람막이를 설치하기로 했다. 그들은 덤불과 소나무 묘목을 잘라 침낭 주위에 반원형으로 쌓았다. 그들은 임시 바람막이를 적당한 바위 몇 개로 고정시키고는 그것으로도 충분히 훌륭하다고 말했다. 이것이 그들이 하룻밤을 보낼 임시 숙소였다. 그들은 침낭을 펴면서 바버 대위가 그럴 필요가 전혀 없는 이곳에서 자신들의 엉덩이를 얼게 만들었다고 욕을 했다.

21세의 헥터 카페라타 일병은 키가 190센티미터이고 체구가 건장했으며, 큰 손, 뭉툭한 발, 둥글납작한 코, 그리고 중대에서 가장 입이 거칠었다. 사람들은 그를 "무스Moose"(북미산 큰 사슴-옮긴이) 또는 "빅 헥Big Hec" 이라고 불렀다. 그는 목구멍 깊은 곳에서 가래가 끓는 듯한 걸걸한 목소리로 투덜거렸다. 그는 바보 같고, 고집이 세고, 약간 멍청이 같아 자주 말썽을 부렸다. 그는 폭스 중대에서 제일 얼간이라는 평을 들었다. 그럼에도 불구하고 에너지가 넘치고, 항상 재미있는 이야기를 들려주는 이야기꾼이었기 때문에 대원들은 그를 좋아했다.

헥터 카페라타 일병은 키가 190센티미터이고 체구가 건장했으며, 폭스 중대에서 가장 입이 거칠었다. 그는 폭스 중대에서 제일 얼간이라는 평을 들었지만, 에너지가 넘치고 항상 재미있는 이야기를 들려주는 이야기꾼이었기 때문에 대원들은 그를 좋아했다. 게다가 그는 놀라운 명사수였다. 〈사진 출처: U. S. Marine Corps History Division | OFFICIAL USMC PHOTO | CC BY 2.0〉

아무도 그의 사격술을 부정할 수 없었다. 빅 헥은 놀라운 명사수였다. 그는 늘 손에 총을 들고 자랐다. 12세부터 야외 활동을 했다. 특히 오리 사냥을 좋아했다. 그는 동트기 전에 일어나 습지로 가는 것을 좋아했다. 잿빛 날씨, 얼어붙는 물, 머리 위 어두운 하늘은 그에게 아무 문제가 되지 않는 것 같았다. 그가 오리를 쏘면 얼음 조각 사이로 오리가 떨어졌다. 그는 옷을 벗고 벌거벗은 채 얼어붙은 습지를 헤치고 나가 사냥 결과물을 찾아왔다. 그는 습지 가장자리로 걸어가서 얼어붙은 물로 닦아내고, 옷을 다시 입고 학교로 향했다. 학교 관리자들의 허락 하에 총과 새들, 때로는 피묻은 재킷을 보관용 벽장에 보관할 수 있었다. "야외는 곧 나의 집이었다." 카페라타는 말했다. "그리고 그곳에서 나는 총을 쏠 수 있었다. 흥! 칫! 나는 어떤 목표물도 명중시킬 줄 아는 명사수였다니까."

커가면서 카페라타에게는 2명의 영웅이 있었다. 권투 헤비급 챔피언 조 루이스Joe Lewis와 미 해병대였다. 그는 "나는 해병대를 좋아하는 아이였다"라고 말했다. "해병대, 난 그걸 원했다. 그것이 무엇이든 간에. 당신이 전우를 위해 목숨을 바치고, 전우가 당신을 위해 목숨을 바친다는 생각. 그것은 나에게 미스테리였다. 난 항상 해병대원이 되려고 했다."

반면에 케네슨 벤슨은 대단한 사냥꾼도 아니었고, 특별히 총에 끌린 적도 없었다. 그는 주로 스포츠를 좋아했고, 농구, 야구, 축구 등에 꽤 재능 있는 운동선수였다. 그의 겉모습을 봐서는 전혀 그럴 것 같아 보이지 않았다. 그는 괴짜처럼 보이게 만드는 두꺼운 안경을 쓰고 있었다. 벤슨 일병은 겨우 19세였다. 그는 뉴욕에서 약 60마일 떨어진 키타티니 계곡 Kittatinny Valley이 있는 뉴저지주 뉴턴Newton에서 자랐다. 그는 재미있는 사람이었고, 예의 바르고, 스포츠에 관한 상식을 많이 알고 있었다. 그의 뭔가가 카페라타를 차분해지게 만들었다. 그는 카페라타를 이해해주고, 때로는 카페라타의 유별난 성격을 억눌러주었다. 뉴저지의 두 아이들은 항상 서로를 못살게 괴롭히며 놀리고 욕을 하고 잡담을 했다. 하지만 그들은 떼려야 뗄 수 없는 단짝 친구였다.

그들은 군화를 벗고 침낭 안으로 몸을 쑤셔넣었다. 기온이 영하 20도까지 떨어졌다. 산의 공기가 콧구멍과 부비강도 얼게 했다. 소나무 바람막이는 살을 에는 듯한 바람을 막는 데 조금밖에 도움이 되지 않았다. 하지만 추위만 제외하면 폭스 힐의 모습은 밝은 달빛 아래 청록색 안개 속에 휩싸인 채 잊혀지지 않을 정도로 아름다웠다. 그들 위로는 화강암으로 된 삭막한 성채인 덕동산이 보였다. 두 남자는 밤새 쭈그리고 앉아 귀에 거슬리는 삐걱 소리와 중대에서 나는 발걸음 소리를 들을 수 있었다. 헥터 카페라타는 선잠을 자면서 가슴 위에 자신의 M1 소총이 놓여 있는 것을 느낄 수 있었다.

Chapter 20

이곳은 이지 중대가 사수한다

/

유담리

● 불안한 몇 시간이 흘렀지만, 1282고지에서는 모든 것이 평온했다. 엔시와 그의 부하들은 구원을 받은 것이었을까? 해병대의 강력한 화력에 직면한 중공군이 다시 생각한 후 마음을 바꾼 것일까? 날씨가 너무 추워서일까? 옛날에 날씨가 이렇게 추웠을 때, 전사들은 두 팔을 내리고 "봄에 다시 보자"라고 말했다. 신사협정이었다.

이지 중대원들은 긴장을 풀었다. 그들 중 몇몇은 졸기 시작했다.

그때 중공군의 공격이 시작되었다. 자정 직후, 엔시는 뭔가를 짓이기는 듯한 소리를 들었다. 불안하게 만드는 기묘한 소리는 섬세하면서도 컸다. 마치 콘플레이크로 덮인 수천 피트의 길을 가로질러 걸어가는 것 같았다. 그가 무슨 소리인지 파악하는 데는 시간이 좀 걸렸다. 수백 명의 중공군이 1282고지 아래에서 눈 위를 빠르게 걸으며 이동하고 있었던 것이다. 깜짝 놀란 엔시는 자신의 야전용 무전기를 잡고 필럽스 근처 뒤쪽 비탈에 있는 부중대장 레이 볼에게 연락했다.

"중공군이 고지 위로 올라오고 있습니다, 레이." 엔시가 보고했다.

"정말인가?"

"눈 속에서 그놈들이 내는 바삭거리는 소리가 들립니다. 조명탄을 쏴도 될까요?" 엔시는 그가 무엇을 처리해야 하는지 볼 수 있도록 박격포 대원들이 조명탄을 상공에 쏘기를 원했다. 달빛이 밝기는 했지만, 그것을 볼 수 있을 정도는 아니었다.

볼은 조명탄이 부족하지만 쏠 수 있을 만큼 쏘겠다고 말했다. 그때쯤 엔시는 훨씬 더 기괴한 소리를 들을 수 있었다. 몇몇 중공군 지도원이 밤에 아래쪽에서 소리를 지르고 있었고, 그 고함소리는 다가오는 수백 명의 적군 사이에 퍼졌다. 그 말은 거친 억양의 영어였다.

"해병대 개자식들,
우리가 죽일 거야!
해병대 개자식들,
너희는 죽는다!
누구도 살아남지 못한다."

몇 번이고 되풀이되는 그 고함소리는 바람을 타고 세차게 울려 퍼졌다. 그러나 그것은 더 큰 소리인 징, 북, 나팔, 휘파람, 그리고 뿔피리 소리에 눌려 들리지 않게 되었다. 무전기가 없는 중공군이 먼 거리에 있는 또 다른 중공군에게 신호를 보내는 방식이었다. 누군가는 "마녀들이 회의하는 것 같은 묘한 야유 소리가 들렸다"라고 말했다. 또 다른 누군가는 "그것이 끔찍한 달빛 세레나데, 악몽 같은 소리, 미치광이가 즐거워하는 소리 같았다"라고 말했다.

마침내 조명탄이 하늘에서 쾅 하는 소리를 내며 터지자, 인산염의 거친 푸른빛이 산비탈을 비추었다. 그 광경은 무시무시했다. 중공군 부대가 엔시의 소대 쪽으로 산비탈을 따라 떼지어 올라오고 있었다. 좌측에서 다른 중공군 부대가 함성을 지르면서 갤러거의 기관총을 향해 곧장 달려가고 있었다. 이지 중대의 한 소총수는 "그들은 미친개처럼 달려왔다"라고 말했다. 또 다른 대원은 하얀 눈이 "살아 움직이는 것 같았다"라고 말했다.

대원들은 참호에 좀 더 깊이 웅크리고 앉아 옌시가 명령을 내리기를 바라며 쳐다보았다. 그들 중 한 명이 초조하게 말했다. "옌시 중위님, 중공군이 얼마나 많이 있습니까?"

옌시는 소대에 적이 가까이 올 때까지 사격을 하지 말라는 명령을 내렸다. "모두 만반의 준비를 해라!" 참호에서 대원들이 조준을 하기 시작했다. 그들의 아드레날린이 치솟고 있었고, 손가락은 방아쇠를 만지작거렸다. 중공군이 거의 사정권 안에 들어왔다. 방어선을 따라 이동식 조명탄이 터지면서 공격자들을 비추었다. 고함소리가 계속 울려 퍼지고 있었다.

"누구도 살아남지 못한다.
해병대 너희는 죽는다."

그때 옌시는 때가 되었다고 생각했다. "맞아." 그가 으르렁거리며 되받아쳤다. "누구도 영원히 살지는 않아, 이 개자식들아!" 그는 카빈을 수평으로 겨냥하고 한 클립의 탄을 모두 발사했다. 그리고 소대 전체가 사격을 개시했다. 참호에서 귀청이 터질 것같이 브라우닝 자동소총과 M-1의 연속사격을 실시했다. 예광탄이 산비탈을 쌩쌩 날면서 빨간 빛을 내뿜었다. 그리고 이제는 기관총 사수들의 차례였다. "우리가 처리하겠다!" 갤러거는 30구경 기관총의 방아쇠를 당겼고, 다른 대원들도 똑같이 했다. 계속되는 사격의 열로 인해 총열이 주황색으로 달아올랐다.

중공군이 한 줄로 길게 쓰러졌지만, 그들 바로 뒤에서 새로운 중공군의 물결이 밀려들고 있었다. 그들은 자동경기관총과 톰슨Thompson 기관단총을 든 채 눈을 부릅뜨고 맹렬히 달려왔다. 한 무리가 쓰러지면, 다른 무리가 시체 위로 기어왔고, 때로는 죽은 동지의 무기를 대신 움켜쥔 채 다가오기도 했다. 옌시의 해병대는 그들을 이해할 수 없었다. 그들은 지나치게 용감하거나, 지나치게 어리석거나, 또는 상관을 지나치게 두려워해서인지 엄청난 사상자를 고려하지 않고 계속 전진했다. 무도하고 미친 듯한 중공군의 진격에 많은 해병대원은 그들이 강력한 흥분제를 복용했다고 믿게 되었다. 옌시는 전투 중 번쩍이는 섬광 속에서 그들의 얼굴 표정을 보고는 공산주의의 음흉한 얼굴을 본 것 같은 생각이 들었다.

중공군은 가까이 다가오자, 옌시의 소대에 충격수류탄concussion grenades을 투척하기 시작했다. 조잡한 폭발물에 사용된 피크르산의 톡 쏘는 듯한 냄새가 방어선에 퍼져나갔다. 소대는 지금 공격을 당하고 있었다. 여러 곳에서 중공군이 방어선을 뚫기 시작했다. 옌시는 대원들을 독려하기 위해 약한 곳을 향해 달려갔다. "계속 사격해!" 그는 대원들에게 말했다. "뚫리면 안 돼!"

전투가 잠시 소강상태에 접어들자, 옌시는 주위를 둘러보면서 전투가 이곳 1282고지에서만 치열하게 벌어진 것이 아니라 북쪽 능선을 넘어 그 너머까지 전개되었다는 것을 알게 되었다. 유담리 주변 고지들은 불꽃이 활활 일고 있었다. 마치 산이 반딧불이로 뒤덮인 것처럼 보였다.

옌시는 야전 전화를 집어 들고, 필립스의 지휘소에 있는 레이 볼에게 다시 연락했다. "레이, 강력한 포사격 바랍니다!"라고 그가 말했다. "강력하게!" 볼은 그의 요청을 이해했고, 박격포 대원들이 60밀리 포탄을 옌시의 진지 너머로 사격했다. 이 명령은 계곡 아래로도 전달되었고, 곧 곡사포들이 1282고지 너머 산등성이를 따라 미리 조준한 표적에 포격을 가했다.

포탄이 떨어지자, 눈 기둥과 잔해더미가 산비탈에서 치솟아 올랐다. 옌시는 중공군 시체들이 하늘로 솟아오를 때, 울부짖는 소리와 신음소리를 들을 수 있었다. 몇 번이고 계속 날아가는 포탄이 머리 위에서 윙윙거렸고, 파편들은 얼음처럼 차가운 공기를 갈랐다.

이어서 조명탄이 터지면서 끔찍한 상황이 드러났다. 눈이 피로 얼룩져 있었다. 뒤틀린 시체들과 잘린 신체 부위들이 사방으로 흩어져 있었다.

三

이지 중대장 월트 필립스는 중대 지휘소에서 1282고지의 전투 상황을 지켜보면서 점점 불안해졌다. 그의 3개 소대 모두 심각한 상황에 처해 있었다. 산등성이를 따라 벌어진 전투는 그가 본 그 어떤 것보다도 더 격렬했다. 해병대는 그들이 가진 모든 것을 적에게 퍼붓고 있었지만, 그것만으로는 충분하지 않았다. 숫자로 밀어붙이는 공격의 압박감은 압도적이었다. 중공군은 이 고지를 원했다. 정치위원들이 이 고지를 점령하는 것이 가장 중요하다고 결정했다. 이제 해병대 전체의 생존이 위태로웠다.

필립스는 옌시의 2소대가 정면으로 공격을 받고 있는 것을 보았다. 포상砲床(포 사격을 하기 위해 마련한 진지-옮긴이)이 점령당하고 있었고, 시신이 늘어나고 있었다. 부상자들이 얼지 않도록 하기 위해 모르핀 앰플을 입에 주입해야 한다는 것을 알게 된 의무병들은 부상자들을 등급으로 나눈 뒤 치료하고 있었다.

새벽 1시경 필립스는 옌시의 진지를 지원해주기 위해 지휘소를 벗어나 가파른 고지 위로 40야드를 힘겹게 걸어 올라갔다.

"옌시, 어디 있는가 옌시?" 필립스는 2소대의 전선을 돌아다니며 물었다. 필립스는 마침내 피를 흘리고 있는 옌시 중위를 찾아냈다. 옌시는 근처에서 수류탄이 터져서 20피트나 날아가 떨어졌다. 파편이 옌시의 코를 뚫고 들어가 입천장에 박혀 있었다. 그날 밤 입은 두 번째 얼굴 부상은 첫 번째 부상보다 훨씬 더 심각했다. 옌시는 거의 말을 할 수 없었고, 목구멍으로 피가 넘쳐서 숨을 쉬려고 애썼다. 그는 막힌 기도를 열기 위해 계속 헐떡거리며 코로 숨을 들이마셨다. 그는 고통이 아주 심한 것처럼 보였다. 하지만 그는 여전히 부하들과 함께 싸우고 있었고, 가까스로 명령을 내리면서 카빈총을 발사하고 있었다.

필립스는 옌시가 있는 방어선에 합류했다. "잘하고 있다, 대원들." 중대장은 그들을 안심시키려고 애썼다. "침착해, 해병대, 잘 하고 있어." 필립스도 곧 부상을 입었다. 그는 어깨에 총을 맞았고, 그 다음에는 다리에 총을 맞았지만, 계속 대원들과 함께 있었다.

소대는 위험한 상황이었다. 대원의 절반 이상이 죽거나 다쳤다. 옌시는 45구경 권총을 휘두르며 소대를 집결시키려고 계속 노력했지만, 상황은 아주 절망적이었다. 중공군은 계속해서 전선을 돌파했고, 막상막하의 근접전 끝에 다시 물러났다. 전장은 사투를 벌이며 서로 밀치락달치락하는 가운데 그야말로 아비규환을 방불케 하는 혼돈 그 자체였다. 옌시의 대원들은 총검을 착검한 상태로 아주 근거리에서 사격을 하고 있었다. 그들은 주먹과 권총, 칼과 야전삽을 들고 싸우고 있었다. 하지만 중공군은 계속 밀려들었다.

기관총 사수인 로버트 케네모어Robert Kennemore 하사는 황급히 고지를 가로질러 가고 있었다. "거기로 내려가지 마, 이 바보야!" 필립스가 그의 뒤에서 소리쳤다. 그러나 케네모어는 중대장의 말을 무시했다. 그는 한 무리의 중공군이 한 기관총 대원을 끌고 가 때리고 총검으로 찌르는 것을 보았다. 케너모어는 자신이 돕기에 너무 늦었다는 것을 깨닫고는 맨 우측에 있는 총포 진지로 기어갔다. 그는 중공군의 수류탄이 자신의 옆에 떨어지자, 그것을 찾기 위해 해병 전사자의 시체를 수색하기 시작했다. 그는 수류탄을 움켜쥐고 던졌다. 그러나 또 다른 수류탄이 해병 3명이 자리 잡은 포좌에 떨어졌다. 그 뒤 세 번째 수류탄이 두 번째 수류탄 옆에 떨어졌다.

순수하고 이타적인 마음으로 케네모어는 수류탄 하나를 발로 밟아 눈 속에 박아넣고 동시에 또 다른 수류탄 하나는 폭발력을 흡수하기 위해 무릎을 꿇고 웅크렸다. 2개의 수류탄이 거의 동시에 폭발했고, 그는 산산조각이 났다. 참호에 있던 대원 3명은 폭발로 인해 일시적으로 귀가 먹먹했지만 살아남았다.

북쪽 산등성이 모든 곳이 위험에 처해 있었다. 필립스 대위는 방어망이 곧 무너질 것이라고 확신했다. 그는 자신이 뭔가를 해야 한다고 생각했다. 의무병들이 부상병들을 치료할 때, 그는 전화기를 들고 유담리에 있는 대대본부에 지원을 요청했다. 필립스는 중대를 구하기 위해 소대들이 재빨리 움직여 이 미끄러운 고지 위로 올라올 충분한 시간이 있는지 알 수 없었다. 이지 중대는 확고하게 진지를 고수해야 했고, 기적을 바라야 했다. 하지만 필립스는 산마루에서 물러서지 않기로 결심했다.

자신의 진지를 표시라도 하듯 필립스는 착검된 소총을 쥐고 1282고지의 단단한 땅에 소총을 꽂았다. 그는 소리쳤다. "여기는 이지 중대다! 이곳은 이지 중대가 사수한다!"

잠시 후 적의 탄환이 날아왔고 필립스 대위는 쓰러져 사망했다. 그의 옆에는 소총이 바람에 흔들리고 있었다.

Chapter 21

명중시켜라

/

덕동 고개

● "이봐 벤스Bense! 이놈아 이게 뭐야?" 새벽 1시쯤, 카페라타는 고지 아래, 아마도 길에서 총소리를 들었다고 생각했다. "세상에, 무슨 일이 일어나고 있어." 벤슨은 잠에서 깨어나려고 애썼다.

그때 카페라타는 더 가까이에 있는 눈 위에서 바삭거리는 소리를 들었다. 군화도 신지 않은 채 진지에서 튀어나온 그는 바로 앞에서 고지로 올라오는 중공군 6명을 목격했다. 달빛과 어스름한 조명탄 불빛에 비친 그들을 볼 수 있었다. 그는 M1 소총을 수평으로 하고 가슴 중앙을 향해 겨누었다. 그가 총을 쏘았다. 중공군이 쓰러졌다. 그뒤 카페라타는 나머지 5명을 쐈다. 그러는 동안 벤슨은 아직도 군화를 신으려고 애쓰고 있었다. "대체 뭐하는 거야, 벤스? 엿 같은 군화. 사격을 해라!"

벤슨은 브라우닝 자동소총을 들고 멀리서 움직이는 형체들을 향해 총을 쏘기 시작했다. 카페라타는 더 많은 중공군이 고지로 올라오는 것을 보았고, 그 집단 전체를 볼 수 있었다. "우리는 그들을 저지할 수 없어." 카페라타가 말했다. "우린 후퇴해야 돼. 이러고 있을 시간이 없다고."

카페라타와 벤슨은 중대의 주저항선에서 200야드 이상 떨어져 있었다. 그들은 눈 위를 기어가기 시작했다. 그들이 기어가고 있을 때, 어떤 물체가 카페라타의 등에 떨어졌다. 그 물체는 야전상의에 떨어진 뒤 오른쪽 다리 아래로 굴러갔다. 뒤를 돌아보니, 벤슨이 중공군의 수류탄을 응시하고 있었다. 그것은 천으로 된 도화선이 달린 소형 대나무 폭발물이었다.

"던져 벤스! 던지라고!"

벤슨은 그 불쾌한 폭발물을 집어 던졌지만, 그것은 그들 앞에 있는 작은 둔덕 가장자리에 떨어졌다. 수류탄이 터지면서 얼음 조각, 얼어붙은 흙, 그리고 대나무 파편들이 날아올랐다. 파편들이 벤슨의 눈 앞에서 비산하면서 그의 안경도 공중으로 날아갔다. 그는 얼굴에 화상을 입고, 파편에 찔려서 피투성이가 되었다.

"젠장, 헥, 난 아무것도 안 보여."

카페라타는 수류탄이 어디에서 날아왔는지 확인하기 위해 주위를 둘러보았다. 그는 눈 위로 그림자처럼 움직이는 수십 명의 중공군을 볼 수 있었다. "여기서 나가야 해!" 카페라타가 속삭였다. "잠깐만 있어, 벤스." 눈이 안 보이는 벤슨이 카페라타의 발 하나를 움켜쥔 채 10야드쯤 기어갔다. 그들은 근처 참호에 도착했고, 참호 안에 있는 해병대원 3명이 움직이지 않는다는 것을 확인했다. 중공군이 접근하여 진지 안에 있는 그들에게 사격을 가했던 것이다.

그들은 부상당한 해병대원 2명이 몸을 숨기고 있는 작은 진지에 도착했다. 카페라타는 여기에 있기로 결정했다. 여기가 그들이 지켜야 할 곳이라고 생각했다. 계속 접근하던 적들이 그제서야 나팔을 불고 징을 치고 뿔피리를 불기 시작했다. 카페라타는 야전삽으로 중공군 2명을 박살냈다. 그는 그중 한 명이 떨어뜨린 톰슨 기관단총을 집어 들고 그 다음으로 밀려오는 중공군 대열을 향해 갈겨댔다.

그런 뒤 그는 M1을 들고 본격적으로 사격하기 시작했다. 카페라타가 총을 발사하는 동안 벤슨은 탄약 상자 옆 눈 위에 앉아 진지에서 죽은 해병대원과 부상한 대원들의 M1과 카빈을 서둘러 장전했다. 카페라타는 카빈의 성능이 너무나도 좋지 않다는 것을 알게 되었다. 그 총은 추위를 견딜 수 없었던 것이다. 그러나 30구경 8발들이 탄창 클립이 달린 널리 인정받는 반자동소총인 M1은 확실히 치명적이었다.

뉴저지의 젊은이 2명은 거의 하나의 유기체가 되어 한 팀으로 움직였다. 벤슨은 탄을 장전하는 속도가 빨라졌고, 효율도 향상되었다. 그는 손가락에 있는 기억을 불러냈다. 그는 자신이 무엇을 하고 있는지 볼 필요조차 없었다. 카페라타가 8발을 쏘는 동안, 벤슨은 다른 M1에 탄환을 장전했다.

벤슨은 그것을 볼 수 없었지만, 그들 주변의 광경은 초현실적이고 유령 같았다. 예광탄이 밤하늘을 가로질러 포물선을 그리며 날아갔다. 중공군 연대 전체가 그들에게 몰려오는 것 같았다. 폭스 힐이 모두 환하게 밝혀졌지만, 카페라타는 자신의 지역에만 집중했다. 그는 계속해서 총을 쏘았고, 중공군은 계속해서 연이어 쓰러졌다. 어떤 때는 진지 반대편의 공격을 격퇴하기 위해 벤슨을 잠시 떠나야 했다. 그의 M1은 사격을 하면 할수록 점점 더 뜨거워졌고, 때때로 한 발이 아니라 두 발씩 발사되었다. 결국 총열에서 연기가 나기 시작하더니 총열 덮개에서 불이 났다. 그가 눈으로 그 불을 끄자, 지지직 소리가 나면서 수증기가 피어올랐다.

카페라타는 분노에 차서 중공군을 제거하고 나자, 한편으로는 중공군이 불쌍하다는 생각이 들었다. 카페라타는 그들이 왜 가능한 한 빨리 끝내기를 원하는 것처럼 계속해서 죽음을 향해 달려드는지 이해할 수 없었다. 그들 중 일부는 기이하고 조잡한 무기를, 또 다른 일부는 완전 구식 무기를 들고 그에게 돌진했다. 한 중공군은 끈으로 칼을 묶은 긴 막대기 를 가지고 있었다. 전혀 무기를 소지하지 않은 인원도 있었다. 그는 어디서 그런 용기와 광기가 나오는지 궁금했다. 그들의 나라를 사랑하기 때문에 그랬을까? 그들이 소중히 여기는 이데올로기를 지키기 위해서 그랬을까? 그들의 사회 깊숙이 자리 잡고 있는 어떤 원칙을 주장하기 위해서 그랬을까? 아니면 그들의 군관이 강요했기 때문에 그랬을까?

그는 그들의 총알이 왜 그를 명중시키지 못하는지 이해할 수 없었다. 특히나 달빛에 드러난 그의 실루엣은 엄청 컸다. 그는 계속해서 스스로 목표물이 되었다. 그는 총구에서 나오는 섬광과 눈 위를 적시는 적의 피를 볼 수 있었다. 그는 아래 경사면에 있는 중공군의 신음소리를 들을 수 있었다. 그는 총알이 그의 머리를 스치고 날아가 주변의 무언가에 맞아 튕겨 나가는 것을 느낄 수 있었다. 하지만 신기하게도 그는 총에 맞지 않았다.

여전히 땅에서 무기에 장전을 하고 있는 벤슨은 자신이 눈 부상을 입은 것이 오히려 다른 감각들을 일깨웠다고 생각했다. 그는 전쟁터에서 이상한 소리와 톡 쏘는 냄새가 확 풍기는 것을 느꼈다. 중공군의 함성과 크게 울리는 나팔소리와 뿔피리 소리, 멀리서 울리는 북소리를 열심히 들었다. 고지 전체가 흔들리는 것 같았다. 벤슨은 바람결에 실려온 인과 코르다이트의 시큼한 냄새를 맡을 수 있었다. 그는 죽은 중공군의 옷에 밴 마늘 냄새를 맡을 수 있었다. 화약에서도 이상한 냄새가 나는 것 같았다. 어떤 사람들은 중국이 고래 기름으로 무기를 닦는다고 말했다.

수류탄이 무더기로 떨어지기 시작하자, 카페라타는 다수의 중공군이 바위 뒤 보이지 않는 내리막 경사에 있다고 추측했다. 그들이 틀림없이 등을 대고 누워서 수류탄을 뒤로 던지고 있다고 추측했다. 수류탄들이 공중에 떠 있을 때, 카페라타는 두 손으로 야전삽을 들고 수류탄을 때려서 중공군 쪽으로 날렸다. 그는 야구할 때 대단한 타자는 아니었지만, 지금은 아드레날린으로 미친 듯이 놀라운 정확도로 야전삽을 휘둘러 수류탄을 차례로 날려버렸다.

≡

벤슨을 옆에 둔 채 카페라타는 새벽까지 계속 싸웠다. 그는 전에 사람을 죽인 적이 없었지만, 지금은 수십 명을 죽였다. 멀리서 중공군을 쏘는 것은 그에게 문제가 되지 않았다. 오리사냥과 크게 다르지 않았다. 하지만 그들의 얼굴을 보고, 그들의 눈에서 두려움을 볼 때는 왠지 달랐다. 그들은 그와 같은 젊은이였다. 그들은 그보다 더 이상 이곳에 있고 싶어하지 않았다. 하지만 그가 무엇을 할 수 있을까? 그는 그들을 쏴야만 했다.

시체들이 주위에 쌓여 있었고, 그는 시체들을 차단용으로 사용하고 있었다. 어떻게 보면 적의 시체로 자신을 보호하는 것이 끔찍한 일처럼 보였지만, 그것은 그가 가지고 있는 유일한 엄폐물이었다. (장진호 전투에서 다른 해병대원들도 그렇게 하곤 했다. 그들은 시체를 "참 수이chop suey(다진 고기와 야채를 볶아 밥과 함께 내는 중국 요리-옮긴이) 샌드백"이라고 불렀다.) 중공군의 총알이 뻣뻣하게 굳은 살 속으로 뚫고 들어갔다. 수류탄 한 발이 시체들 한가운데에 떨어지자, 얼어붙은 힘줄과 뼛조각이 공중으로 날아가 카페라타와 부상당한 해병대원들 위에 흩어졌다.

전투가 잠시 잠잠해지자, 카페라타는 이것이 얼마나 낭비인지를 생각하기 시작했다. 그는 이 사람들을 미워할 이유가 없었다. 그들도 그를 미워할 이유가 없었다. 만약 두 나라가 이 고지에 이 젊은이들을 집결시키기 위해 필요한 돈과 자원을 여기에 쓰지 않고 대신에 그것으로 미군과 중공군 모두가 따뜻한 열대지방 어딘가에서 공을 차고 멋진 유람선 여행을 즐길 수 있게 해주었더라면 하는 생각이 들었다.

바로 그때 또 다른 수류탄이 머리 위에서 휙 소리를 내며 벤슨 옆에 떨어졌다. 카페라타는 수류탄을 집으려고 몸을 구부렸지만, 수류탄이 손아귀에서 벗어나면서 폭발했다. 그 폭발로 인해 카페라타의 오른손 손가락 일부가 부러지고 피부가 벗겨져 뼈가 드러났다. 그는 달빛 아래 노출된 살이 냉동실에서 바로 나온 고기처럼 보인다고 생각했다. 분노한 그는 욕하고 야유하면서 침을 뱉었다. 손가락들이 찢어져서 더 이상 검지를 사용할 수 없었다. 그는 엄지손가락으로 방아쇠를 당겨야 했다.

카페라타는 진지로 다시 돌아가 조준을 했다. 옆에 있던 벤슨은 주변의 소리에 귀를 기울였고, 손가락은 점점 더 능숙해졌다. 그는 여전히 눈에 있는 피와 파편과 모래 때문에 아무것도 볼 수 없었지만, 여전히 침착했고, 이것이 카페라타에게 진정 효과를 주었다. 그는 이 전투를 통해 모든 일들이 처리할 수 없을 정도로 너무나도 빨리 연속적으로 일어난다는 것을 깨달았다. 그러나 동시에 모든 것이 마치 꿈처럼 느려지는 것 같았다.

극심한 공포가 그를 덮쳤고, 그는 이것을 극복하기 위해 용기를 냈다. 그는 겁에 질려 있었지만, 생각할 겨를 없이 자동으로 움직이고 있었다. 그가 늪지대에서 죽인 모든 새들, 모든 사슴들, 소나무가 드문드문 있는 모래밭의 모든 야생동물들, 매일 그는 바보 같은 목표물을 향해 총을 쏘았다. 이 모든 것이 그의 경험과 반사작용에 내재되어 있었다. 정확히 조준하고 명중시켜라. 지금 중요한 것은 이거야.

그는 자신의 발과 의식 사이에서 격렬한 논쟁이 벌이지는 것을 느꼈다. 발은 계속 뛰라고 말했지만, 마음은 갈 곳이 없으니 여기에 머물러야 하며, 계속 총을 쏘지 않으면 벤슨과 다른 사람들이 틀림없이 죽을 것이라고 계속 말했다. "숨을 곳이 없다." 그가 말했다. "너에게는 선택권이 있다. 죽이느냐 죽느냐." 그는 광란의 전투에 사로잡혀 초긴장 상태였다. 그의 이름 헥터Hector(그리스 신화에 나오는 트로이의 영웅-옮긴이)처럼 그는 전사가 되었다. "나는 흥분했다." 그가 말했다. "아드레날린이 흐르고 있었다." 그는 중공군 30, 40, 50명을 차례로 쓰러뜨렸지만, 중공군의 총탄에 맞아 다치지 않았다. 새벽의 첫 햇살이 밤하늘 사이로 스며들고 있었지만, 중공군은 계속 밀려왔다.

Chapter 22

경호, 이 비겁한 놈들아

/

유담리

● 이른 아침 시간까지 스탠리 로빈슨 이병은 콜먼 랜턴Coleman lantern(등유나 석유를 연료로 하는 랜턴-옮긴이)이 밝혀주는 아늑한 의무 텐트 안에서 들것에 편안하게 누워 계속 등유 난로의 열기를 쬐었다. 하지만 그는 안절부절못하면서 자신이 쓸모없는 사람이라는 생각에 우울했다. 동상이라고? 그것은 정말 한심한 변명처럼 보였다. 로빈슨은 자신이 옌시와 소대와 함께 고지에 있어야 한다는 것을 알고 있었다. 멀리서 전투가 벌어지고 있는 소리가 들렸고, 이지 중대가 얼마나 잘 싸우고 있는지 궁금했다.

그때 구급차량이 정차했고, 산등성이에서 피투성이가 된 대원 여러 명이 의무실로 옮겨졌다. "소속 부대가 어디야?" 로빈슨은 그중 한 명에게 물었다.

"이지 7중대야."

로빈슨은 귀가 번쩍 뜨였다. "우리가 공격당하고 있어?"

"완패야." 부상병이 말했다. 그곳은 상황이 좋지 않았고, 이지 중대도 심각한 곤경에 처해 있었다. "옌시도 부상을 입었어." 부상병이 덧붙여 말했다. "모두들, 그럴 거야."

그 얘기는 로빈슨을 자극했다. 그는 흙이 묻은 옷과 야전상의를 입더니, 끔찍하게 부어오른 발에 조심스럽게 군화를 신었다. 그는 텐트 덮개를 열고 추운 밤 속으로 절뚝거리며 걸어갔다. 그가 눈에 띄는 대로 소총과 탄창을 챙기고 있을 때, 의료병이 그에게 다가왔다.

"이봐 로빈슨, 다시 안으로 들어가!"

로빈슨은 노려봤다. "내 앞에서 꺼져." 그는 절뚝거리며 유담리에서 북쪽 능선을 향해 출발했다. 그가 나선 지 한 시간 이상이 지났다. 그는 물집이 터지면서 고통에 시달렸고, 나이든 술주정뱅이 부랑자처럼 비틀거리면 비탈길을 거슬러 올라갔다. 마치 조류를 역행하는 것 같았다. 올라가는 길에 계속해서 심각한 전투부상자들을 운반하고 있는 들것 운반조를 만났다. 그들은 방금 그가 무단이탈한 의료 텐트로 후송되고 있었다.

마침내 로빈슨이 1282고지에 도착했다. 그가 있어야 할 곳은 바로 여기였다. 소대 전우들은 전쟁터가 로빈슨의 진정한 고향이라고 말하곤 했다. 그는 옌시가 기관총 옆에 서 있는 것을 발견했다. 중공군은 구슬픈 나팔소리와 함께 어둠 속으로 사라졌지만, 모두가 그들이 다시 돌아오리라는 것을 알고 있었다.

로빈슨은 멋쩍은 미소를 지으며 군화로 옌시를 툭툭 건드렸다.

"이런, 빌어먹을!" 옌시는 감탄조로 내뱉었다. 그는 마른 피 한 덩어리를 눈 위에 뱉었다.

로빈슨은 일거리를 찾고 있다고 말했다.

옌시는 "저기"라고 말하고는 로비[Robbie]를 그곳으로 보냈다.

≡

다음 공격은 새벽 3시경에 시작되었다. 중공군은 옌시의 소대, 실제로는 모든 이지 중대가 무너지고 있다는 것을 감지했을 것이다. 그들은 맹렬하게 공격했다. 제1파가 밀려온 다음, 2파, 3파가 계속 밀려왔다. 갤러거는 기관총으로 맹사격했고, 로빈슨은 브라우닝 자동소총이 치명적임을 보여주었다. 조명탄의 화려한 불빛 아래서 발을 구르고 고함치며 명령을 내리는 엔시는 적의 완벽한 표적이 되었다. 대원들은 그를 막고 그의 상처를 치료하려고 계속 노력했지만, 그가 잠시도 가만히 있으려 하지 않아서 그를 치료할 수 없었다.

산비탈에는 중공군의 시체가 성냥개비처럼 내동댕이쳐 있었다. 또 이상하게 뒤틀린 채로 언 수백 구의 시체가 눈 속에 널려 있었다. 그러나 중공군 보충병들은 마치 조립라인에서 튀어나온 것처럼 계속 앞으로 나아갔다.

엔시는 병력이 바닥나고 있다는 것을 알고 있었다. 그는 계속 경계를 강화하면서 집중사격을 했다. 50명 이상이 죽거나 부상당했고, 지원군이 오고 있는지 전혀 알 수 없었다. 연락도 단절되었다. 중공군이 전화선을 끊었고, 무전기는 수리할 수 없을 정도로 부서져버렸다.

방어선이 새로 뚫린 것에 놀란 엔시는 반격을 가하기 위해 대원 9명을 모은 뒤 "대원들이여, 나를 따르라!"라고 외쳤다. 로빈슨이 옆에 있었지만, 아무도 따라가지 않았다. 그들은 너무 겁을 먹었거나 포격에 너무 당황해서 꼼짝도 할 수 없었던 것이다. 엔시는 벌컥 화를 냈다. "겅호(임무에 대한 충성의 의미로 '함께 하자!', '화이팅!'이라는 외침처럼 투지와 열정을 불어넣는 일종의 구호-옮긴이), 이 비겁한 놈들아! 내가 지금 '나를 따르라'라고 명령했다." 마침내 그가 그들을 움직이게 만들었고, 방어선에 뚫린 구멍을 막았다.

이 와중에 톰슨 기관단총으로 무장한 중공군이 바짝 다가와 엔시의 얼굴에 일격을 가했다. 총알 중 하나가 엔시의 뺨으로 들어가 부비동을 뚫고 아래로 꺾여, 두개골 밑부분 근처 목 뒷부분에서 박혀버렸다. 총알이 다행히 척추에 박히지는 않았지만, 광대뼈가 부서지고, 이빨 여러 개가 박살나고, 턱이 탈구되었다. 가장 큰 문제는 엔시의 오른쪽 눈알이 눈에서 빠졌다는 것이었다. 신경섬유에 매달린 눈알이 광대뼈 위에 얹혀 있었다.

하지만 어떻든 옌시는 살아 움직이고 있었다. 그는 눈 속에서 몸을 일으켜 자신을 공격한 중공군이 경기관총에 재장전하는 것을 알아챘다. 옌시는 반사적으로 45구경 권총(8년 전 과달카날에서 죽은 일본 장교에게 습득한 무기)을 권총집에서 빼내어 중공군의 복부에 두 발을 발사하여 죽였다. 그제서야 옌시는 소스라치게 놀라며 어찌할 바를 모른 채 눈알을 받쳐 들고는 누더기가 된 눈구멍 속으로 그것을 조심스럽게 밀어넣었다.

옌시가 전투를 재개할 준비를 하고 있을 때, 마침 뜻밖의 선물이 도착했다. 잭 존스Jack Jones 대위가 이끄는 제5해병연대 C중대가 지원부대로 도착했던 것이다. C중대는 중공군을 고지에서 몰아내기 위해 유담리에서 왔다. 북쪽 능선을 완전하게 탈환하기까지는 몇 시간이 더 걸리겠지만, 이로써 옌시의 시련은 끝이 났다. 그는 소대 지휘권을 내려놓았고, 1282고지를 존스에게 넘기고 쓰러졌다. 그의 소대는 사상자율이 90%에 달했다.

해가 뜨자, 첫 번째 코르세어가 머리 위에서 굉음을 내며 날아왔다. 조종사는 날개를 흔든 다음 전투에 참가하여 공격하던 중공군을 고지 아래로 도망가게 만들었다.

옌시 소대 최후의 생존자들은 죽은 대원들의 신원을 확인하기 위해 들판으로 갔다. 고지 쪽에서 외치는 소리가 들려왔다. "의무병! 의무병!" 시체가 뒤엉켜 있는 가운데서 해병 한 명이 움직이고 있었다. 로버트 케네모어 하사였다. 소대 전우들은 그가 연속된 두 차례의 수류탄 폭발에서 살아남을 방법이 없다고 생각했지만, 그는 살아남았다. 한밤중에 그는 정신이 들었다.

그는 힘줄이 끊어지고 뼈가 튀어 나와 다리를 못 쓰게 되었다는 것을 알게 되었다. 모르핀 주사기를 자신에게 찔렀고, 그 힘으로 고지를 가로질러 눈에 잘 띄는 곳으로 100야드나 기어갔다. 아무도 그것을 믿을 수 없었다. "세상에, 케네모어!" 그들은 그를 들것에 싣고 유담리로 데려갔다.

존 엔시 중위는 피를 너무 많이 흘려 몸에 힘이 없고 얼굴이 창백했지만, 걷기를 고집했다. 오른쪽 눈알은 눈구멍 안에서 제자리를 잡지 못하고 있었고, 부러진 턱은 경첩이 없는 문처럼 헐겁고 느슨하게 매달려 있었다. 이빨은 입안에서 돌아다니다가 튀어나왔다. 야전상의는 총알구멍이 나 있고, 포탄 파편에 찢어져 있었다. (나중에 그의 코트 주머니에서 발견된 지형도는 경기관총 사격으로 구멍이 나 있었다.) 엔시는 담요를 뜯어 얼굴을 감싸고 턱을 제자리에 고정시켰다. 그는 그 고지를 지킬 수 있다는 말을 확실히 듣고서야 동의했다. 그의 앞에 있는 친절한 하사가 긴 막대기를 내밀고는 엔시를 산 아래로 안내했다.

이로써 존 엔시의 전쟁은 끝이 났다. 그는 유담리에서 함흥으로, 그리고 일본으로 후송되었다.

Chapter 23

지휘관이 도망치면 그곳이 최악의 전장이다

/

덕동 고개

● 새벽녘, 유담리와 마찬가지로 폭스 힐에서도 전투가 진정되기 시작했다. 헥터 카페라타와 눈이 보이지 않는 벤슨은 거의 6시간 동안을 간신히 버티며 2소대와 3소대의 간격을 막았다. 산비탈에는 안개와 연기가 자욱하고 매캐한 냄새가 진동했다. 중대는 간신히 버티고 있었다. 카페라타는 바버가 옳았다는 것을 인정했다. 만약 중대장이 시킨 예방조치를 취하지 않았다면, 또 고지에 있는 대원들을 조심스럽게 배치하지 않았다면 폭스 중대는 전멸했을 것이다. 사실 해병대원 24명이 죽었고, 50명 이상이 부상을 입었으며, 3명이 실종되었다. 중대의 거의 3분의 1이 하룻밤 사이에 그렇게 된 것이었다.

반면에 중공군의 사상자는 정확하게 확인하기는 어려웠지만 훨씬 더 많은 것 같았다. 카페라타는 방어선을 따라 시체들이 뒤엉켜 있는 것을 볼 수 있었다. 그의 진지 바로 정면이 대학살의 장소였다. 그는 100여 구의 시체가 있었을 것이라고 추산했다. 그중에서도 그와 벤슨이 지키던 곳에 최악의 공격이 이루어진 것 같았다. 눈 위에 피가 낭자했다. 마치 잭슨 폴록Jackson Pollock(미국의 화가, 행위미술의 대가-옮긴이)의 그림처럼 보였다.

카페라타의 분대장이 방어선의 피해를 확인하면서 걸어왔다. 그는 카페라타와 벤슨이 한 일에 대해 경외심을 느꼈다. 그는 적 2개 소대가 전멸당했다고 추정했다. 그는 제2차 세계 대전 동안 태평양에서 피를 흘리며 싸웠다.

"하사님, 오키나와도 이렇게 안 좋았습니까?" 카페라타가 물었다.

"네가 어디 있는지는 상관이 없다. 지휘관이 도망치면, 그곳이 최악의 전장이다." 하사가 대답했다.

전투가 잠잠해지자, 카페라타는 마침내 벤슨을 한눈에 볼 수 있었다. 밤새도록 그는 친구를 배려하거나 응급처치를 할 틈이 없었다. 벤슨은 정말 놀라운 꼴을 하고 있었다. 그는 오이디푸스Oedipus(그리스 신화에 나오는 테베의 왕 라이오스Laius와 이오카스테Iocaste의 아들로 부왕父王을 죽이고 생모生母와 결혼하게 되리라는 아폴론의 신탁神託 때문에 버려졌으나 결국 신탁대로 되자, 스스로 두 눈을 빼고 방랑했다-옮긴이)처럼 보였다. 그의 눈은 먼지, 얼음, 그리고 말라버린 피딱지로 덮여 있었다. 얼굴은 마치 유리창문을 뚫고 추락한 것처럼 찢어지고 멍들고 얼룩덜룩했다. 피부에는 대나무 조각이 박혀 있었다.

"맙소사, 벤스, 네 꼴이 말이 아니네." 카페라타가 말했다.

벤슨은 자신이 응급 텐트로 가야만 한다는 것을 깨닫게 되었다. 아침 햇살이 딱딱해진 눈꺼풀 틈새로 스며들자, 그는 자신이 본부로 기어 들어갈 만큼은 볼 수 있다고 생각했다. 카페라타는 벤슨이 도움을 받아야 한다는 데 동의했다. 헤어지면서 그는 벤슨이 한국에서 만난 가장 친한 친구일 뿐만 아니라 가장 진실한 친구라는 것을 깨달았다. 인연이 아니고서는 이와 같은 경험을 함께 할 수 없다고 생각했다. 카페라타의 삶은 이 잊을 수 없는 일로 완전히 변했고, 벤슨은 자신의 삶의 일부였다.

카페라타는 벤슨이 이동하는 것을 도와주었다. 그는 저격수가 걱정되었다. 그러나 그는 재빨리 진지로 돌아왔다. 전투는 잠시 잠잠해졌을 뿐이지 끝난 것이 아니었다. 카페라타는 산비탈 건너편에서 총소리를 들을 수 있었다. 몇 개의 진지에서 고집 센 공산주의 붉은 병사들이 여명 속에서 해병대를 향해 돌진하며 공격을 계속했다. 카페라타는 지금으로서는 그가 밤새 싸웠던 그 얇은 방어선에 웅크리고 앉아 가만히 있어야만 했다.

≡

오전 6시 30분경, 중공군 3명이 팔을 높이 들고 카페라타에게 다가왔다. 그들은 두려움에 떨거나 추위에 떨거나, 아니면 둘 다였다. 카페테라는 그들이 길거리 부랑자처럼 생겼다고 생각했다. 그들은 키가 작고 말랐고, 16세 이상으로는 보이지 않았다. 그들은 사춘기 소년 같은 앳된 얼굴을 하고 있었다. 그들의 특징 중 하나는 여성스럽다는 것이었다. 그들은 경사면에 웅크리고 앉아 어색한 미소를 지으며 중국어로 뭐라고 중얼거렸다.

카페라타는 방어선 둔덕 뒤에서 이들을 지켜보았다. 그는 소총을 쏘지 않고 그들을 확인하기 위해 이 3명의 젊은 중공군에게 그 자리에서 움직이지 말고 가만히 있으라고 신호를 보냈다. 그들은 하얀 누빔 군복, 헐렁한 모자, 그리고 크레이프 고무(신발의 밑바닥 창을 만드는 데 쓰이는, 표면이 오돌토돌한 고무-옮긴이) 밑창이 달린 캔버스로 만들어진 것처럼 보이는 얇은 테니스화를 신고 있었다. 그 신발은 열대지방에서나 신을 만했지, 추운 이곳에는 적합하지 않았다. 중공군 3명은 계속해서 하늘을 쳐다보았다. 기도를 하고 있는 것일 수도 있었지만, 비행기를 보고 있었을 가능성이 높았다. 중공군은 미군의 공군력을 두려워했고, 동이 트면 하늘에 미군 비행기가 나타난다는 것을 알고 있었다.

이들은 불쌍해 보였다. 카페라타는 이들의 눈에 자신이 거인처럼 보였을 것이라고 생각했다. 그들은 굶주린 것처럼 보였고, 확실히 얼어 있었다.

다른 한편으로 이것이 속임수일 수도 있다고 생각했다. 어쩌면 그들의 전우들이 덤불 아래 산비탈에 숨어 매복한 채 그를 기다리고 있을 수도 있었다. 그는 어떻게 해야 할지 고민했다. 이것은 그가 결정할 수 있는 문제가 아니었다. 그는 한국에 온 다른 많은 해병들처럼 계급이 낮은 스물한 살의 일병일 뿐이었다. 그는 "고래 똥보다 못한lower than whale shit"이라는 말을 즐겨 사용했다. 밤새 전투를 벌이고 난 후, 그는 자신의 용기를 믿지 않았다. 그는 만약 자신이 중공군 3명을 수색하기 위해 탁 트인 곳으로 나간다면, 이것이 바보 같은 짓일 수도 있고 아니면 스스로 목숨을 끊는 짓일 수도 있다고 걱정했다. 그는 나가지 않았다. 해병대는 이 상황에서 어떤 절차를 밟아야 하는지 알고 있었다. 바버 대위는 포로들을 어떻게 해야 할지에 대해 말한 적이 없었다.

카페라타는 산비탈에 흩어져 있는 시체들을 둘러보았다. 주의 깊게 살펴보니, 그들 중 일부가 여전히 몸부림치며 움찔하고 있는 것을 볼 수 있었다. 죽을 정도로 극심한 고통에 처해 있거나, 아니면 그저 죽은 척하고 있는 것일 수도 있었다. 그는 일부 중공군이 총을 쏠 수 있을 만큼 미군을 가까이 유인하기 위해 죽은 척하고 있는 것이 아닌가 의심이 들기 시작했다. 몇 명은 시체 흉내를 꽤 잘 내는 것 같았다. 때때로 입에서 나오는 입김이 그것을 보여주는 유일한 증거였다. 카페라타는 간혹 무장하지 않은 시체가 살아나서 공격하려고 달려드는 것을 보았다. 가장 가까운 해병대원이 몇 발을 발사했다. 도망가는 중공군 중 일부는 총에 맞았고, 운 좋은 사람은 중공군 방어선까지 도달했다.

카페라타는 3명의 포로에 대해 다시 고민했다. 총을 쏴야 하는가? 그들을 풀어줘야 하는가? 그는 알지 못했다.

그는 생각해야만 했다. 왜 이 세 사람이 처음부터 항복했을까? 그들은 다친 것 같지 않았다. 그들은 궁지에 몰리거나 붙잡히지 않았다. 그들은 갑자기 나타나서 자발적으로 홀로 있는 미군에게 항복했다. 그들은 밤새 전투한 것 같았다. 그들은 무기를 내려놓으면 따뜻한 음식을 먹을 수 있다고 생각했을지도 모른다.

카페라타는 젊은 중공군 3명에게 앞으로 전진하라고 손짓했다. 그는 그들에게 주먹을 휘두르며 자기 옆에 있는 눈 위로 올라가라고 손짓했다. 그는 그들의 돌발행동을 막고 서로의 체열이 몸을 따뜻하게 해줄 것이라는 생각에서 그들에게 겹쳐 누우라고 했다. 그가 총을 흔들며 소리쳤다. "너희들 딴짓하면 쏘겠다."

≡

바버 중대장은 자신과 중대원들의 목숨을 위해 싸우며 밤을 보냈다. 그의 우려는 끔찍하게 현실로 다가왔다. 그가 그랬던 것처럼 중공군은 이곳의 전략적 중요성을 알고 있었다. 그들은 위에서, 산등성이와 산마루에서, 그리고 아래에서, 길에서 강하게 공격해왔다. 바버는 "내가 그렇게 말했잖아"라고 얘기할 사람이 아니었고, 자신의 선견지명에 대해 흐뭇해하지도 않았지만, 만약 부하들에게 진지를 구축하라고 명령하지 않았다면 중대 모든 대원들이 죽거나 포로가 되었을 것이라고 생각했다.

사실, 바버는 전투 초기에 적에게 거의 압도당할 뻔했다. 그는 원래 도로 근처에 지휘소를 설치했지만, 중공군의 화력이 집중되어 즉시 지휘소를 버리고 능선 위에 새로운 지휘소를 세울 수 밖에 없었다.

그 후 바버는 계속 이동하면서 방어선을 순찰하고, 명령을 내리고, 카빈을 발사하고, 부하들을 독려했다. 그는 카페라타와 벤슨이 싸웠던 곳에는 가지 못했지만, 다른 곳은 거의 다 간 것 같았다. 그는 주위의 위험에 무관심한 것 같았다. 대원 2명이 그를 따라잡으려다 부상을 입기도 했다. 한번은 격렬한 총격전이 벌어지자, 한 하사가 바버에게 피신하는 것이 좋겠다고 건의했다. 바버는 "그들은 아직 나를 죽일 수 있는 총알을 만들지 못했다"라고 말하면서 하사의 건의를 물리쳤다.

바버는 중공군 병사들의 용기와 결의에 감명을 받았지만, 그들의 전술에 대해서는 좋게 평가하지 않았다. 그는 그들이 어떻게 같은 장소에서 계속해서 돌격하는지 주목했다. 또한, 그들의 전투 함성에도 크게 놀랄 수밖에 없었다. 모든 나팔과 휘파람 소리, 뿔피리와 징소리는 섬뜩하게 들렸지만, 중공군이 있다는 것을 나타냄으로써 해병대에게 모든 공격에 대비할 시간을 주었다.

바버를 충격에 빠뜨리고 심지어 슬프게 만든 것은 중공군 상급자들이 자기 부하들의 생명을 거의 소중하게 여기지 않는다는 점이었다. 그들 중 다수는 비무장 상태로 돌격했다. 아마도 전사한 전우들의 무기를 집어 들기로 되어 있었을 것이다. 바버는 이오지마에서 일본군의 광기 어린 반자이萬歲 돌격(제2차 세계대전 당시 태평양전쟁에서 일본군이 자행한 자살돌격을 칭하던 용어-옮긴이)을 많이 보았지만, 전략적 측면에서 이렇게 광기 어린 행동을 하는 데는 나름의 이유가 있었다. 그는 중공군 군관들이 그저 영혼을 버리고 있을 뿐이라고 생각했다. 처음에 집계된 결과에 따르면, 적어도 450명의 중공군이 폭스 힐에서 벌어진 야간 전투에서 죽었다. 이보다 더 큰 장진호 전장에서 죽거나 다친 쑹스룬 장군 부대의 사상자 총계 역시 아주 놀랄 만했다. 제9병단은 전투 첫날 야간 동안 1만 명의 병력을 잃었는데, 이는 시간당 1,000명 이상의 사상자가 발생한 셈이었다.

그러나 중공군의 목표 중 하나는 성공했다. 그들은 도로 대부분을 장악했고, 덕동 고개 양쪽에 상당한 장벽을 구축했다. 그들은 나무줄기를 끌어내리고, 바위를 굴려 길을 막고, 길의 일부를 폭파하고, 부비트랩을 설치했다. 바버는 자신이 정말로 차단되었다는 것을 알고 있었다. 공중지원을 제외하고는 하갈우리나 유담리에서 보급품을 받을 수 있을지 의문이었다. 그의 부하들은 여기서 무기한으로 버텨야 했다.

≡

이른 아침까지 헥터 카페라타는 포로 3명과 함께 방어선 안에 머물렀고, 공격을 위해 산비탈을 유심히 살펴보았다. 그는 자신의 돌격에 대해 여러 번 말한 뒤, 대화를 중단하고 그들을 진정시키려고 노력했다. 그들이 무서워 죽을 지경인 게 분명했다. 그러다가 7시 30분경, 바버 대위의 지휘소에서 한 해병대원이 왔다. 바버에게 2소대와 3소대의 간격에서 일어난 놀라운 총격전 소식이 전해졌다. 빅 헥이 수많은 중공군을 쓰러뜨리고, 벤슨을 비롯해 차단되어 부상당한 다른 해병대원 6명의 목숨을 구했으며, 테드 윌리엄스Ted Williams(미국의 전설적인 프로야구 선수-옮긴이)처럼 수류탄을 날려버렸다는 영웅담이 퍼지기 시작했다. 다른 대원도 아니고 카페라타라니. 아무도 그것을 보지 못했지만, 폭스 중대에서 가장 큰 얼간이인 카페라타는 이미 전설이 되어가고 있었다.

카페라타는 그런 말을 무시했다. 영웅이란 위기의 순간에 제자리에 있는 사람이라고 어디에서 들은 적이 있었다. 그것은 무엇보다도 운의 문제였다. 그와 벤슨은 선택의 여지가 없었기 때문에 그들이 할 일을 했다.

중대본부에서 온 해병은 카페라타에게 도움이 필요한지 물었다. "그래, 이 자식들을 데려가." 카페라타는 땅 위에서 떨고 있는 중공군 포로들을 가리키며 말했다. 그는 그들에 대한 전적인 책임을 느꼈다. 그들은 그의 포로였다. 그는 그들에게 미안함을 느꼈고, 그들이 잘 되길 바랐다. 중대본부에서 온 해병은 포로가 된 세 사람을 총으로 쿡쿡 찌르면서 일어서라고 명령하고는 고지를 가로질러 바버의 텐트 쪽으로 향하게 했다. 그 해병은 잠시 몸을 돌리더니 씩 웃으며 말했다. "이봐 무스Moose, 왜 양말만 신고 있지?"

카페라타는 아래를 내려다보고 자신이 군화를 신고 있지 않은 것을 보고 깜짝 놀랐다. 군화는 아직 침낭 안에 있었다. 6시간 전에 총격이 시작된 순간부터 그 자리에 그대로 있었다. 그는 자신도 모르게 밤새 양말만 신고 싸웠던 것이다.

그는 벤슨과 함께 만든 바람막이가 있는 원래 참호로 향했다. 자신이 군화를 안 신고 있다는 것을 알게 된 그는 군화가 간절히 필요했다. 그의 발은 얼음 덩어리였다. 하지만 바람막이가 있는 곳으로 내려가는 길은 공포의 연속이었다. 그는 뒤엉킨 시체 더미를 헤치고 나아가야 했다. 그들은 공포로 눈이 얼어붙은 밀랍 인형처럼 보였다. 어느 순간, 그는 살아 있는 것처럼 보이는 중공군 병사 시체와 마주쳤다. 카페라타는 그의 손이 움직이는 것을 본 것 같았다. 그는 무릎을 꿇고 엄지손가락으로 그의 눈꺼풀을 올려봤다. 하지만 눈알은 움직이지 않았고, 동공은 두개골 안으로 깊게 들어가 있었다. 그는 죽어 있었다. 카페라타는 자신이 상상한 것이라고 생각했다. 그는 어깨를 으쓱이며 침낭 쪽으로 발걸음을 옮겼다.

그는 중공군 전사자들에게서 발견한 무기를 보고 놀랐다. 영국제 엔필드Enfield, 소련제 스파긴Shpagin 경기관총, 일본제 아리사카Arisaka 볼트액션 소총, 소수의 독일제 마우저Mauser에 이르기까지 그들은 다양한 국가의 무기들을 소지하고 있었다. 총기에 정통한 카페라타조차 짐작할 수 없는 고풍스러운 것도 있었다. 가장 흔한 무기는 알 카포네Al Capone 갱단이 사용해서 악명이 높아진 "시카고Chicago 타자기"인 톰슨 경기관총이었다. 미국은 수십 년 동안 장제스의 국민당 부대에게 그 총을 공급해왔다. 마오쩌둥이 국공내전에서 승리한 후, 공산군은 장제스 무기의 상당 부분을 전용했고, 대부분의 경우 국민당군을 직접 지휘하면서 인민해방군의 제복을 입혀 한국으로 보냈다. 카페라타는 이러한 아이러니한 사실이 잊혀지지 않았다. 한때 친미 부대인 국민당 부대가 들었던 미국의 무기가 미군을 죽이는 데 사용되고 있었던 것이다.

산비탈을 내려가고 있을 때 카페라타는 근처 얼어붙은 땅에 수류탄이 떨어지는 소리를 듣고 깜짝 놀랐다. 순간 수류탄을 피하려고 눈 속으로 몸을 던졌는데, 다행히도 수류탄이 불량이어서 터지지 않았다. 그는 그 수류탄이 방금 전에 살펴봤던 '죽은' 중공군 근처에서 던져졌다는 것을 깨달았다.

"이 썩을 놈아!" 카페라타가 소리쳤다. 카페라타는 그 중공군 병사의 뻔뻔함과 이중성에 밤새 치른 전투 중에 느꼈던 것보다 더 큰 분노를 느꼈다. 빅 헥은 미친 듯이 날뛰었다. 그는 문제의 중공군 병사에게 돌아와 총검 끝으로 뺨을 베었다. 그런데 이상하게도 병사는 아무런 반응을 보이지 않았다. 그래서 그는 총을 어깨에 한 발을 쏘았다. 이것이 결정적으로 그 중공군 병사의 뛰어난 연기를 중단하게 했다. 그는 고통으로 얼굴을 찡그리며 일어나 똑바로 앉았다. 이제 그는 독기와 반항이 가득 찬 눈을 크게 뜨고 있었다. 어떤 점에서 카페라타는 그에게 감탄했다. 그는 자부심이 있었고 강인했다. 그는 절대로 항복할 것 같지 않았다.

카페라타는 그의 머리에 총을 두 번 쐈다.

≡

폭스 중대 지휘소에서 바버 대위는 무전기를 작동시킬 수 있는 따뜻한 배터리를 몇 개 발견했고, 마침내 유담리에 있는 연대장 호머 리첸버그에게 연락할 수 있었다. 리첸버그는 자신이 알고 있는 전체 상황을 설명했다. 중공군은 고지, 얼음 위, 길을 따라 어디에나 있었다. 10만 명 이상일지도 몰랐다. 유담리는 포위되었다. 하갈우리와 고토리도 마찬가지였다. 제1해병사단 전체가 위험에 빠졌다. 리첸버그는 바버에게 어떤 지원도 할 수 없다고 말했다. 그는 바버가 폭스 힐을 포기하고 상대적으로 안전한 유담리 북쪽으로 신속히 이동할 수 있을지 궁금했다. 그것은 7마일이나 되는 어렵고 위험한 행군이 될 것이다. 그는 어떻게 생각했을까?

바버는 자신이 해낼 수 있을 거라고 생각하지 않는다고 말했다. 그는 부상자들을 걱정했다. 해병대에게는 무슨 일이 있어도 부상병들을 후방에 남겨두지 않는 전통이 있었다. 바버는 그 문제를 리첸버그에게 정확하게 설명하지 않았다. 바버는 혹시 중공군이 이 무전 내용을 듣고 그의 부상자 보고가 고무적이라고 생각할지도 모른다고 걱정했다. 그래서 바버는 여러 가지 '전술적 필요성' 때문에 계속 이곳에 머물러야 한다고 돌려서 건의했다.

바버가 말했다. "연대장님, 이동은 할 수 없지만 하룻밤 정도는 더 고지에서 버틸 수 있을 것 같습니다. 어떤 지원군이라도 보내주시면 고맙겠습니다." 리첸버그는 자신이 할 수 있는 모든 것을 하겠다고 말했지만 모든 면에서 상황이 나빠 보인다고 설명했다.

그날 밤 전투 중에 폭스 중대는 중공군 포로 몇 명을 데리고 갔고, 통역관을 통해 바버의 적에 대해 뭔가 알아내기 시작했다. 이 중공군 병사들은 중공군 제59사단 예하 연대 소속이었다. 그들 중 많은 이들이 상하이와 그 주변 지역에서 왔다. 그들은 대만 상륙작전 훈련을 하고 있었는데, 그때 갑자기 명령이 바뀌어서 만주행 기차를 타고 북쪽으로 이동하게 되었다. 그들은 겨울 날씨에 맞는 보급품을 지급받지 못했다. 그들 중 다수는 외투를 입고 있지 않았고, 장갑을 끼고 있는 사람도 거의 없었다. 그들은 11월 추운 야간에 북한 농촌 지역을 행진했고, 병사들은 다른 병사와 짝지어 휴식하는 동안에만 몸을 따뜻하게 유지할 수 있었다. 그들은 "껴안는 친구"라고 부르면서 서로를 껴안고 잤다. 그 포로들은 누설하기 어려운 정보를 기꺼이 얘기하려 했고, 세부사항에 대해 말하는 것도 꺼리지 않았다. 일부는 자신이 친미주의자라고 말하기도 했다. 사실 그들은 미국을 좋아했다. 몇 명은 국공내전 중에 장제스를 위해 싸운 민족주의자라고 말했다.

바버는 중공군 포로들에 대해 걱정하기 시작했다. 아침이 되자, 그는 20여 명 이상을 사로잡았고, 그들을 어떻게 처리해야 할지 알 수 없었다. 그들을 먹일 충분한 음식도 없었고, 그들을 구금하거나 보호할 여분의 병력도 없었다. 난방 텐트의 공간이 충분하지 않아 그들을 추운 밖에 둔다면 얼어 죽을 게 분명했다. 그렇다고 그들을 중공군 측에 돌려보낸다면, 그들은 오늘 밤 총을 들고 다시 돌아올 게 뻔했다.

포로 문제는 바버가 고민해야 했던 몇 가지 주요 문제 중 하나일 뿐이었다. 또 다른 문제는 탄약이었다. 탄약이 바닥나고 있었다. 2소대 해병 중 일부는 1인당 탄약 몇 발만 가지고 있었다. 바버는 중공군 전사자를 뒤져 탄약을 찾아오라는 세부 지시를 내렸다. 그는 쓸 수 있는 중공군의 무기들도 주워오라고 말했다. 최고 사격전문가들인 그의 대원들은 최소한 일부 무기는 사용할 수 있도록 청소하고 시험 발사를 해보기도 했다. 그는 무전기로 항공편으로 물자를 재공급해달라고 요청했다.

바버는 전투에서 겨우 회복되었고, 이미 다음날 밤을 준비하고 있었다. 부하들이 준비할 수 있는 시간은 낮시간밖에 없었다. 하늘이 어두워지면 중공군이 돌아올 것이다.

≡

헥터 카페라타의 얼어붙은 발은 버려진 군화와 전혀 관련이 없었다. 그가 군화를 가지러 걸어갈 때 총성이 울렸다. 총알이 오른팔 근육에 구멍을 낸 뒤 겨드랑이 근처 가슴을 뚫고 들어갔다. 총알은 갈비뼈를 부수고 오른쪽 폐에 구멍을 냈다. 그는 눈 속에 쓰러졌다. 피가 이두박근을 타고 흘러내렸고, 가슴과 복부를 타고 속옷 사이로 스며들었다. 숨을 쉴 수가 없었다. 팔에 엄청난 통증이 느껴졌다. 요골 신경이 절단되었다. 어깨부터 손가락 끝까지 모든 것이 일종의 뜨거운 전기 충격을 받은 것처럼 찌릿했다. 마치 고압 전선을 잡은 것 같은 느낌이었다.

카페라타는 어딘가에 있을 저격수에게 소리쳤다. 그는 그곳에서 아무도 볼 수 없었고, 총알이 발사된 방향이 어디인지 짐작할 수도 없었다. 그는 멀리에서 쏜 것인지 아니면 바로 옆에 있는 어느 중공군이 쏜 것인지 알 수 없었다.

그는 누군가가 틀림없이 지켜보고 있다가 이 건장한 미군이 저지른 살인에 대해 보복하려고 했을 것이라고 생각했다. '당신은 하룻밤 사이에 100명이 넘는 사람을 죽이는 악업을 저질렀다.' 아마도 그 중공군 저격수는 할 말이 더 있었을 것이다. 그는 단지 목표물을 외팔이로 만드는 데 만족하지 않을 것이다. 카페라타는 자신이 고지에서 완전히 노출되어 있는 것을 느꼈고, 자신이 알고 있는 일이 다가오는 것이 두려웠다.

그리고 몇 차례 총알이 더 날아오더니 그의 머리 위를 스쳐지나갔고, 그의 주변에 있는 눈에 박혔다. 다행히도 그는 총알에 맞지 않았고, 다른 해병대원들이 저격수가 숨어 있는 것처럼 보이는 지역에 사격을 퍼부었다.

"괜찮아, 헥?" 한 대원이 사격을 하면서 말했다. "얼마나 안 좋아?"

다른 해병대원들이 카페라타를 향해 기어가기 시작했지만, 그는 부상당하지 않은 팔로 그들을 저지했다. "내가 할 수 있어!" 그가 말했다. 그는 그들이 노출되는 것을 원하지 않았다. 그는 자신의 상처가 아주 심하다고 생각하지 않았다. 총알이 팔에 맞았다는 것만 알고 있었을 뿐, 가슴에 박힌 줄은 모르고 있었다.

카페라타는 일어서려고 했지만, 숨을 쉴 수가 없었다. 비록 인지하지는 못했지만, 구멍난 폐에 피가 가득 차 있었다. 그는 다시 일어서려고 시도했고 이번에는 일어섰지만, 다친 팔의 고통으로 비명을 질렀다. 그는 너무 아파서 기절할 뻔했다. 망가진 팔의 무게를 지탱하기 위해서는 삼각끈으로 팔을 고정해야 했다. 그는 소지품을 뒤적거리다가 좋은 생각이 떠올랐다. 반쯤 감각이 없는 왼손으로 탄띠를 꺼내 목에 걸고 팔을 그 사이에 걸었다. 그는 이동하면서 길에 핏자국을 남겼고, 꽁꽁 언 양말만 신은 채 안전한 곳을 향해 경사진 길을 비틀비틀 걸어갔다.

Chapter 24

열렬한 환영

/

하갈우리

● 같은 날(11월 28일) 오전 10시 30분경, 스미스 장군은 함흥에서 소형 해병대 헬리콥터에 탑승하여 새로운 사단본부가 있는 하갈우리로 향했다. 그는 기분이 안 좋았다. 그날 아침, 그는 무전기를 통해 3개 연대로부터 보고를 받았다. 유담리와 덕동 고개 공격이 가장 잔혹했던 것이 틀림없었고, 게다가 장진호 지역에서도 총격전이 벌어졌다. 호수의 동쪽에 넓게 산개해 진을 치고 있던 육군 부대들이 심한 타격을 입어 400명 이상의 사상자가 발생한 것으로 보고되었다. 중공군은 제1해병사단을 포위하고 있었다.

스미스의 헬리콥터가 주보급로를 따라 빠르게 이동하면서 9개의 분리된 중공군 방어벽을 통과했다. 그는 '암울하게' 보이는 상황을 인정해야만 했다. 도중에 헬리콥터가 잠시 소화기를 발사했다. 심각한 것은 아니었지만, 위협을 주기에는 충분했다. 스미스의 작전참모 알파 바우저는 말했다. "중공군은 여전히 이곳에 머물러 있었고, 그런 자신들에 대해 자만하고 있었다. 그들은 우리를 처리할 자신이 있었기 때문에, 보이지 않는 곳에 있는 것에 대해 더 이상 걱정하지 않았다. 공식적으로 그렇게 말한 사람은 없었지만, 하갈우리의 해병대원들이 포위된 것은 분명했다."

장진호가 내려다보이는 OP(감시초소). 〈사진 출처: U. S. Marine Corps History Division | OFFICIAL USMC PHOTO | CC BY 2.0〉

스미스는 새로 준비된 지휘소에 머물기 위해 하갈우리로 향하고 있었다. 이제 본격적인 전투를 치렀기 때문에, 스미스는 후방에서 지휘하는 것에는 별로 관심이 없었다. 그는 전투의 핵심지에 있어야 했고, 하갈우리는 그가 상상했던 대로 그런 곳임이 증명되고 있었다. 11시경에 스미스의 헬리콥터가 하갈우리 상공을 맴돌다가 꽁꽁 언 콩밭에 착륙했다. 그는 매서운 추위 속으로 뛰어내려 혼란의 소용돌이에 휩싸인 마을로 걸어 들어갔다. 하갈우리는 지난 밤에 중공군의 공격을 피했지만, 주변 야산으로 파견된 정찰병들은 오늘 밤에 중공군이 공격할 것이라는 정보를 입수했다. 한 보고서에 따르면, 스미스는 그들에게 "열렬한 환영"을 해주겠다고 맹세했다.

장군은 북쪽 방어선에서 멀지 않은 곳에 있는 방 2개짜리 일본식 방갈로에 숙소를 마련했다. 눅눅한 건물에는 난로와 형편없는 간이침대가 있었고, 그 외에는 별다른 것이 없었다. 그곳은 "격리병원"이었다. 한 설명에 따르면, 그곳은 "공기가 통하지 않아 더러웠으며, 인체에서 나는 퀴퀴한 냄새가 진동했다." 스미스의 책상 옆 음산한 벽에 붙어 있는 대형 선전 포스터 속에서 스탈린이 실실 웃고 있었다. 참모 중 한 명이 포스터를 제거하려고 하자, 스미스는 그것을 그대로 둬서 약간의 반심리학reverse psychology(자신이 바라는 것과 반대되는 생각이나 행동을 옹호함으로써 상대방을 자신이 바라는 방향으로 설득시키는 기술-옮긴이)을 이용하기로 했다. "그냥 내버려 둬." 스미스가 말했다. "그 포스터가 우리를 고무시킬 거니까."

스미스는 우선 자신이 가장 좋아하는 담배인 월터 롤리 경Sir Walter Raleigh(16세기에 미국 대륙을 탐험하고 유럽에 감자를 이식하고 담배를 전파한 영국 귀족 월터 롤리 경의 이름을 딴 담배-옮긴이)이 충분히 있는지 확인한 다음, 파이프에 담배를 재우고 불을 붙이고는 곧바로 출근했다. 놀랍게도, 그는 아직 전날 밤 공격에 대한 반응에 대해 제10군단으로부터 어떠한 통신문도 받지 못했다. "분명히 그들은 깜짝 놀랐을 것이다." 스미스는 말했다. "그들은 중공군이 그렇게 많이 몰려와 공격하리라고는 도저히 생각하지 못했을 것이다. 그들은 생각을 바꾸어야 했다." 그러나 스미스는 압록강으로 가는 진격이 끝났다는 것을 본능적으로 알았다. 멀리 떨어진 그의 연대는 계속 전진하기는커녕 스스로를 방어할 수도 없었다. 적의 수가 압도적으로 많았다.

일단 스미스는 리첸버그와 머레이에게 유담리에서 대기하면서 추가 지시를 기다리라고 명령했다. "현 상황을 확실히 파악할 때까지 현 위치를 유지하라"라는 간결한 전언을 보냈다. 스미스는 나중에 "나는 공격을 중단했다. 왜냐하면 우리가 그곳에 있는 대규모 중공군과 맞서고 있다는 것이 명백했기 때문이다. 우리는 고위 당국의 허락 없이는 철수할 수 없었기 때문에 방어 이외에 할 수 있는 것이 없었다"라고 설명했다.

≡

단독으로 작전을 수행하는 스미스는 새로운 전투 계획의 대략적인 윤곽을 생각하기 시작했다. 그의 목표는 하갈우리에 있는 3개 연대를 통합해 무적의 부대가 되는 것이었다. 그는 가능한 한 빨리 리첸버그와 머레이를 유담리에서 하갈우리로 데려와 다시 모이게 할 생각이었다. 이 작전은 마치 어미닭이 자신의 안전한 날개 아래로 병아리들을 모으는 것과 같았다. 스미스는 다른 심각한 일이 발생하기 전에 부대들의 집결을 완료해야 한다는 것을 알고 있었다. 일단 전투력을 모으면, 그의 대원 2만 명은 다음에 무슨 일이 벌어지든 스스로 준비할 수 있을 것이다.

스미스는 이미 자신이 그것이 무엇인지 알고 있다고 생각했다. 탈출이었다. 스미스는 그의 사단이 뒤돌아서 고토리로 행군한 다음 구불구불한 길을 따라 함흥 주변의 해안 평야에 도착한 뒤 그곳 야영지에서 겨울을 보내면서 상처를 치료하고 봄 공세에 대비해야 한다고 생각했다. 훌륭한 항구와 공항, 그리고 유리한 평지가 있는 함흥은 대단히 방어하기 쉽다고 그는 생각했다. 그곳은 유엔군 방어막으로서 최소한 워싱턴과 도쿄의 권력자들이 새로운 기본 계획을 수립할 때까지 무기한 유지될 수도 있었다.

그러나 하갈우리에서 함흥으로 내려가는 전투행군은 쉽지 않을 것이다. 이것을 나타내는 군사용어로 스미스가 염두에 둔 것은 '역방향 기동'―'후방으로의 진격'이라고도 함―이었다. 이것을 나타내는 또 다른 군사용어는 '후퇴'였지만, 스미스는 그 의미 때문에 후퇴라는 군사용어를 사용하기를 꺼려했다. 어떤 완곡한 표현을 쓰든 간에, 모든 군사교재들은 다음과 같은 점에 동의했다. 심지어 좀 더 유리한 상황이라 하더라도 규율에 따라 조직적으로 철수하는 것은 군사과학(만약 군과 관련된 것을 과학이라고 할 수 있다면)에서 가장 까다로운 작전 중 하나였다. 부대가 진지를 구축하면서 자신을 방어하는 것은 굉장히 어려웠다. 더구나 수적으로 우세한 적이 후퇴 행렬을 곳곳에서 공격할 때 이를 방어하는 것은 거의 불가능에 가까웠다. 그러나 일부 전장 상황에서는 항복이나 파괴를 할 수 없는 경우 신속한 탈출이라는 하나의 해결책만이 존재했다. 웰링턴Wellington(워털루Waterloo에서 나폴레옹 1세Napoléon Bonaparte를 격파한 영국의 장군·정치가-옮긴이)이 말한 위대한 장군의 특징은 "언제 퇴각해야 하는지 알고, 그것을 실행할 용기가 있다"는 것이었다." 스미스는 지금이 바로 그때라는 것을 알고 있었다.

활주로가 성공의 비결이 되리라는 것을 스미스는 알고 있었다. 만약 하갈우리가 전투의 중심이라면, 활주로는 대동맥과 대정맥에 비유할 수 있었다. 스미스는 그의 사단이 존속하고 전투에서 이기는 데 필요한 모든 것을 활주로를 통해 공급받게 될 것이다. 매일 대형 비행기로 필수품들이 들어오고, 부상자들을 밖으로 실어 나를 것이다. 하갈우리 방어선은 축소되고, 사단의 효율성은 최대한 높아질 것이다. 마침내 때가 되면, 사단은 산악지대에서 벗어나 바다로 향하게 될 것이다.

그 당시 모든 것이 비행장에 의지하고 있었다. 스미스는 활주로 건설 작업이 얼마나 느리게 진행되고 있는지 알게 되자, 화가 났다. 존 패트리지 중령의 공병들은 밤낮을 가리지 않고 투광조명등 아래서 작업을 하고 있었는데도 활주로는 겨우 40% 정도만 완성되어 있었다. 패트리지는 3일, 어쩌면 그 이상 걸릴지 모른다고 했다. 땅속 흙은 18인치 깊이까지 철처럼 단단했다. 심지어 표토(지표면을 이루는 토층)를 부드럽게 하기 위해 폭발물을 사용했음에도 불구하고 불도저로 얼어붙은 땅을 긁어내는 데 아주 많은 시간이 걸렸다. 스미스는 인내심을 가져야 했다.

그날 아침 잠시 후에 육군 제7사단 부사단장 행크 호데스Hank Hodes 준장이 스미스를 찾아왔다. 호데스는 걱정했다. 그는 장진호 동쪽에 흩어져 있는 부대들로부터 받은 놀라운 보고를 스미스와 공유하고 싶어했다. 앨런 맥린Allen MacLean 대령의 지휘하에 있는 그곳 병력들은 어젯밤 수백 명이 죽고 부상당하는 심각한 타격을 입었다. 그들은 포위되었는데, 호데스는 그들이 탈출할 수 있을 거라고 생각하지 않았다. 호데스 장군은 (개인적으로나 공적으로나) 자부심이 너무 강해서 큰 소리로 말할 수 없었지만, 적어도 스미스가 맥린의 부하들을 돕기를 원한다는 뜻을 내비쳤다. 호데스 장군은 해병대가 궁지에 몰린 육군 부대를 구하러 와주길 원했다. 스미스가 일지에 쓴 대로 "그 뜻은 더 큰 군대가 그들을 구출해야 한다는 것이었다." 알파 바우저는 호데스 장군이 "육군 부대를 구출해달라고 우리에게 도움을 요청하는 것에 대해 매우 부끄러워했다"고 말했다.

하지만 냉혹하게도 그런 임무는 이제 불가능했다(호데즈도 그것을 알고 있었다). 스미스는 하갈우리를 방어할 충분한 병력이 없었고, 더군다나 장진호를 따라 높은 곳에 고립된 육군을 구하기 위해 길을 올라갈 수는 없었다. 사실, 가장 큰 타격을 받은 부대인 제31연대전투단은 하갈우리에 있는 스미스의 병력보다 두 배 더 많았다.

3개 연대를 집결시킬 때까지 스미스는 여기서 할 수 있는 일이 거의 없었다. 압록강으로 가는 도중에 3,000명의 해병대 병력과 500명의 육군 병력이 이곳에 발목이 잡혀 있었다. 이 잠재적인 방어병력 중 대다수는 보병이 아니었다. 적어도 공식적 병적 기록에 그렇게 되어 있었다. 그들은 속기병, 행정병, 통신병 및 무전기운용병, 취사병, 헌병, 목공병, 트럭 운전병으로 구성된 '임시 근무부대'였다. 일반병이든 전문병이든, 그들은 정확히 말하면 전투부대원이 아니었다. 그들 중 다수는 몇 년 동안 무기를 다뤄본 적도 없었다.

하지만 스미스는 구멍을 메우기 위해서는 단순노동자라도 필요했기 때문에 해병대와 육군이 똑같이 모든 군인들에게 소총을 지급하고 방어선으로 보내 적과 싸우게 해야 했다. 한 해병대 대령의 말에 따르면, 그들은 "중공군 1개 사단과 대치하고 있는 대대장에게 자신감을 불러일으킬 수 있을 정도로 아주 이상한 조직이었다." 스미스의 요새가 적에게 함락당하는 것은 용납할 수 없었다. 마지막 남은 사람이 제빵병이나 정비병일지라도 그들은 끝까지 이 요새를 지켜낼 것이다.

어쨌든 스미스는 (해병 항공대의 근접항공지원을 제공해주는 것 이외에는) 호수 동안에 있는 궁지에 몰린 육군 부대를 도울 수 없었다. 알파 바우저는 "보병을 구하기 위해 해병을 보낸다면, 우리의 방어선은 위험할 정도로 취약해질 것이다"라고 말했다. 스미스는 호데즈에게 유감을 표시하며 육군 부대는 스스로 방어해야 할 것이라고 말했다. 스미스는 육군이 할 수 있는 모든 것을 다해서 하갈우리로 가는 길을 따라 내려오라고 권고했다.

≡

정오에 스미스 장군은 뜻밖의 방문객을 맞이했다. 회색빛 하늘에서 작은 비행기 1대가 갑자기 나타나 머리 위를 선회한 다음, 하갈우리의 오래된 활주로에 착륙했다. 그것은 L17 경비행기 블루구스Blue Goose였다. 비행기 문이 확짝 열리며 네드 알몬드 장군이 옷깃에 털이 달린 따뜻한 파카 차림으로 나왔다. 알몬드는 뽐내듯 활기차게 걸으면서 침울한 지상의 상황과는 어울리지 않게 지나칠 정도로 자신만만한 태도를 취했다. 마치 지금이라도 자신의 넘치는 자신감을 전할 수만 있다면 현재의 곤경은 사라질지도 모른다고 착각하여 바디랭귀지의 힘으로 상황을 바꾸려는 것 같았다.

역사학자 마틴 러스Martin Russ는 "알몬드 장군은 어마어마한 수의 중공군에 대한 보고가 지나치게 과장된 것이고, 장진호에서 오는 위험 신호들은 배짱이 없어져서 그런 것이라고 믿고 싶어했다"라고 썼다. 알몬드는 "북쪽으로 날아가서 자신이 직접 병사들의 사기를 불어넣기로 결정했다"라고 말했다.

그들의 사적인 만남에 대한 자세한 이야기는 전해지지 않아 알 수 없지만, 스미스의 참모들은 알몬드의 방문 의도를 짐작하고도 남았다. 알몬드는 스미스에게 제10군단이 여전히 압록강을 향해 전진해야 한다고 납득시키기 위해 이곳에 온 것이었다. 어젯밤의 공격은 불행한 일이 아닐 수 없지만, 그들은 군사작전을 중단하지 않을 것이라는 것이었다. 스미스의 사단은 아무 일 없었던 것처럼 계속 움직여야 했다.

대화가 끝날 무렵, 알몬드가 허세를 부리며 버티고 있는 가운데 스미스의 참모들은 두 장군이 서로 대치하는 모습을 지켜보았다. 스미스는 어이없다는 표정으로 듣고만 있었다. 그는 거부하는 태도를 보이며 주위를 둘러본 후 자리를 박차고 나갔다. 스미스가 참모들 중 한 명의 옆을 지나가면서 이를 악물고 중얼거렸다. "저 사람 미쳤군."

☰

몇 분 후, 알몬드 장군은 지난밤 적에게 맹렬히 공격받아 포위된 육군 부대를 재빨리 둘러보기 위해 해병대 헬리콥터을 타고 호수 동쪽을 향해 날아갔다. 그는 얼어버린 좁은 물줄기와 험한 골짜기 위를 지나 동쪽 호숫가 위를 빠르게 날았다. 10분 후 헬기는 길 옆 들판에 착륙했고, 그는 제31보병연대장 앨런 맥린 대령의 지휘소로 이동했다. 중공군과 미군의 시체가 주변 고지들에 흩어져 있었다.

알몬드는 지프의 따뜻한 덮개 위에 쭈글쭈글한 지도를 펼쳐놓고, 맥클린의 직속 부하인 돈 카를로스 페이스Don Carlos Faith 중령과 지난밤의 전투를 검토했다. 페이스는 조지타운 대학을 졸업했고, 장군의 아들이었으며, 잘생긴 청년인 데다가 용감하기까지 했다. 제2차 세계대전 당시 중국에서 복무했던 페이스는 이곳의 전투 상황을 잘 파악하고 있었는데, 그가 보기에 이곳의 전투 상황은 절망적이었다. 그는 어젯밤 2개 중공군 사단이 제31보병연대를 공격한 것으로 추정했다.

"그건 불가능해." 알몬드가 반박했다. "북한 어디에도 2개 중공군 사단은 없어!"

페이스는 상황에 대해 자신의 견해를 피력하려 했지만, 알몬드가 제지했다. 알몬드는 "나는 간밤에 빼앗긴 고지를 자네가 탈환하길 원한다"라고 강하게 요구했다. 알몬드는 그의 주변에서 보이는 모든 걱정과 지나친 신중함과 소심함에 격분했다. 이것은 그가 조악한 대나무 무기로 무장한 군대, 벼농사를 짓는 소작농 무리라고 여긴 중공군과 맞서야 하는 미군 전투부대가 취할 태도가 아니었다. 알몬드는 페이스에게 "자네를 지연시키고 있는 적은 북쪽으로 도망가던 부대의 잔존 병력에 지나지 않네. 우리는 여전히 공격하고 있고, 압록강까지 가고 있어"라고 말했다. 그런 다음 알몬드는 오명을 남길 만한 말을 내뱉었다. "빌어먹을 중국 런드리맨들이 자넬 막지 못하게 하라고!"

알몬드는 자신이 내뱉은 말이나 이 단호한 청년 페이스를 비난한 것에 대해 미안했을 수도 있고, 아니면 본능적으로 의식ceremony에 특별한 애착을 보이는 맥아더 장군을 흉내내려고 했는지는 모르지만, 그런 행동을 한 뒤에 약간 부적절한 의식을 연출했다. 그는 자신의 주위에 시신들이 널려 있는 위기의 순간에 지금이 페이스에게 훈장을 수여할 때라고 생각했다. 그는 주머니에 은성훈장을 가지고 있었다. 통상적인 훈장 수여 절차를 거친 후, 그는 페이스 중령의 파카에 훈장을 달아주었다.

알몬드는 "이제 그 고지를 탈환하라"라고 재차 강조했다. 그런 다음 그는 몸을 돌려 이륙할 준비가 된 헬리콥터로 되돌아갔다.

"빌어먹을 흉내를 내다니." 페이스가 낮은 소리로 말했다. 그는 그 모든 가식에 혐오감을 느꼈다. 헬리콥터가 하늘로 떠오르자, 페이스는 파카에서 은성훈장을 뽑아 눈 속으로 던져버렸다.

☰

알몬드는 하갈우리로 돌아왔고, 오후 중반쯤 블루구스를 타고 장진호를 떠났다. 하갈우리에 있는 대부분 사람들은 그가 가는 것을 보고 기뻐했다. 특히 스미스 장군이 그랬다. 그는 이제 더 이상 방해받지 않고 오후의 나머지 시간을 보낼 수 있게 되었고, 오늘 밤 다가올 전투에 대비할 수 있었다. 그렇게 빨리 떠나면서 알몬드는 호수가 있는 고원지대는 이제 스미스의 영역, 즉 스미스가 해결해야 할 문제라는 것을 느끼고 있는 듯 보였다. 제10군단장은 이곳에 있는 사람들이 자신을 좋아하지도, 필요하지도 않는다는 것을 틀림없이 감지했을 것이다.

스미스는 지하실에서 담배 파이프를 입에 문 채 하갈우리의 지형을 연구했다. 그는 특히 새 활주로를 강화하는 작업에 대해 걱정했다. 그는 밤낮으로 얼어붙은 땅을 파던 5대의 무한궤도 트랙터를 파괴하기 위해 중공군이 모든 수단을 동원해 공격할 것이라고 예측했다. 그는 가장 유능한 몇 개 중대를 그곳에 배치했다. 또 다른 관심사는 하갈우리의 가장 자리에 우뚝 솟은 이스트 힐East Hill이었다. 적군이 마을을 한눈에 내려다 볼 수 있는, 전략적으로 중요한 이 고지를 점령하려 들 것이 틀림없었다. 스미스는 그곳을 방어하기에 충분한 정규 보병을 가지고 있지 않았다. 그는 이스트 힐의 경사면에서 중공군을 몰아내는 데 제빵사와 행정병들로 구성된 그의 부대가 절실히 필요할 것이라는 것을 알고 있었다.

오후 내내 방어선을 따라 대원들은 전투 준비를 했다. 그들은 철조망을 설치하고 C-3 폭약으로 참호를 폭파했다. 그들은 지뢰와 부비트랩을 설치하고 수류탄의 핀을 느슨하게 해서 철조망에 세워진 말뚝에 테이프로 고정시켰다. 그들은 총검을 날카롭게 갈고 소총을 닦으며 혹한에 굳어진 윤활유를 제거했다. 이제 하갈우리에 있는 모든 대원들은 만반의 준비가 되어 있었다. 심지어 스미스 장군도 45구경 권총을 점검한 뒤에 권총집에 집어넣었다.

1950년 11월 다른 부대가 중공군이 있는 능선을 공격하는 동안 유담리와 덕동 고개 사이에 있는 길에서 해병대원들이 멈춰 서 있다. 〈사진 출처: U. S. Marine Corps History Division | OFFICIAL USMC PHOTO | CC BY 2.0〉

식당 텐트 안에서 요리병들은 뜨거운 음식을 번갈아 가며 떠 담았고, 신선한 커피 5갤런을 내놓았다. 모두들 하갈우리 주변에 자리를 잡고 밤을 보냈다. 50% 수준의 경보 명령이 100%로 상향 조정되었다. 고운 가루눈이 내리기 시작하자, 지상의 모든 것이 하얗게 변했고 계곡의 소음도 잦아들었다. 조용한 밤이 되었다. 눈송이가 총신에 내려앉으며 눈이 쌓이는 작은 소리를 냈다. 모든 대원들은 중공군이 가까이 있다는 것을 느낄 수 있었다.

그때, 전날 밤 유담리와 덕동 고개에서 나타났던 것처럼 중공군이 나타났다. 한 해병의 표현대로 징을 두들기는 소리, 떠들석한 나팔 소리, 날카로운 호각 소리가 들리는 "이국적인 콘서트"가 시작되었다. 수많은 중공군이 밤새도록 미군에게 무섭게 덤벼들었다. 한 해병대원은 "마치 들판 전체가 일어서서 앞으로 걸어오는 것 같았다. 지금까지 그런 걸 본 적이 없었다." 다른 대원도 말했다. "많은 중공군이 쓰러졌지만, 빌어먹을 더 많은 중공군이 계속 밀려오고 있었다. 해변의 파도처럼 끝없이 밀려왔다."

요리병과 제빵병, 속기병과 행정병들은 이스트 힐에서 훌륭하게 임무를 수행했다. 그리고 활주로에 있던 공병들은 그들의 장비들을 옆으로 밀어놓고 땅을 파던 기계에서 기어 내려와 소총을 집어 들고 중공군을 몰아냈다.

전투가 진행되는 동안 스미스는 스탈린 포스터 아래서 월터 롤리 경 담배를 피며 푸른 연기에 휩싸인 채 침착함을 유지했다. 대규모 전투, 이것이 바로 그가 살아온 이유였다. 그동안 있었던 일들이 주마등처럼 스쳐 지나갔다. 그는 나중에 아내에게 쓴 편지에 "기관총의 드르륵 소리, 박격포의 포격소리, 그리고 우렁찬 대포 소리"에 대해 열광적으로 썼다.

밤중에 총알이 그의 집을 관통했다. 반갑지 않은 총알이 조리실 팬에 맞고 튕겨나가면서 누군가가 말한 대로 "마녀의 달그락거리는 소리"가 났는데, 스미스는 이것을 "특수음향효과"라고 묘사했다. 스미스는 이 모든 것에 흥분했다. 그는 중공군을 열렬히 환영하겠다고 맹세했고, 실제로 그렇게 했다.

Chapter 25

전쟁협의회

/

도쿄

● 28일 오후, 호수가 있는 고원지대를 방문하고 함흥으로 돌아온 네드 알몬드 장군은 맥아더 사령부로부터 긴급 호출을 받았다. 알몬드는 긴급 회의를 위해 즉시 도쿄로 날아가기로 했다. 그 메시지는 일급기밀로 표시되었다. 알몬드는 아무에게도 말하지 않았다.

제10군단장은 곧바로 함흥 연포 비행장으로 가서 몇몇 보좌관들과 함께 C-54 스카이마스터Skymaster에 탑승했다. 비행기는 이날 밤 9시 30분 하네다羽田 공항에 도착했다. 극동사령부의 대령 한 명이 알몬드를 마중 나와 미국 대사관에 있는 맥아더의 숙소까지 호송했다.

알몬드는 곧이어 자신을 소환한 이유를 확실하게 알게 되었다. 맥아더는 직속 참모들뿐만 아니라 육군, 해군, 공군에서 가장 신뢰할 수 있는 부대장들이 모인 전쟁협의회를 소집하여 비밀회의를 가졌다. 맥아더는 한국에서 알몬드를 불렀을 뿐만 아니라, 한반도 서쪽에서 중공군에게 철저히 압도당한 제8군단장 월튼 워커 장군도 불렀다.

지난 24시간 동안 맥아더 사령부로 들어오는 보고는 최고사령관을 거의 대혼란 상태에 빠뜨렸다. 맥아더는 어떠한 생각이나 행동도 할 수 없을 정도로 얼어붙은 것 같았다. 그는 기분이 안 좋고, 짜증을 내고, 침울했다. 그는 기겁한 것 같았다. 그는 잠도 못 자고 밥도 못 먹었다. 그는 테니스화를 신은 원시적인 농노 군대에게 완벽하게 패배했다는 사실을 믿을 수가 없었다.

맥아더는 패배의 원인을 다른 데로 돌리면서 그것들을 비난했다. 처음에는 그를 배신하고 속인 마오쩌둥과 중공이 문명사회의 전쟁의 관습을 깼다고 비난했다. 그는 중공군의 참전을 진주만 공격보다 더 나쁜 역사상 가장 기만적인 기습이라고 말했다.

맥아더는 워싱턴의 트루먼과 애치슨, 그리고 합동참모본부도 맹비난했다. 맥아더는 그들이 매번 자기를 방해했다고 주장했다. 만일 만주에서 중공군을 폭격하고 기지와 도로와 시설들을 폭격하도록 내버려두었더라면, 이런 낭패는 결코 일어나지 않았을 것이라고 했다. 전쟁을 "제한"하는 것에 대해 깊은 우려를 표명함과 동시에 워싱턴의 유화론자들이 일을 이렇게 만든 장본인이라고 했다.

생선이 머리부터 썩는다는 사실을 맥아더는 알지 못했다. 그렇게 많은 미군을 위험에 빠뜨린 도쿄에 있는 맥아더 사령부는 맥아더의 생각을 거의 대부분 반영했다. 그러나 맥아더는 그동안 자신이 저지른 실수에 대한 비난을 받아들이거나 책임지려 하지 않았다. 이미 그는 후일 출간될 자서전을 쓰기 위해 자신의 흔적을 감추기 시작했다. 그는 여러 면에서 망상에 사로잡힌 것처럼 보일 수 있는 지어낸 이야기들로 반박하면서 자기방어를 하기 시작했다. 그는 자신이 중공군이 대규모로 전쟁에 개입할 것이라는 것을 줄곧 알고 있었다고 주장했다. 그는 몇 주 동안 그것을 눈치채고 그가 "위력 수색reconnaissance in force(적의 배치, 강도, 약점, 그리고 예비대 및 화력지원 요소의 반응을 알아보기 위해 강한 부대로 제한된 목표에 실시하는 공격작전-옮긴이)"이라고 불렀던 압록강으로의 진격을 교묘하게 기획했다고 했다.

즉, 맥아더는 중공군의 규모와 배치, 내용과 의도를 분명히 알기 위해 자신의 군대를 북쪽으로 보냈다는 것이었다. 그의 진격이 중공군의 공격을 촉발시킴으로써 그들의 속셈을 알았으니, 그가 처음부터 계획했던 것을 정확하게 성취한 것이었다. 맥아더의 정보 책임자인 찰스 윌러비는 "우리는 수수방관할 수 없었다. 우리는 공격해서 적의 정체를 알아내야 했다"라고 거짓말했다.

맥아더는 "놀라지 않았다"고 그의 최측근인 코트니 휘트니 장군이 주장했다. 그의 부대들은 맹목적으로 북쪽으로 돌진하여 매복공격을 당한 것이 아니었다. "북쪽으로 밀고 올라가는 것은 신중하게 계획된 것이었다." 휘트니 장군이 아는 한, 위력수색은 훌륭하게 수행되고 있었다.

도쿄에서 흘러나오는 궤변은 필사적으로 사람들을 현혹시켰다. 저널리스트이자 역사가인 데이비드 할버스탐David Halberstam은 맥아더는 "전 세계뿐만 아니라 자신의 군대, 그리고 아마도 가장 중요한 자기자신 앞에서 체면을 잃었다"라고 썼다. 그래서 맥아더는 자신이 전지전능하다는 환상을 보존하기 위해 정교하게 꾸며낸 허구를 유포시켰다. 도쿄의 새로운 주문呪文인 위력수색이 바로 그것이었다.

≡

전쟁협의회에서 나온 이러한 말들은 주변의 소음, 잡음, 다이 이치 빌딩의 내부에서 끓어오르는 분노를 촉발했다. 이것들은 앞으로 몇 주 동안 전화선과 텔렉스 회선을 통해 전송될 논쟁과 반론의 초기 버전이었다. 맥아더가 오늘 밤 알몬드와 워커 장군을 소환한 진짜 이유는 그들의 말을 듣고 싶었기 때문이다. 그는 그날 그들이 전쟁터에서 무엇을 보았는지 알고 싶었다. 맥아더에게는 드문 일이었다. 그는 진심으로 그들에게 물었다. 그들은 어떻게 생각했을까? 그들은 무엇을 알고 있을까? 그들은 어떻게 할 생각일까?

워커 장군이 먼저 말했다. 그의 제8군단은 지금 전면 퇴각 중이었다. 그는 중공군이 측면에서 공격할까 봐 걱정했다. 그는 평양 주변 어딘가에서 방어선을 형성할 수 있다고 생각했지만 확신하지는 못했다. 한반도 서쪽의 정세는 절망적으로 보였다. 그의 유엔군 부대들 중 일부는 용감하게 싸웠다. 특히 터키군은 그들의 회복력과 전장 감각으로 모두를 놀라게 했다. 그러나 전체적으로 서부는 불명예스러운 패배를 당하고 있었다.

알몬드는 예상대로 더 호전적이었다. 그는 원대한 계획을 포기하고 싶지 않았다. 그는 자신의 제10군단이 계속 진격할 수 있다고 생각했다. 그의 부하들이 순간적인 좌절을 겪었지만, 회복되어 압록강까지 나아갈 수 있을 것이다. 그렇게 함으로써 그들은 중공군의 보급선과 통신선을 단절할 것이다. 알몬드는 지나치게 열심히 일하는 시종처럼 여전히 맥아더의 횃불을 들고 있었다.

회의 기록은 남아 있지 않지만, 알려진 바에 따르면 맥아더는 알몬드의 전투에 대한 낙관적인 평가를 단호히 거부했다. 최고사령관의 진지한 대리자는 그의 지나친 열의를 용서받을 수 있었지만, 압록강까지 도달하려는 군사작전은 끝이 났다. 심지어 맥아더도 그것을 이해했다. 공격에서 수비로 전환할 때였다. 맥아더는 알몬드에게 그의 제10군단이 함흥-흥남 주변의 평야에 집결하는 것이 새로운 전략이라고 말했다. 겨울 동안 두 도시를 확보해야 할 수도 있었고, 아니면 해군 함정들이 흥남의 심해항deep water port(물자의 수송이나 하역, 여객 수송을 위한 항구-옮긴이)을 이용하여 재빨리 대피해야 할 수도 있었다. 이 문제는 나중에 결정해도 되었다. 이보다 더 중요한 점은 더글러스 맥아더 장군이 마침내 진격의 무의미함을 알게 되었다는 것이었다. 신기루가 사라졌다. 꿈은 끝났다. '크리스마스 대공세'는 자기 보존을 위한 끔찍한 작전으로 쪼그라들었다. 제10군단은 뒤돌아 바다를 향해 행군하게 되었다.

질책을 받은 알몬드는 아침에 하네다 공항에서 다시 비행기에 올라 또 다른 전쟁터로 돌아왔다.

Chapter 26

완전히 새로운 전쟁

/

워싱턴

● 11월 28일 아침 6시 15분에 트루먼 대통령은 블레어 하우스에서 합참의장 오마 브래들리 장군으로부터 충격적인 전화를 받았다. 맥아더는 브래들리가 "끔찍한 메시지"라고 부른 전보를 보냈다.

맥아더의 전보에는 "우리는 지금 완전히 새로운 전쟁에 직면해 있습니다"라고 적혀 있었다. "우리 사령부는 우리의 능력 안에서 인간이 할 수 있는 모든 것을 했지만, 이제는 우리의 통제력과 전력을 넘어서는 상황에 직면해 있습니다."

"중공군의 전력은 어느 정도입니까?" 트루먼이 다그쳤다.

브래들리는 침울했다. "맥아더는 현재 26만 명이라고 믿고 있습니다." 브래들리는 맥아더가 방어에 나서야만 한다고 말했다. 맥아더는 더 이상 마오쩌둥의 공격을 억제할 수 없었다. 맥아더는 적이 쳐놓은 함정에서 빠져나가려는 노력을 할 수밖에 없었다. 맥아더는 중공군이 자신의 군대를 "완전하게 파괴"하려고 혈안이 되어 있다고 말했다. 해병대가 장진호에서 공격을 받았을 뿐만 아니라, 한반도 서쪽에 있는 월튼 워커 장군의 부대도 대규모로 공격당했다. 워커 장군의 제8군단과 그의 지휘하에 있는 여러 다른 유엔군도 남쪽을 향해 황급히 이동하고 있었다.

이것은 대통령에게는 정말 놀라운 반전이었다. 불과 3일 전, 맥아더는 '종전終戰' 공세를 선언했었다. 트루먼은 지금 이 충격적인 순간에 한국의 정세는 "저항 중이라는 소문에서 확실한 패배로 바뀌었다"라고 말했다.

이로써 그의 재임 중 가장 암울한 암흑기가 시작되었다. 4시간 후, 대통령 집무실에서 열린 참모회의에서 트루먼은 가장 가까운 보좌관들에게 이 소식을 전했다. "우리는 아주 끔찍한 상황에 처해 있소." 그가 말했다. "중공군이 확실하게 개입했소." 그는 맥아더가 브래들리에게 전해준 놀라운 숫자를 언급했다.

참모 중 한 명은 자신이 들은 것을 믿을 수 없었다. "26만 명이라고요?"

"맞소"라고 대통령이 대답했다. "그곳에는 약 7개 군이 있다고 하오."

보좌관들은 놀란 듯 말없이 앉아 있었고, 두꺼운 안경 뒤로 눈을 크게 뜬 트루먼은 감정을 억누르고 있었다. "그는 입을 꽉 다물고 있었고, 볼은 상기되어 있었다"라고 당시 함께 있었던 보좌관은 회상했다. "잠시 동안, 그는 거의 흐느끼는 것 같았다." 대통령은 어색하게 서류를 뒤적이고는 책상 위의 가위를 만지작거렸다.

하지만 트루먼은 이내 평정을 되찾았다. 그는 "이것은 우리가 지금까지 겪은 최악의 상황이오"라고 말했다. "우리는 다른 모든 사람들과 마찬가지로 이 상황에 대처해야 하오." 그는 구체적인 계획을 세우는 과정에서 위안을 찾는 것 같았다. 그는 비상사태를 선포하고, 대국민 연설을 하고, 국방부의 예산을 세 배로 늘릴 생각이었다. "여러분 모두에게 각자의 자리로 돌아가 필요한 준비를 해줄 것을 당부드리오"라고 말했다. 그는 오늘부터 앞으로 며칠간 예정된 약속은 전부 취소해야 했다.

"우린 이것을 해내야 합니다"라고 그가 되풀이했다. "지금 가서 할 수 있는 최선을 다합시다."

三

같은 날 11월 28일 3시, 트루먼은 백악관 웨스트 윙 국무회의실에서 국가안전보장회의NSC를 주관했다. 국무회의실의 분위기는 정말 침울했다. 오마 브래들리는 조지 마셜, 앨번 바클리Alben Barkley 부통령, 호이트 반덴버그Hoyt Vandenberg 공군참모총장, 베델 스미스Bedell Smith CIA 국장과 자신의 우울한 생각을 공유했다.

그러고 나서 딘 애치슨이 발언할 차례였다. 위엄있게 콧수염을 기른 국무장관은 트루먼의 가장 영향력 있는 조언자였다. 우아하고, 언변이 뛰어나고, 거만한 애치슨은 슈퍼 와스프WASP(White Anglo-Saxon Protestant'의 약자로 흔히 미국 주류 지배계급을 뜻한다-옮긴이)였다. 코네티컷Connecticut 출신 성공회 주교의 아들이었던 그는 그로튼Groton 스쿨과 예일Yale 대학, 그리고 하버드Harvard 로스쿨을 나와 국제 변호사로 활동하다가 정권의 핵심부로 들어온 인물이었다. 비평가들은 정중한 애치슨을 형사법상 처벌할 수 없다는 것을 알고 있었다. 한 저명한 신문 칼럼니스트는 "쌀쌀하고, 냉담하며… 감정에 흔들리지 않는 권위 있는 고위관료라 해도 때로는 힘든 상황에서 세상에서 벌어지고 있는 중대 사건을 결코 이해할 수 없는 사람들에게 그것에 대해 어쩔 수 없이 이야기할 수밖에 없을 것"이라고 생각했다.

애치슨의 국무부는 수많은 논란에 휘말려 있었다. 그것의 대부분은 사실이든 상상한 것이든 중공의 위협, 즉 공산주의의 확산과 관련이 있었다. 어떤 의미에서 중공의 전쟁 개입은 미 국무부의 입장에서 볼 때 동시대를 사로잡은 아주 큰 사건들 중에서 최근에 새로 생긴 오점에 불과했다. 1949년 마오쩌둥의 군대가 장제스의 군대를 압도하자, 매파 보수주의자들은 애치슨이 공산주의에 대해 관대하다고 격렬하게 항의했다. 애치슨을 유화주의자라고 부르는 많은 공화당원들은 중국을 "잃은 것"은 그 때문이라고 비난했다. 지난 6월 김일성이 남한을 침공했을 때 트루먼 행정부를 비판하는 사람들은 애치슨이 지난 1월 워싱턴 프레스 클럽에서 한 중요한 연설에서 미국이 더 넓은 안보 우산 아래서 보호하기로 약속한 아시아 국가 중 하나로 남한을 지목하지 않았다고 언급했다.(1950년 1월 12일 애치슨이 전미국신문기자협회에서 행한 '아시아에서의 위기'라는 연설에서 이것을 처음 언급했다. 제2차 세계대전 후의 외교문제 해결의 중책을 수행한 애치슨은 스탈린과 마오쩌둥의 영토적 야심을 저지하기 위해 태평양에서의 미국의 방위선을 알류샨 열도-일본-오키나와-필리핀을 연결하는 선으로 정한다고 발언했다. 즉, 방위선 밖의 한국과 대만 등의 안보와 관련된 군사적 공격에 대해 보장할 수 없다는 내용으로 6·25전쟁의 발발을 묵인하는 결과를 가져왔다는 비판을 받았다–옮긴이)

일각에서는 애치슨의 누락이 김일성을 대담하게 만들었고, 이것이 김일성의 침략을 촉발시킨 요인 중 하나였을 것이라는 주장도 있다. 김일성이 공격하자, 한반도에 군대를 투입하도록 대통령을 설득했던 다른 트루먼의 고문들의 권고와 달리, 애치슨은 이 운명적인 결정이 미국을 중공과의 전쟁으로 이끌 것이라고 추측했었다.

그날 아침 애치슨은 상원 외교위원회의 비공개 회의에서 한국 상황에 대해 냉철하게 설명했다. 그는 "한국에서 당면한 군사적 상황뿐만 아니라 그것의 의미를 포함한 이 모든 문제의 심각성을 과대평가하는 것은 불가능하다고 생각합니다"라고 말했다. 그는 미국이 세계대전에 "매우 근접했다"고 말했다. "우리는 지금 그 일이 언제든지 일어날 수 있다는 것을 직시해야 합니다."

국무회의 석상에서 애치슨은 종말론적 어조로 말했다. 대통령은 귀를 기울이며 부엉이처럼 눈을 깜박거렸다. 중공의 침략으로 애치슨은 스탈린의 숨겨진 의도를 감지했다고 말했다. 그는 "한국 문제를 고립된 별개의 문제로 볼 것이 아니라, 적대국인 소련과 맞서는 전 세계적인 문제와 관련이 있는 것으로 봐야 합니다"라고 경고했다.

애치슨은 맥아더가 어떻게 유엔군을 그런 위치에 배치했는지, 어떻게 그의 정보가 그렇게 잘못되었는지, 그리고 그가 직면한 상황에 정직하게 맞서기까지 어떻게 그렇게 오랜 시간이 걸렸는지 이해하지 못했다. 애치슨은 최고사령관이 "출구도 없이" 상황을 계속 악화시켰다고 말했다. 국무장관은 그 과정에서 맥아더가 현실과 괴리되었다고 생각했다. 맥아더는 때때로 히스테리적으로 보였고, 심지어 망상에 빠진 것 같았다. 애치슨은 그를 묘사하면서 나중에 에우리피데스Euripides(BC 484?-BC 406? 고대 그리스의 비극시인-옮긴이)의 글을 인용했다 "신들이 파괴하려고 하는 사람들은 먼저 신들을 화나게 만든다."

애치슨은 미국이 중공의 행동을 어떻게 응징할지 신중하게 생각할 것이라고 말했다. "우리는 중국 공산주의자들에게 그들의 삶을 더 어렵게 만들기 위해 어떤 압력을 가할 수 있는지 보여줘야 합니다"라고 말했다. 그러나 중공은 패배할 나라가 아니었다. 그들은 점점 더 많은 병력을 압록강 건너로 투입할 것이다. 필요하다면 수백만 명도 더 되는 병력을 압록강 건너로 투입할 것이다. 마오쩌둥은 사람의 목숨에 가치를 거의 두지 않았다. 애치슨은 "한국에서는 중공을 이길 수 없습니다. 그들은 우리가 할 수 있는 것보다 더 많은 병력을 투입할 수 있습니다. 우리가 꼭 해야 할 한 가지 조치는 우리가 버틸 수 있는 방어선을 찾아서 버티는 것입니다"라고 말했다.

이어서 그는 "우리는 전쟁을 끝낸 뒤, 일부 지역을 한국에 넘기고 빠져나와야 합니다"라고 말했다.

☰

광란으로 가득 찼던 그날에 대해 트루먼 대통령은 곰곰이 생각할 것이 많았다. 트루먼은 애치슨 장관의 말에 동의해야만 했다. 맥아더는 큰 실수를 저질렀다. 맥아더는 공군도 없고 조잡한 보급체계에 기초적인 통신체계도 없는 게릴라군에게, 전차도 없고 귀중한 포병도 없는 군대에게 저지당했다. 그는 미국 군사 역사상 가장 끔찍한 정보의 실패를 저질렀다. 그는 한 달 동안 축적한 증거들의 중요성을 놓치고 있었고, 마침내 그는 그동안 억누르거나 무시한 증거들의 중요성을 인식하게 되었다. 그 과정에서 그는 수만 명 미군의 생명을 치명적인 위험에 빠뜨렸다. 트루먼은 "맥아더 장군을 그때 거기서 교체시켰어야 했다. 내가 그러지 않은 이유는 공세가 실패해서 그가 교체된 것처럼 보이게 하고 싶지 않았기 때문이다. 나는 운이 좋지 않은 사람을 결코 배반하고 싶지 않았고, 지금도 그럴 생각이 없다"라고 썼다.

트루먼은 한국이 자신의 행정부가 직면한 훨씬 더 큰 위험의 일부에 불과하다는 것을 점점 더 깨닫기 시작했는데, 이는 지난 몇 달 몇 주 동안 대통령 참모진이 수정해온 극비정책문서 NSC-68에 요약되어 있었다. 국무부 고위 관리인 폴 니체Paul Nitze의 지시로 정책 입안자들이 작성한 NSC-68은 미국 역사상 가장 영향력 있는 문서 중 하나로 포괄적인 분석을 담고 있는 정책 문서였다. 이 문서는 향후 20년 동안 미국의 외교정책을 이끌고 규정하게 될 것이다. 소련의 팽창주의와 다면적인 공산주의 위협의 봉쇄를 미국 국정의 가장 중요한 관심사로 보고 있는 이 58페이지 분량의 문서는 무엇보다도 미국 군사 예산의 대폭 증액, 수소폭탄 개발을 주장했으며, 미국의 동맹국, 위성국가, 그리고 전 세계 괴뢰국가에 대한 군사원조를 주장했다. 무엇보다 NSC-68은 시대의 심각한 분위기를 포착해냈다. "우리가 직면한 문제는 미국뿐 아니라 문명 그 자체의 성취나 파괴와 관련된 중대한 사안이다."

트루먼의 딸인 마거릿Margaret은 이날이 트루먼의 임기 중 가장 "암울한" 시기의 시작이었다고 말했다. 그는 제2차 세계대전 종전을 이끌었다. 그는 마셜 플랜Marshall Plan과 나토NATO의 창설을 통해 유럽 재건을 도왔다. 그는 베를린 공중보급Berlin Air Lift으로 소련의 공격을 저지했고, 그리스와 터키에서 공산주의 운동의 부상을 막았다. 그러나 그는 이번이 자신의 가장 어려운 도전이라고 생각했다.

그는 "마치 제3차 세계대전이 시작된 것 같다. 그렇지 않기를 바라지만, 무슨 일이 일어나든 우리는 대처해야 한다. 그리고 우리는 그렇게 할 것이다"라고 썼다.

PART 4

붉은 눈

/

"가라, 여행자여, 스파르타의 마을에 소식을 전하라.
여기에, 그들의 명령은 끝났고, 우리는 우리를 바쳤다고."

– **시릴 E. 로빈슨Cyril E. Robinson** –

(1884–1981, 영국의 역사학자로 고대 그리스와 로마에 관한 많은 저작물을 남겼다.)

Chapter 27

너희는 모두 살육당할 것이다

/

덕동 고개

● 헥터 카페라타는 눈 위에 피를 흘리면서 양말만 신은 발로 비틀거리며 마침내 폭스 중대 본부로 내려갔다. 그는 소나무 사이에 가지런히 세워져 있는 의료 지원 텐트를 발견했다. 임시로 매어둔 카페라타의 팔은 고통으로 욱신거렸고, 숨 쉬는 것도 어려웠다. 발은 붓고 얼음처럼 차가웠다. 텐트 안에는 혈장이 담겨 있는 병들과 모르핀 주사기가 널려 있는 맨땅에 중상을 입은 대원들이 웅크리고 있었다. 좁은 공간은 땀과 인분 냄새, 그리고 노출된 내장에서 나는 악취가 진동했다. 덜 심각한 부상자들 중 일부에게 통증 완화를 위해 화이트호스 스카치Whitehorse Scotch 위스키 한 병을 주었다. 텐트 바로 뒤에는 얼어붙은 미군의 시체 더미가 쌓여 있었다.

적어도 내부는 어느 정도 따뜻했다. 등유 난로가 환영해주듯 훈훈한 열기를 내뿜었다. 폭스 중대에는 군의관이 없었지만, 해군 의무병 3명이 텐트에서 분주히 움직이며 밤새 사상자를 돌보았다. 의무병 중 한 명인 제임스 프렌치James French는 카페라타를 부상자 분류 구역으로 안내한 뒤 안정시켰다. 프렌치는 카페라타의 피묻은 소매를 잘라내고 손과 팔에 난 상처를 닦고 옷을 입혀주고 모르핀 주사를 놓았다. 카페라타는 "맙소사,

느낌이 이상했다"라고 말했다. "몇 초 만에 팔이 내 몸을 떠난 것 같았다. 아니면 내 팔을 떠난 건 내 몸일지도 몰랐다."

기분 좋게 모르핀을 투여받은 카페라타는 소대 전우 켄 벤슨을 발견했다. 벤슨은 여전히 흐르는 피와 눈에 박힌 파편 때문에 앞이 보이지 않았다. 그는 잠시 더듬거리면서 카페라타의 얼어붙은 양말을 벗기고 발을 문질러 다시 그 속에 생명을 불어넣으려 했다. 떨고 있는 2명의 뉴저지 젊은이들은 뜨거운 커피 한 잔을 나눠 마시며 텐트 안에서 잠시 웅크리고 있었다. 때때로 카페라타는 마약에 취해서 거의 감각을 느끼지 못했다. 그는 군화가 어떻게 됐는지 궁금했다. 그는 자신이 잡은 3명의 중공군 포로에게 무슨 일이 일어났는지 궁금했다. 그는 자신이 어떻게 그 밤에 살아남았는지 궁금했다. 그는 "내가 왜 이곳에 있는지 모르겠다"라고 말했다. "어떻게 내가 안 죽었는지 모르겠다. 누군가 날 돌봐주고 있었던 것 같다."

정오 무렵 벤슨은 작별인사를 해야 했다. 위생병이 그의 눈을 씻기고 조심스럽게 돌과 파편과 핏덩이를 비틀어 뽑았다. 안경은 고지 위에서 산산조각이 났지만, 그는 안경을 쓰지 않아도 충분히 잘 볼 수 있어서 고지로 올라가 참호를 파고 적의 재공격에 대비했다. 그러나 카페라타는 상황이 달랐다. 그는 간신히 움직일 수 있었고, 망가진 팔만 아픈 게 아니라는 것을 느끼기 시작했다. 어딘가 깊은 곳에 상처가 있었다. 그는 마치 양측폐렴double pneumonia(양쪽 폐가 모두 폐렴균에 감염된 병-옮긴이)에 걸린 것 같은 느낌이 들었다. 왜 그런지 이해할 수 없었다. 가슴에서 피가 배어 나오지도 않았고, 상처도 찾을 수 없었다. 프렌치와 다른 의무병들은 더 심각한 부상자들을 처치하느라 너무 바빴다. 그래서 28일 오후까지 카페라타는 누워서 부상자들의 울부짖음과 신음소리를 듣고 있었다.

≡

바버 대위는 폭스 힐에 증원군을 투입할 수 있는지 여부를 알아보기 위해 하루 종일 무전기를 잡고 있었다. 그는 신호를 받는 데 어려움을 겪었다. 무전기 배터리는 추위로 다 닳아 있었다. 그는 해가 지면 중공군이 돌아오리라는 것을 알고 있었다. 그들은 어디론가 사라지지 않았다. 그는 사정거리에서 약간 벗어난 잡목림과 덤불 속에서 머물고 있는 중공군들을 볼 수 있었다. 그들은 해병대를 조롱하는 것 같았다. 미군이 제공권을 확보하지 않았더라면 지금도 중공군은 공격을 하고 있었을 것이다.

그런 불리한 조건 아래에서 바버는 그가 얼마나 더 버틸 수 있을지 확신하지 못했다. 무전기에서는 유담리에서 내려오는 구조대원과, 주로 해병대 취사병과 제빵병들로 구성된 하갈우리에서 올라오는 또 다른 구조대원에 대한 이야기가 흘러나왔다. 그러나 이러한 계획은 빠르게 무산되었다. 그 길은 그야말로 너무나도 위험했다. 중공군이 길을 장악했기 때문이다. 그들은 수많은 도로봉쇄선을 구축했다. 폭스 중대는 혼자였다.

바버 대위는 장교들을 불러 상황을 설명했다. 그는 "지금 당장은 문제를 완화할 방법이 없다"라고 말했다. 리첸버그와 머레이는 유담리에서 처리해야 할 것이 있었다. 스미스 장군 또한 하갈우리에서 너무 바빴다. 제1해병사단이 중공군 제9병단의 4, 5개 사단에게 포위된 것 같았다. 한동안은 폭스 중대원들은 스스로를 지켜야 했다.

"오늘 밤에도 강력한 공격이 있을 것으로 예상된다." 바버가 경고했다. "하지만 해병답게 싸우기만 한다면 걱정할 것 없다."

하지만 바버 대위는 좋은 소식을 들었다. 그는 탄약과 다른 중요한 물품들을 공중 보급받기로 약속받았다. 확실히 오후 3시쯤, 해병대 수송기가 폭스 힐 상공으로 굉음을 내며 날아왔다. 해치가 열리자 지상의 대원들은 엄청난 환호성을 질렀고, 수송기 하부에서 다수의 화물 파레트가 낙하산에 매달린 채 투하되어 지상으로 떨어졌다. 그런데 불행하게도 그 보급품은 폭스 중대 방어선에서 75야드 밖에 있는 무인지대에 떨어졌다.

보급담당 부사관 데이비드 스미스David Smith가 가장 먼저 파레트에 도착했다. 그가 칼을 꺼내 낙하산 줄을 자르기 시작하자, 중공군 저격수가 총을 쐈다. 총알이 스미스의 오른쪽 종아리를 강타해 경골이 산산조각 나면서 마른 나뭇가지 꺾는 듯한 소리가 났다. 스미스는 고통으로 울부짖다가 도랑으로 쓰러졌다. 스미스를 구출하기 위해 1개 팀이 들것을 들고 뛰쳐나갔는데, 그들 중 한 명도 저격수가 쏜 총에 다리를 맞았다. 그 후 기관총 사수들이 엄호사격을 하는 가운데 더 많은 수의 해병대원들이 다친 두 사람을 데려오고 보급품을 회수했다.

바버 대위는 그 보급품에 매우 만족했다. 수류탄과 박격포탄, 조명탄과 30구경 탄약이 든 많은 상자가 있었다. 대원들에게 필요한 담요와 들것, 그리고 여러 의약품도 있었다. 심지어 낙하산도 유용하게 쓸 수 있을 것 같았다. 낙하산 천은 잘게 찢으면 옷이나 침구 재료로 사용할 수 있었다.

보급품을 투하한 지 얼마 지나지 않아 또 다른 2인승 소형 헬리콥터가 날아와 폭스 힐의 대원들은 놀랐다. 이곳은 이처럼 날씨가 춥고 공기가 희박할 때는 아무리 최신 헬기라도 오기 힘든 위험한 고지대였다. 헬리콥터의 조종사 조지 패리쉬George Farish 대위는 용감한 사람이었다. 그는 바버의 야전 전화와 무전기를 위한 새 배터리를 전해주기 위해 하갈우리에서 왔다. 패리쉬는 나무 꼭대기 위에서 윙윙거리며 내려와 폭스 힐 위를 잠시 맴돌며 착륙하기 좋은 장소를 찾았다. 하지만 그때 한 중공군 저격수가 총을 쏘았다. 총알 하나가 헬리콥터의 로터 변속기 케이스rotor transmission case에 박혔고, 기름이 뿜어져 나오기 시작했다.

패리쉬는 심각한 곤경에 빠졌다. 그는 헬리콥터 조종력을 상실하고 있었다. 헬리콥터가 공중에서 흔들리고 있었다. 그는 거수경례를 하고 상승하려고 할 때, 헬리콥터 날개가 나뭇가지를 부러뜨렸다. 패리쉬는 7마일을 비행하여 겨우 하갈우리까지 되돌아갔지만, 마을 외곽에서 추락했다. 기적적으로 그는 크게 다치지 않았다. 그는 엉망이 된 헬리콥터에서 나와 스미스 장군의 영내까지 걸어갔다.

≡

그날 오후, 켄 벤슨은 전날 밤 자신과 카페라타가 있던 바위가 흩어져 있는 곳으로 돌아갔다. 그는 그들이 남겼을지도 모를 유용한 물건들을 찾아 헤맸다. 그는 침낭을 발견했지만 엉망진창이었다. 중공군은 아마도 해병대원들이 침낭 안에서 졸고 있다고 생각하면서 총을 쏘고 총검으로 찔렀던 것 같았다.

벤슨은 솜털과 헝크러진 섬유가 바스락거리며 바람에 날리는 것을 보면서 자신이 살아 있다는 것이 얼마나 행운인지 깨달았다.

그 순간 아이디어가 떠올랐다. 침낭 2개와 사용하지 않은 다른 침낭들을 가져다가 눈을 채워넣는 건 어떨까? 그는 전략적으로 침낭들을 언덕에 부채 모양으로 놓아서 해병 소대가 함께 진을 치고 있는 것처럼 보이게 할 수 있었다. 이 "잠자는" 인형들은 완벽한 미끼 역할을 할 것이다. 적의 포화를 유인할 것이고, 총구의 섬광을 통해 중공군의 위치를 확인할 수 있을 것이다.

중공군이 수적으로 우세한 상황에서 해병대는 이렇게 영리해야만 했다. 계략과 속임수는 그들의 시련을 이겨내게 할 것이다. 벤슨의 부소대장은 그의 생각을 좋아했다. 해가 진 후 벤슨은 작업에 착수하여 눈 속에서 미끼들을 배열해놓았다.

≡

그날 밤 10시쯤, 폭스 중대 대원들은 으스스한 소리에 잠을 깼다. 그들은 전자파가 만들어내는 잡음과 반복되는 소음 소리도 들었다. 그 후 확성기를 통해 증폭되는 한 남자의 목소리를 들었다. 중국인의 목소리였지만, 그 남자는 영국 억양이 가미된 아름다운 영어를 구사했다. 그는 아주 정확하게 발음했다. "폭스 중대!" 그 남자가 말했다. "너희들은 완전히 포위되었다! 너희는 정말로 수적으로 열세다!"

해병대는 목을 길게 빼서 확성기가 어디 있는지 살펴보았다. 쌍안경을 가진 몇몇 대원이 중국인 연설자를 보았다. 그의 얼굴은 모닥불 빛에 춤을 추듯 움직이고 있었다. 그는 군관 모자를 쓰고 누빔 외투를 입은 인상적인 남자였다. "폭스 중대 해병대!" 그는 계속 말했다. "너희는 너희들에게 주어진 유일한 합리적인 방법이 항복뿐이라는 것을 알아야 한다. 그렇지 않으면 너희 모두는 대량 학살당할 것이다!"

목소리가 잦아들자, 방아쇠를 당길 준비가 된 해병대원들은 증오에 차 그 목소리 방향으로 사격을 가하려는 본능을 간신히 억제했다. 그러자 귀에 익은 목소리로 부르는 귀에 익은 노래 선율이 확성기에서 울려 퍼지기 시작했다. "… where the treetops glisten, and children listen, to hear sleigh bells in the snow.(크리스마스 나무 위에 장식들이 반짝이고 아이들은 흰 눈 사이로 달리는 종소리에 귀를 기울여요.)" 빙 크로스비Bing Crosby였다. 그의 듣기 좋은 바리톤은 바람을 타고 나무 사이로 스며들어 대원들의 향수병을 자극했다.

잠시 후, 또 다른 중국인 목소리가 그 몽상을 깨뜨렸다. 연설자는 중국식 영어로 소리치며 계속해서 구호를 외쳤다. "해병대, 오늘 밤 너희는 죽는다! 해병대, 오늘 밤 너희는 죽는다!"

≡

자정 무렵, 전날 밤과 마찬가지로 맹공격이 시작되었다. 이번에 해병대는 준비가 되어 있었다. 이 두 번째 밤에 대원들은 중공군의 호각, 뿔피리, 징 소리가 그렇게 두렵지 않았다. 방어선을 강화하고 참호를 더 깊게 판 폭스 중대 대원들은 총알을 낭비하지 않았다. 그들은 전진하는 중공군이 시야에 들어올 때까지 참을성 있게 기다렸다. 그리고 해병대는 그들을 쓰러뜨렸다.

조명탄 불빛 아래에서 많은 대원들이 언덕에서 혼자 나팔을 부는 나팔수를 보았다. 그 중국인은 나팔을 입에 댄 채 아주 위엄 있게 서 있었다. 해병대원 로버트 레키Robert Leckie는 "그는 움직이지 않았다. 몽골 조랑말들이 유럽 땅을 침략하고 야크가 금빛 캠프의 텐트를 향해 꼬리를 휘둘렀을 당시의 고대 영웅 같았다"라고 썼다.

나팔수가 연주하는 침울한 나팔소리가 산비탈에 울려 퍼졌다. "내가 저 개자식을 손봐줄게!" 한 해병대원이 소리쳤다. 그가 핀을 뽑아 수류탄을 던졌고, 수류탄이 나팔수의 발치에 떨어졌다. 하지만 위엄 있는 그 나팔수는 도망가지 않았다. 그는 그냥 서 있었고, 확고하게 그의 나팔소리는 몇 초간 계속 되었다. 그러다가 수류탄이 터졌다. 레키는 다음과 같이 썼다. "나팔의 긴 울부짖음과 함께 섬광과 굉음이 울려 퍼졌다. 그리고 전투소음이 모두의 귀에 다시 들렸다."

켄 벤슨은 방어선 아래 참호에서 경계하며 자신의 계략이 성과를 거두기를 끈기 있게 기다렸다. 이윽고 중공군 1개 분대가 고지를 따라 올라왔다. 그들은 벤슨이 준비한 초승달 모양의 불룩한 침낭에 다다랐다. 중공군은 잠시 망설였다. 그러고 나서 총을 겨누고 근접거리에서 침낭을 향해 발사했다. 총구의 섬광이 그들의 위치를 노출시켰다. 벤슨과 동료들은 쉽게 중공군을 발견해 그들 모두를 사살했다.

전투는 밤을 지나 아침까지 이어졌다. 전투 내내 바버 대위는 전선을 지키며 전날 밤처럼 소대들을 독려했다. 그는 겁이 없었다. 그는 이오지마에서 그랬던 것처럼 미친 듯이 위험을 무릅썼고 전투에서 이겼다. 어떤 점에서 그는 이보다 더 행복했던 적이 없었다. 바버는 이 일에 천부적인 사람이었다. 전사일 뿐만 아니라 전사들의 지도자였다.

하지만 오전 2시 45분경, 바버의 운은 다했다. "그들은 아직 나를 죽일 수 있는 총알을 만들지 못했다"라고 말한 바버는 심한 총상을 입었다. 어디선가 날아온 총알이 그의 사타구니 깊숙이 박혀 골반이 산산조각이 났다. 왼쪽 허벅지를 따라 붉은 얼룩이 크게 부풀었다. 처음에 바버는 대수롭지 않게 생각했다. 그는 벌에 쏘인 것에 지나지 않는다고 말했다. 그는 상처에 헝겊 조각을 쑤셔넣었다. 목발로 쓰기 위해 막대기를 부러뜨리고 이리저리 움직이려 했다. 누군가가 의무병을 불렀을 때, 바버는 비웃었다. 그는 아드레날린으로 얼굴이 빨개졌고, 자리에 앉는 데 시간이 좀 걸렸다. 그러다 보니 그는 자신이 쓸모없다는 것을 알았다. 이제 고통이 아주 심해졌다. 그는 의무 텐트에 알리는 것에 동의했지만, 자신의 힘으로 걸어갔다. 그는 들것을 거부했다. 그는 의지할 수 있는 다른 부상당한 장교를 발견했고, 두 남자는 서로 부축한 채 비틀거리면서 언덕을 따라 내려갔다.

어둠 속 어딘가에서 중공군이 외치는 소리가 들렸다. "바버 대위, 항복하겠나?" 그는 그렇게 하지 않았다.

≡

밖에서 전투가 치열해지자, 의료 텐트 안에 있던 부상자들은 초조해하며 안절부절못했다. 특히 헥터 카페라타가 더욱 그랬다. 카페라타는 밖에서 벤슨과 함께 싸워야 한다고 생각했다. 그는 총성과 박격포 소리를 들을 수 있었고, 대원들의 고함소리도 들을 수 있었다. 종종 총알이 텐트를 찢고 들어와 히터에 맞았고, 차가운 공기가 불어왔고, 깜빡거리는 별을 볼 수 있었다.

어두운 표정의 바버 대위가 전투 열기에 휩싸인 채 쿵쾅거리며 들어왔다. "싸울 수 있는 대원이 부족해." 그가 소리쳤다. "우리는 방어선을 채워줄 자원자가 필요하다." 중상을 입지 않은 몇몇 대원들이 부름에 응했다. 그들은 일어서더니 밖으로 나갔다. 다른 사람들은 서려고 했지만 설 수가 없었다. 그중 한 명인 해리슨 포머스Harrison Pomers 일병은 자신의 등 어딘가에서 습하고 끈적거리는 느낌이 든다고 불평했다. 한 의무병이 옷을 벗기고는 말을 잇지 못했다. 포머스의 등에는 주먹만한 구멍이 나 있었다. 의무병은 척추뼈를 볼 수 있었다.

이제 카페라타가 바버의 부름에 귀를 기울일 차례였다. 그는 땅에서 몸을 일으키려고 애썼다. 그는 전투에 참가하기를 갈망했다. 그날 아침, 벤슨은 그에게 마우저Mauser 기관총을 주었고, 카페라타는 그 총을 사용할 작정이었다.

그러나 의무병 프렌치는 그가 몸부림치는 것을 보았다. 그는 카페라타가 가야 한다고 생각하지 않았다. "넌 누워 있어, 무스!" 그가 말했다.

카페라타는 항의했다. "프렌치, 난 밖에 있어야 해." 그는 고지에 있는 많은 다른 대원들이 훨씬 더 심각한 부상을 입고도 싸우고 있는데, 팔에 입은 총상 정도로 자신이 못 간다는 것을 이해하지 못했다.

하지만 사실, 카페라타는 움직일 수 없었다. 프펜치가 그에게 준 모르핀에도 불구하고 가슴 통증은 하루 종일 더 심해질 뿐이었다. 그가 얼마나 괴로워하는지를 본 프렌치는 카페라타의 옷을 뒤로 젖히고는 촛불을 켜고 가슴을 들여다보았다. 흉골 바로 아래에 작고 빨간 총알 구멍이 있었다. 상처는 핏자국이 거의 없이 깨끗했다. 어찌된 건지 그들은 하루 종일 그것을 못 보고 지나쳤다.

"이 망할 바보놈아!" 프렌치가 갑자기 소리쳤다. "누워!"

이번에는 카페라타가 물러섰다. 카페라타는 프렌치의 눈 속에서 이것이 심각하다는 것을 알 수 있었다. 프렌치는 치료할 방법이 없었다. 그저 카페라타에게 모르핀 한 대를 더 주사할 수 있었을 뿐이었다. 카페라타는 다시 땅바닥에 주저앉아 담요로 몸을 감싸고는 그 사실을 이해하려고 했다. 그는 가슴에 총을 맞았었다. 그것은 명예로운 전투상처처럼 들렸다. 그것이 기운을 북돋아주었다. 적어도 그는 더 이상 의료 텐트에 누워 있는 것에 대해 부끄러워하지 않았다.

카페라타는 전쟁의 공포가 자신을 엄습해오자, 자신의 마우저 기관총을 붙잡고 홀로 어둠 속을 응시했다.

Chapter 28

전기톱에 키스하기

/

뉴욕

● 우슈취안 중공 대사가 유엔에서 연설할 수 있게 되기까지 나흘이 걸렸다. 하지만 그 4일 동안, 세상은 변했다. 한국에서 마오쩌둥의 의도가 완전히 드러났다. 현재 미국과 유엔군은 수십만 명의 병력을 가진 중공과 실제 전쟁 상태에 있었다. 우슈취안이 기꺼이 협상하려 할지도 모른다는 가느다란 희망이 여전히 남아 있기는 했지만, 그마저도 많이 사라진 상태였다.

어쨌든 초기 전장에서의 승리는 마오쩌둥을 대담하게 만들어, 우슈취안과 동료 대표단은 월도프 아스토리아Waldorf-Astoria에 있는 임시 사무실에서 유엔에서 협상할 때 특히 강경한 태도를 취하라는 지시를 받았다. 우슈취안과 동료 대표단은 베이징에 있는 저우언라이와 그의 장관들과 지속적으로 연락을 주고받았다. 저우언라이는 한국에서 온 소식에 기뻐했다. 중공군이 미군을 괴멸하기 직전인 것처럼 보였는데, 이는 저우언라이에게 중공 대표단이 유리한 입장에서 그들의 주장을 세계에 제시할 수 있다는 것을 의미했다.

마침내 11월 28일, 우슈취안 대사는 유엔 안전보장이사회에서 연설할 예정이었다. 유엔 안전보장이사회는 중공 정부나 우슈취안 대사를 인정하지 않았지만, 우슈취안 대사에게도 동등하게 말할 기회를 주었다. 맨해튼에 있는 유엔 본부가 공사 중이어서, 뉴욕의 교외인 롱아일랜드 Long Island 레이크 석세스Lake Success에 위치한 스페리 자이로스코프 회사Sperry Gyroscope Corporation(미국의 주요 장비 및 전자 회사-옮긴이)의 동굴 같은 건물을 임시로 사용하고 있었다.

검은 옷을 입은 중공 대표단은 많은 관심을 불러일으켰고, 이미 진행 중인 유엔 안전보장이사회 회의에 참석하면서 주목을 받았다. 일부 대표들은 자신들이 마치 갱단이 된 것마냥 거드름을 피웠다. 공교롭게도 발언자는 소련 대표단의 수장이자 스탈린의 수많은 숙청 재판에서 활약한 악명 높은 검사였던 안드레이 비신스키Andrei Vyshinsky였다. 비신스키는 잠시 연설을 멈추고 중공 대표단을 열광적으로 환영했다. 우슈취안은 "중화인민공화국PEOPLE'S REPUBLIC OF CHINA"이라고 쓰인 플래카드 옆에 있는 책상 앞에 앉았다. 그로부터 두 자리 건너뛰어 미 국무부 특별검사인 존 포스터 덜레스John Foster Dulles가 앉아 있었다. 덜레스가 이제 막 도착한 중공 대표단을 못 본 척하자, 우슈취안은 그를 노려본 뒤 몇 분 동안 불쾌한 표정을 지으며 그를 쳐다보았다.

이후 우슈취안대사는 이어폰을 벗고 사람들로 꽉 찬 유엔 안전보장이사회 홀 앞으로 나가 공식 연설을 하기 시작했다. 자신의 메모를 보면서 날카로운 목소리로 똑똑 끊어가며 말하던 그는 시간을 낭비하지 않고 곧바로 주최국을 비난했다. "저는 미국 정부의 불법적이고 범죄적인 무력 침략 행위를 고발하기 위해 중국의 4억 7,500만 국민을 대표해 이곳에 왔습니다. 이것은 아시아 문제에 대한 미 제국주의의 간섭 행위이며, 더 나아가 아시아 국가들에 대한 침략, 통제, 노예화를 강화하려는 미 제국주의의 전체 계획의 일부입니다. 미 제국주의자들은 중국과의 관계에서 항상 교활한 침략자였습니다."

그는 2만 단어 분량의 장광설을 2시간 넘게 늘어놓았다. 홀 안에는 긴장감이 흘렀고, 청중들은 안절부절못한 채 자리에 앉아 있었다. 많은 사람들이 그의 독설을 듣고 놀랐다. 우슈취안은 단 한 번도 유화적인 어조로 연설하지 않았다. 그는 유엔의 통역자들이 통역하기 버거울 정도로 빨리 말을 내뱉았다. 그의 태도는 전투적이었고, 그의 얼굴 흉터는 강렬한 조명 아래서 반짝이는 것 같았다.

나중에 밝혀진 바에 의하면, 연설문의 모든 말은 베이징에 있는 저우언라이의 장관들이 마오쩌둥과 직접 협의하여 작성한 것이었다. 유엔 대표단은 중공 대표단이 외교적 해결책을 모색할 생각이 전혀 없다는 것을 알 수 있었다. 중공 대표단은 오히려 갈등을 고조시키기만 바라는 것 같았다. 그들은 미국이 즉시 대만, 한국, 아시아에서 완전히 떠나라고 요구했다.

연설 후, 우슈취안은 중국이 오랫동안 미국에 대해 느껴왔다고 말한 깊은 반감을 목소리 높여 말하기 시작했다. 한 세기 동안 억눌러온 모욕감과 굴욕감이 중국의 집단 기억에서 터져나와 헤드셋을 통해 왁자지껄한 언어로 쏟아져나온 것 같았다. 우슈취안의 말에 따르면, 미국은 항상 중국과 전쟁 중이었다. 때로는 문화나 무역전쟁, 때로는 군사전쟁의 형태를 띠기도 했지만, 미국은 중국의 내정에 은연중에 끼어드는 구제불능의 버릇이 있었다. 의화단 사건(외국인 배척을 위한 비밀결사단으로 중국 산둥성에서 시작한 민중운동. 1900년 시태후西太后의 묵인하에 45명의 외국 신부, 9명의 수녀, 수천 명의 신자가 학살되었다. 의화단 사건은 국제 응징군에 의해 진압되었고 중국 정부가 배상금을 지불함으로써 끝났다-옮긴이) 중 미국의 간섭, 미국 선교사들의 깔보는 듯한 태도, 미국 무력 외교의 모욕, 워싱턴의 장제스 지원, 현재 대만해협에 있는 미 해군, 그리고 만주를 향해 질주하고 있는 미 지상군. 이 모든 것은 미국이 교활하고 참견하기 좋아하는 침략자라는 것을 보여주는 영원불변의 증거였다. 우슈취안은 "미국의 진정한 의도는 블라디보스토크Vladivostok에서 싱가포르Singapore에 이르는 모든 아시아 항구를 지배하려는 것"이라고 비난했다.

한국에서의 위기는 우슈취안 대사의 연설에서 부차적인 불만인 것으로 드러났다. 그는 나중에 "내 연설의 주된 목적은 그동안 중국을 괴롭혀 온 미국인들의 모든 잘못을 알리는 것이었다. 나는 조국의 분개를 드러내고 싶은 마음이 더 컸다"라고 말했다.

우슈취안의 마르크스주의 용어를 사용한 복잡하고 따분한 긴 외침은 회의장에 있는 많은 사람들을 충격에 빠뜨렸다. 몇몇 청취자에게는 처음으로 세계 무대에서 확성기를 제공받은 중공이 마치 무례한 10대처럼 행동하고 있는 것처럼 보였다. 우슈취안은 자국 군대가 유엔군을 공격했다는 사실에 대해 아무런 유감도 표명하지 않았다. 그는 그 사실을 언급조차 하지 않았다.

우슈취안은 나중에 오스트레일리아 기자에게 말한 것처럼 "나는 단지 내가 미 제국주의와 그 추종자들과 대적하고 있고, 그들이 한 세기 이상 중국을 침략하고 짓밟고 억압하고 있다는 것을 느꼈을 뿐이다. 그 기억은 수억 명의 중국인뿐만 아니라 나의 뇌리에도 깊게 남아 마음을 아프게 만든다. 지금까지 미국인들은 의도적으로 새로운 중공을 전복시키고 파멸시키려는 음모를 꾸미고 있었다. 그들은 비난받아 마땅한 악랄한 방식으로 행동했기 때문에 우리 쪽에서는 예의를 지킬 필요가 없었다."

중공 대표단이 평화를 위한 마지막 기회를 제공하지 않았기 때문에, 그 기회는 오래전에 사라졌다. 우슈취안의 독설은 단지 미국인의 생각을 확고하게 만들었을 뿐이었다. 《타임》지는 어떤 식으로든 마오쩌둥을 달래는 것은 "전기톱에 키스하는 것"과 같다고 경고했다.

미국은 즉시 중공의 자산을 동결했고, 며칠 후 유엔 총회에서 마오쩌둥의 한국 침략을 규탄하는 결의안을 제정하기 위한 노력을 주도했다. 우슈취안 대사는 이에 항의하며 회의장을 박차고 나갔다. 그 후로 20년이 넘는 기간 동안 중국 본토 사절단이 유엔에 다시 오지 못했다.

곧 우슈취안과 동료 대표단은 비행기에 올랐고, 베이징에 도착해 영웅으로 환영을 받았다.

Chapter 29

모르핀 꿈

/

덕동 고개

● 밖에서는 폭스 힐을 점령하기 위한 전투로 인해 화염과 연기, 소음이 끊이지 않는 가운데, 텐트 안에 있던 헥터 카페라타는 정신이 혼미한 상태였다. 동료 대원인 아이버슨Iverson이 옆에서 죽어가고 있었다. 아이버슨은 수류탄 폭발로 흉부가 찢어지는 심각한 부상을 입었다. 출혈이 너무 심해서 빨리 죽어가고 있었다. 아이버슨은 카페라타에게 이렇게 말했다. "이봐 무스, 내가 죽으면 네가 내 군화를 가져갔으면 좋겠어." 카페라타는 아직 양말만 신고 있었다. 그는 언덕에서 군화를 되찾지 못했다.

몇 시간 후 아이버슨이 죽었다. 카페라타는 아이버슨의 발에서 군화를 벗겼다. 그는 그 군화를 신어보려고 했지만 맞지 않았다. 14사이즈의 카페라타의 발은 마치 "운하를 오가는 배"처럼 컸다. 그래서 칼을 가져다가 군화 앞부리에 구멍을 냈다. 이제 아이버슨의 군화에서 동상에 걸린 자신의 발가락이 꿈틀거리는 것을 바라보며 카페라타는 아기처럼 울었다. 대원 2명 와서 아이버슨의 시체를 수습했다. 그들은 시체를 텐트 밖 시체 더미 위에 던졌다.

시간이 지남에 따라 카페라타는 의식을 잃고 꿈속을 헤맸다. 모르핀은 약효가 너무 세서, 그는 계속 꿈을 꾸고, 열이 나고, 불안정하고, 환각 증세에 시달렸다. 간혹 잠이 오지 않을 때는 이것이 진짜 꿈이 아니라는 것을 실감하기도 했지만, 모르핀을 맞으면 이러한 증세가 밀려왔다 사라졌다 했다. 그는 제지 기술자인 아버지 꿈을 꾸었다. 그의 아버지 헥터 카페라타 시니어는 제지공장을 짓기 위해 전 세계를 여행했다. 그의 아버지는 부자는 아니었지만, 돈이 인쇄된 종이를 어떻게 만드는지 알고 있었다. 이탈리아에서 태어난 그의 아버지는 아르헨티나와 페루에서 성장기를 보낸 뒤 미국으로 이민을 왔다. 그의 아버지는 헥터에게 사격과 사냥을 가르쳐주고 잘 대해주기도 했지만, 카페라타의 표현대로 폭력적인 "고약한 사람"이기도 했다. 축구를 하면서 자란 그의 아버지는 아들이 그에게 반항할 때 종종 발로 차는 버릇이 있었다. "좀 더 일찍 아버지의 폭력에서 벗어났더라면 나는 아마 로즈 장학생Rhodes Scholar(영국 옥스퍼드 대학에서 공부하는 미국·독일·영연방 공화국 출신 학생들에게 주어지는 로즈 장학금을 받는 학생-옮긴이)이 되었을 것이다."

때때로 카페라타는 미식축구경기 꿈을 꾸기도 했다. 꿈속에서 그는 뉴저지에 있는 미식축구 경기장으로 돌아가서 사람들을 쓰러뜨리고 뭉개버렸다. 특별히 잘하는 것은 아니지만 워낙 몸집이 크고 힘이 세서 상대 선수들에게 위협적이었다. 그러나 빅 헥은 아무도 다치게 하고 싶지 않았다. 그는 단지 미식축구를 하면서 격하게 몸싸움을 하고 사납게 몰아붙이는 것을 좋아했을 뿐이었다.

그는 중공군, 특히 그가 잡은 중공군 포로 꿈을 꿨다. 그는 그 세 젊은이를 마음속에서 지울 수가 없었다. 그들이 처음 그에게 온 순간, 그들이 언덕에서 항복한 순간이 계속 떠올랐다. 그는 그들이 어디서 왔는지 보지 못했다. 그들은 마치 땅속에서 튀어나온 것 같았다.

그는 꿈속에서 중공군의 목소리를 들었고, 그들은 천사들처럼 짙은 구름 속에서 모습을 드러냈다. 그는 그들을 살펴보았다. 그들의 얼굴은 얼어 있었고, 눈으로 덮여 있었다. 코와 턱에 고드름이 달라붙어 있었다. 그들은 겁에 질려 있었고, 추위 속에서 죽어가고 있었다. 그들은 손을 들며 그에게 살려달라고 애원했다.

하지만 꿈에서 카페라타는 그들을 불쌍히 여기지 않았다. 꿈에서 그는 무기를 이리저리 휘두르며 그들을 쐈다. 탕, 탕, 탕. 조준할 필요가 없었다. 그는 그들 정면을 겨누고 쓰러뜨렸다. 3명의 중공군 병사들은 카페라타의 생각과 꿈속에 계속해서 다시 나타났다. 그는 "마치 그들이 나를 괴롭히는 것 같았다. 누군가가 내게 뭔가를 말하려는 것 같았다"라고 말했다.

≡

바버 대위는 폭스 중대에 대한 희망을 점점 잃어가고 있었다. 포위작전은 수그러들 줄 몰랐다. 적은 이 암울한 고지에서 해병대가 얼마나 취약한지, 그리고 해병대의 최후가 얼마 남지 않았다는 것을 알고 있었다. 중공군은 거의 승리 직전이었다. 지난 며칠 밤 동안 바버의 중대는 절반으로 줄어 있었다. '실 병력'이 159명으로 감소했다. 하룻밤은 더 버틸 수 있을 것이라고 생각했지만, 그 후는 장담할 수 없었다.

하지만 바버는 절망적인 모습을 보이지 않았다. 그는 미친 예언자처럼 휘어진 막대기를 목발 삼아 고지 위를 휘젓고 다녔다. 그는 산산조각이 난 골반의 고통을 잊으려고 죽을 힘을 다했다. 의무병들이 상처에 설파제sulfa 가루로 뿌리고 붕대를 최대한 많이 감은 다음, 즉석에서 소나무 가지 한 쌍으로 부목을 만들어주었다. 그 순간 그는 의료 텐트 안으로 뛰어들어와서 이렇게 말했다. "자, 제군들, 현재 상황이 매우 안 좋다. 상황은 이보다 더 안 좋아질 거다. 모두가 함께 가지 않는다면, 이 고지를 못 벗어날 것이다."

그날 밤, 중공군이 다시 한 번 확성기를 들고 나와서 폭스 힐에 사람의 목소리가 울려 퍼졌다. 하지만 이번에는 중공군의 목소리가 아니었다. 미군의 목소리였다. 그의 이름은 로버트 메스맨Robert Messman으로, 유담리에 주둔하고 있던 포병부대 소속이었다. 그는 며칠 전에 포로가 되었다. 그가 운전하던 지프는 유담리에서 남쪽으로 몇 마일 떨어진 길에서 발견되었는데, 총탄 구멍이나 핏자국도 없었고 몸싸움 흔적도 없었다. 중공군은 그를 고지 위의 작은 농가로 데려갔다. 그리고 이제 그를 선전 목적으로 이용하고 있었다.

"폭스 중대 대원 여러분, 나는 킹King 포병대의 로버트 C. 메스맨 중위입니다. 나는 이틀 전에 중공군에게 붙잡혔습니다"라는 목소리가 들렸다.

참호에 있는 해병대는 서로를 응시했다. 속임수인가? 아니, 그들은 그 남자가 분명 미군이라고 확신했다. 비록 대본을 읽는 것처럼 들렸지만. 목소리는 계속되었다. "폭스 중대 여러분, 만약 여러분이 지금 항복한다면, 중공군은 제네바 협약에 따라 여러분을 대할 것입니다. 그들은 여러분에게 음식을 제공할 것입니다. 그들은 따뜻한 옷을 제공할 것입니다. 그들은 당신의 상처를 치료해줄 것입니다." 계속해서 메스맨은 폭스 힐의 해병대에게 전투를 포기할 것을 촉구했다.

그의 목소리가 잦아들자, 기관총 사수들은 마치 중공군도 알고 있는 "엿 먹어"라는 말을 그들에게 내뱉듯이 몇 발을 발사했다.

한편, 바버 대위는 자신의 포로들을 어떻게 해야 할지 고민하고 있었다. 이때까지 폭스 중대는 카페라타가 언덕에서 잡은 겁에 질린 3명의 젊은 중공군을 포함해 30명 이상의 중공군을 사로잡았다. 포로들은 거의 얼어 죽을 지경이었고, 굶주려 있었고, 동상으로 다리를 절었다. 그들 중 상당수가 심각한 전상을 입었다. 그들 중 몇몇은 이미 동사했다.

남겨진 자들은 가련한 무리 속에 웅크리고 앉아 바람으로부터 서로를 보호했다. 바버는 그들을 놓아줄 수도 있었지만, 그들이 어떻게 될지 누가 알 수 있을까? 중공군 군관들은 그들을 다시 데려가지 않을지도 모른다. 폭스 중대는 정치위원이 탈영병을 총으로 쏘는 것을 보았고, 적어도 부상이 없는 포로들은 탈영병으로 인식될 수도 있었다. 하지만 만약 그들의 상사가 그들을 데려간다면, 그들은 다시 손에 무기를 들고 고지에 투입되어 더 많은 해병대원을 죽이려 할 것이다.

바버 대위는 명백한 답을 피하고 있었지만, 무엇을 해야 하는지 알고 있었다. 그것은 이오지마에서 강요당했던 그 어떤 것보다도 그의 인생에서 가장 어려운 결정이었다. 그는 하나님을 경외하는 기독교 신자였지만, 그는 선택의 여지가 없다고 생각했다.

그는 조지아Georgia주에서 온 이병을 불러 다른 해병대원 몇 명을 데리고 가서 이 문제를 처리하라고 말했다. 그들은 지휘소와 의료 텐트 뒤로 가서 포로들이 눈 속에 쪼그리고 앉아 있는 곳으로 향했다. 그런 다음 그들은 포로들의 머리에 총을 쐈다.

카페라타가 그 사실을 알았지만, 되돌릴 수는 없었다. 바버가 말했다. "이봐, 내가 제정신이 아니었네. 그걸 처리하기 힘들었어." 카페라타가 바버에게 말했다 "제가 그들을 쏘게 되면 전 개자식이 되는 겁니다. 만약 저에게 그렇게 하라고 명령하셨으면, 전 저의 소총을 중대장님께 줬을 겁니다."

Chapter 30

전쟁에서 쉬운 선택은 없다

/

헬파이어 밸리

● 11월 28일과 다음날 아침까지 하갈우리에 있는 스미스 장군의 거점은 간신히 유지되고 있었다. 요리병, 행정병, 정비병들은 중공군의 공격을 물리치기 위해 최선을 다했다. 그러나 이스트 힐은 현재 많은 지역이 적의 통제하에 있었다. 많은 해병대원이 죽었다. 사상자가 수백 명에 달했다. 최악인 것은 완공까지 며칠 남지 않은 활주로 건설이 위태로워졌다는 것이다. 쑹스룬 장군은 하갈우리에서 해병대가 시도하고 있는 활주로 건설 작업의 전략적 중요성을 잘 알고 있었기 때문에 이 활주로가 완성되기 전에 이 미군 보루를 제압하기 위해 점점 더 많은 자원을 투입했다.

스미스는 만약 하갈우리가 함락되면, 사단 전체가 전멸할 수 있다는 것을 알고 있었다. 그들의 생사 여부가 하갈우리에 달려 있었다. 스미스는 지원을 받아야 했지만, 북쪽에 있는 연대가 지원을 할 수 없다는 것을 알았다. 리첸버그의 제7연대, 머레이의 제5연대는 여전히 유담리에 묶여 있었다. 덕동 고개에 있는 폭스 중대는 괴멸 직면 상태에 처해 있었다. 따라서 지원군은 남쪽인 고토리 방향에서 와야 했다. 고토리에 본부를 둔 부대는 전설적인 장교가 지휘하는 제1연대였다. 그는 살아 있는 해병 중 가장 많은 훈장을 받았고, 가장 유명한 해병대원이었다. 그가 바로

제1연대장 루이스 풀러 대령. 그는 살아 있는 해병 중 가장 많은 훈장을 받은 해병대원이었다. 괴팍한 그는 야전에서 즉흥적으로 선언하는 것으로 유명했는데, 기자들은 이것을 "풀러리즘"이라고 불렀다. 그는 언제나 공격적이었지만, 낙관적이고 용감했다. 스미스 장군은 그를 약간 회의적으로 보기는 했지만, 아주 좋아했고 "눈길을 끄는 인물"이라고 평했다. 〈사진 출처: U. S. Marine Corps History Division | OFFICIAL USMC PHOTO | CC BY 2.0〉

"체스티Chesty"라는 이름으로 더 잘 알려져 있는 루이스 풀러Lewis Puller였다.

체스티 풀러는 괴팍한 얼굴에, 건장한 체격, 그리고 억누를 수 없는 기개를 가진 호전적인 작은 남자였다. 52세밖에 안 된 그는 괴팍한 성격을 갖고 태어난 것 같았다. 그는 버지니아주 타이드워터Tidewater의 강한 사투리를 썼다. 기자들은 그를 좋아했다. 왜냐하면 그의 입에서 나오는 거의 모든 말들을 기사로 쓸 수 있었기 때문이었다. 그는 야전에서 즉흥적으로 선언하는 것으로 유명했는데, 기자들은 이것을 "풀러리즘Pullerisms"이라고 불렀다. 태평양에서 화염방사기를 처음 보았을 때, 그는 이렇게 소리쳤다고 한다. "도대체 총검을 어디에 꽂으라는 거야?" 이번 주 도쿄에서 포장된 대량의 공중 투하 물자에 콘돔이 포함되어 있다는 사실을 알게 된 풀러는 "그들은 우리가 중공군에게 도대체 무슨 짓을 하고 있다고 생각하는 거야?"라며 으르렁거렸다. 며칠 전, 자신의 연대가 고토리에서 포위되었다는 것을 알았을 때, 그는 새로운 풀러리즘을 만들어냈다. "그래서 중공군이 우리 동쪽에 있다. 우리 서쪽에도 있다. 우리 북쪽에도 있다. 그리고 우리 남쪽에도 있다. 그러면 일이 간단해지는군. 그들은 지금 우리에게서 도망칠 수 없다!"

풀러는 네드 알몬드가 그랬던 것처럼 과잉 행동이 문제라고 할 수 있었다. 그는 언제나 공격적이었다. 맹목적이고 무모해서 그랬을지도 모르지만, 이런 성격은 장군보다는 연대장에게 더 적합하다고 할 수 있었다. 상급 장교가 예의 주시하기만 하면, 풀러는 어느 전쟁터에서나 역동적인 자산이 될 수 있었다. 그는 낙관적일 뿐만 아니라 용감했다. 스미스 장군은 그를 약간 회의적으로 보기는 했지만, 아주 좋아했고 "눈길을 끄는" 인물이라고 평했다.

스미스는 풀러에게 무전을 보냈다. 고토리의 상황은 어떠했는지 물었다. 그곳 상황은 얼마나 나쁜가? 고토리는 11마일 떨어진 곳에 있었다. 필요할 때 하갈우리를 강화하기 위해 길을 뚫고 병력을 보낼 수 있는가?

≡

풀러는 항상 그렇듯이 우렁찬 목소리로 답했다. "당연하죠." 제1연대는 고토리에서 압박을 받고 있었지만, 그는 전투병들로 이루어진 혼성팀을 모아 돌진할 수 있을 것이라고 생각했다. 그는 1,000여 명의 병력을 모을 수 있을 것이다. 해병대와 육군으로 병력의 일부를 구성할 것이다. 그러나 풀러가 염두에 둔 주요 전투병력은 300명 규모의 매우 강력한 영국 부대였다. 그들은 "제41독립코만도"로 알려진 영국 해병대였다.

미 해병대에게 대서양 건너편에서 온 이 형제들은 호기심의 대상이었으며 반가운 존재였다. 그들은 11월 중순에 북한에 도착한 즉시 스미스 사단에 배속되었다. 상륙정찰 훈련을 받은 그들은 부인할 수 없는 위풍당당함을 과시했다. 그들은 총알을 방어하거나 추위를 전혀 막을 수 없는 헤드기어 형태의 날렵한 그린 베레모를 쓰고 있었다.

그들은 실제로 "탈리호Tally ho"(영국인들이 여우사냥 할 때 외치는 소리-옮긴이)와 "다음에는 무엇을 할 것인가?What's next on tap?"와 같은 말을 했다. 그들은 이렇게 추운 날씨에도 한껏 멋을 부린 모습을 유지했고, 거의 매일 아침 면도를 했는데, 이런 그들의 규율에 털북숭이 미 해병대원들은 놀라지 않을 수 없었다. 영국 해병대 지휘관은 키가 크고 멋진 제2차 세계대전 참전용사 더글러스 드라이스데일Douglas Drysdale 중령이었다.

그날 아침 체스티 풀러가 드라이스데일에게 하갈우리로 가는 돌파구를 마련하는 임무를 배정했는데, 드라이스데일은 무엇이든 할 용의가 있었다. 드라이스데일의 영국 해병대는 전투를 간절히 원했다. 11월 29일 오전 9시 45분 고토리에서 미·영 연합군이 출발했다. 900여 명의 병력과 차량 150여 대는 얼어붙은 장진강으로 이어지는 계곡을 따라 산악지대를 통과하고 있었다. 드라이스데일은 이곳이 매복하기에 아주 좋은 "불쾌한 지역"이라고 말했다. 그런데 그가 옳았다. 1마일도 못 가서 그들은 곤경에 처했다. 영국 해병대와 칼 시터Carl Sitter 대위가 지휘하는 미 해병대 조지George 중대가 고지에서 교대로 중공군의 진지를 무력화하는 동안, 나머지 대열은 서서히 앞으로 나아갔다. 드라이스데일은 더 많은 화력이 필요하다는 것을 재빨리 확인하고 풀러에게 무전를 보냈고, 풀러는 약 20대의 전차를 길 위쪽으로 보냈다. 그러나 전차의 도움을 받는 상황에서도 드라이스데일은 자신의 부대가 거의 전진하지 못하고 있다는 것을 알게 되었다. 한 해병대 역사가는 이것을 "애벌레의 합동 전진"이라고 표현했다.

중공군은 폭탄으로 길에 구멍을 내고, 길을 막기 위해 수많은 바리케이드를 세웠다. 한국의 오두막집 뒤 잘 보이지 않는 언덕 높은 곳에서 중공군은 무장이 빈약한 미군 차량들을 벌집으로 만들었다. 그들은 호송대의 앞뒤로 박격포탄을 쏘았다. 드라이스데일이 "헬파이어 밸리Hellfire Valley"라고 이름 붙인 통과하기 까다로운 지점에 이르렀을 때 적의 공격은 잠잠해졌다. 제41코만도는 침착하게 적의 공격을 막아냈으나, 오후까지 이미 수십 명의 사상자가 발생했다. 밤이 다가오자 드라이스데일은 중공군이 공격을 강화할 것이라고 생각했다. 그는 되돌아가야 한다고 생각했다. 그는 이것이 자살 임무로 변하고 있음을 감지했다. 하지만 그렇게 하기 위해서는 상부의 허락이 필요했다. 그래서 그는 하갈우리에 무전을 보내 스미스에게 전멸 위기에 처한 대열이 계속 이동하기를 원하는지, 아니면 고토리로 돌아가기를 원하는지 물어보았다.

스미스는 드라이스데일의 딜레마를 이해했고, 그가 부여받은 구조 임무의 어려움을 충분히 이해했다. 그러나 하갈우리의 병원 텐트를 방문한 스미스는 전날 저녁에 벌어진 전투에서 부상을 입은 부상자들이 줄지어 서 있는 것을 보았다. 그는 그날 밤 하갈우리가 점령당할 위험에 처해 있다고 생각했다. 지금은 그만이 할 수 있는 괴로운 지휘 결정을 내려야 할 때였다. 그는 펠릴리우와 오키나와에서의 경험을 통해 중요한 시기에 전체를 구하기 위해서는 한 집단의 희생이 필요하다는 것을 알고 있었다. 나중에 그가 이 결정을 어떻게 평가하는지 묻자, 그는 이렇게 대답했다.

"전쟁에서 쉬운 선택은 없다."

곧이어 스미스의 답변이 드라이스데일에게 무전으로 전송되었다.

"어떤 희생을 치르더라도 계속 진군할 것!"

영국군 장교는 지휘부의 명령이 냉정하다고 느꼈지만, 주저하지 않았다. 드라이스데일이 말했다.

"좋습니다. 그렇다면 그들에게 본때를 보여주겠습니다."

1950년 11월 29일 하갈우리와 고토리 사이에서 적의 매복공격을 당한 드라이스데일 특임대의 잔해들 옆을 지나가고 있는 미 해병대원들. 〈사진 출처: U. S. Marine Corps History Division | OFFICIAL USMC PHOTO | CC BY 2.0〉

영국 해병대가 한 걸음 옮길 때마다 치열한 교전이 벌어졌다. 한 영국 해병대원은 말했다. "우리가 상상할 수 있는 모든 위치에서 많은 중공군이 우리를 향해 총을 쏘고 있었다." 전방에 있던 전차들은 큰 문제 없이 통과했고, 조지 중대와 드라이스데일이 지휘하는 제41코만도의 선두가 그 뒤를 따랐다. 마침내 자정이 조금 지난 후, 그들은 공병이 비행장을 짓기 위해 켜놓은 투광등이 비추는 하갈우리 가장자리에 도착했다. 마을은 큰 전투에 휩싸여 있었지만, 드라이스데일은 아수라장을 뚫고 겨우 스미스 사령부를 찾아냈다. 새벽 1시경에 그는 천천히 걸어 들어왔다. 포탄 파편에 맞아 그의 팔 두 군데에서 피가 뚝뚝 떨어졌다. 그는 베레모를 삐딱하게 쓰고 있었다. 그는 자신의 특임대 대원 900명 중 몇 명이 살아남았는지, 그리고 긴 차량 대열의 후미가 얼마나 떨어져 있는지 전혀 몰랐다. 하지만 그는 스미스가 자신이 여기 있다는 것을 알기를 원했다. 흔들리는 텐트등 불빛 속에서 그는 정중하게 경례를 하면서 "제41 코만도, 임무수행 중"이라고 자랑스럽게 말했다.

말을 마칠 즈음 약 300명의 대원들이 중요한 시점에 하갈우리에 발을 들여놓았다. 스미스는 즉시 영국 해병대와 시터의 조지 중대를 작전에 투입했다. 스미스는 지금 전투로 번쩍이고 있는 마을 위로 솟아오른 광활한 땅을 가리켰다. 이스트 힐, 그들은 이곳을 점령하기 위해 전력을 다해야 했다.

≡

드라이스데일 특임대는 세 부분으로 나뉘어져 있었다. 대열의 선두에 있던 3분의 1 병력 약 400명은 목적지에 도착했다. 이들은 피해를 입었지만, 여전히 싸울 준비가 되어 있었다. 적의 격렬한 저항에 부딪힌 대열 뒤쪽 3분의 1은 일찌감치 다시 고토리의 안전지대로 돌아갔다. 그러나 헬파이어 계곡의 가장 깊은 곳에 갇힌 대열 중간의 3분의 1 병력 약 320명은 불행한 운명을 맞았다.

그 중간 구역의 어딘가에서 잭 채프먼Jack Chapman이라는 오클라호마Oklahoma 출신 17세 탄약운반병은 늦은 오후 트럭에 타고 있었는데, 중공군 수류탄이 트럭 바닥에 떨어졌다. 수류탄은 바로 그의 다리 사이의 바닥에 둔탁한 소리를 내며 부딪쳤다. 그는 눈을 크게 뜨고 수류탄을 바라보았다. 트럭에 탄 모든 대원이 그랬다. 모두에게 다행스럽게도 어린 채프먼은 반사신경이 빨랐다. 그는 아무 생각 없이 수류탄을 집어서 트럭 옆으로 내던졌다. 수류탄은 도랑에 떨어졌고 곧바로 폭발했다. 아무도 다치지 않았다. 모든 대원은 생명을 구해준 오키Okie(오클라호마주 출신을 뜻함-옮긴이)에게 감사했다. 하지만 이것은 공포의 기나긴 밤의 시작에 불과했다.

채프먼은 뼈만 앙상한 얼굴에 덧니가 난 상냥하면서도 산만한 아이였다. 체로키 인디언Cherokee Indian 혼혈인 그는 가난하게 자랐다. 그는 새아버지와 싸운 뒤, 여러 친척들에게 맡겨졌다. 고등학교를 중퇴하고 부랑자가 되어 전국을 떠돌아다니면서 잡다한 일을 했다. 호두와 피칸pecan(아메리카산 견과류의 하나-옮긴이)과 목화를 따고, 미시간Michigan주에 있는 삼촌의 양파밭에서 일하고, 털사Tulsa(미국 오클라호마주 북동부에 있는 도시-옮긴이)에서는 볼링장에서 핀을 정리하는 일을 했다. 그는 그런 일들을 싫어했고, 이렇게 떠돌아다는 것이 싫었다. 그는 삶의 방향을 바꿀 필요가 있다는 것을 깨달았다. 그래서 나이를 속이고 미 육군에 입대하여 아칸소Arkansas주 캠프 채피Camp Chaffee와 콜로라도Colorado주 캠프 카슨Camp Carson에서 훈련을 받았다. 그의 팀은 위스콘신Wisconsin으로 이동하기 전에 알래스카Alaska에서 두세 달 머물렀다.

채프먼은 일본에서 복무하라는 명령을 받았고, 그 뒤 제7사단 31연대와 함께 한국으로 파견되었다. 미 육군은 먼저 그를 북쪽으로 보냈다. 그의 부대는 잠시 압록강 둑에서 머물렀다가 다시 함흥으로 되돌아왔다. 복잡한 경로를 통해, 채프먼과 그의 동료들은 드라이스데일의 특임대가 소집된 날 우연히 고토리에 있었다. 그가 영국 코만도와 미 해병대와 함께 있게 된 것은 정말 우연이었다.

지금 그는 헬파이어 밸리에 있었다. 그는 나이에 비해 현명하고 눈치가 빨랐다. 해가 떨어져 길이 어둠에 휩싸이자, 대열은 이동을 멈추었고, 왠지 섬뜩한 기분이 들었다. 그때 채프먼이 탄 트럭이 맹렬한 공격을 받았다. 분명 호송대 전체가 그랬을 것이다. 그는 밖으로 몸을 내밀면서 무슨 일이 벌어졌는지 확인했다. 전방에 있던 트럭 1대가 박격포에 맞아 화염에 휩싸였다. 파괴된 트럭은 꿈쩍도 하지 않았고, 편도 1차선인 도로가 꽉 막혔다. 중공군은 자신들이 무엇을 해야 하는지 알고 있었다. 그들은 그 대열을 여러 부분으로 나눠 고립시킨 뒤, 각각의 고립된 대원들을 공격하려고 했다.

트럭에 있던 모든 대원들이 뛰쳐나와 도랑으로 뛰어들었다. 그들은 소총을 쏘기 시작했다. 채프먼은 수백 명의 중공군이 몰려드는 것을 볼 수 있었다. 총알이 눈밭을 가로질러 날아왔다. 채프먼은 카빈총을 가지고 있었지만, 그 작은 소총은 추위 속에서 제대로 작동하지 않았다. 차라리 BB총(구경 0.18인치인 공기총의 일종-옮긴이)을 쏘는 것이 나을지도 몰랐다.

그는 바로 근처에서 작동 가능한 화기 하나를 발견했다. 그것은 트럭 뒤편에 장착되어 있는 75밀리 '무반동총'이었다. 이 무기는 총이라고 부르기에는 부적절해 보였다. 그것은 2마일 이상 떨어진 거리에서 20파운드짜리 포탄을 정확하게 발사할 수 있는 가공할 포였다. 폭발과 동시에 길고 가느다란 로켓 모양의 탄환이 셀 수 없을 정도로 뜨거운 조각들로 부서져서 사정거리 안에 있는 사람들을 죽일 수 있었다. 75밀리 무반동총은 대부분의 포에 있는 주퇴장치(사격 시 후방으로 발생하는 충격을 흡수하기 위한 장치-옮긴이)를 설치하는 대신에, 사격 시 화약 가스가 발생하면서 탄환을 앞으로 밀어냄과 동시에 총 뒤쪽으로 분사되도록 설계함으로써 '반동'이 거의 없었다. 총 뒤쪽에서는 그 뒤에 있는 사람들을 태울 정도로 뜨거운 화약 가스가 길게 뿜어져나왔다. 그것은 사악한 무기였고, 채프먼은 그것의 사용법을 알고 있었다.

전투가 격화되자, 75밀리 무반동총을 담당하던 육군 하사는 겁이 나기 시작했다. 이 눈부신 강력한 무기로 산허리에 파편을 흩뿌리고 있던 그는 중공군에게는 반드시 제거해야 할 완벽한 목표물이었다. 분명히 중공군은 곧 복수를 할 것이다. 마침내 하사는 더 이상의 압박을 견딜 수 없었다. 그는 트럭에서 뛰어내리더니 눈 위에 무릎을 꿇었다. 그는 기도하기 시작했다. "주님, 우리를 지켜주소서. 주님, 우리를 지켜주소서."

베이커Baker 중대의 중대장 펙햄Peckham 대위는 하사를 비난하고 욕하면서 수치심을 주었다. "너 이 겁쟁이, 다시 저 위로 올라가!" 그가 소리쳤다. 하지만 그 하사는 군법회의에 회부하겠다는 위협에도 꼼짝도 하지 않았다. 그래서 펙햄 대위는 지원자를 찾기 위해 대원들 사이를 왔다 갔다 하면서 물었다. "이 총을 어떻게 다루는지 아는 사람 있나?"

잭 채프먼이 머뭇거리면서 손을 들었다. 콜로라도의 훈련소에서 그는 75밀리 무반동총 훈련을 받았다. 그는 사용법을 기억할 수 있다고 생각했다. 그는 그것을 시도할 만큼 아주 용감하거나, 아니면 아주 멍청하거나 둘 중 하나였다.

三

채프먼은 달빛에 자신을 노출시키며 트럭 뒤편에 올라탔다. 그는 75밀리 무반동총을 돌려 멀리서 섬광을 내뿜고 있는 총구를 겨냥했다. 첫 번째 포탄은 완만한 포물선을 그리며 차가운 공기를 뚫고 날아가 수백 야드 떨어진 능선에 떨어져 폭발했다. 그는 75밀리 무반동총을 의도했던 것보다 훨씬 더 가까이에서 사용해야 한다는 것을 깨달았다. 채프먼은 30~40야드 떨어진 산비탈을 가로질러 다가오는 적군 무리를 겨냥했다. 그가 발사하자, 발사체가 그들 모두를 쓰러뜨렸다.

이렇게 치명적인 무기를 다루는 그를 중공군이 발견하는 것은 시간문제였다. 그들은 처음에는 그의 왼팔에, 그 다음은 그의 오른쪽 다리, 그 다음에는 그의 오른팔에 총을 쐈다. 나중에 그가 알게 된 또 다른 총알은 야전상의의 주머니에 들어 있던 필립 모리스Phillip Morris C-레이션 담배 갑에 박혀 있었다. 한 영국군 위생병이 재빨리 채프먼의 상처를 치료하여 그는 다시 트럭에 올라탔다. 그는 또다시 왼쪽 엉덩이에 총을 맞고, 포탄 파편 몇 조각이 박혔다. 그는 피를 많이 흘렸다. 그는 사람이 죽기 전에 얼마나 많은 피를 흘릴 수 있는지 궁금했다. 하지만 그의 아드레날린이 솟구쳤고, 그래서인지 통증이 덜 했다. 그는 총을 계속 들고 밤새 사격을 했다.

그는 일곱 번째이자 마지막 부상을 당했을 때 75밀리 무반동총의 재장전을 끝낸 상황이었다. 그가 발사 준비를 하고 있을 때, 이마에 경기관총 탄환이 명중했다. 그는 트럭에서 떨어져 의식을 잃었다. 그는 눈 속에 처박혔다. 총알은 두개골 속에 박혀 있었지만, 놀랍게도 뇌로 들어가지는 않았다.

채프먼이 정신을 차렸을 때, 전투는 거의 끝나가고 있었다. 중공군은 부대의 진지를 제압하여 식량과 탄약을 찾아다니며 트럭을 약탈하고 있었다. 채프먼이 고개를 들자, 75밀리 무반동총을 살펴보고 있는 적군들이 눈에 들어왔다. 그들은 이것저것 겨누며 호들갑을 떨었다. 그들은 그것이 어떻게 작동하는지 알아내려고 애쓰고 있었다. 실수로 총이 발사되자, 그들 중 몇 명이 그 뒤에 서 있었다. 추진제 가스의 후폭풍이 그들을 불태웠다.

그것은 끔찍한 광경이었지만, 눈 위에서 멍하니 피를 흘리고 있던 채프먼은 웃고 싶은 충동을 억누르지 않으면 안 되었다. 그러나 헬파이어 밸리 전투는 끝났다. 드라이스데일의 특임대는 도로에 갇힌 채 다수의 항복 집단으로 분리되었고, 각 집단은 다른 집단들과 연락이 두절되었다. 스미스는 "어떤 대가를 치르더라도 계속하라"라고 말했고, 그 희생은 매우 컸다. 100명 이상의 미군과 영국군이 전사했고, 150명이 부상을 입었으며, 차량 75대가 파괴되었다. 많은 차량들이 계곡 여기저기에서 불길에 휩싸여 있었다. 100명이 넘는 대원들이 자신의 무기를 내려놓았다.

이 집단에서 가장 계급이 높은 미 해병대 소속 존 맥러플린John McLaughlin 소령은 항복을 위한 조건을 협상하고 있었다. 그는 3명의 중공 군관들과 함께 길가에 서 있었는데, 그중 한 명은 영어를 유창하게 구사했다. 맥러플린은 다소 익살맞게 중공군에게 이제 그들의 항복을 기꺼이 받아들일 용의가 있다고 말했다.

중공군은 농담할 기분이 아니었다. 영어를 할 줄 아는 군관이 손을 내밀고는 손가락을 세면서 말했다. "5분 남았다. 항복하지 않으면 너희 모두를 죽일 것이다."

이때 잭 채프먼은 기절했고, 그 뒤 정신을 차리보니 그와 포로 10명이 산비탈 어딘가에 있는 작은 한국 농가의 흙바닥에 웅크리고 있었다. 그들은 서로 바짝 붙어 있어서 지독한 냄새가 났고, 채프먼의 얼었던 상처가 녹아내리면서 피가 다시 흐르기 시작했다. 그는 자신이 이 농가에 얼마나 오래 머물렀는지 확실히 알지 못했다. 그는 의식이 오락가락하여 시간 가는 줄도 몰랐다. 어느 순간, 중공군은 그와 다른 대원들을 일으켜 세우더니 건물 밖으로 밀어냈다. 중공군은 영국군과 미군 모두를 더 큰 포로 무리에 합류시켰다. 이 포로들은 19일 동안 어딘지 모르는 산길을 따라 행군하여 만주 국경에서 멀지 않은 강계江界라는 곳에 있는 철조망 울타리로 둘러싸인 수용소에 도달했다. 채프먼은 거의 3년 동안 전쟁포로가 되었다.

Chapter 31

1인 군대

/

유담리

● 유담리에 있는 8,000명의 해병대원들은 지난 27일 밤 첫 공격 이후 잘 버텨왔고, 지금은 하갈우리로 탈출할 계획을 세우고 있었다. 제7연대장 호머 리첸버그 대령과 제5연대장 레이 머레이 대령은 계획을 면밀히 검토했고, 거의 준비가 다 되었다. 그들은 12월 2일 내일 탈출하여 스미스 장군을 향해 나아가는 것을 목표로 했다.

하지만 리첸버그 대령에게는 이외에도 지금 당장 고려해야 할 것이 하나 더 있었다. 그는 폭스 중대를 마음 깊이 걱정했다. 덕동 고개에서 폭스 중대가 나흘 동안 중공군의 공격을 받아 괴멸 직전이라는 것을 리첸버그는 알고 있었다. 그는 그날 아침 바버 대위와 지직거리는 무전으로 교신했다. 그러나 부상당한 바버 대위가 최선을 다했음에도 폭스 중대가 24시간을 더 버틸 수 없다는 것을 리첸버그 대령은 직감했다.

바버의 중대 4분의 3이 죽거나 부상을 입었다. 그의 부하들은 곤경에 처해 어쩔 줄 몰라 했다. 방어선은 계속 얇아졌다. 폭스 힐은 전투가 벌어지고 있는 장진호 전 지역 중에서 적의 압박이 가장 거센 지역이었다. 중공군의 시체가 비탈에 계속 쌓여가는데도, 중공군은 승리를 직감하고 다시 새로운 병력을 투입하며 압박했다. 리첸버그는 폭스 힐이 곧 대학

크리스마스에 부하들에게 훈시하고 있는 제7연대장 리첸버그 대령. "진격의 리첸"이라는 별명을 가진 리첸버그 대령은 네덜란드계 펜실베이니아인으로, 제2차 세계대전 당시 티니안과 사이판 전투에 참전했다. 한국에서 함께 복무했던 한 장교는 그를 "남을 괴롭히는" "아주 고집 센 네덜란드인"이라고 말했지만, 부하들의 고통에 눈물을 흘릴 줄 아는 사람이라는 평가도 있었다. 스미스 장군과 같이 리첸버그는 일찍 머리가 희어, 해병대에서 "위대한 백발 아버지"라는 별명으로 불렸다. 〈사진 출처: U. S. Marine Corps History Division | OFFICIAL USMC PHOTO | CC BY 2.0〉

살의 현장이 될 것이라고 우려했다.

리첸버그는 이 포위된 대원들을 구하기 위해 무언가 과감한 조치를 취해야 한다는 것을 알고 있었다. 12월 1일 정오경, 리첸버그는 경험과 지략이 가장 풍부한 대대장인 레이먼드 데이비스Raymond Davis 중령을 불러 대책을 의논했다. 조지아Georgia주 출신인 레이먼드 데이비스는 과묵한 남자로, 한 부하의 말에 따르면, 어떠한 압박에도 "눈 하나 깜짝하지 않은 채" 냉정함을 유지했다.

데이비스는 태평양전쟁의 영웅으로 과달카날, 뉴브리튼New Britain, 마지막으로 펠렐리우에서 훌륭하게 싸워 은성훈장을 받았다. 그는 그동안 끔찍한 상황을 많이 보아왔지만, 그 어떠한 것도 폭스 중대가 직면한 상황만큼 나쁘지는 않았다. 데이비스와 리첸버그는 난로 옆 낡아빠진 간이침대에 앉아 지형도를 응시했다. "중공군은 우리가 길을 따라 갈 것이라고 생각한다." 리첸버그가 말했다. "그들은 우리가 차량을 고집할 것이라고 생각한다."

데이비스 중령은 자신이 계획을 수립해야 한다는 것을 이해했다. "길에서 벗어나 고지를 점령하면 어떻습니까?" 그가 말했다. "뒤에서 몰래 접근하면 어떻습니까?" 그는 이미 오전 내내 리첸버그의 마음속에서 구체화 된 계획을 예상하고 있었다. 리첸버그 대령은 폭스 중대를 구하기 위해 데이비스의 1대대, 최대 500명을 투입하기를 원했다. 그는 폭스 중대를 구하기 위해 데이비스가 야간에 1대대를 길 밖으로 이끌고 가서 길이 없는 산을 통과해 이동하기를 원했다.

이 계획은 데이비스의 피를 끓게 만들었다. 적지에서 곤경에 처한 동지들을 구출하기 위한 비밀 임무는 어떤 해병대원이든 응해야 할 임무였다. 데이비스는 지도를 조금 더 자세히 살펴보았다. 유담리에서 덕동 고개의 뒷문으로 이어지는 비포장도로는 직선 거리로 5마일 정도밖에 안 되어 보였다. 하지만 이 길을 따라 기동하는 것이 아니었다. 이 기동은 적어도 3개의 가파른 능선을 넘어야 할 것으로 보였다. 이처럼 다양한 지형으로 우회해 기동하면 아마도 10마일 이상의 거리를 행군해야 할 것이라고 데이비스는 생각했다. 이미 심한 동상에 걸리고 피로한 대원들이 그런 행군을 하는 것이 가능할까? 실제 지역과 개략적인 지도가 얼마나 비슷할까? 얼마나 많은 중공군이 그 능선들에 진을 치고 있을까? 이건 미친 임무일 수도 있다고 데이비스는 생각했다. 중대를 구하려다 1개 대대가 전멸할 수도 있었다.

리첸버그는 위험하다는 것을 알고 있었지만, 이 작전을 1대대가 실행할 것을 요구했다. 폭스 중대의 학살을 멍청하게 지켜만 보는 것은 선택사항이 아니었다. 그들을 구하지 못하면 그의 남은 생애 동안 양심의 가책을 느끼게 될 것이다.

이처럼 길이 아니라 능선을 타고 넘어가는 우회기동을 할 수밖에 없는 또 다른 이유가 있었다. 리첸버그는 폭스 중대가 더 이상 덕동 고개를 완전히 장악할 수 없다는 것을 알고 있었다. 내일 거의 8,000명에 달하는 해병대원들이 부상자와 차량을 모두 데리고 유담리에서 하갈우리로 탈출할 때, 그들은 이 좁은 곳을 빠져나가야 할 것이다. 우회는 불가능했다. 주 보급로의 양쪽 고지를 점령하고 있는 중공군은 이 길로 이동하는 해병대에게 끔찍한 피해를 입힐 수 있었다. 심지어 중공군이 이 대열을 성공적으로 정지시킬 가능성도 있었다. 그렇게 되면 이 고지대의 관문에서 대학살이 벌어질 수 있었다. 하지만 데이비스가 폭스 힐을 향해 능선을 타고 기동하여 재빨리 덕동 고개를 점령할 수 있다면 대학살은 피할 수 있을 것이다. 데이비스의 제1대대는 사실상 덕동 고개의 뒷문을 열어젖혀야 하며 철수하는 해병대 본대를 위해 그것을 계속 열린 상태로 유지해야 했다.

리첸버그는 데이비스가 가능한 한 빨리 계획을 수립하고 자신에게 보고해주기를 원했다. 데이비스는 시도하기로 결심했다. 그의 논리는 아주 간단했다. 나중에 그는 이렇게 썼다.

"일부 동료 해병대원들이 곤경에 처했다. 우리는 그들을 구하려고 했고, 우리를 가로막을 것은 아무것도 없었다."

≡

데이비스는 오래 걸리지 않았다. 그는 30분도 안 되어 리첸버그에게 다시 보고했고, 리첸버그는 무뚝뚝하게 동의했다. 데이비스는 세부사항을 논의하기 위해 중대장들을 소집했다. 데이비스는 별빛 아래서 "대담하게 돌진할 것"이며 "대대를 경량화해야 한다"라고 말했다. 그는 "기습이 우리의 가장 큰 무기다. 통상적으로 해병대는 야간공격을 하지 않기 때문에 중공군은 이를 예상하지 못할 것이다"라고 말했다. 데이비스는 중대장들이 유담리 남쪽 길을 벗어나 고지대로 올라가서 어둠을 틈타 남동쪽으로 향하기를 원했다. 침묵은 필수였다. 길을 따라 걸을 때 무기에서 소리가 나지 않도록 모든 것을 천으로 덮고 단단히 묶어야 한다. 휴식 시간에도 요리를 하기 위해 불을 피워서는 안 된다. 대원들에게는 당장 먹을 수 있는 전투식량만을 준비하게 했다.

그들은 가능한 한 가볍게 움직였고, 81밀리 박격포 2문과 중기관총 6문만 가지고 갔다. 여분의 탄약을 위해 필수적이지 않은 장비들은 버렸다. 각 해병대원은 침낭에 81밀리 박격포탄을 넣고, 야전상의 큰 주머니에 로켓탄을 넣었다. 들것에는 더 많은 탄약을 담았다. 대부분의 해병대원은 기관총 탄환을 추가로 운반해야 했다.

통신은 최소한으로 유지해야 했다. 이동하는 대원들은 속삭이면서 뒷사람에게 명령을 전달했다. 꼭 필요한 경우가 아니면 소리를 질러서는 안 되었고, 무전기 사용도 안 되었다. 데이비스는 유사시 사상자 발생에 대비해 치료를 담당할 뛰어난 연대 외과 의사인 해군 중위 피터 아리올리Peter Arioli를 동행시키기로 했다. 전사자들은 그들이 쓰러진 장소의 눈 속에 묻기로 했고, 부상자들은 탄약이 들어 있던 상자를 들 것으로 사용하기로 했다.

데이비스는 정확한 방향을 찾는 데 도움을 주기 위해 기발한 방법을 생각해냈다. 유담리에 있는 곡사포가 약 30분마다 폭스 힐로 가는 방향을 안내하기 위해 미리 정해진 방위선을 따라 남동쪽으로 포탄을 발사하는 것이었다. 이론적으로 데이비스의 해병대원들은 하늘을 가로질러 포물선을 그리면서 간헐적으로 터지는 포탄의 궤적을 따라가기만 하면 되었다. 기동하는 대원들은 베들레헴Bethlehem으로 가는 현자들처럼 그들의 목적지로 안내될 것이다.

한 가지 문제가 있었다. 데이비스의 부하들은 길을 떠나기도 전에 전투를 치러야 할 것 같았다. 지도를 보니, 산으로 접어들기 가장 좋은 장소는 터키 힐Turkey Hill이라는 곳이었다. 중공군은 그곳에 진지를 구축한 것으로 확인되었으며, 데이비스의 표현대로 그들의 진지를 뚫고 들어가 그들을 "파괴"하려면 전투가 불가피했다. 하지만 그는 해질녘까지 그것을 완수할 수 있을 것으로 확신했다. 그러고 나면 그들은 산악지대를 통과해 폭스 힐로 향하게 될 것이다.

하지만 데이비스는 한 가지 더 중요한 결정을 내려야 했다. 누가 이 기동을 이끌 것인가? 어느 소대가? 데이비스는 자신이 대열의 중간에 위치해서 대열의 형태를 유지하게 하는 동시에 때로는 앞으로 때로는 뒤로 뛰어다니면서 대원들을 독려하기로 했다. 이동 대열은 0.5마일에 걸쳐 뻗어 있을 것이다. 어둠 속에서 얼음안개ice-fog(미세한 얼음의 결정으로 이루어진 안개를 말한다. 1킬로미터 이상의 거리에 있는 지형지물을 판단할 수 없게 만드는 짙은 안개이다–옮긴이)나 비스듬히 쌓인 눈덩이로 잘 보이지 않는 수많은 언덕과 능선에 시야가 가려서, 해병대원들은 바로 앞에 보이는 희미한 형태를 따라갈 수밖에 없었다. 이 기동의 성공은 결국 앞으로 나아갈 길을 결정하는 선봉에 누가 서느냐에 달려 있었다.

데이비스는 누가 선봉에 설 것인가를 놓고 크게 고민할 필요가 없었다. 그는 전체 대대 중에서 가장 다혈질이고 결단력 있는 24세의 베이커 중대 2소대장을 뽑았는데, 그는 중국어도 구사할 수 있었다. 그가 바로 리Lee 중위였다.

三

중국 광둥廣東 이민자들의 맏아들로 새크라멘토Sacrament에서 자란 츄이엔 리Chew-Een Lee는 아버지가 모은 중국 고대 역사책을 매우 좋아했다. 그는 특히 삼국시대로 알려진 난세의 이야기를 좋아했다. 그는 전설적인 장군들, 안개 낀 전장, 그리고 기적 같은 군사전략을 묘사한 『삼국지三國志』를 즐겨 읽었다. 리 중위는 아버지가 팔에 새긴 문신 "명예로운 죽음DEATH BEFORE DISHONOR"에 똑같이 감명을 받았다고 했다. 어린 시절, 그는 그 문신이 무엇을 의미하는지 정확히 알지 못했지만, 그 말은 일생 동안 그를 따라다니면서 강인한 정신을 그의 머리에 새겨넣게 만들었다. 그는 자신이 고향에서 멀리 떨어진 전쟁터에서 조국을 위해 장렬하게 죽을 것이라는 확신을 가지고 있었다. 이것이 그를 이끌어온 가장 중요한 핵심 요소였다.

리는 미 해병대 역사상 최초의 중국계 미국인 장교였다. 겉으로는 전혀 강인해 보이지 않았다. 그는 5피트 6인치(170센티미터)의 작은 체구에 뼈가 가늘고 이목구비가 뚜렷한 남자였다. 그는 새와 같은 외모와 특성을 가지고 있었다. 찡그린 얼굴, 뾰족한 코, 긴 손가락, 그리고 바보스러울 정도로 신중한 행동 등. 그의 단호하고 못마땅해 하는 눈빛은 모든 것을 파악하고 있는 듯 보였다. 한 역사학자는 "그는 유머감각은 별로 없었다"라고 했다. 그의 휘하에서 박격포 사수로 근무한 한 대원은 "그는 마음이 맞는 동료는 아니었으나 직무상 명백한 전문가로서 우리의 전폭적인 존경을 받았다"라고 말했다.

리는 제2차 세계대전이 끝나갈 무렵 해병대에 입대했지만, 전장으로 투입되지 않고 통역장교 양성 어학원으로 보내졌다. 해병대가 그를 전장에 배치하기를 거부했다는 사실이 끝까지 그를 괴롭혔다. 그는 그것을 자신의 명예에 대한 오점으로 보았다. 그때부터 리는 적극적인 태도를 취했다. 그는 전쟁이 끝난 후 해병대에서 진급을 하면서 자신이 최고이고, 가장 양심적이며, 가장 공격적이고, 열정적인 행동가라는 것을 입증해 보이려고 노력했다. 그는 말했다. "어떤 사람들은 내가 규율을 그대로 따르는 사람이라고 말한다. 하지만 나는 그들에게 말할 것이다. '해병대는 사격, 기동, 규율, 단결로 작동한다!'"

리가 가장 원하고 요구한 것은 존중이었다. 그는 통역장교도 아니었고, 얼굴에 느물거리는 미소를 띤 쿨리coolie(해외로 파견된 불쌍한 중국인 노동자들을 뜻하는 말-옮긴이)도 아니었다. 그는 미군 부대를 이끌고 전장에 나서기로 결심했는데, 나중에 그가 말했듯이 해병대가 "나를 따라 기꺼이 지옥으로 가게" 하기 위해서였다. '황화론Yellow Peril'(청일전쟁 말기인

1895년경, 독일 황제 빌헬름 2세가 황색 인종을 억압하기 위해서 내세운 모략으로, 앞으로 황색 인종이 서구의 백인 사회를 위협하는 시대가 올 것이라는 주장했다-옮긴이)과 '중국인 배척법Chinese Exclusion Act'(1882년 5월 6일에 체스터 A. 아서 미국 대통령이 서명한 법률로, 중국인 노동자의 이주를 금지시킨, 미국 역사상 자유 이민에 대한 가장 무거운 제한의 하나-옮긴이) 시대로 거슬러 올라가는 중국 혐오는 1920년대 젊은 시절에 아버지가 광둥성에서 이주한 미국 내에 깊숙이 퍼져 있었다. 리는 대공황 시대에 캘리포니아에서 미국 방식뿐만 아니라 중국 방식에 빠져 있던 잡종 시민으로 성장했다. 리는 자신이 해병대에서 어떤 장벽을 허물든 간에 열의 없게 하지는 않았다. 그는 반항적이었고, 『삼국지』에 나오는 전쟁서사만큼이나 고루했다.

리는 한국전쟁이 그에게 전쟁에서 자신을 증명할 두 번째 기회를 주었다고 느꼈다. 자신의 옛 조국의 후손들을 상대로 제대로 전투할 수 있을까 하는 의심은 전쟁터에서 순식간에 사라졌다. 11월 2일 수동 협곡에서 교전하는 동안, 리는 눈부신 공적의 주인공이 되었다. 숲이 우거진 고지 위에서 적을 속여 위치를 알아내려던 리는 소대 전체의 공격으로 위장한 1인 공격을 감행했다. 그는 카빈 소총을 사격한 다음 다른 진지로 돌진해 수류탄을 투척하고 또 다른 곳으로 달려가 권총을 쏘았다. 이것은 계략이었다. 그는 중공군이 많은 해병대원이 진격하고 있다고 생각하게 만들기 위해 넓은 지역에서 많은 소음을 만들어내려고 노력했다.

이 전략은 효과가 있었다. 중공군은 반격을 가했다. 리는 중공군 벙커가 어디에 숨겨져 있는지 확인하고 바로 그쪽으로 기어갔다. 몇 야드 거리에서 자신이 발견되었다는 것을 깨달았을 때, 그는 불쑥 중국어로 말했다. "쏘지 마, 난 적이 아니야!" 그는 중공군에게 혼란을 주어 마지막 수류탄 2개를 던질 수 있는 충분한 시간을 벌었다. 그리고는 카빈 소총을 들어 자동 모드로 중공군을 향해 사격했다. 잠시 후, 끝이 났다. 혼자 힘으로 리 중위는 적의 전초기지를 점령하고 고지를 확보했다. 그는 1인 군대였다. 이 작전으로 해군 수훈장을 받았다.

三

11월 3일 다음날 아침, 중공군 저격수가 그를 쏘았다. 리는 오른쪽 팔꿈치에 총알을 맞아 몸이 획 돌았다. 그는 괴로워하며 땅바닥에 쓰러졌다. 팔에는 4인치 길이의 상처가 생겼고 산산조각이 난 뼈가 드러나 있었다. 한 의무병이 부상당한 팔을 붕대로 감고 팔걸이를 만들었다. 그는 함흥의 한 학교 체육관에 설치된 육군후송병원으로 긴급 후송된 후 일본으로의 이송을 기다렸다. 그러나 이 임시 의무실에서 며칠을 보낸 리는 안절부절못하고 지루해졌다. 팔이 부러졌을지 모르지만 그래도 싸울 수 있다고 확신했다.

일본으로 가는 수송기를 탑승하기 전날, 리는 요양 중인 다른 해병과 함께 함흥 병원에서 탈출하여 최전방으로 돌아갈 계획을 세웠다. 인근 건물 구내에 무기가 쌓여 있는 것을 발견한 그들은 무장을 하고 수송부에서 대기 중이던 첫 번째 지프에 몰래 탔다. 차 시동을 걸자, "이봐, 내 차야!"라고 한 병사가 소리쳤다. 리는 그 병사 방향으로 카빈 소총을 내던졌고, 마을 외곽을 향해 돌진하는 2명의 도망자처럼 웃으며 함흥의 뒷길로 사라졌다. 그들은 메마른 논 사이에 있는 길을 따라 운전해 눈 쌓인 북쪽으로 향했다.

기름이 떨어지자, 그들은 지프에서 내려 전선을 향해 걸어갔다. 리는 자신의 부대인 베이커 중대를 발견하고는 깁스한 무거운 팔로 "근무 중 이상무"라고 보고했다. 그는 군의관의 명령을 어기고 의무실에서 무단이탈AWOL, Absent WithOut Leave을 했을 뿐만 아니라, 군용차량 차량을 훔친 것 때문에 군법회의에 회부될까 봐 걱정했다. 그러나 베이커 중대는 그가 돌아온 것을 환영했고, 그 문제는 서류로 처리될 것이라고 말했다.

리는 안심했다. 그는 말했다. "나는 아직도 내가 어떤 자랑스런 일을 했다는 것이 믿기지 않았다." 그는 전투에서 죽는 것을 두려워하지 않았다. 그는 여전히 그것이 운명이라고 믿었고, 지금은 그 어느 때보다도 더 그러했다. 그는 "나는 신을 만날 준비가 되어 있었다. 천국이나 지옥 따위는 신경 쓰지 않았다. 만약 내가 죽는다면 그것은 장님이 되는 것이고, 그곳에는 어둠이 있을 것이다"라고 말했다.

리는 거추장스러운 깁스를 하고 팔걸이를 한 채 유담리에서 벌어진 전투에 참가했다. 그는 왼팔로 무기를 잡고 엉덩이로 균형을 잡으며 수많은 정찰대를 지휘했다. 그는 불평한 적이 없었다. 그의 밑에서 근무한 한 부사관은 그에 대해 모든 진부한 표현들을 다 동원해 말했다. "그는 강철처럼 강인하고, 못처럼 단단하며, 얼음처럼 차갑고, 시간처럼 믿을 수 있었다."

데이비스 중령이 폭스 중대 대원들을 구조하기 위한 야간 산악행진을 이끌 사람으로 리를 선택했지만, 리는 놀라지 않았다. 반대로 기대했다. 훗날 리는 "그 임무는 미지의 지형을 넘어 미지의 전투력에 대항하는 거의 불가능한 임무였다"라고 말했다. 데이비스가 자신을 선택한 것은 "그럴 만한 이유가 있었던 것 같았다"라고 그는 생각했다. 그가 중국계 미군이어서도 아니고, 중국어 능력 때문도 아니고, 그가 최고였기 때문이었다.

Chapter 32

우리가 가진 모든 무기

/

워싱턴

● 11월 30일 아침, OEOBOld Executive Office Building(미국 백악관 바로 옆에 위치한 백악관 업무용 빌딩-옮긴이) 안에 있는 인디언 조약실Indian Treaty Room(OEOB의 동쪽 건물로 해군성 도서관과 접견실로 쓰임-옮긴이)에는 200명이 넘는 기자들로 붐볐다. 트루먼 대통령은 그 큰 방으로 걸어갔고, 플래시 세례를 받으며 연단에 있는 자신의 자리에 섰다. 그리고 정면을 응시하며 준비된 성명서를 또렷하게 읽기 시작했다. 그는 "최근 한국에서의 전쟁 상황은 심각한 위기에 직면했습니다. 유엔과 미국이 중공에 대해 어떠한 공격적인 의도도 갖고 있지 않다는 명백한 사실을 중공 지도자들에 보여주려고 오랫동안 진지하게 노력했음에도 불구하고, 중공은 유엔군에 대해 강력하고 조직적인 공격을 감행했습니다"라고 말했다. 미국과 중공의 "역사적인 우호적 관계"에도 불구하고 마오쩌둥이 미군에 맞서 싸우기 위해 군대를 보냈다는 것에 트루먼은 더욱 충격을 받았다. 트루먼은 중공 대표단이 대화 의사를 밝히지 않고 있어 중공 대표단과의 협상 전망은 밝지 않은 것 같다고 말했다. 이를 감안할 때 미국은 전면전에 대비할 수밖에 없었다.

트루먼은 "자유국가들의 연합 군사력을 신속히 강화하는 것이 그 어느 때보다 필요합니다"라고 주장했다. 그는 군의 모든 부문에 대한 전폭적인 지원의 확대를 요구하고 원자력위원회 예산을 대폭 증액할 것을 요구했다. 트루먼은 다음과 같은 말로 연설을 마쳤다. "우리 나라는 평화와 정의를 향한 인류 희망의 중심입니다. 우리는 공동의 목적과 공동의 믿음에 의해 인도되고 있다는 것을 보여줘야 합니다."

그런 다음 트루먼 대통령은 질문을 받았다.

질문 : 대통령님, 이 (최근 전개 상황)에 대해 구체적으로 어떤 내용을 전달받으셨습니까?

대통령 : 구체적인 내용은 다음과 같습니다. 11월 23일 맥아더 장군은 전쟁을 끝내기 위한 시도로 한국 내 공산군에 대한 공격을 개시했습니다. 11월 28일 그는 유엔군이 적군 20만 명과 "완전히 새로운 전쟁"에 직면했다는 내용의 특별 성명서를 발표했습니다.

질문 : 대통령님, 유럽 언론에서 맥아더 장군에 대한 비판이 있었습니다.

대통령 : 내가 틀리지 않다면, 미국 언론에서도 마찬가지입니다. 언론은 항상 어떤 사람이 이기고 있을 때는 그의 편을 들지만, 그가 조금이라도 곤경에 처하면 모두 그에게 달려듭니다. 그는 일을 잘 해왔고, 계속해서 잘 하고 있습니다. 질문 계속하세요.

질문 : 맥아더 장군이 자신의 지휘권과 가야 할 선을 넘어섰다는 비판이 있습니다.

대통령 : 그는 그런 일을 하지 않았습니다.

질문 : 대통령님, 중공 대표단이 난관을 해결하려는 의향을 보이지 않고 있는데, 그러면 어떻게 하실 겁니까?

대통령 : 우리는 여전히 그것을 해결하려고 다각도로 노력하고 있습니

다. 우리가 할 수 있는 최선은 우리가 항상 말한 것처럼 권위를 갖고 대화할 수 있을 때까지 방어를 강화하는 것입니다.

질문 : 대통령님, 유엔군이 만주 국경을 넘어 폭격하는 것을 허용하실 겁니까?

대통령 : 오늘 아침에는 그 질문에 대답할 수 없습니다.

질문 : 대통령님, 만주에 대한 공격은 유엔군의 작전에 달려 있습니까?

대통령 : 네, 전적으로 그렇습니다. 우리는 항상 그래왔던 것처럼 군사적 상황에 대처하기 위해 필요한 모든 조치를 취할 것입니다.

질문 : 원자폭탄도 포함됩니까?

대통령 : 우리가 가지고 있는 모든 무기가 포함됩니다.

질문 : 대통령님, 그 말씀은 원자폭탄 사용을 적극적으로 고려하고 있다는 것을 의미합니까?

대통령 : 원자폭탄 사용에 대한 적극적인 검토는 항상 있어왔습니다. 나는 원자폭탄이 사용되는 것을 보고 싶지 않습니다. 그것은 끔찍한 무기이고, 이 군사적 공격과 아무 관련이 없는 무고한 남자, 여자, 아이들에게 사용되어서는 안 됩니다. 원자폭탄이 사용되면 그런 일들이 일어날 겁니다.

질문 : 대통령님, 원자폭탄에 대한 이야기로 돌아가서 다시 한 번 여쭤봐도 될까요? 대통령님의 말씀을 원자폭탄 사용이 적극 검토되고 있다는 것으로 이해해도 됩니까?

대통령 : 항상 검토하고 있었습니다. 그것은 우리의 무기 중 하나입니다. 우리는 제3차 세계대전을 막기 위해 가능한 모든 노력을 기울였습니다. 우리는 여전히 전쟁이 일어나는 것을 막기 위해 노력하고 있습니다.

Chapter 33

리지러너

/

유담리 남쪽 산속

● 12월 1일 밤 9시가 조금 못 되어서 레이 데이비스 중령은 부하들 사이를 돌아다니며 그들이 막 착수하려는 임무의 중요성을 상기시켰다. 그는 남쪽을 가리키며 "폭스 중대는 바로 저 산등성이 너머에 있다"라고 말했다. "그들은 포위되었고 우리의 도움이 필요하다."

데이비스는 몸을 돌려 츄이엔 리 중위에게 고개를 끄덕였다. 리는 모두가 볼 수 있도록 얼어붙은 공기 속으로 멀쩡한 팔을 들어 올리고는 돌풍이 부는 밤에 소리를 질렀다. 그러고 나서 1대대 부대원들은 그를 따라 기동하기 시작해 북방의 관목 속으로 들어갔다. 400명의 해병대원들이 한 줄로 새하얀 눈을 밟으며 산악 야크들처럼 짐을 지고 힘내어 발을 내디뎠다. 맨 앞에 베이커 중대, 그 다음에는 데이비스의 지휘부, 그 다음에는 에이블Able 중대, 찰리Charley 중대, 하우How 중대 순으로 기동했다.

처음부터 힘들었지만, 대원들은 단순한 움직임에서 어떤 만족감과 해방감을 느꼈다. 그들은 지난 4일 동안 유담리에서 적의 기동을 경계하면서 기다리고 지켜보아야만 했다. 지금 그들은 공격하고 있었고, 이것이 호전적인 사고방식을 가진 해병대의 성향에 훨씬 더 맞았다. 선두에 선 대원들의 기동에 따라 전투의 운명이 뒤바뀔 가능성이 컸다.

그들의 가장 중요한 선도요원은 눈에 잘 띄어야 했다. 츄이엔 리는 자신을 궁정 광대처럼 보이게 하는 화려한 옷을 입기로 했다. 그는 공중에서 보급품을 투하할 때 해병대가 지상 목표물을 표시하는 데 사용한 천 조각 2장을 구했다. 이 천 조각들은 하늘에서 쉽게 발견할 수 있도록 밝은 핑크색으로 칠해져 있었다. 리는 그것들을 가지고 "날 쏴!"라고 소리치는 것 같은 보기 흉한 할리퀸harlequin 옷을 만들었다. 이 복장은 우스꽝스러웠고, 그를 공격받기 쉽게 만들었다. 하지만 실용적인 목적이 패션 감각이나 공포감보다 더 중요했다. 리는 말했다. "나는 내 부하들이 나를 즉시 알아볼 수 있기를 바랐다. 나는 내 부하들에게 내가 적의 포격을 두려워하지 않는다는 것을, 그리고 내 부하들도 그것을 두려워해서는 안 된다는 것을 보여주고 싶었다."

그뿐만 아니라 리는 여전히 투박한 깁스와 팔걸이를 하고 있었다. 발걸음을 옮길 때마다 아직 붙지 않은 오른쪽 팔 뼈가 엄청나게 아팠다. 리의 체중은 120파운드(55킬로그램)에 불과했지만, 다양한 무기들과 수류탄 4개를 포함하여 거의 80파운드(36킬로그램)의 장비를 휴대하고 있었다. 그는 등고선이 표시된 지도와 나침반을 왼손에 들고 마름모꼴로 배치된 정찰병 3명과 함께 앞으로 나아갔다. 특히 그와 앞의 대원들이 힘들고 지쳤다. 그들은 단순히 길을 걸어가는 것이 아니라 길을 내면서 종종 무릎까지 오는 눈을 헤치며 나아가야 했다.

조금 뒤에서 이동하던 대원들은 그 산길이 단단히 얼었다는 것을 알게 되었다. 뒤쪽의 대원들은 썰매를 탈 수 있을 것처럼 꽁꽁 언 비탈길을 맞닥뜨렸다. 그들은 허둥대다가 미끄러졌고, 때때로 앞 대원을 향해 손을 뻗어 잡아당기기도 했다. 경사가 40도 이상되는 가파른 위험한 곳에서 대원들은 손과 무릎을 대고 쪼그리고 앉아 돌덩이나 관목같이 눈 속에서 잡을 수 있는 어떤 것이든 붙잡고 올라가려고 무진 애를 썼다. 가파른 오르막길을 오를 때는 땀이 났지만, 후방 경사면을 내려갈 때는 젖은 땀이 얼어붙었다. 그러면 그들은 미라처럼 휘청거렸고, 얼음으로 굳은 옷은 걸음을 옮길 때마다 버적버적 소리를 냈다.

그러나 그들은 아침까지 덕동 고개에 도착하지 않으면 구조해야 할 폭스 중대가 남아 있지 않을지도 모른다는 생각에 계속 움직였다. 그들은 그들이 주로 이용하던 길을 벗어나 산길로 이동하면서 다른 시각으로 자신들을 볼 수 있게 되었다. 그들은 중공군과의 전투 계획의 첫 페이지를 시작하고 있었다. 그들은 기계와 차량을 버리고 밤에 이동하면서 그 고지대에 스며들고 있었다. 그들은 새로운 별명도 얻었다. 그날 밤부터 데이비스의 1대대원들은 '리지러너Ridgerunner'(미국 남동부의 산악지대, 특히 애팔래치아 산맥의 고지대 사람들에게 붙여진 별명-옮긴이)로 불리게 되었다.

≡

유담리에서 발사된 조명탄이 5분 간격으로 머리 위에서 활활 타올랐다. 그 조명탄은 하늘을 가로지르며 환상적인 빛으로 산비탈을 물들였다. 대원들은 산으로 향하면서 자신들이 아직 연대와 연결되어 있다는 것을 알고 위안을 받았다. 그들은 4마일 떨어진 곳에 있는 전우들을 생각하며 앞으로 나아갔다. 리가 능선에 있을 때는 시야가 넓어 조명탄이 도움이 되었지만, 좁은 골짜기에 있을 때는 조명탄이 거의 소용없었다. 산이 그들의 궤적을 가리고 있는 가운데, 그는 오직 나침반만을 보고 앞으로 나아갈 길을 추측할 수밖에 없었다.

그래도 대대원들은 밤새 계속 전진했다. 그들의 대열이 산 너머로 너무 신장되어 필요할 때 앞에서 뒤로 또는 뒤에서 앞으로 의사소통을 할 수 없었다. 그들은 개미들이 일렬로 가는 것처럼 오직 서로를 믿고 따라갔다. 나중에 한 해병대원이 썼듯이, 그들은 "검은 긴 행렬은 이번에는 능선을 기어오르고 다음에는 계곡으로 내려오면서 미끄러지고 비틀거리고 발뒤꿈치가 눈 속에 빠져 속도가 점점 줄어들었다." 그들은 미끄러지고 넘어지고 일어서고 쓰러지기를 반복했다. "소총 총구가 철모에 부딪쳐 어둠 속에서 오싹한 달가락거리는 소리를 냈다."

세찬 돌풍이 잠시 잠잠해지자, 고원의 목초지에는 섬뜩한 침묵이 내려앉았다. 군화로 눈을 밟는 소리와 장비들이 끊임없이 달가락거리는 소리밖에 들리지 않았다. 대원들은 행군하다가 사색에 잠겼다. 어떤 대원들은 꿈속에 빠져든 것 같은 느낌이 들었다. 이 산속 요새는 사람이 방문한 적이 없는 것 같았다. 이곳은 사람이 살지도 않았고, 어쩌면 살 수 없을지도 몰랐다. 이곳은 사슴과 여우, 그리고 그것들을 잡아먹는 백두산 호랑이나 살 수 있는 곳이지, 사람들이 살 수 있는 곳이 아니었다. 때때로 나무들은 심한 추위로 인해 얼어 터졌고, 나무의 몸통은 펵하고 부러졌다. 그 밖의 다른 소음들이 우렁차게 멀리 울려 퍼졌다. 한 해병대원은 "기침소리가 마치 박격포탄처럼 들렸다"라고 말했다.

시간 자체가 얼어버린 것 같았다. 추위 때문에 정신이 혼미해지고 눈과 바위밖에 없는 단색의 불모지에서 얼이 빠진 대대는 빠른 속도로 앞으로 나아갔다. 베이커 중대의 조지프 오언 중위는 "시간은 우리에게 아무런 의미가 없었다"라고 말했다. "하늘에는 유령 같은 눈구름이 드리운 가운데 우리는 어디로도 이어질 것 같지 않은 얼음길을 오르락내리락하며 끝없는 어둠을 헤치고 나아갔다. 우리는 길고 볼품없는 파카를 입고 있는 앞 대원의 뒷모습만 보며 걸었고, 그들의 고통스런 한 걸음 한 걸음은 그들의 의지력에서 나온 것이었다."

밤하늘은 끊임없이 새로운 모습을 보여주었다. 구름과 안개가 머리 위를 맴돌았고, 그 틈으로 밝은 달빛이 스며들었다. 산의 공기는 달빛에 반짝이는 작은 얼음 결정으로 춤을 추었다. 사람들은 이런 현상을 다이아몬드 더스트diamond dust(얼음의 미세한 결정이 공중에 무수히 부유하는 현상-옮긴이)라고 불렀다. 산등성이에 매서운 바람이 불자, 해병대원들은 얼굴을 가렸고, 입술이 터졌다. 기온은 영하 30도까지 떨어졌지만, 바람이 차서 체감온도는 영하 50도로 추정되었다.

바람이 잠잠해지자, 리는 불안한 분위기 속에서 적군의 목소리를 들을 수 있었다. 그리고 작은 구멍을 통해서 그들, 최소한 그들이 쓴 모자의 깃털을 살짝 볼 수 있었다. 리의 눈에는 초조하게 머리를 위아래로 움직이고 있는 그들의 모습이 대초원의 들개처럼 보였다. 그들은 25야드(22.86미터)도 채 떨어져 있지 않았지만, 아직 해병대를 보지 못했다. 리는 놀란 그들의 대화를 알아들을 수 있었다.

"무슨 소리 못 들었어?"

"공격할까?"

이 초기 기동 단계에서 리는 무슨 수를 써서라도 총격전은 피하고 싶었다. 그는 중공군을 우회하도록 대열을 이끌어 위험을 피했다. 그러나 그들이 말하는 것을 듣고 해병대원들은 피가 용솟음쳤고, 반쯤 얼어붙은 무감각에서 깨어났다. "그들의 목소리가 우리에게 아드레날린 효과를 주었다"라고 오언은 말했다. "이제 우리는 사기충천했고, 정신이 맑아졌다."

≡

처음에는 알아차릴 수 없었지만 기동이 전개되면서, 리 중위는 이동로를 벗어나기 시작했다. 밤새 일련의 작은 오산誤算들이 복합적으로 작용해서 그랬을 것이다. 리 중위는 자신의 나침반이 오작동해서 덮개 안 바늘이 비정상적으로 돈 것도 그 이유 중 하나였을 수 있다고 생각했다. 차가운 기온이 나침반에 영향을 미쳤을 수도 있었고, 아니면 한때 주변 산에서 채굴되던 철광석 광맥이 자기장을 교란시켰을 수도 있었다. 리는 마침내 나침반이 대대원들이 운반하는 무거운 금속(무기, 박격포, 탄약)에 반응해서 그런 것이라고 결론지었다. 어떤 이유 때문이든 간에 리는 방향을 제대로 읽을 수 없었다. 그는 도로 방향으로 경사면을 내려가면서 서쪽으로 미끄러져 가는 것 같았다.

0.5마일 정도 후퇴하여 대열의 방향을 살핀 데이비스는 이것이 사실

임을 눈으로 확인할 수 있었다. 데이비스는 놀라움을 금치 못했다. 데이비스는 리가 그날 밤 늦게 유담리로부터 중포 사격이 예정되어 있는 무인지대를 향해 천천히 방향을 틀고 있다는 것을 알게 되었다. 리가 방향을 바로잡지 않으면 대열의 선두는 아군 화력에 피해를 입을 수도 있었다. 리의 실수는 사소했지만, 그들의 임무를 위태롭게 만들고 있었다.

데이비스는 무선으로 리에게 메시지를 전달하려 했지만, 추위에 이미 배터리가 닳았다. 그래서 데이비스는 그것을 사람과 사람을 통해 앞으로 전달하려고 했다. 하지만 매서운 바람 속에서 모든 대원들이 제대로 소리를 알아들을 수가 없어 결국 이 방법은 무산되었다. 메시지는 처음에는 분명하고 빠르게 전달되다가 나중에는 마치 동굴 속에서 사람들이 말하는 것처럼 알아들을 수 없게 변질되었다.

서쪽으로 이동하고 있다는 것이 더욱 명확해지자, 데이비스는 리 중위를 만나기 위해 앞으로 뛰어가기 시작했다. 그는 긴 대열을 지나 뛰어가면서 부하들과 계속 부딪쳐 그들 중 몇 명을 쓰러뜨렸다. 그들은 중요한 정보를 전달하기 위해 애쓰고 있는 이 무례하고 성급한 남자가 자신의 지휘관인지 모르고 욕설을 퍼부었다.

한 시간 후, 데이비스는 숨을 헐떡거리며 마침내 리를 따라잡았다. 눈보라 속에서도 밝은 분홍색 천으로 만든 할리퀸 복장을 한 리를 즉시 알아볼 수 있었다. 데이비스는 처음에 자신이 왜 왔는지 잠시 잊어버렸다. 그래서 두 사람은 추위에 떨면서 술 취한 사람처럼 서로를 어리둥절하게 바라보았다. 마침내 데이비스는 자신의 얼어버린 기억의 저장고에서 리에게 전달하려던 메시지를 떠올릴 수 있었다. 그 기동은 위험할 정도로 진로를 이탈했다. 진로를 동쪽으로 재조정해야 했다. 유담리에서 곡사포들이 곧 이 경사면에 불을 뿜을 예정이었다.

리는 이 문제를 처리하려고 했다. 리는 정찰병을 멈추게 했고, 데이비스는 중공군이 판 근처 구덩이로 들어갔다. 그곳에서 데이비스는 흘러내리는 눈을 피하기 위해 판초로 몸을 가렸다. 그는 손전등을 켜놓고, 일본어로 된 지저분한 등고선 지도를 연구했는데, 1:50,000 축척 지도는 별로 도움이 되지 않았다. 하지만 데이비스는 어떻게든 새로운 경로를 결정했다. "그곳에 점치는 데 쓰는 수정구슬이 있었나 보다"라고 리 중위는 놀라워했다.

데이비스는 새로운 명령을 내리려고 자신있게 일어섰다. 그런데 구덩이에서 숙고하여 내린 결정이 몇 분 동안 생각이 나지 않았다. 그의 뇌는 추위 때문에 마비되었던 것이다. 그래서 데이비스는 구덩이로 돌아와 판초를 몸에 걸치고 다시 연구하기 시작했다. 몇 분 후, 그는 다시 일어섰다. 그리고 이번에는 섬세한 뇌 조직을 유지하면서 새로운 경로를 말했다. 그는 리와 다른 정찰병들에게 자신이 말한 것을 복창하라고 지시했다. 왜냐하면 그가 말한 정보를 자신이 기억하지 못할 수도 있기 때문이었다.

데이비스의 생각은 8분의 1의 속도로 작동하는 것 같았다. 신경회로는 작동하지 않았다. 데이비스는 훗날 "업무를 수행하기에 너무 추웠다"라고 말했다. 자신과 같은 남부인에게 이곳은 확실히 너무 춥다고 생각했다. 그는 자신이 조지아주가 아니라 미네소타Minnesota주 출신이었다면, 어떻게 달랐을지 궁금했다.

리는 오작동하는 나침반 때문에 자신의 기동이 표류했을 수도 있다는 것을 받아들였다. 하지만 그는 너무 자존심이 강해서 더 이상은 인정하지 않았다. 그는 길을 잃지 않았고, 결코 길을 잃은 적이 없었다고 주장했다.

데이비스의 새로운 명령을 기다리던 해병 소대는 근처의 눈 속에서 대기하고 있었다. 추위가 몰려들었고, 이제 그들은 사실상 혼수상태에 빠졌다. 어느 기록에 따르면, 그들은 "얼어붙은 불상"처럼 보였고, "저체온증을 유발하는 매혹적이고 무심한 안개 속"에 빠진 것 같았다. 데이비스는 정말로 그들을 잃을까 봐 두려워 주변을 돌아다니며 다시 피가 흐르도록 하기 위해 엎드린 해병대원들을 때렸다. 그는 그들이 정신을 바짝 차리고 일어서게 하려고 애썼다.

"소속이 어딘가?" 데이비스가 한 젊은 대원에게 소리쳤지만, 그 젊은 이는 그를 멍하니 바라만 보았다. 그 젊은이는 대답을 못 했다.

중공군 역시 살인적인 추위에 굴복하고 있었다. 멀지 않은 곳에 10여 개의 빙구氷丘(지면이 주변에 비해 둥글거나 원추형 모양을 이루며 약간 솟아오른 지형-옮긴이)가 눈 위에 솟아 있었다. 그들 중 하나가 움직이는 것 같자, 해병대 하사가 달려가 그것을 조사했다. 그는 눈을 털어낸 뒤 그것이 참호에 들어가 있는 중공군이라는 것을 확인했다. 하사는 그 중공군의 목덜미를 붙잡아 낚아챘다. 그는 거의 죽어 있었다. 눈동자는 움직였지만, 아무것도 보지 못했다. 운동화를 신었지만 양말은 신지 않았다. 하사는 다른 빙구를 조사한 결과, 그들이 모두 꽁꽁 얼어붙은 중공군인 것을 확인했다. 해병대는 그들을 불쌍히 여길 수밖에 없었다. 그들은 구덩이에 박혀 죽었던 것이다. 데이비스 대대의 대원들도 조심하지 않으면 같은 운명이 기다리고 있다는 것을 알고 있었다.

거의 자정이 되었다. 새로운 방향을 마음속에, 그리고 지도 위에 고정시킨 리 중위는 다시 대열의 자기 자리로 돌아가 눈밭 사이로 솟아오른 바위를 목표로 기동을 재개했다.

≡

다음 산등성이의 정상에서 리 중위는 바위와 이상하게 생긴 화강암이 널려 있는 눈 덮인 초원으로 진입했다. 그와 선두팀은 이 미로 같은 바위 틈을 조심스럽게 따라갔다. 왜냐하면 그곳은 매복공격을 하기에 완벽한 장소처럼 보였기 때문이다. 아니나 다를까, 몇 분 후 중공군이 사격을 개시했다. 고지 위에서 총구의 섬광이 번쩍거렸다. 총탄이 바위를 뚫고 눈보라를 일으켰지만, 별다른 피해는 없었다. 중공군은 이것이 단지 야간 정찰 중인 해병 소대 정도라고 생각했음에 틀림없었다. 1개 대대 전체가 그들 한가운데로 들어오리라고는 전혀 예상하지 못했을 것이다.

리는 자신의 분대에 산병선skirmish line(전체 군부대의 앞 또는 측면에서 행동하는 소규모 부대가 적을 저지하는 위치-옮긴이)을 구축하라고 신호를 보냈다. 그들은 무릎을 꿇고 비탈길을 기어 올라갔다. 리는 정상에 올라 중공군의 진지를 가로질러 다니며 그들의 허를 찔렀다. 많은 중공군이 침낭 안에 있었다. 해병대는 그들 사이를 뛰어다니며 총검과 소총 개머리판으로 박살내고, 단단한 도구로 부수고, 사거리 안에서 사격을 가했다. 일부 중공군은 총알을 피해 바위 사이를 질주하면서 도망쳤고, 또 다른 일부 중공군은 갈라진 바위틈에 숨었다.

남은 중공군은 용감하게 싸웠다. 일부는 돌을 던졌고, 한 명은 큰 나뭇가지를 휘둘렀지만 무장한 해병대의 상대가 되지 못했다. 조지프 오언은 다음과 같이 썼다. "밤은 그들에게 불리했다. 우리는 기습과 속도의 이점을 누렸다. 우리는 추위와 비참한 시간으로부터 해방되어 맹렬한 기세로 싸웠다. 중공군은 탈출을 시도하는 것 외에는 할 수 있는 것이 없었다."

평소와 다름없이 리가 전투의 중심에 섰다. 10피트 떨어진 곳에서 중공군 3명과 마주친 그는 왼팔로 카빈 소총을 잡고 사격했다. 2명은 사살했지만, 세 번째 중공군은 밝은 핑크색 조끼를 입어 눈에 잘 띄는 리에게 총을 겨누었다. 근처에 서 있던 해병 하사가 때마침 위험을 알아차리고 M1 한 발을 쏘아 그 중공군을 쓰러뜨렸다.

30분 동안 총소리가 들리고 총구에서 화염이 쏟아져나오는 동안, 박격포 대원들은 포를 설치하고 포탄을 언덕 위 적진에 퍼부었다. 리는 바위틈에 숨어서 마지막 저항자들이 항복하도록 설득하기 위해 중국어로 소리쳤다. 몇몇 중공군은 손을 들고 나타났다. 다른 중공군은 하나둘씩 바위 뒤에 숨어서 격렬히 저항했다. 그림자 속에서 영어를 조금 할 줄 아는 한 중공군 병사가 미군인 척하려고 했다. 그는 계속해서 소리쳤다. "안 돼, 안 돼! 나는 해병이야!" 그러나 그것은 단지 시간을 벌기 위한 속임수에 불과했다. 잠시 후, 그는 바위 뒤에서 무기를 쏘며 나타났다. 그 중공군 병사는 즉시 해병대의 총탄에 맞아 쓰러졌다.

충격전이 끝나고 대열이 눈을 뚫고 전진 기동을 재개했을 때는 1시가 넘어 있었다. 대원들은 기진맥진했지만, 아직 2마일 이상 더 가야 했다. “우리는 사슬로 함께 묶인 좀비 같았다”라고 누군가가 말했다. 조지프 오언은 “우리는 거의 탈진 상태였다. 우리는 자꾸 넘어졌고, 우리가 눈에서 몸을 일으키는 데 더 오랜 시간이 걸렸다” 심지어 리 중위도 자신이 인내심의 한계에 다다랐음을 인정해야만 했다. “나는 앞으로 나아가야만 했다. 내 허벅지는 납덩이 같았다. 적병이 내 가슴을 툭 치는 것만으로도 나는 쉽게 뒤로 쓰러졌을 것이다.”

대대원들은 이른 아침 시간에 비틀거리며 앞으로 나아갔고, 멀리 어렴풋이 보이는 산을 향해 다가갔다. 리가 지도를 제대로 읽고 있었다면, 이 산은 폭스 힐 바로 너머에 있는 마지막 장애물일 것이었다.

Chapter 34

고통의 장소

/

폭스 힐 북쪽

● 12월 2일 동이 트기 몇 시간 전, 대대원들은 중공군의 계속되는 공격에도 불구하고 덕동산 산마루 아래를 따라 걸으며 꾸준히 전진했다. 데이비스 중령은 날이 밝기 전 고개에 도착하기를 원했지만, 폭스 중대와 무선 연락을 할 수 없었다. 데이비스는 바버 대위가 구조대가 오고 있다는 말을 들었는지조차 확신하지 못했다.

그때 저격수의 총알이 아침의 어둠 속을 뚫고 지나갔다. 데이비스 중령은 머리에 총을 맞아 뒤로 넘어졌다. 대원들이 도와주려고 달려갔지만, 데이비스는 일어섰다. 그는 괜찮다고 말했다. 확인 결과, 총알이 파카 후드를 뚫고 들어가 헬멧에 상처를 낸 것으로 확인되었다. 쇳조각이 이마를 스쳤지만, 기적적으로 이것이 상처의 전부였다. 데이비스는 특유의 냉정함으로 그것을 털어냈다. 머리에 총을 맞은 것 말고는 "모든 것이 비교적 괜찮다"라고 말했다.

다음은 츄이엔 리의 차례였다. 리 중위는 덕동산 측면 높은 곳에서 지난 28일 밤부터 폭스 중대를 공격하던 중공군과 마주쳤다. 이어진 교전에서 리 중위는 총알에 맞았다. 이미 사용하지 못하던 오른쪽 팔 어깨 근처였다. 그는 쓰러지며 무릎을 꿇었다. 크게 다치지는 않았지만, 극심한 고통에 빠졌다. 그는 자신을 사격한 중공군들을 향해 중국어로 조롱하면서 독설을 퍼부었다. 몇몇 중공군 병사들이 자세히 살피기 위해 참호에서 나왔지만, 리의 부하들이 즉시 제압했다.

데이비스는 리가 심하게 다치지 않았다는 것에 감사했다. 대대는 긴 밤 동안 기동하면서 이미 너무 많은 손실을 입었다. 10여 명이 넘는 해병대원들이 들것이 필요할 정도로 중상을 입었다. 최소 3명의 대원이 전투에서 목숨을 잃었다. 데이비스는 전사자는 눈 속에 묻으라고 명령했었다. 그는 나중에 이 결정을 후회했지만, 선택의 여지가 없다고 느꼈다.

그 뒤에도 데이비스의 대대에는 매우 다른 종류의 사상자가 발생했다. 해병대원 중 1명은 정신이 나갔다. 텍사스에서 온 18세의 이병이었는데, 너무 많은 것을 본 젊은이였다. 그는 겁에 질려 있었고, 불안으로 거의 마비되어 있었다. "더 이상 가지 않을 겁니다." 그가 말한 것은 이것뿐이었다. 처음에 대원들은 그가 농담을 하는 것이라고 생각했다. 나이가 든 대원들이 그를 설득하려고 했다. 한 해병대원은 그에게 초콜릿을 주었다. "우리는 곧 일본으로 돌아갈 거야." 또 다른 대원이 그를 안심시켰다. 하지만 그 젊은이에게는 위로가 되지 않았다. 그 무엇도 낙담을 없앨 수 없었다. 그는 모든 제안을 거절했고, 발뒤꿈치로 땅만 팠다. "더 이상 가지 않을 겁니다"라고 되풀이했다. 대대 외과 의사인 피터 아리올리가 검사했지만, 아무 이상도 발견할 수 없었다. 그는 중얼거리며 떨고 있었지만, 다친 것 같지는 않았다. 그는 동상에 걸리거나 포탄에 충격을 받지도 않았다. 그저 포기한 것 같았다. 같은 분대의 한 해병대원이 말했다. "그는 넋이 나갔어."

데이비스는 어떻게 해야 할지 몰랐다. 이 젊은이를 죽게 내버려둘 수 없었다. 군의관 아리올리는 정신상태가 정상이 아니라고 진단하고, 신체에 제한을 가했다. 즉석에서 구속복straitjacket(정신이상자와 같이 폭력적인 사람의 행동을 제압하기 위해 입히는 옷-옮긴이)을 만들어 그를 들것에 묶었다. 대원들이 말썽꾸러기 젊은이가 묶인 들것을 번갈아 들면서 산을 가로질러 폭스 힐 쪽으로 향했다.

≡

대대는 희미한 새벽빛을 뚫고 데이비스가 마지막 산등성이의 마지막 돌출부라고 믿었던 곳을 향해 전진했다. 그의 계산에 따르면, 정상에 오르자마자 폭스 힐이 그들 앞에 펼쳐져 있는 것을 볼 수 있을 것이다. 하지만 데이비스는 이 마지막 접근 단계에서 조심해야 한다고 생각했다. 그는 먼저 바버 대위와 무선 연락을 하지 않고 폭스 중대에 더 가까이 접근하는 것이 위험하다는 것을 알고 있었다. 만약 데이비스와 그의 부하들을 적으로 오판한다면, 폭스 중대의 포병들은 그들을 산산조각낼 것이다. (5일 동안 포위된 후, 바버는 박격포와 중기관총 팀들이 그가 말한 대로 "기뻐 날뛰었다"는 것을 인정했다.)

데이비스의 무전병은 무전기로 폭스 중대와 접속하는 데 어려움을 겪었지만, 몇 분 후 마침내 신호를 받았다. "중령님, 폭스 중대가 잡혔습니다." 무전병이 기쁨에 겨워 떨리는 목소리로 외쳤다.

잠시 후, 바버의 목소리가 전파를 타고 울렸다. "여기는 폭스 식스. 오버." 바버 대위의 사무적인 어투를 듣자, 데이비스는 눈물이 났다. 바버는 데이비스의 소식을 듣고도 놀라지 않았다. 유담리에 있는 리첸버그는 폭스 중대에게 이미 1개 대대가 밤새도록 산길로 접근하고 있을 것이라고 무전으로 말했다. 그럼에도 불구하고 바버는 데이비스의 정확한 접근 방향을 짐작할 수 없었고, 지금까지는 중공군이 긴 대열을 뚫고 들어와 진군을 방해했는지 아니면 아예 중단시켰는지 전혀 알지 못했다. 데이비스는 바버의 목소리에 안도감을 느낄 수 있었다.

데이비스가 말했다. "폭스 식스. 우리는 귀 중대 구역으로 진입할 수 있는 산등성이에서 접근하고 있음. 우리는 5분 후에 공제선空際線(능선처럼 하늘과 지형이 맞닿아 이루는 선. 야간에도 이 선에 있는 인원과 장비는 눈에 쉽게 보이므로 이 선은 군사적으로 중요하다-옮긴이)에 모습을 드러낼 것임. 이런 상황을 귀관의 부대원들에게 알릴 수 있나?"

이것은 "사격을 중지하라"는 우회적인 표현이었다. 바버는 그 메시지를 분명하게 접수했다고 답했다.

몇 분 후, 데이비스가 산등성이의 꼭대기에 다다랐을 때, 무전병은 다시 바버와 접속했다. "폭스 식스, 우리가 보이는가?"

"그래, 보인다." 바버가 확인했다. 언덕 건너편에서 폭스 중대의 대원들은 진지와 은신처에서 기어나와 산등성이 높은 곳에 모여 있는 대원들을 환영했다. 바버의 부하들은 낙하산 천을 조각 내서 눈밭에는 파란색, 노란색, 붉은색 띠가 펄럭였다.

그때 바버가 끼어들었다. "그곳에 그대로 있길 바람. 내가 정찰대를 보내서 안내하겠음."

데이비스는 바버가 제안한 대담한 모순을 생각하고 미소를 지을 수 있었다. 누가 누구를 구하고 있는가? 데이비스의 '리지러너'들은 전체 대대 병력이었다. 그들은 마지막 몇 백 야드를 호위받기 위해 곤경에 처한 폭스 중대원 몇 명이 필요하지 않았다. 데이비스는 자신의 방식대로 싸울 장비가 잘 준비되어 있었다. 그러나 그는 바버의 몸짓 뒤에 숨겨진 경호 정신을 높이 평가했다. 마치 곤경에 처한 바버 대위가 이렇게 말하는 것 같았다. "우리는 구조를 받아 너무나 자랑스럽습니다."

"중지, 폭스 식스." 데이비스가 대답했다. "자네 부하들을 제자리에 위치시킬 것."

≡

데이비스와 그의 부하들이 폭스 힐로 진격할 때, 코르세어가 한쪽 측면을 엄호하기 위해 하늘에 나타났고, 바버의 포병들은 다른 쪽을 엄호했다. 이렇게 해서 마침내 '리지러너들'이 평지로 이동해서 궁지에 몰린 전우들과 조우할 수 있는 안전한 통로가 만들어졌다. 데이비스의 부하들은 그들 앞에 펼쳐진 섬뜩하고 영웅적인 광경을 결코 잊지 못할 것이다. 거기에는 아름다운 것이 하나도 없었다. 그 고지는 피, 오물, 쓰레기, 오줌, 내장, 탄피, 화학물질로 뒤덮여 있었다. 그러나 그들은 한 치의 땅도 빼앗기지 않으려고 치열한 전투를 벌이며 희생하여 마치 신성한 장소인 발할라Valhalla(북유럽 및 서유럽의 신화에 나오는 궁전. 정확히는 발할valhall, 즉 '전사자戰死者의 큰 집' 또는 '기쁨의 집'이라는 뜻-옮긴이)에 들어간 것 같았다. 그는 이렇게 썼다. "우리는 경이로움을 느꼈다. 대원들은 고개 숙여 기도했다. 몇몇은 무릎을 꿇었다. 다른 대원들은 믿지 못하겠다는 듯 조용히 맹세했다." "고난과 용기의 이 장소"에서 펼쳐졌던 야만적인 시련을 생각하며 그들은 눈물을 흘렸다.

이곳에서 일어난 일은 생각해보면 놀랄 만했다. 열 배가 넘는 적에게 포위된 1개 중대원들은 북극 같은 날씨에서 5일 밤 5일 낮을 버텼다. 버텼을 뿐만 아니라 그들은 적을 학살했다. '리지러너들'은 그곳을 지나면서 대학살의 규모에 경외심을 갖게 되었다. 설원은 수백 구의 중공군 시체들로 가득 차 있었다. "신께 맹세코, 당신들은 그 시체들을 양탄자 삼아 땅에 발을 대지 않고 걸었을 것이다." 오언이 말했다. "그 많은 중공군 전사자들의 얼굴은 고통의 경련으로 일그러진 채 얼어붙어 있었다."

이 중공군들은 명예로운 죽음을 맞이했다. 그들의 용기는 의심의 여지가 없었다. 거의 모든 중공군의 시신들은 해병대 진지에서 멀리 떨어져 있지 않고 진지를 향해 쓰러져 있었다. 경사면의 먼 곳에는 포탄 구멍이 나 있었다. 중공군 시체들은 해병대 참호 주변에 4, 5구씩 높이 쌓여 있었다.

또 다른 '리지러너'인 무전병 조 드모나코Joe DeMonaco는 폭스 힐이 "헐리우드 전투 세트장" 같다고 생각했다. 그들이 폭스 중대의 방어선에 가까워지자, 드모나코는 전사한 해병대원이 보이기 시작했다. 그는 "결코 잊을 수 없는 한 명은 한 손에는 가위를, 다른 손에는 붕대뭉치를 들고 쓰러져 있는 해군 의무병이었다. 부상당한 해병대원을 치료하려던 순간에 총알에 맞았을 것이다"라고 말했다.

대대원들이 방어선에 접근하자 누군가 요란한 환호성을 질렀고, 그들은 폭스 중대 전우들과 합류하기 위해 달려갔다. 한 해병대원의 설명에 따르면, "그들은 지나간 끔찍한 밤을 조롱하는 듯한 속도로 눈 속을 질주했고, 함성과 웃음으로 폭스 중대의 대열에 뛰어들었다." 너구리 눈처럼 눈이 퀭한 폭스 중대원들은 소름끼치는 시체의 바리케이드에서 나와 데이비스의 부하들을 맞이했다. 그들은 너덜너덜한 붕대와 피에 젖은 압축 붕대로 상처를 싸맸고 머리에는 거즈를 감고 있었다. 오언은 "대원들은 다리에 임시 부목을 한 채 이리저리 뛰어다녔다"라고 썼다. "우리처럼 그들 모두 손이 야위고 더러웠다. 해병대원들은 서로에게 느끼는 사랑을 숨기지 않고 거친 말로 인사를 주고받았다."

"꼴이 말이 아니군!" 그들은 서로를 보며 소리쳤다. 물론 애정이 담긴 표현이었다. "구조대와 구조받은 대원들은 서로의 모습을 보고 적에게 꽤 두들겨 맞았다고 생각했다."

가장 먼저 비틀거리며 방어선 안으로 진입한 '구조대' 중의 한 명은 아직도 눈에 띄는 밝은 형광 핑크색 옷을 입고 있는 츄리엔 리 중위였다. 리는 일생 동안 그렇게 지치고, 그렇게 황홀한 적이 없었다. 훗날 그는 이렇게 말했다. "흥분되었다. 나는 내 부하들이 너무나도 자랑스러웠다." 그는 자신과 데이비스의 다른 부하들이 폭스 중대를 "구조하고 있다"고 말하는 것을 주저했다. 실제로 그것이 사실이었는데도 말이다. "우리는 폭스 중대를 구했다고 주장한 적이 없다"라고 그는 말했다. "그들 중 일부는 이러한 생각에 대해 우리에게 화가 났을 수도 있다. 하지만 우리는 그들을 추가 공격에서 구해냈고 고갯길을 확보했다."

데이비스 중령은 바버의 지휘소로 갔다. 데이비스는 여전히 총알이 박힌 헬멧을 쓰고 있었고, 이마에 피가 튀어 있었다. 들것에 누워 있던 바버 대위가 일어서서 데이비스 중령을 맞이하려고 했다. 바버는 통증으로 움찔하며 일어서서 나뭇가지로 만든 지팡이에 몸을 지탱했다.

두 장교는 전투로 인한 악취에 신경 쓰지 않고 미소를 지으며 따뜻하게 악수를 했다. 처음에 그들은 너무 감정이 북받쳐 말을 할 수 없었다. 1대대원 450명은 고지로 올라오면서 폭스 중대가 버틸 것이라고 믿어 의심치 않았다. 더욱이 그들은 덕동 고갯길을 벗어나 하갈우리까지 도달할 수 있는 더 좋은 여건을 마련했고, 그 다음 해안의 안전을 확보할 수 있게 되었다. 데이비스와 바버는 자랑스러워할 것이 많았지만, 축하할 입장이 아니었다. 의료 텐트 사이에는 죽은 해병대원 24명이 쌓여 있었고, 아침의 전투로 인해 더 많은 시신이 옮겨지고 있었다. 저 시체들은 모두가 볼 수 있는 야외에 쌓여 있어 기쁨을 표현할 수 없는 분위기가 되었다.

바버는 데이비스와 함께 사상자 수를 조사했다. 폭스 중대에는 118명의 사상자가 발생했다. 전사자 26명, 부상자 89명, 실종자 3명이었다. 중대 장교 7명 중 6명이 총에 맞았고, 그중 몇 명은 여러 발을 맞았다. 정도의 차이가 있었지만, 거의 모든 대원이 동상으로 고통받고 있었다. '가용 병력'이 100명도 채 안 되는 폭스 중대는 더 이상 중대라고 부를 수 없는 상황이었다.

☰

데이비스의 도착은 폭스 힐에 대한 전략적 상황을 크게 개선시켰을지 모르지만, 그것이 사상자의 종식을 의미하는 것은 아니었다. 비록 중공군이 아침 내내 머리 위를 지나가는 미군 항공기들 때문에 집단 공격을 중단했지만, 바버와 데이비스가 상의하는 동안에도 계속해서 중공군 저격수들이 진지에 사격을 가했다. 몇 분마다 또 다른 총알이 공기를 가르며 텐트의 천을 찢고, 금속체에 맞아 튕기고, 눈 속에 처박혔다. 때때로 중공군의 총알이 진짜 대원들을 맞히기도 했다.

외과 군의관 피터 아리올리는 폭스 힐에 도착하자마자 돌봐야 할 사상자의 수가 엄청나다는 것을 알게 되었다. 폭스 중대에는 매우 용감하고 유능한 의무병들이 있었지만, 중대에 진정한 의사가 있다는 것은 축복받을 만한 일이었다. 아리올리가 돌봐야 할 환자들 중에는 한 걸음도 걸을 수 없다고 버티던 18세의 텍사스 출신 해병대원도 포함되어 있었다. 구속복을 입은 그 젊은이는 들것에 실려 의료 텐트로 옮겨졌다. 그의 상태는 이른 아침 내내 악화되었다. 아리올리는 그를 살펴보았지만 끝까지 눈에 보이는 부상은 찾을 수 없었다. 그런데 믿을 수 없게도 몇 시간 만에 그 젊은 해병은 세상을 떠났다. 사인은 밝혀지지 않았다. 그는 그렇게 생을 마쳤다.

그의 한 전우가 말했다. "우리는 깜짝 놀랐다. 우리는 그의 시신을 시체들을 모아놓은 곳으로 옮겨 시체 대열 끝에 내려놓았다. 그 불쌍한 놈은 말 그대로 겁에 질려 죽은 것 같았다."

또한 아리올리 군의관은 5일 전 끔찍한 상처를 입고도 임시 치료조차 받은 적이 없는 헥터 카페라타를 치료하기로 했다. 카페라타는 버티고 있었지만 숨을 쉴 수가 없었다. 구멍이 난 폐는 피로 가득 차 있었다. 클립보드clipboard(위에 집게가 달려 있어서 종이를 끼울 수 있는 판-옮긴이)에 적혀 있는 순서에 의하면 카페라타는 차후 치료 대상자였지만, 아리올리는 그를 응급조치 대상자로 선정했다. 아리올리가 선혈로 붉게 물든 장갑을 낀 채 누군가와 얘기를 나누려고 텐트 밖으로 머리를 내밀었을 때, 중공군 저격수가 쏜 총에 맞았다. 한 보고에 따르면, "총알 한 발이 얇은 옷을 뚫고 아리올리의 척추뼈를 부러뜨렸다. 아리올리는 망연자실해진 참모장교의 품에 안겨 죽었다."

근처에 서 있던 중위가 그의 모습을 떠올리며 말했다. "그는 고통받지 않았다. 그는 순식간에 쓰러졌다. 한 의무병이 그를 진찰하고는 사망했다고 선언했다." 아리올리 군의관의 시신은 의료 텐트 사이에 쌓여 있는 시체 더미로 옮겨져 젊은 텍사스 병사 시신 옆에 놓여졌다.

그날 아침 아리올리 군의관이 치료 예정이던 환자 중에는 츄이엔 리 중위도 포함되어 있었다. 하지만 리 중위는 팔 부상이 생명을 위협할 정도는 아니었기 때문에, 진료 리스트에서 아래에 있었다. 리가 난방 텐트에서 쉬고 있을 때, 데이비스의 장교 중 한 명이 그에게 중공군 포로 2명을 심문하기 위해 오라고 했다. 리는 시큰둥한 표정을 지었다. 그는 정보를 다루는 통역관이 아니었다. 그는 산속의 황무지를 뚫고 대대원들을 이끌고 밤을 보냈다. 누군가의 통역을 맡음으로써 자신의 위신을 떨어뜨리고 싶지 않았다.

하지만 데이비스의 장교가 그를 설득했다. 이 중공군 포로 2명은 어렸다. 한 해병의 설명에 따르면, 그들은 "나무숲에 끈기 있게 앉아 바람 속에서 무릎을 끌어안고 있는 유순한 꼬마들"이었다. 수천 명이 넘는 중공군의 도살장이 된 고지 위에 버려진 다른 포로들처럼, 그들이 무엇을 생각하고 있는지 짐작할 수 없었다. 하지만 리 중위는 그쪽으로 가서 그들과 함께 쭈그리고 앉았다. 그들은 리와 자유롭게 이야기를 나누었고, 리는 그들의 사연을 알게 되었다.

훗날 리는 이렇게 말했다. "그들은 장제스 휘하에서 싸웠던 전 국민당 군인이었다. 그들은 지루한 공산당 선전을 앵무새처럼 되풀이하지는 않았다." 그는 그들에게 진정으로 동기를 부여한 것은, 그리고 그들의 가장 충성스런 공산주의 동지들에게 동기를 부여한 것은 "외국 제국주의자들의 침략으로부터 그들이 국경을 방어하고 있다"라는 생각이었다고 말했다. "그들은 공산주의, 스탈린, 레닌, 심지어 마오쩌둥에 대해서도 거의 듣지 못했다. 그들은 우리가 국경으로 오는 것을 조국에 대한 진정한 위협으로 여겼다."

리는 그들에게 그 이상의 동기가 있는지 물었다. 그들은 미국인들을 미워하지 않았다. 전에는 민족주의자였던 그들은 미국이 오랫동안 그들의 주장을 지지해왔다는 것을 알고 있었다. 그렇다면 왜 그들은 지금 미군과 싸우고 있을까? 왜 그들의 지도자들이 북한의 황량한 이 얼음 고지사면에서 죽도록 그들을 보냈을까?

그들 중 한 명이 "没有法子Mei yu fatzu"라고 대답했다. 그것은 중국 전체에서 통용되는 관용적인 표현으로, "우리는 모른다. 그것은 알 수 없다. 우리가 어떻게 할 수 없는 일이다"라는 뜻이다.

PART 5

바다로

/

"우리 앞에 놓인 적은
우리가 지금까지 행군하고 고군분투하면서 도달하려 했던 바다와
우리 사이에 놓여 있는 모든 것들이다."

- 고대 그리스 철학자·역사가·장군인 크세노폰Xenophon의 『아나바시스Anabasis』 중에서 -

Chapter 35

바다를 향한 공격

/

하갈우리

● 올리버 스미스가 연대를 소집해서 몹시도 추운 이곳을 빠져나갈 때가 되었다. 진격에 대한 환상은 모두 사라졌다. 그들은 계속 아래로, 뒤로, 밖으로 향하고 있었다. 전장에서 떠나는 것—사람들은 이렇게 부르기를 원했다—은 큰 틀에서 보면 계획된 것이었지만, 그렇다 해도 매단계마다 적과 교전하게 될 것이 틀림없었다. 스미스는 전장을 가로지르는 기동을 무전을 통해 파악하고 있었고, 오늘은 그가 세운 종합계획의 모든 요소들이 딱 맞아떨어지는 날이었다.

첫 번째, 폭스 중대. 그는 데이비스의 육로 구조 작전에 대해 보고받았다. 그 작전은 성공적이었고, 바바 중대는 구출되었으며, 덕동 고개가 다시 미군 통제하에 들어갔다는 것을 알게 되어 그는 매우 기뻤다.

다음으로 유담리에 있는 제5연대와 제7연대. 2개 연대 약 8,000명의 해병대원들이 그날 아침 탈출하여 그가 있는 하갈우리를 향해 행군할 예정이었다. 부상자, 장비, 그리고 사망자 중 일부를 데려올 수도 있었다. 그 연대들이 방어태세를 해제하는 것은 호랑이 꼬리를 놓는 것과 같은 위험한 일이었지만, 리첸버그와 머레이는 그것을 실행에 옮겼다. 그들이 산등성이에 측면 부대를 투입해 고지대를 정리하는 동안, 사상자를 가득

유담리에서 후퇴하는 제1해병사단 7연대의 차량 행렬. 〈사진 출처: U. S. Marine Corps History Division | OFFICIAL USMC PHOTO | CC BY 2.0〉

실은 트럭 대열은 계곡 바닥을 따라 천천히 움직이는 "이동하는 경계선"을 형성하며 나아갈 것이다. 날씨만 허락한다면, 코르세어 편대가 적을 흩어지게 하기 위해 전방 경로를 폭격하고 파괴할 것이다. 14마일(22.5킬로미터)이나 되는 이 돌진은 유혈이 낭자할 것이다. 틀림없이 중공군은 철수하는 미군에게 그들이 가진 모든 것을 퍼부을 것이다. 그러나 스미스는 리첸버그와 머레이가 적진을 뚫을 만큼 충분한 화력을 가지고 있다고 생각했다. 그들이 덕동 고개에 도착하면 폭스 중대의 잔여 병력과 데이비스의 '리지러너들'과 같이 하갈우리로 가는 마지막 4마일(6.4킬로미터)을 진격할 수 있을 것이다. 스미스에게 이것은 대체로 견실한 계획으로 보였다.

마지막으로, 하갈우리에 활주로가 완성되었다. 12일간의 끊임없는 노력 끝에 공병은 활주로 길이가 2,900피트(884미터)라고 보고했다. 감격적이기는 했지만, 스미스 장군이 원했던 대형 수송기가 이착륙할 수 있는 길이보다 훨씬 더 짧았다. 하지만 스미스는 이에 개의치 않고 이제 첫 시험비행을 할 때라고 선언했다. 하갈우리의 해군 외과 군의관은 사상자가 800명을 초과했다고 보고했고, 리첸버그와 머레이가 복귀하면 수백 명이 더 추가될 것으로 예상한다고 말했다. 스미스는 이제 부상자들을 대피시켜야 했다. 그는 규정에 맞는 길이의 활주로가 마련되기를 기다릴 수 없었다. 그래서 무선으로 비행기를 요청했다.

그날 오후 2시 30분, 용감한 조종사가 조종한 공군 C-47기가 산등성이 위로 내려오면서 착륙을 시도했다. 커다란 쌍발 프로펠러 비행기는 울퉁불퉁한 활주로에서 몇 번 껑충 뛰더니 급정거했다. 승무원들은 수십 명의 중상자를 비행기에 실었다. 이제 진정한 테스트가 남았다. 이 짧은 활주로에서, 이렇게 낮은 기온에서, 이렇게 높은 고도에서 C-47이 활주로에서 이륙해 빽빽한 산자락을 통과할 만큼 빠르게 상승할 것인가?

패트리지 중령의 공병은 활주로 가장자리를 따라 불도저 옆에 서서 걱정스럽게 지켜보았다. C-47이 활주로에서 조금씩 움직였다. 아슬아슬하기는 했지만, C-47은 가까스로 산등성이 위로 날아올랐다. 공병들이 환호하는 가운데 C-47이 하늘로 날아오르며 함흥을 향해 비스듬히 날아갔다.

이날 오후 수송기 5대가 추가로 도착했는데, 각각의 수송기는 더 많은 보급품을 공급하고, 장진호의 더 많은 중상자들을 실어 날랐다. 다음 날 아침 첫 햇살이 비추자, 전날과 같은 과정이 다시 반복되었다. 스미스는 활주로가 '라과디아La Guardia'(미국 뉴욕의 잭슨 하이츠Jackson Heights에 있는 국제공항-옮긴이) 공항처럼 보이기 시작했다고 말했다. 10분에서 15분마다 다른 비행기가 해안에서 우르릉거리며 날아오곤 했다. 베를린 공중보급 수준의 작전이었다. 탄약상자, 연료통, C-레이션 운반대가 활주로 가장자리에 쌓이기 시작했다. 스미스의 선견지명은 엄청난 성과를 거두고 있었다. 하갈우리는 다시 살아나고 있었다.

그리고 의료 텐트들이 점점 비어가고 있었다. "무슨 사상자?" 알몬드는 몇 주 전에 비웃으며 말했다. 며칠 후 구조 비행이 끝날 무렵이면 4,000명 이상의 부상자들이 안전하게 구조될 것이다. 스미스는 더할 나위 없이 기뻤다. 대형 비행기들이 계속 착륙했고, 함흥의 야전병원들은 부상자들을 계속 맞이했다. 매번 비행할 때마다 하갈우리의 병력은 점점 줄어들었고, 경계선은 강화되었고, 집결지는 강화되었다.

그 활주로는 또한 바깥 세계 사람들을 데려왔다. 수송기 몇 대에는 기사를 찾는 기자들이 탑승하고 있었다. 아마도 그들 중 가장 유명한 사람은《뉴욕 헤럴드 트리뷴New York Herald Tribune》의 마거릿 히긴스였을 것이다. 그녀는 활주로가 개통된 직후 도쿄에서 왔고, 장진호의 현실을 본 최초의 외부 목격자 중 한 명으로서 첫 번째 긴급 기사를 전 세계에 타전하는 데 성공했다. 히긴스는 재치가 있을 뿐만 아니라 아름다웠다. 너무 지치고 포격으로 충격에 빠진 채 수개월 동안 미국 여성을 보지 못했던 대원들은 신이 버린 이곳에서 그녀를 보는 것이 얼마나 놀랍고 모순적인지에 대해 언급했다. 히긴스는 하갈우리의 해병대를 사형집행이 연기된 사람들이라고 묘사했다. 그녀는 이렇게 썼다. "그들은 죽음을 받아들인 사람들처럼 넋이 나가 있었지만, 결국 자신이 살아 있다는 것을 알게 되었다. 그들은 말끝을 흐렸다. 마치 자신이 말하려던 의미를 마음대로 말로 표현할 수 없다는 듯이 뭔가를 말하다가 곧 멈췄다." 히긴스는 그들이 바다를 향해 마지막 펀치를 날릴 힘을 모을 수 있을지 궁금했다. "그들은 피로에 찔어 있었다. 그럼에도 불구하고 잠도 자지 않고 종종 음식을 먹지도 않고서 유지했던 긴장을 떨쳐버릴 수 없었다"라고 그녀는 말했다.

스미스는 미국과 전 세계의 언론들이 이곳의 전투를 어떻게 묘사하고 있는지 기자들을 통해 알게 되었다. 일부 신문들은 스미스의 사단이 이미 파괴되었거나 적어도 그가 부하들을 '붉은 함정'에서 탈출시킬 가능성이 없어 보인다고 보도했다. 신문의 주요 뉴스들은 해병대의 상황을 "잃어버린 군단", "포위되었다", "전멸했다"라고 묘사했다. 베이징의 라디오는 "미 제1해병사단의 전멸은 시간문제"라고 떠들어댔다. 미국의 매파 정치인들은 트루먼에게 중국 도시에 원자폭탄을 투하할 것을 촉구하고 있었다. 월터 베델 스미스 CIA 국장은 대통령이 마오쩌둥과 즉시 고위급 협상을 시작하지 않으면 장진호의 해병대가 전멸할 수 있다고 우려했다. 라디오 해설자인 월터 윈첼Walter Winchell은 장진호의 해병대를 위한 기도회를 열 것을 국가에 요청했다. 윈첼은 "제1해병사단에 아버지, 형제, 아들이 있다면 지금이라도 그를 위해 기도하라"고 말했다.

새로 도착한 몇몇 기자들은 평소 말을 아끼던 스미스 장군을 설득하여 몇 마디 하게 만들었다. 스미스가 어떻게 바다를 향해 돌진할 것인지 설명했을 때, 한 영국 기자가 말을 가로막았다. "그래서 당신은 후퇴한다는 것이지요, 그렇죠?" 이에 대해 스미스는 단호하게 반박하며 "후퇴라니, 빌어먹을! 우리는 단지 다른 방향으로 공격하고 있을 뿐이라고." 스미스는 나중에 자신이 이런 식으로 말하지 않았다고 부인했지만, 그 말은 그대로 보도되어 스미스의 가장 유명한 발언으로 남게 되었다. 스미스가 말하고자 했던 미묘한 점은 해안을 향해 그들이 행군하는 내내 전투가 있을 것이라고 예상했다는 것이다. 당신을 죽이려는 압도적인 수의 적군에 포위되어 있을 때, 당신이 어떤 방향으로 움직이든 그것은 당연히 공격이 될 것이다.

어쨌든 스미스는 그들이 스스로를 구할 것이라고 말했다. 그들은 대부분의 장비와 사상자들과 함께 온전한 상태로 빠져나올 예정이었다. 그리고 그 작전이 끝났을 때, 제1해병사단은 여전히 싸울 준비가 되어 있는 가공할 전투력으로 존재할 것이다.

☰

활주로가 완성되고 비행기들이 도착할 즈음 하갈우리에서는 전면전이 벌어지고 있었다. 중공군은 하갈우리 점령을 결코 포기하지 않았다. 밤마다 방어선에 대한 그들의 공격은 수그러들지 않았다. 중공군은 활주로를 자신들에 대한 엄청난 공격과 위협으로 여겼기 때문에 이것을 빼앗으려고 애를 썼다. 중공군 저격수들은 낮에 드나드는 비행기들을 향해 무차별 사격을 가했다. 그들은 하갈우리에서 어떤 비행기도 격추시키지 못했지만, 비행기의 바닥을 향해 사격해서 구조 수송기에 탑승해 능선을 비행하던 환자들이 간혹 적탄에 맞기도 했다. 보도에 따르면, 환자 한 명이 적탄에 맞아 사망하기도 했다.

매일 밤 이스트 힐은 전투에 휩싸였다. 그곳이 계속 전투의 초점이 되었다. 이스트 힐의 넓은 갓길에서 장진호 전투 중 가장 치열한 전투가 벌어졌다. 서터sutter의 G중대와 드라이스데일의 영국 해병대는 뚫린 구멍을 용감하게 틀어막고 최악의 공격을 물리쳤다. 많은 백병전이 벌어진 사생결단의 전투였다. 붉은 낙하산 천 조각을 잘라 만든 스카프를 착용한 G중대의 해병대원들은 "블러디 조지Bloody George"로 알려지게 되었다. 고지 점령을 두고 시간 단위로 서로 치고받는 동안에 산비탈에는 너무나 많은 중공군의 시체가 쌓여 해병대원들이 바람막이로 이용할 정도였다. "그곳은 마치 정상에 있는 사격연습장 같았다"라고 펜실베이니아주의 철강 지역에서 온 해병대원 밥 하불라Bob Harbula가 말했다. "그들을 다 죽인 나는 대량 살해범처럼 느껴졌다."

망원경을 들고 마을에 서면 이스트 힐 위에 쌓인 시체더미가 보였다. 시체더미 중 일부는 박격포팀이 좌표로 사용할 정도로 눈에 잘 띄었다. 그러나 말을 탄 중공군 장교들이 새로운 공격을 이끌면서 고지의 여러 곳을 탈환했다.

박격포팀이 탄약이 부족하면 60밀리 박격포탄의 암호명인 "툿시 롤스Tootsie Rolls(초콜릿 캔디 이름-옮긴이)"를 외치며 공중보급을 요청했다. 비행기가 와서 약속된 보급품을 낙하했지만, 상자를 열었을 때 포탄이 들어 있지 않은 경우도 있었다. 암호명을 이해하지 못한 누군가가 포장한 상자에는 수천 명이 먹을 분량의 캔디가 들어 있었다. 이 같은 실수에 박격포팀은 격분했지만, 다른 대원들은 열광했다. 그때부터 툿시 롤스는 장진호 전투의 대표적인 간식이 되었다. 별미로 여겨지던 초콜릿 캔디는 일종의 화폐 역할을 하기도 했다. 많은 해병대원들은 툿시 롤스가 그들의 가장 어두운 시간을 견뎌낼 수 있게 해주었으며, 그들의 생명을 구해주었을지도 모른다고 주장했다. 중공군 역시 툿시 롤스에 열광했다. 중공군이 미군의 보급품을 약탈할 때 가장 먼저 찾는 것은 말보로 담배와 툿시 롤스였다. 해병대원들은 툿시 롤스가 에너지를 빠르게 공급할 뿐만 아니라 그것을 아주 유용하게 사용할 수 있다는 것을 알게 되었다. 툿시 롤스는 크기가 일정해서 총알에 맞아 구멍이 뚫린 연료통을 틀어막고 연료 호스와 라디에이터의 마개로 사용하기에 안성맞춤이었다. 툿시 롤스는 해병대와 그들의 무기들이 전투를 계속 할 수 있게 도와주는 일종의 다목적 보조재가 되었다.

스미스가 이스트 힐 전투에서 패배한 것으로 생각하던 순간에 도착한 비행기들이 다시 판세를 바꿔놓았다. 비행기들은 해안에서 수백 명의 해병대원들을 수송했다. 그들 중 일부는 초기 전투에서 입은 부상에서 회복된 병사들이었다. 다른 병사들은 운전병, 행정병, 통신병, 보급병 등 비전투요원들이었다. 그들은 동료 해병대원들이 장진호에서 포위되었다는 것을 알고 돕기를 열망했다. 그들의 도착은 신선한 피를 수혈하는 것과 같았다. 그들이 비행기에서 내리자마자, 스미스는 즉시 그들을 투입해 이스트 힐을 강화시켰다.

≡

그 다음날인 12월 3일, 전투의 흐름이 확실히 바뀌었다. 유담리에서 출발한 첫 번째 해병대원들이 마을로 들어오기 시작한 것은 그때였다. 그들은 초라하지만 패기 넘쳤고, 두들겨 맞았지만 패배하지 않은 조드Joads 일가(존 스타인벡John E. Steinbeck의 『분노의 포도The Grapes of Wrath』에 나오는 주인

공 톰 조드의 가족으로, 조드 일가는 미국의 경제 대공황 당시 은행에게 땅을 빼앗겨서 오클라호마주에서 캘리포니아주로 이주하지만, 그들이 꿈꾸던 그곳에서도 착취당하고 가난에 허덕이며 절망하면서도 끝까지 인간의 존엄성만은 놓지 않으려 애쓴다-옮긴이)처럼 밀려왔고, 얼음으로 뒤덮인 차들은 아주 엉망이었으며, 유리창은 깨져 있었다. 수백 명의 부상자들은 트럭에 실려 있었고, 죽은 대원들은 범퍼, 펜더와 후드에 묶여 있었고, 운전석 지붕 위

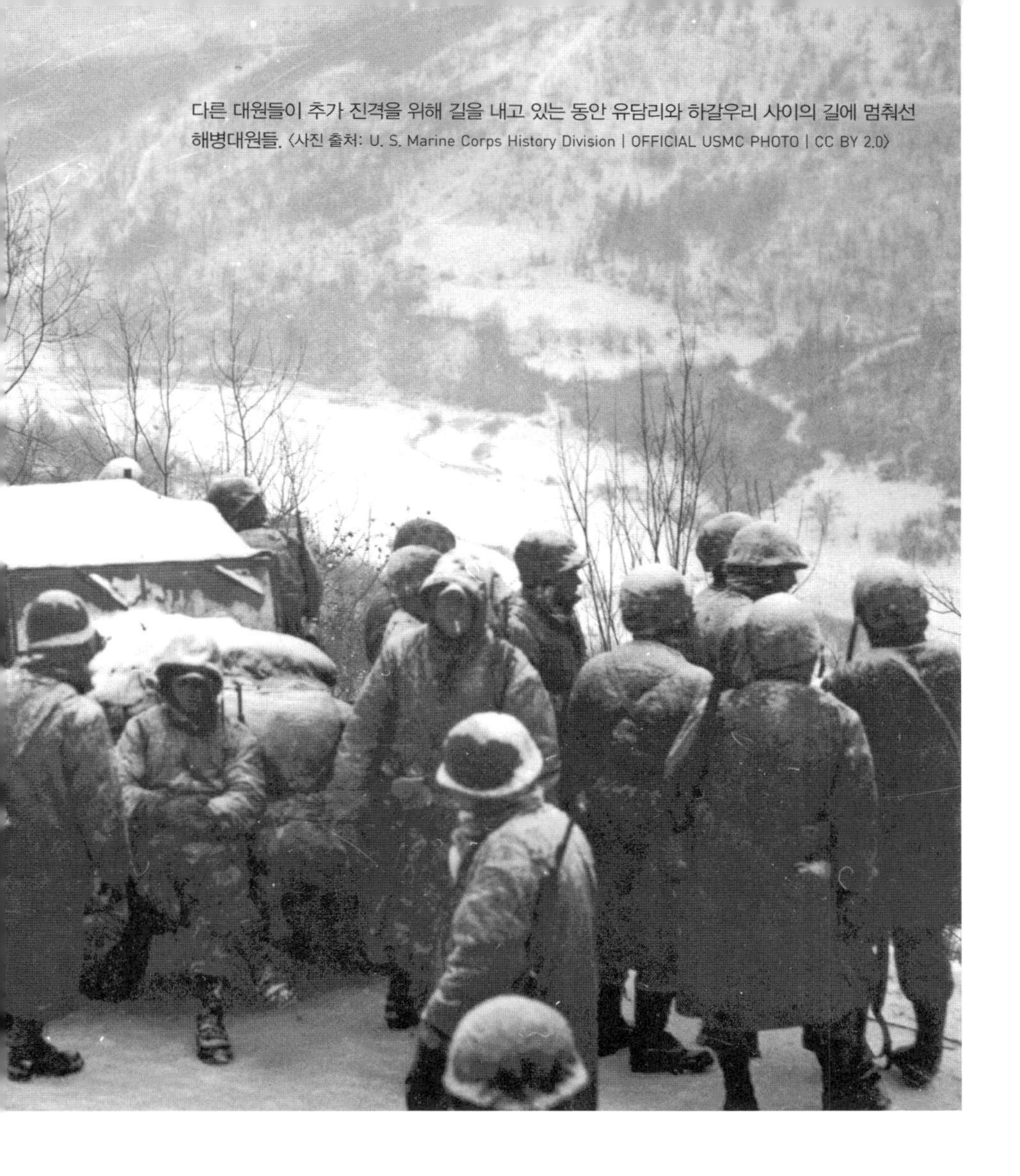

다른 대원들이 추가 진격을 위해 길을 내고 있는 동안 유담리와 하갈우리 사이의 길에 멈춰선 해병대원들. 〈사진 출처: U. S. Marine Corps History Division | OFFICIAL USMC PHOTO | CC BY 2.0〉

에 불쏘시개처럼 쌓여 있었다. 그리고 사실 살아 있는 대부분의 대원들도 거의 죽은 것처럼 보였다. "우리의 파카는 피, 음식, 총기류의 기름, 그리고 흙으로 얼룩져 있었다"라고 조지프 오언 중위는 썼다. "우리의 지저분한 얼굴은 콧물이 얼어 만들어진 고드름과 침이 묻어 뻣뻣하게 언 턱수염으로 뒤덮여 있었다." 많은 사람들은 그들이 마지막 몇 마일은 비몽사몽인 상태로 행군했다는 것을 알게 되었다. 하갈우리에 도착한 그들은 쓰러져 "죽은 것처럼 잠들었다"라고 오언은 말했다.

병력 트럭뿐만 아니라 트랙터, 앰뷸런스, 불도저, 포병대의 차량들이 밤낮으로 계속 쏟아져 들어왔다. 산 자와 죽은 자들이 하나의 긴 행렬에 섞여 있었다. 리첸버그의 제7연대와 머레이의 제5연대, 그리고 폭스 중대도 마찬가지였다. 모두 합쳐서 8,000명이 넘었다. 헥터 카페라타는 트럭에 실린 채 마우저 총을 움켜쥐고 있었다. 그의 폐 중 하나는 피로 막혀 있었다. 윌리엄 얼 바버와 로버트 벤슨, 그리고 폭스 힐의 많은 사상자들도 거기에 포함되어 있었다. 상태가 아주 안 좋은 부상자들은 곧바로 활주로로 이송했고, 그곳에서 부상자를 분류하는 의사들은 그들에게 후송 태그를 부착했다. 덜 심각한 부상자들은 그들의 차례를 기다려야 했다. 자신의 차례를 기다리는 동안 그들은 무기를 지급받고 방어선을 강화하는 데 투입되었다.

스미스 장군은 자부심과 안도감이 뒤섞인 아버지 같은 마음으로 연대원들을 맞이했다. 그들이 도착하자, 그는 이제 어떤 것도 그의 사단을 막을 수 없다고 생각했다. 알파 바우저는 스미스와 함께 병원 텐트 안에 앉아 있을 때, 목표를 달성했다는 행복감이 밀려오기 시작했다. 바우저가 스미스에게 말했다. "우리의 어려움은 끝났습니다. 우리가 해냈습니다. 중공군은 더 이상 가망이 없습니다."

스미스가 말했다. "바우저, 저들은 이길 가망이 전혀 없어."

레이 데이비스 중령과 츄이엔 리와 '리지러너'들이 하갈우리로 들어오면서 어깨를 펴고 위풍당당하게 눈밭에서 행진했다. 그리고 그들은 익숙한 곡조를 흥얼거리기 시작했다. 곧 그들은 목청껏 미 해병대 찬가를 불렀다.

우리의 해병대를 위해서 건배
당신과 우리가 자랑스레 복무하는 이곳
우리는 많은 전장에서 목숨 바쳐 싸워왔으며

항상 투지를 잃지 않았다.
만약 육군과 해군이
한 번이라도 천국의 광경을 본다면
그들은 천국의 거리가 안전히 수호됨을 볼 수 있겠지
바로 미합중국 해병대에 의해서

도로에 서서 이 광경을 지켜본 해군 외과 군의관은 감탄하며 고개를 끄덕일 수밖에 없었다. 한 기자가 군의관이 말하는 것을 들었다.

"저놈들, 저 멋진 놈들 좀 봐."

리첸버그와 머레이의 부하들은 뜨거운 팬케이크를 먹고 휴식을 취했지만, 스미스는 곧 다가올 탈출을 위해 그들을 조직화하기 시작했다. 하갈우리를 떠나는 것은 복잡한 노력이 필요했다. 앞으로 며칠 동안 그들은 방어선을 축소하고, 활주로를 폐쇄하고, 병원 텐트를 철거하고, 가지고 나갈 수 없는 모든 가치 있는 것들을 파괴해야 할 것이다. 그들은 차량을 집결시키고, 전방 부대를 V자형 이동대형으로 배치해야 할 것이다. 이 모든 것을 밤마다 전투를 계속하면서 진행해야 했다.

그러나 스미스가 신경 써야 할 또 다른 시급한 문제가 있었다. 원래 앨런 맥린 대령이 지휘하던 장진호 동쪽의 육군 부대가 비참한 운명을 맞이하고 있었다. 며칠 전, 스미스는 그들이 어려운 시기에 그들을 돕기를 거절했었다. 그는 도저히 그들을 구할 수가 없었다. 그러나 하갈우리가 보강되었으므로, 얼음 위에 고립된 마지막 남은 육군을 구하기 위해 할 수 있는 일을 해야만 했다. 호수 동쪽 전투에서 살아남은 일부 생존자들이 하갈우리로 걸어 들어오기 시작했다. 그들이 하는 이야기는 끔찍했다.

Chapter 36

환난의 날

/

장진호 동쪽

● 부상당한 대원들은 남쪽으로 향하는 긴 호송대열의 수송 트럭 뒤칸에 탄 채 이리저리 흔들리며 가고 있었다. 이동 병원이나 다름없는 트럭 뒤칸 바닥은 낙하산 천으로 만든 화물운반대 위에 누워 있는 25명의 부상자들로 북적였다. 일부는 파편에 맞아 신체가 손상당했거나 총알이 박혀 있었다. 일부는 가슴에 상처를 입었다. 어떤 대원들은 전장의 충격으로 고막이 터졌고 실어증에 걸린 상태였다. 트럭이 멈출 때마다 부상병들은 움찔했다. 트럭이 멈출 때의 충격이 그들의 상처를 자극하는 것 같았다.

12월 1일 이른 아침이었다. 햇살이 산마루를 에워싸고 있는 벌거벗은 나무 사이로 비스듬히 들어와 따뜻하지는 않지만 빛을 비춰주었다. 에드 리브스Ed Reeves는 육군 병사들의 화물이 있는 트럭 바닥에 앉아 있었다. 그는 침낭의 지퍼를 목까지 끌어올려 몸을 따뜻하게 하려고 했으나 헛수고였다. 제31보병연대 K중대 소속인 리브스 일병은 어릿광대 같은 미소와 애벌레같이 떨리는 털이 많은 눈썹을 가진 19세의 키가 큰 젊은이였다. 그는 일리노이Illinois주의 농장에서 자랐고 1949년 군에 입대하기 전까지 시카고Chicago에 있는 공장에서 일했고, 1949년에 스스로를 단련할 기회와 모험을 찾아 군에 입대했다. 그는 한국에서 그 둘을 다 발견했다.

트럭 엔진이 부르릉 하며 쿨럭거리다가 얼어붙은 협곡에서 멈춰버렸다. 정비병이 엔진을 손보는 동안 리브스와 다른 20명의 대원들은 중공군을 찾기 위해 언덕을 샅샅이 뒤졌다. "우리가 이 엉망인 상황에서 벗어날 수 있을 거라고 생각해?" 누군가가 물었다. 리브스는 "그럴 거라고 생각한다"고 말했다. 걱정이 무엇이든 간에 그들은 낙관적으로 생각하려 했다.

나머지 호송대열을 따라잡으려던 트럭이 모퉁이를 돌자마자, 적과 마주쳤다. 중공군은 고지에서 내려와 차량 대열에 총격을 가했다. 총알은 공기를 가르며 날아다니면서 때로는 트럭의 사이드 보드를 뚫었고, 때로는 금속에 부딪쳤으며, 때로는 아군의 몸을 관통하기도 했다. 리브스의 왼편에 있던 한 대원이 팔에 총알을 맞았다. 오른쪽에 있던 다른 대원은 얼굴에 총알을 맞았다. 리브스는 침낭에서 몸을 움츠렸지만 숨을 곳이 없었다.

트럭이 미끄러지며 길을 벗어나더니 협곡을 향해 느리게 움직이기 시작했다. 고함소리와 총성과 비명소리가 나는 가운데 무엇이 문제인지 알아내는 데 시간이 좀 걸렸다. 운전병은 총에 맞아 죽은 듯이 운전대 위에 쓰러져 있었다. 앞 유리창에 피가 튀어 있었다.

근처에서 길을 걷고 있던 한 병사가 솔선수범했다. 그는 트럭에 올라타더니 죽은 운전병을 끌어낸 뒤 자신이 운전대를 잡고 트럭을 길로 다시 몰았다. 그러나 그마저도 200야드(183미터)도 못 가서 총알에 맞아 세 번째 운전병을 찾아야 했다. 중공군 저격수들이 누구를 겨냥하고 있는지 분명했다. 트럭에 올라탄 대원들은 누구나 그것이 사형선고라는 것을 알았다. 그러나 대원들은 계속 운전을 자원했다.

운 좋게도 그날은 화창하고 맑았다. 그것은 코르세어가 적에게 사격을 가할 수 있다는 것을 의미했다. 리브스의 트럭 앞 어딘가에서 총격전이 벌어졌을 때, 코르세어 한 대가 현장에 나타났다. 비행기가 나무 꼭대

하갈우리 바로 남쪽에서 대기하고 있는 제7연대 대원들. 해군 항공대가 적진에 네이팜탄을 투하하고 있다. 〈사진 출처: U. S. Marine Corps History Division | OFFICIAL USMC PHOTO | CC BY 2.0〉

기에서 급강하하여 중공군을 흩어지게 했다. 조종사가 산탄통(가스나 화학물질이 든 금속 용기-옮긴이)을 투하했지만, 투하장치가 제때 작동하지 않았다. 네이팜탄(네이팜에 휘발유 따위를 섞어 만든 유지소이탄油脂燒夷彈. 투하하면 공중에서 터지면서 네이팜에 불이 붙어 땅에 흩어지는데 3,000도의 고온을 내며 지름 30미터의 불바다를 이룬다-옮긴이)이 공중에서 떨어졌다. 그것이 폭발하면서 그곳을 지나던 트럭 1대와 한 무리의 미군 근처에 내용물이 튀겼다.

그때 악몽이 모든 대원들 앞에 펼쳐졌다. 네이팜이 희생자들의 피부와 옷에 달라붙었다. 그들은 그것을 떼어낼 수가 없었다. 타오르는 젤리 모양의 네이팜이 살 속에서 계속 지글거렸다. 대원들은 공포와 괴로움에 몸부림치며 땅바닥에 몸을 내던졌고, 그들 중 일부는 총을 쏴달라고 간청했다. 목격자들은 죽어가는 전우를 구할 수 없었다. 거의 얼어 죽을 뻔한 1주를 보낸 19명의 대원들이 산 채로 지글거렸다. 시커멓게 그을린 시체들이 경련을 멈춘 뒤에도 연기가 오랫동안 계속 났다.

호송대가 다시 전진하기 시작했지만, 이렇게 끔찍한 재앙은 초기에 남쪽으로 천천히 이동하던 대원들을 무겁게 짓눌러 사기를 떨어뜨렸다. 그들은 하갈우리에 갈 수 있을까? 심지어 에드 리브스의 낙관론도 흔들렸다. 그는 트럭에 누워서 주변에서 죽어가는 선량한 대원들을 보면서 그들의 용감함에 놀라며 전투에 동참하기를 갈망했다. 하지만 그것은 불가능했다. 그는 무기를 들 수 없었다. 그는 걸을 수 없었다. 그는 서 있지도 못했다.

≡

전투 첫날인 11월 27일 밤, 리브스는 많은 전투 장면을 목격했다. 그는 잘 싸웠다고 생각했다. 28일 아침이 되자 운명이 자신에게 미소 짓고 있다는 어떤 확신을 느꼈다. 수류탄 파편에 그의 야전상의가 불탔고, 덤불에 긁혀 상처가 났고, 상의에 총알 구멍이 났지만, 그는 다치지 않았다. 그러나 그날 아침, 중대 지휘소로 쓰이던 황폐한 농가 옆에 서 있었던 리브스 옆에 대전차포 한 발이 떨어졌다. 그 폭발로 그는 20피트 높이로 튕겨져 나갔다. 다리와 팔은 뜨거운 파편에 맞았다. 그 폭발로 그는 호흡이 멎고 의식을 잃었다. 다시 정신이 돌아왔을 때, 다리가 부러지고 피를 많이 흘렸다는 것을 알게 되었다. 그는 일어날 수 없었다.

근처에서 싸우고 있던 몇몇 대원들이 그를 농장으로 끌고가 10여 명의 부상당한 다른 동료들 옆 흙바닥에 내려놓았다. 그는 그곳에 사흘 동안 누워 꼼짝도 하지 못했다. 출입구 틈새로 밖에서 전투가 벌어지는 것을 지켜봤고, 중공군들이 점점 가까이 다가오는 것을 볼 수 있었다. 포탄이 폭발할 때 뇌진탕을 당해서인지, 밖에서 폭발이 일어날 때마다 머리가 지끈거렸다. 다리도 몹시 아팠지만, 모르핀을 투여해줄 군의관을 찾을 수 없었다. 그는 가장 심한 상처 부분을 찢어진 헝겊 뭉치로 막고, 침묵 속에서 괴로워했다.

그 3일 동안, 먹거나 마실 것은 녹은 눈에 탄 차 조금과 아침식사용 시리얼뿐이었다. 그는 마른 시리얼 조각을 하나씩 음미하면서 별미인 양 혀 뒤쪽에서 천천히 녹였다. 유일한 기분전환은 가끔 넘겨보는 성경책이었다. 독실한 기독교신자인 리브스는 전투가 치열해지는 동안 시편을 큰 소리로 읽었다. "환난 날에 나를 부르라. 내가 너를 구원할 것이리니."(시편 50편 15절) 참호에서는 무신론자가 없다고 한다. 그들의 배경이 어떻든 간에, 농가에 숨어 있는 다른 부상자들도 리브스의 암송을 전혀 개의치 않는 듯 보였다.

외곽에서는 장진호 동쪽을 따라 육군 부대가 포위망에서 빠져나오고 있었다. 지휘관인 앨런 맥린 대령은 전사했다. 며칠 전, 얼어붙은 호수의 포구에서 미군의 증원군이라고 생각하며 다가갔던 부대가 적군이었고, 맥린은 적의 총을 맞고 포로가 되었다. (그는 감금되어 있는 동안 상처로 인해 곧 사망했다.) 맥린의 후임 돈 카를로스 페이스Don Carlos Faith 대령은 상황을 파악하기 위해 남았다. 페이스는 알몬드 장군이 지난 28일 오전 은성훈장을 수여한 인물로, 알몬드가 "런드리맨들이 그를 막지 못하도록 서두르라"고 말했던 인물이다.

마침내 11월 30일 저녁, 페이스 대령은 남쪽을 향해 탈출을 시도할 것이라고 말했다. 그들은 하갈우리의 해병대에서 지원군이 오지 않는다고 들었다. 그래서 페이스는 이곳 장진호 동쪽에 갇혀 있는 거의 3,000명의 병사들에게 유일한 희망은 포위망을 뚫고 탈출하는 것이라고 판단했다. 만약 스미스가 페이스 쪽으로 돌파하지 못한다면, 페이스가 스미스 쪽으로 돌파해야 했다. 그것이 파멸로부터 육군 스스로를 구할 수 있는 마지막 기회였다. 12월 1일 날이 밝은 직후 에드 리브스와 걸을 수 없는 다른 중상자 600여 명은 트럭에 실렸고, 철거 대원들이 전략적 가치가 있는 어떤 것도 중공군의 손에 넘어가지 않도록 장비를 불태우고 무기를 분해했다.

그날 아침 늦게 페이스 대령의 명령으로 탈출이 시작되었다.

═

오후 3, 4시쯤, 탈출은 대혼란에 빠졌다. 도로 봉쇄, 폭파된 다리, 부비트랩으로 인해 선봉은 힘겹게 겨우 몇 마일만 전진했다. 기관총 사수들은 탄약을 다 소비했다. 수류탄이 부족했다. 많은 트럭이 연료가 떨어졌다. 추위에 무선용 배터리가 손상되면서 여러 구간으로 나뉘어 있던 호송차량들 간의 통신뿐만 아니라 페이스 대령과의 통신도 두절되었다. 끝이 안 보일 정도로 길고 심한 교통 체증 상태에 빠졌다. 부상당하지 않은 병사들이 부상당했고, 부상병들은 다시 부상당했다. 대원들은 트럭 밑에 웅크리고 있었고, 일부는 싸울 수 없었으며, 일부는 싸우기를 거부했고, 다른 사람들은 이미 전투가 끝났다고 생각했다. 중대의 본래 모습이 무너지기 시작했다. 각기 다른 부대에서 온 대원들이 혼란스럽게 길에 섞여 있었다. 누구로부터 명령을 받아야 할지, 누구에게 명령을 내려야 할지 아무도 모르는 것 같았다. 난파당한 대열에 군대의 질서는 무너지고 있었다. 그 대열은 한 역사가의 표현처럼 "중추신경계가 없이 고군분투하는 유기체"가 되었다.

중공군은 이들이 공격에 취약해졌다는 것을 감지하고는 점점 대담해졌다. 중공군은 산등성이에서 강으로 내려왔다. 해가 언덕 뒤로 지면서 길이 어두운 푸른빛으로 물들자, 적은 더욱 대담해졌다. 어두워지면 코르세어가 기지로 돌아가야 한다는 것을 알았기 때문이다. 중공군은 더 가까이 접근하여 트럭 대열 안으로 뛰어들었고, 때로는 아주 가까운 거리에서 대원들을 총으로 쏘거나 총검으로 찔렀으며, 트럭 뒤칸에서 끌어내기도 했다.

미군은 그들을 막을 힘이 없었다. 중공군은 호송대를 산산조각 내고 있었다.

앞에서 페이스 대령은 부대를 규합하려고 노력했고, 45구경 자동권총을 손에 들고 차량 행렬을 따라 이동했다. 몇몇 대원들이 고지로 향하기 시작하자, 그는 모든 탈영병을 쏘겠다고 위협했다. 그 뒤 그는 트럭 밑부분에 몸을 숨긴 2명의 한국군 병사를 발견했다. 분명히 그들은 누군가가 말했듯이 "오디세우스Odysseus(이타카의 왕자로, 트로이 전쟁에서 목마를 이용하여 적군을 속이는 작전을 생각해낸 뛰어난 책략가인 동시에 웅변가-옮긴이)가 폴리페모스Polyphemos(그리스 신화에 나오는 외눈박이 거인. 포세이돈의 아들로, 오디세우스와 그 부하들을 동굴에 가두고 한 사람씩 잡아먹다가 오디세우스에게 눈을 찔려 맹인이 되었다-옮긴이)에게서 탈출한 것처럼" 어떻게든 안전한 곳으로 가길 바랐을 것이다. 페이스는 젊은 한국군 2명에게 전투에 다시 참여하라고 명령했다. 그들이 거절하자, 그는 그 젊은 한국군 2명을 전부 쐈다.

중공군은 또 한 번 공격을 가했고, 페이스는 치명상을 입고 전사했다. 수류탄의 파편이 심장 바로 위 가슴에 박혔던 것이다. 그의 보좌관들이 트럭 안에 그를 마네킹처럼 앉혀놓아 마치 그가 아직 지휘하고 있는 것처럼 보이게 했다. 한 역사가는 전사한 페이스를 "엘 시드El Cid(중세 에스파냐의 명장. 무어인과의 싸움에서 이름을 떨쳤다-옮긴이)가 마지막 전투에 나가는 것 같았다"라고 말했다. 하지만 이 속임수가 발각되자, 대원들은 전투를 중단했다. 탄약이 거의 다 소모된 가운데 아무도 지휘권을 인계받지 않은 상황에서 지도력이 약화된 부대는 해체되기 시작했다.

이때쯤 대열 후미에 있던 에드 리브스의 트럭은 총알 구멍으로 가득했다. 연료탱크가 여러 번 총에 맞아 연료가 바닥났다. 트럭은 꼼짝도 하지 않았다. 대원들은 늦은 오후에 흐느끼며 트럭에 앉아 최악의 일을 기다리고만 있었다.

작은 정찰기가 산등성이를 넘어 날아왔다. 정찰기는 날개를 흔들고는 작은 용기들을 길에 떨어뜨렸다. 리브스의 트럭 근처에 있던 누군가가 그중 하나를 회수했다. 그 안에는 "사방에 적. 트럭에 머물지 말 것. 호수 남쪽 끝에 있는 우리 부대까지 얼음을 가로질러 올 것"이라는 내용의 전단지가 들어 있었다. 대열을 따라 행군하던 하사 한 명이 전단지에 적힌 내용을 보충해서 전했다. 그는 리브스의 트럭에서 멈추더니 부상자들이 탄 트럭 뒤칸으로 올라가서 똑바로 말했다. "대열은 다시 행군하지 않을 것이다. 이동할 수 있는 사람은 모두 트럭에서 내려 이동하는 것이 좋을 것이다."

대원들은 혼란에 빠졌다. "어디로 이동합니까?"

하사는 1~2마일 떨어진 북쪽의 유령처럼 빛나는 호수 쪽을 가리켰다. "이곳을 벗어나 얼음 위를 가로질러 가라. 그리고 왼쪽으로 가라."

그런데 전혀 움직일 수 없는 사람은 어떻게 합니까?

그 하사는 직설적이었다. "전쟁포로가 될 준비를 해라."

그렇게 해서 대원들이 이곳을 벗어나기 시작했다. 대원들은 하나씩 둘씩, 그리고 무리를 지어 모여들었고, 무리 속에서 신체 건강한 대원들이 길을 벗어나 달리기 시작했다. 그다지 심하게 다치지 않은 부상자들은 뒤에서 걸었다. 트럭도 버리고, 죽은 사람도 버리고, 심지어 무기까지 버렸다. 탄약이 없는 소총이 무슨 소용이 있겠는가? 그들은 그것들을 가지고 가면 속도만 느려질 뿐이라고 생각했다. 그들은 중공군의 총알을 피해 언 호수 위를 지그재그로 달렸다. 장교들이 규율을 지키게 하려 했지만 헛수고였다. 한때 규율을 잘 지키던 대원들은 무질서한 오합지졸로 전락했다.

三

에드 리브스는 침낭의 지퍼를 내리고 일어서려고 했지만, 다리의 통증이 너무 심해서 기절할 뻔했다. 헛수고였다. 호수까지 몇 마일을 걸어가기는커녕 1인치도 움직일 수가 없었다. 그 트럭이 유일한 희망이었는데, 이제는 감옥이 되었다.

리브스는 길 아래를 내려다보다가 접근하고 있는 사람의 그림자를 보았다. 최악의 사태에 대비하며 그는 침낭 지퍼를 올린 채 밖의 상황을 주시했다. 희미한 빛 속에서 그 형상은 트럭 뒷문까지 걸어왔다. 리브스는 안도의 한숨을 내쉬었다. 그들은 중공군이 아니라 북한의 민간인이었다. 한 무리의 여성과 아이들이었다. 그들이 우리를 해칠까? 그는 궁금했다. 강도인가? 민간인들은 슬픔에 잠긴 표정으로 잠시 서서 엄숙한 표정으로 부상자들을 유심히 살펴보았다. 그들 중 한 명이 앞으로 나서며 리브스에게 축복의 기도처럼 들리는 부드러운 말을 몇 마디 했다. 그리고 그들은 고개를 숙이고는 몸을 돌렸다.

밤이 깊어지자, 리브스는 성경책을 꺼내어 달빛에 의지해 잠들 때까지 시편을 읽었다. 동이 트자마자 한 사람이 트럭 앞으로 다가왔다. 그는 혼자였고, 구두는 눈 위에서 바삭바삭 소리를 내고 있었다. 그는 트럭 뒤쪽 주변을 걷다가 차려 자세를 취했다. 그 남자는 중공군 군관이었다. 그는 멋진 회색 외투와 모피로 된 모자를 쓰고 있었다. "좋은 아침입니다, 여러분." 그는 거의 완벽한 영어로 말했다. 그는 학식이 있고 침착해 보였으며, 영국식 억양으로 부드럽게 말했다.

트럭 뒷문에 앉아 있던 부상자 중 한 명이 군관에게 애원했다. 그는 "군관님, 보다시피 여기서 우리는 죽어가고 있습니다. 대피소에서 의료지원을 받지 못하면 우린 모두 죽게 될 겁니다. 따뜻한 곳으로 옮겨줄 수 있을까요?"

그 군관은 해줄 수 있는 게 없다는 표시로 벙어리 장갑을 낀 두 손을 앞으로 들었다. "미안합니다." 그가 말했다. "당신이 요구하는 것은 어떤 것도 해줄 수 없소. 내가 당신이 말하는 것을 들어줄 수 있다면…." 그는 잠시 동안 상처 입은 사람들을 동정하듯이 바라보며 서 있었다. "나는 단지 여러분에게 '축복이 있기를, 하나님이 여러분과 함께 하시기를'이라고 말하려고 멈춘 것뿐입니다."

그러고 나서 그는 돌아서서 길을 따라 걸어갔다.

≡

한낮에 졸고 있던 리브스는 깜짝 놀라 잠에서 깼다. 전방 어딘가에서 총소리가 들리는 것 같았다. "뭐지?" 그가 물었다. "거기 무슨 일이야?"

트럭 앞쪽에 있는 사람들이 목을 길게 빼고 살펴보았다. "중공군 놈들이 트럭을 불태우고 있는데." 누군가가 큰 소리로 말했다. 그 대원의 어조는 이상하리만큼 중립적이고 현실과 동떨어져 있는 것처럼 들렸다. 그는 마치 그들과는 상관없는 다른 장소나 다른 세계에서 일어나고 있는 일들을 보고 전하는 것 같았다. "도망치는 사람은 누구든 쏘는 것 같아."

마침내 리브스는 무슨 일이 일어나고 있는지 알게 되었다. 중공군이 길에 있는 장애물을 치우고 부상자와 사망자를 처리하라는 명령을 받았을 것이다. 그들은 안에 부상자들이 아직 남아 있는 트럭을 소각하고 있었다. 리브스는 미군의 비명소리를 들을 수 있었다. 기름 냄새와 살이 타는 냄새가 났다. 중공군은 호송차량들을 살펴보면서 조직적으로 처리하고 있었다. 그들은 트럭에 휘발유를 붓고, 수류탄 몇 개를 던지고, 화염에서 도망치는 대원들을 쏘았다. 그러고 나서 그들은 다른 트럭으로 이동했다.

"우리가 다음 차례인 것 같아." 누군가 조금 전처럼 현실과 동떨어져 있는 것 같은 어조로 말했다. "그들이 온다."

리브스는 망연자실해하며 누워서 무슨 일이 일어나든 그것을 받아들일 준비를 하고 있었다. 육군에 입대했을 때, 그는 전투 중에 용감한 행위를 하면서 영웅적으로 죽는 것을 상상했었다. 그는 수십 명의 무력한 전우들과 함께 화형에 처해질 것이라고는 상상도 하지 못했다. 중공군이 트럭에 접근하자, 그는 기도했다. "하나님, 저에게 남자처럼 죽을 수 있는 용기를 주십시오."

중공군이 트럭 뒤쪽으로 걸어왔다. 트럭 뒷문 근처에 있던 미군 중 한 명이 처형자와 친해지려는 시도로 담배를 권했다. 그는 즉시 총에 맞았다.

리브스는 다른 중공군 병사들이 기름탱크 주위에서 내는 덜거덕 소리를 들을 수 있었는데, 불을 지르기 위해 연료를 빼내려는 것 같았다. 그러나 총알 구멍이 가득한 기름탱크가 비어 있는 것을 확인하자, 담당 군관은 새로운 명령을 내렸다. 소총을 든 병사가 트럭에 올라탔다. 그는 첫 번째 대원에게 와서 눈 사이에 총구를 대고 총을 쏘았다. 그는 다음으로 이동했다. 그리고 다시 다음으로 이동했다.

침낭에서 몸을 반쯤 빼고 앉아 있는 리브스는 마치 영화를 보는 것 같았다. 그는 이 미군들 중 누구도 특별히 잘 알지 못했다. 그는 단지 하루 반나절 동안 트럭 바닥에 그들과 함께 누워 있었을 뿐이었다. 그러나 그는 그들에게 경외심을 가졌다. 그들은 애원하거나 울지도 않았고, 훌쩍이는 소리도 내지 않았다. 그들은 사형 집행인의 눈을 똑바로 쳐다보고 위엄 있게 죽었다.

총열이 리브스에게로 다가오자, 그는 이상하게도 편안함을 느꼈다. 그의 눈은 매끄러운 금속을 따라 그 중공군 병사의 눈과 마주쳤다. 리브스는 그에게 적의를 느끼지 않았다. 그는 끔찍한 명령을 따르는 풋내기 병사에 불과했다. 그의 관점에서 볼 때 그것은 오히려 자비로운 임무였다. 서서히 얼어 죽는 것보다는 차라리 지금 당장 죽는 편이 더 나았다. 겨우 3피트 떨어진 곳에 서 있던 그 중공군 병사가 방아쇠를 당겼다. 총구 폭풍muzzle blast(발사 시 총구에서 발생하는 폭발적인 충격파-옮긴이) 때문에 리브스는 바닥에 쓰러졌다. 그런 다음 그 총열은 다음 대원에게로 향했다.

Chapter 37

빙판 위의 피

/

장진호 동쪽

● 에드 리브스는 그가 어떻게 살아남았는지 이해하지 못했다. 하지만 그는 살아 있었다. 머리가 지끈거리고, 관자놀이에서 뜨거운 피가 흘러나오는 것을 느꼈다. 그는 트럭 바닥에 드러누워 움직이지 않으려고 애썼다. 소총이 그의 전우 미군을 한 명씩 영원히 날려버리는 소리를 들었다. 1분이 지나자 총격이 끝났다. 중공군 병사가 트럭에서 껑충 뛰어내렸다. 담당 군관이 됐다는 사인을 보내자, 그 무리는 다음 트럭으로 이동했다.

리브스는 몇 시간 동안 침낭 안에서 떨고 있었다. 그는 중공군이 사방에 깔려 있었기 때문에 감히 움직일 생각은 하지 못했다. 그러나 그날 늦게 길 위의 움직임이 잠잠해지자, 그는 오랫동안 앉아서 주위에 있는 20명의 미군을 자세히 살펴보았다. 아무도 움직이지 않았다. 그들의 경직된 팔다리는 어색한 모양으로 꼬여 있었고, 얼굴은 이상한 표정으로 얼어붙어 있었다. 그는 자신만이 살아 있다고 확신했다. 장갑을 벗고 얼굴을 더듬었다. 얼굴은 피로 얼룩져 있었지만, 총알 구멍은 찾을 수 없었다. 총알은 두피를 깊이 찢어놓으면서 두개골을 스치고 지나가 큰 상처를 남겼다. 그의 사형 집행관이 불쾌한 일을 서둘러 끝내기 위해 흘끗 보며 총을 대충 쏘았기 때문이었다.

리브스는 다음에 무엇을 해야 할지 계획이 없었지만, 트럭에서 내려야 한다는 것은 알고 있었다. 시체들이 그를 오싹하게 만들었다. 어둠이 내려앉자, 그는 침낭의 지퍼를 열고 일어서려고 했다. 하지만 몸 상태는 마지막으로 일어서려고 했을 때와 같았다. 너무 어지러워서 기절할 것만 같았다. 그는 침낭의 온기를 벗어나서 얼마간 의식을 잃으면 금방 얼어 죽을 것이라는 걸 알고 있었다. 바로 그거였다. 선택의 여지가 없었다. 그는 이 끔찍한 곳에서 밤을 보낼 수밖에 없었다.

≡

다음날 리브스는 중공군 병사들 때문에 잠에서 깼다. 그들은 트럭 위로 올라와 시계, 반지, 담배, 라이터, 군화 등 귀중한 것들을 찾기 위해 미군 시체들의 옷을 샅샅이 뒤지기 시작했다. 그들은 일단 한 시체에서 만족할 만큼 물건들을 챙기면, 그 약탈물들을 땅바닥에 펼쳐놓은 천에 던졌다. 그들이 시체를 트럭 밖으로 던지면, 다른 중공군 병사들이 그 시체를 길 옆에 빠르게 쌓이고 있는 시체 더미로 끌고 갔다. 리브스는 무슨 일이 일어나고 있는지 알아차렸다. 이건 시체 치우기 임무였다. 중공군은 길 위에 있는 차량과 시체를 치우면서 유용한 물건을 찾고 흉측한 현장을 정리하려고 애썼다.

리브스는 침낭 안에서 훔쳐보면서 몸을 떨거나 소리를 내지 않으려고 애썼다. 중공군 무리들이 시체들을 나란히 놓는 작업을 하면서 그에게까지 왔다. 그들은 그의 침낭 지퍼를 내리고 옷을 풀어헤치면서 주머니를 뒤적거리기 시작했다. 리브스는 숨을 얕게 쉬고 몸을 단단하게 유지하면서 얼어붙은 시체처럼 보이기 위해 최선을 다했다. 그러나 한 중공군 병사가 사람의 온기를 느끼고 공포에 질려 뒤로 물러났다. 숨을 헐떡이는 소리와 뭔가 외치는 소리가 들렸다. 그 다음에 그가 인식할 수 있었던 사실은 그들이 자신을 트럭에서 내던졌다는 것이었다. 그는 얼어붙은 땅에 세게 부딪쳤다. 3명의 병사가 눈 위에 있는 그를 끌어다가 트럭 뒷문에 기대어 앉혔다. 리브스는 눈을 크게 떴고, 더 이상 죽은 척하지 않았다. 리브스는 그들이 그가 일어서서 경의를 표하기를 원한다는 것을 감지했다. 그들은 그가 그렇게 하지 않자, 그를 때리고 발로 차고 뺨을 때리기 시작했다.

그들은 리브스를 길가로 끌고 가서 시체 더미 위에 내던졌다. 리브스는 그들이 소총을 집어드는 것을 보았다. 그는 그들이 소총을 쏠 거라고 생각했다. 그런데 그들은 생각과 달리 소총 개머리판으로 그의 머리를 가격하기 시작했다. 충격을 줄이려고 손으로 막았지만, 가격은 계속되었다. 그는 손과 손가락의 뼈가 부서지는 것을 여러 번 느꼈다.

중공군 병사들은 그가 죽었다는 생각이 들 때까지 계속 강타했다. 그들 중 한 명이 피투성이가 된 머리카락 한 움큼을 쥐고 그의 얼굴을 살폈다. 리브스는 멍하니 길 아래를 바라보았다. 그는 눈을 깜박이지 않았다. 그는 움직이지 않았다. 그는 숨을 쉬지도 않았다. 숨을 쉴 때 나오는 입김이 공기 중에서 얼어붙을까 봐 두려웠다. 중공군 병사들은 잡고 있던 리브스의 머리를 놓고는 투덜거렸다. 그들은 리브스의 재킷에 묻은 피를 닦았다. 그들은 그가 죽었을 것이라고 확신하는 듯했다.

그들은 전리품 옆에 웅크리고 앉았다. 피투성이가 된 덮개를 통해 리브스는 그들이 전리품을 가지고 흥정하는 것을 지켜보았다. 그들은 천을 묶어 보따리로 만들었다. 그러고는 휘몰아치는 눈 속으로 사라졌다.

≡

한 시간쯤 지나서 리브스는 시체 더미에서 미끄러져 내려왔다. 중공군이 풀어헤쳤던 옷을 다시 제대로 입으려고 애써봤지만, 손의 부상이 너무 커서 지퍼와 단추 등을 채울 수가 없었다. 그는 눈 속에 앉아서 중공군이 자기 위에 있는 능선에 진을 치고 있는 것을 보았다. 그는 여전히 치명적인 위험에 노출되어 있었다. 길에서 벗어나야 했다.

그래서 그는 기어가려고 했다. 하지만 부러진 손이 너무 아파서 체중을 실을 수가 없었다. 손 대신 팔꿈치를 사용해봤다. 그것은 좀 괜찮아서 길에서 벗어나 들판으로 기어갈 수 있었다. 6명으로 구성된 중공군 정찰대가 그가 왔던 길을 따라 걸어왔다. 리브스는 기어가는 것을 멈추고 겁에 질려 뒤를 돌아보았다. 시체 더미에서 그가 지금 있는 곳으로 이어진 피의 흔적을 그들이 놓칠 리 없었다. 그들은 그것을 알아차렸지만, 전혀 신경쓰지 않았다.

그는 가련한 기어가기를 다시 시작했다. 그는 극심한 고통에 시달리고 있었고, 있는 힘껏 노력해도 고작 몇 피트밖에 나아가지 못했다. 그는 능선을 올려다보았고, 거기서 수백, 수천 명의 중공군을 보았다. 그들은 왜 날 쏘지 않는 걸까? 그는 진지에서 머리를 내민 그들을 볼 수 있었다. 그들이 저격하는 것은 매우 쉬웠을 것이다. 하지만 그들은 사격을 하지 않았다. 리브스는 그들이 그가 무너지기 전에 얼마나 멀리 갈 수 있는지 내기를 하고 있을지도 모른다고 생각했다.

리브스는 늦은 오후 햇빛에 반짝이는 철길로 이어지는 가파른 제방까지 왔다. 그는 고통스럽게 미끄러지듯 내려가서 선로를 가로질러 기어갔다. 그는 선로의 차가운 금속을 통해 울려퍼지는 행군 발소리를 들은 것 같았다. 그는 골짜기 반대편으로 올라가 수풀 속에 숨었다. 1분 후, 중공군 대열이 옆을 지나갔다. 그들은 선로를 따라 묻어 있는 피를 보지 못했다. 그들은 눈 위에 난 그의 흔적을 발견하지 못했다.

몇 시간이 흘러 마침내 리브스는 빙판에 이르렀다. 그는 자신의 몸 아래에서 아주 단단한 무언가를 느낄 수 있었기 때문에 알고 있었다. 배를 깔고 누운 그는 눈을 쓸어내렸고 달빛에 푸른빛이 반짝이는 것을 보았다. 아름다운 광경이라고 생각했고, 처음으로 자신이 살 수 있다는 가능성을 희미하게 느꼈다.

그는 호수 위를 계속 기어서 그와 중공군 사이의 거리를 벌렸다. 그는 자신의 무감각해진 팔다리가 두뇌의 명령에 반응한다는 것을 알게 되었다. 각 부분은 그가 의식적으로 움직이라고 할 때만 움직였다. 오른발, 앞으로 미끄러져. 왼쪽 무릎, 밀어. 더 이상 튼튼하지 않은 팔꿈치가 종종 그의 아래에서 미끄러져 그의 턱이 빙판에 부딪치곤 했다. 빙판 위에서 적어도 당분간은 깨어 있어야 했다. 그는 새로운 각오로 밤새도록 호수의 길고 매끄러운 표면에 그가 지나간 들쭉날쭉한 흔적을 남겼다. 기어가는 데 리듬을 맞추기 위해 훈련 중에 배운 옛 행진곡들을 불렀다.

소리 죽여! 하나, 둘,
소리 죽여! 셋, 넷,
대위는 지프를 타고,
하사는 트럭을 타고,
장군은 리무진을 타지.
하지만 넌 그냥 운이 없어!
하나, 둘, 넷, 넷, 하나, 둘,
셋, 넷!

이런 식으로 리듬을 맞추는 것은 한동안 효과가 있었다. 리브스는 에너지를 아껴야 하며, 그렇지 않으면 지쳐서 기절하리라는 것을 알고 있었다. 그래서 그는 바람을 등지고 태아와 같은 자세로 등을 구부리고 무릎을 그의 몸통 아래로 가도록 접고 손을 겨드랑이에 끼워 따뜻하게 했다. 그는 졸지 않겠다고 다짐했다. 잠시 쉬기만 할 것이다. 하지만 몇 분 뒤, 눈 위을 헤치며 걸어오는 군화 소리가 들렸다. 리브스는 어깨너머로 경기관총을 들고 다가오는 중공군 병사를 보았다. 그 중공군 병사는 혼자인 것 같았다. 리브스는 그가 어디서 왔는지 알 수 없었다. 그 중공군은 리브스의 등을 총검으로 찔렀다.

운명이 자신을 갖고 노는 것 같은 무자비함에 깊은 혐오감조차도 느낄 수 없었던 리브스는 이쯤 되자 원초적인 악의와 좌절감을 느끼고 비명을 질렀다. 그는 이번에는 확실히 끝났다고 생각했다. 하지만 그가 돌아섰을 때, 그는 달아나는 중공군을 보고 놀랐다. 마치 유령을 본 것 같았다. 리브스는 그가 눈 위를 달려 호숫가 쪽으로 질주하는 것을 지켜보았다.

리브스는 맑은 정신으로 계속해서 빙판 위를 기어갔다.

≡

동이 트자, 리브스는 호수에서 또 다른 사람을 발견하고는 경계했다. 확실히 알 수는 없었지만, 그는 미 육군 같았다. 그는 호숫가 솔밭에서 벗어나 부상당한 배를 잡고 웅크린 채 비틀거리며 걸어갔다. "이봐!" 리브스가 소리쳤다. "이리로 와서 좀 도와줘." 그 미군이 다가왔고, 두 부상자는 서로를 살펴보았다. 리브스는 그 미군이 죽음의 문턱에 서 있는 해골 같다고 생각했다. 그 대원이 사마귀처럼 팔꿈치로 기어 다니고 머리는 피와 얼음으로 뒤엉켜 있는 이 슬픈 생명체에 대해 어떻게 생각했는지는 오직 하나님만 알 뿐 아무도 알 수 없었다. 그들은 잠시 그곳에 서서 서로를 바라보았다.

그런데 갑자기 코르세어 3대가 머리 위로 날라와 아침 첫 비행을 했다. 리브스가 그 병사에게 "눈 속에 뭐든지 써라. SOS든 뭐든지." 그 병사는 미친 듯이 흥분하여 눈밭에 발로 H와 E를 썼다. 그가 L을 쓰고 있을 때 한 조종사가 비행기 아래에서 쓰여지고 있는 문자를 발견했다. 비행기는 리브스가 조종사의 고글과 헬멧의 윤곽을 볼 수 있을 정도로 빙판 위로 낮게 내려왔다. 조종사는 그들을 지나가면서 "OK" 신호를 보냈다.

곧 리브스와 육군 병사는 호수를 가로질러 달려오는 지프를 보았다. 그 조종사가 지상 담당자에게 무전을 친 것이 확실했다. 리브스는 빙판 위에 앉아서 차량이 점점 더 다가오길 기다렸다. 차량은 리브스의 바로 앞에서 멈춰섰다. 재킷에 "BEALL"이라고 쓰인 해병대 중령이 지프에서 내렸다. 그는 빙판 위 리브스 옆에 쪼그려 앉았다. "병사." 그가 부드럽게 말했다. "어디를 다쳤나? 더 이상 자네가 다치지 않았으면 좋겠네."

"다리가 많이 아픕니다."

제1해병차량수송대대 대대장 올린 벨Olin Beall 중령은 그를 살며시 들어 지프에 태웠다. 그는 자신의 모피 파카를 리브스에게 입혀주었다. 두 번째 차량이 다른 얼어붙은 미 육군 병사를 구조하기 위해 도착했을 때, 벨은 지프에 올라탄 뒤 차량 옆을 두드렸다. "랠프!" 그가 소리쳤다. "가자!"

와이오밍Wyoming 출신으로 농장에서 일했던 19세의 랠프 밀튼Ralph Milton 일병은 벨의 운전병이었다. 지난 3일 동안, 그들은 호수에서 사람들을 구조했다. "얼음 해병"으로 알려지게 된 벨의 구조대원들은 300명 이상을 구했다. 벨과 운전병들은 셀 수 없을 만큼 많이 호수에서 목숨을 걸었다. 그들은 때때로 얼음이 불길한 소리를 내며 깨지면서 지프가 물에 빠질 위험에 처하기도 했고, 또 호숫가 덤불에서 부상당한 미군을 구조하다가 적의 공격을 받기도 했다. 중공군의 총알들이 빙판에 맞아 사방으로 튕겨 나가 위험한 상황을 맞기도 했고, 때때로 해병대 방어선을 향해 얇은 빙판을 고속도로 달리듯 질주할 때면 물줄기가 뿜어져 나오기도 했다.

지난 3일 동안, 벨은 끔찍한 상황을 많이 보았다. 복합골절을 당한 대원도 있었고, 한 대원은 혼잣말을 하면서 원을 그리며 걷기도 했다. 호숫가 얼음 속에 갇힌 작은 나무배 안에 숨어 있던 대원도 있었다. 하지만 그는 리브스처럼 몸 상태가 나쁜 대원을 본 적이 없다고 생각했다. 밀턴 일병은 빙판 위에서 미끄러지고 있던 지프를 최대한 빨리 운전했다. 그들은 적진으로 8마일쯤 들어가 있었다.

그들이 하갈우리의 방어선에 이르자, 보초들이 그들을 통과시켰다. "활주로로 가, 랠프!" 벨이 말했다. 지프는 활주로로 들어서서 프로펠러가 돌아가는 C-47 수송기를 향해 직진했다. 밀턴은 비행기 날개 쪽으로 접근하면서 헤드라이트를 번쩍였다. 벨은 밖으로 나와 수송기의 동체를 쾅쾅 쳤다. 해치가 열리고 조종사가 나타났다.

"여기에 한 명 더 실어야 돼!" 벨이 엔진의 굉음 속에서 소리를 질렀다.

"중령님, 이미 과적 상태입니다." 조종사가 전했다. "더 이상 실을 수 없습니다."

그러나 벨은 단호했다. "대위, 여기 한 명 더 실을 사람이 있다고 말했네." 그들은 리브스를 비행기에 실어서 들것에 묶었다. C-47은 엔진을 가동하고 이륙했다. 이스트 힐을 지날 때 금속성 소음이 끊임없이 들렸다. 전투 현장에서 솟아오르는 비행기의 배면을 향해 중공군이 발사한 소화기 소리였다.

리브스는 장진호 동쪽 빙판에서 구조된 마지막 병사들 중 한 명이었다. 최종 사상자 집계를 보고 그들은 엄청난 충격을 받았다. 호수 동쪽에 갇혔던 약 3,000명의 병사들 중 약 3분의 1이 죽거나 포로가 되었다. 전투부대인 페이스의 특임대는 전멸했다. 리브스는 운이 좋은 사람들 중 한 명이었다.

비행기가 수평으로 유지하게 되자, 한 공군 간호사가 리브스 위로 몸을 기울였다.

"많이 아픈가?"

"네, 간호사님."

"마지막 통증 주사는 언제 맞았나?"

"맞지 않았습니다."

"언제 총에 맞았나?"

"모르겠습니다. 며칠 전입니다."

간호사는 모르핀 한 대를 리브스에게 투여했다. 그는 온몸이 상기되어 따뜻해지면서 반쯤 의식을 잃었다. 비행기가 윙윙거리며 해안을 향해 날아갔다. 함흥 인근 연포 비행장에 비행기가 착륙했다. 리브스는 활주로 옆에 있는 의료 천막 안에서 정신을 차렸다. 군의관들이 옷을 벗겨 상처를 보았을 때, 어느 곳부터 손을 대야 할지 몰랐다. 다리? 머리? 군의관들은 리브스에게 아무 말도 하지 않았지만, 리브스가 발을 잃을 수밖에 없다는 것을 알았고, 어쩌면 손도 잃을 수 있다고 보았다. 하지만 에드 리브스는 모르핀에 완전히 취해서 과감해지고 행복해졌다. 그는 말했다. "나는 모르핀 주사를 한 대 더 맞았다. 그러고 나니까 중공군 전체를 쓸어버릴 수 있을 것 같았다."

Chapter 38

만세고

/

함흥

● 같은 주, 같은 비행장에 착륙한 이배석은 4년 만에 고향으로 돌아왔다. 마침내 그에게 임무가 부여되었다. 그는 함흥에 있는 제10군단에서 통역병 및 헌병으로 복무할 예정이었다. 그가 탑승한 4엔진 C-54는 연포 비행장에 멈춰섰고, 감정이 북받친 배석은 창문에 얼굴을 기댔다. 부모님은 살아계실까? 형제들과 누이들, 사촌들, 그리고 친구들은? 이웃은 아직도 그대로 있을까? 미군이 떠나면 함흥은 어떻게 될까? 배석은 스쳐가는 걱정, 기대, 희망 같은 감정의 파도를 헤쳐나갈 수가 없었다. 그는 자기 집을 보고 싶었지만, 그 집을 알아보지 못할까 봐 두려웠다. 그는 자기가 너무 늦게 온 건 아닌지 걱정되었다.

배석과 다른 2명의 통역병은 비행기에서 내렸다. 날씨는 맑았지만 매섭게 추웠다. 연포 비행장에는 엄청나게 많은 포장된 보급품 더미가 하역되어 있었다. 코르세어 1개 편대가 공회전하며 장진호 주변의 고지를 향해 이륙할 준비를 하고 있었다. 제10군단의 한 장교가 통역병 3명을 맞이하며 기지로 안내했다. 그들은 미군이 점령한 함흥시청으로 이동했다. 배석은 시청 아래층에 있는 범죄수사부서에 신고하고 조사를 받으라는 지시를 받았다. 배석은 이를 악물었다. 그는 아직도 그가 북한에서,

그리고 이 도시에서 자랐다는 자신의 과거에 대해 아무에게도 말하지 않았다. 그럴 경우 잠입자나 간첩으로 체포될까 봐 두려웠던 것이다. 그는 수사관들이 자신을 적으로 보고 감옥에 보낼 것이라고 확신했다.

한 미군 장교가 몇 가지 질문을 먼저 했다. 배석은 자신이 서울에서 태어나고 자랐다고 거짓말을 했다. 그의 북한 사투리가 튀어나왔을지도 모르지만, 다행히도 한국군 장교는 다른 업무를 하고 있었다. 배석은 공식적으로 조사를 통과했다. 그는 육군 제3사단에 배속된 제10군단 헌병부대에서 복무하게 되었다. 그는 제복과 소총을 지급받았고, 식량으로 C-레이션을 제공받았으며, 아침마다 반드시 범죄수사부서에 보고하라는 지시를 받았다. 그는 시내에서 가장 중요한 검문소에서 송천강을 가로지르는 큰 다리를 지키는 임무를 수행하게 될 것이라는 말을 들었다. 그 다리가 바로 음력 설날에 다리를 건너면 장수한다는 만세교였다.

≡

다시 한 번 배석은 그의 행운을 믿을 수 없었다. 그 다리는 고향 집에서 조금만 걸으면 닿을 수 있는 거리에 있었다. 임의적인 군 관리 세력, 기계적인 관료조직의 추상적인 명령이 그를 그가 원하는 고향 집 근처로 이끌었다. 그는 새해에 애틋한 형제자매, 어머니, 아버지, 사촌, 학교 동창들과 함께 다리를 건넜던 많은 축제 때 기억을 떠올렸다. 만세교는 도시 중심부에 있었다. 그가 소중히 여기는 곳이었고, 그 이름이 사실이라면 행운의 장소였다.

다음날, 배석은 지프를 타고 시내를 통과했다. 그는 함흥이 난장판이 되어 있고, 그 주변이 파괴된 건물 잔해로 꽉 막혀 있고, 가게와 시장이 텅 비었으며, 시민들이 괴로워하고, 지치고, 긴장하고 있다는 것을 알 수 있었다. 많은 사람들이 소지품을 등에 묶거나 보도에 높이 쌓아놓은 채 거리에서 곡식을 빻고 있었다. 어디로 가야 할지, 미래가 어떻게 될지 아무도 모르는 것 같았다. 임무를 수행 중인 미군이 거리를 빠르게 통과했다. 기관총이 모래주머니 바리케이드 뒤로 살짝 보였다. 도로 검문소에서 헌병들은 중공군 포로를 싣고 제10군단 사령부로 향하던 트럭을 한 대씩 정지시키고 조사를 하고 있었다.

시골에서 온 난민들로 인해 도시는 더 혼란스러워졌다. 수만 명의 사람들이 산에서 내려왔다. 일부는 장진호 전투를 피하기 위해, 일부는 먹을 것을 찾기 위해, 다른 일부는 여전히 남한에서 다른 삶을 살기 위해 배를 타고 싶다는 야심 찬 희망을 품고 있었다. 그는 거리에서 그들의 외침을 들을 수 있었다.

배석은 도시를 거의 알아볼 수 없었다. 북한군이 퇴각하기 몇 달 전에 미군이 포격하고 폭격했기 때문이다. 이제는 미군이 철수하게 되었기 때문에 함흥의 거의 모든 사람들은 도시가 가늠할 수 없는 슬픔에 곧 휩싸일 것이라는 것을 자각하고 재난의 거센 파도가 곧 밀려오리라는 것을 느낄 수 있었다.

배석은 장진호 어딘가에서 들려오는 포성을 들을 수 있었다. 떠나는 미군들은 도시를 폭격하고, 모든 공장을 파괴하고, 모든 다리를 폭파하고, 그곳을 사용할 수 없게 만들고, 전략적 가치가 있는 어떤 것도 남기지 않을 계획을 가지고 있었다. 흥남과 함흥은 불운한 자매도시였고, 모두가 이를 감지했다. 현수막이 시내 곳곳에 걸려 있었고, 전단지가 공중에서 떨어져 특정 지역의 민간인들에게 대피하라고 경고했다. 미군의 이러한 탈출 계획은 중공군이 어떤 노획물도 갖지 못하게 막기 위한 것이었지만, 가장 큰 피해를 보는 것은 민간인이었다.

1~2주 후면, 미군은 아마 철수할 것이다. 그리고 그들이 떠났을 때, 무슨 일이 일어날지 누가 말할 수 있을까? 시민들은 혼란스럽고 굶주린 중공군과 북한군이 도시 외곽으로 밀려들면, 약탈행위와 보복행위를 저지를 것이라고 예상했다. 도시 구석구석 그리고 모든 사람과 집 사이에 안개가 자욱하게 드리워져 있는 것처럼 이제 거리에서는 이러한 불안감이 느

껴졌다.

지프가 다리에 도착한 후 배석이 내렸다. 군 검문소는 다리 동쪽—도시 쪽—에 설치되어 있었고, 근처에 키오스크kiosk(신문, 음료 등을 파는 매점-옮긴이), 기관총 진지와 전차가 있었다. 그는 이곳이 앞으로 몇 주 동안 그가 임무를 수행할 곳이라고 들었다. 그는 보초 겸 통역병으로서 만세교 위에서 소총을 들고 근무할 것이다.

Chapter 39

이륙

/

동해

● 12월 4일 오후, 미 항공모함 레이테USS Leyte는 함흥-흥남 해상에서 있었다. 나무로 된 비행갑판 위에는 미 해군 조종사 제시 브라운Jesse L. Brown 소위가 해군 전투기 코르세어 211기의 엔진을 가동하고 이륙 준비를 했다. 승무원들이 굄목을 제거하자, 짙은 파란색 비행기는 제32전투기편대의 다른 코르세어와 함께 앞으로 나아갔다. 항공모함의 갑판 위는 차갑지만 상쾌한 바람이 불고 기온은 화씨 40도(섭씨 4도)였다. 오늘 편대가 향하는 장진호 주변의 산악지대와는 천양지차였다. 프로펠러 후류prop wash(프로펠러가 추력을 일으키면서 회전할 때 그 회전면의 뒤쪽에 생기는 프로펠러의 전진 속도보다 큰 유속의 기류-옮긴이)가 비행기의 플렉시글라스 Plexiglass(특수 아크릴 수지-옮긴이) 캐노피 위로 흘러가자, 브라운은 헬멧을 단단히 메고, 고글을 조정하고, 기구들을 최종 점검하기 시작했다. 그는 방화장갑, 카키색 비행복, 낙하산, 구명조끼를 착용했다. 브라운이 방향타 페달에서 발을 떼자, 전투기가 앞으로 천천히 움직였다. 미 해군의 모든 코르세어와 마찬가지로 그의 비행기도 6.50구경 기관총, 5인치 샐보salvo 로켓 8발, 네이팜젤리가 들어 있는 달걀 모양의 폭탄을 포함한 무기들로 무장했다.

1950년 12월 7일 , 미 해군 113전투기편대 F4U-4B 코르세어 전투기가 임무를 수행하고 필리핀씨 항공모함(USS Philippine Sea, CV-47)에 착륙하고 있다. 〈사진 출처: Naval History & Heritage Command〉

갑판원들은 브라운과 다른 9명의 코르세어를 제 위치로 호출했다. 항공모함 전체가 엔진 굉음과 끝이 노란 프로펠러가 돌아가는 소리로 진동했다. 레이테함의 관제탑에서는 성공을 비는 수백 명의 사람들이 레일에 기대어 환호하는 모습이 보였다. 이 에섹스Essex급 항공모함(미 해군이 20세기에 가장 많이 건조한 디젤 항공모함-옮긴이)에 탑승한 많은 사람들은 코르세어 편대가 장진호 상공으로 향할 것이며, 이는 위험한 임무가 될 것이라는 걸 알고 있었다.

브라운은 알았다는 표시로 엄지손가락을 치켜세운 다음, 다시 코르세어를 앞으로 몰았다. 뒤에는 코르세어 205기를 조종하는 톰 허드너Tom Hudner 중위가 있었다. 브라운과 허드너는 로드아일랜드Rhode Island의 해군기지에서 함께 훈련했고, 최근 스페인Spain에서 모나코Monaco, 레바논Lebanon까지 지중해를 비행하며 장기간의 임무를 완수했다. 오늘 그들은 근접

상태로 무선연락을 유지하며 서로가 위험에 노출되지 않도록 최선을 다할 것이다.

조종사들은 체크리스트를 훑어보았고, 편대는 준비가 완료되었다. 신호에 따라 브라운이 속도를 올려 긴 활주로를 질주하면서 항공기 앞부분을 천천히 들어 올렸다. 시속 80마일로 갑판에서 벗어나 바다 위에서 비스듬히 날았다. 곧 허드너와 다른 조종사들도 하늘로 솟아올랐고, 코르세어들은 대형을 갖추게 되었다. 2대씩 짝을 이룬 채 서쪽으로 방향을 틀어 해안선을 따라 저 너머 눈 덮인 산을 향해 날아갔다.

≡

제시 브라운과 톰 허드너는 완전히 다른 세계 출신이지만, 가장 진실된 친구였다. 조용하고, 한결같고, 신중한 제시 브라운은 수줍은 미소를 지었지만, 목표의식이 투영된 날카로운 시선을 갖고 있었다. 그는 24세에 불과했지만, 이미 한국 상공에서 20번의 전투 임무를 수행했다. 그는 레이테함에서 가장 경험이 풍부한 조종사 중 한 명이었고, 가장 신뢰할 수 있는 사격 실력을 지니고 있었다. 신앙심이 깊은 그는 이륙하기 전에 항상 조종석에서 기도를 했다. 그는 보통 배에 있는 동안에는 주로 혼자 있었다. 담배를 피우지도, 술을 마시지도 않았다. 바에 들어오면 그는 이렇게 말했다. "진토닉(진을 베이스로 하여 토닉워터를 첨가하여 만든 칵테일-옮긴이)을 만들어주세요. 하지만 진은 빼주세요." 그는 아내 데이지Daisy와 어린 딸 팸Pam에게 빠져 있었다. 그는 레이테함에서 데이지에게 편지를 쓰거나, 전쟁이 끝난 후 미시시피Mississippi주 해티즈버그Hattiesburg(미시시피주 남동부의 도시-옮긴이)에 있는 집으로 돌아가 꿈에 그리는 집을 머릿속에 그리면서 밤을 보냈다. 현역 복무가 이제 겨우 몇 달 남았기 때문에, 그 후에는 집으로 돌아갈 수 있었다.

그는 내성적이고 겸손했지만, 항공역사에 남을 만한 유명인사였다. 그

1950년 F4U-4 코르세어 전투기 조종석에 앉아 있는 제시 L. 브라운 소위. 그는 미 해군 비행훈련을 마친 최초의 흑인 조종사였으며, 전투 중에 사망한 최초의 흑인 해군 조종사였다. 한국전쟁 당시 레이테함(CV-32)의 전투기편대(VF-32) 소속이었다. 레이테함에서 함정 승무원, 하급 장교, 정비병, 갑판병으로 근무하던 흑인들은 인종의 장벽을 깬 그에 대한 존경심의 표현으로 돈을 모아 롤렉스 시계를 선물해주기도 했다. 〈사진 출처: Naval History & Heritage Command〉

는 미 해군의 첫 흑인 조종사였고, 항공모함에서 비행한 최초의 아프리카계 미국인이었다. 그의 사진은 《라이프Life》지에 실렸고, 그는 전국 신문기사에 화제의 인물로 소개되기도 했다. 레이테함에서 함정 승무원, 하급 장교, 정비병, 갑판병으로 근무하던 흑인들은 인종의 장벽을 깬 브라운에 대한 존경심의 표현으로 최근에 돈을 모아 값비싼 롤렉스 시계를 구입해 그에게 깜짝선물로 주었다. 브라운은 자랑스럽게 시계를 차고 다녔다.

그는 초라한 집에서 태어났다. 미시시피주 흑인 소작농의 아들로 태어난 그는 촉토족Choctaw(아메리카 인디언의 한 종족-옮긴이)과 치카소족Chickasaw(미시시피주와 앨러바마주에 분포한 인디언의 한 종족-옮긴이)의 피가 섞여 있었고, 해티즈버그에서 멀지 않은 곳에 있는 럭스Lux라는 작은 마을에서 배관과 전기가 없는 양철 지붕 나무 판잣집에서 자랐다. 그의 집은 소나무숲 가장자리 철로 옆에 있었다. 브라운의 전기작가인 애덤 매코스Adam Makos는 "집 전체 구조물이 각 모서리 아래에 쌓여 있는 블록 위에 놓여 있었기 때문에, 밤에 기차가 지나갈 때면 집이 흔들렸다"라고 썼다. 브라운은 노새와 당밀(사탕무나 사탕수수에서 사탕을 뽑아내고 남은 검은빛의 즙액. 비료, 사료, 연료로 쓰기도 하고 가공하여 구두약, 알코올 따위의 원료로 쓰기도 한다-옮긴이), 작업복과 야근이 일상인 세계에서 자랐다. (추수철에 그의 가족들은 일하면서 "알지 못하면 보지 못한다"라고 즐겨 말하곤 했다.) 브라운의 부모는 충실한 침례교도로 직접 채소를 재배하고 닭을 키웠지만, 그들이 일하던 땅 주인이 운영하는 회사 상점에 평생 빚을 졌다. 가난에서 벗어날 수 없는 환경 속에서 브라운 부부는 자녀들에게 교육을 받을 것을 강하게 권유했다.

제시는 그 교훈을 마음에 새겼다. 지팡이를 만들거나 목화를 따지 않을 때, 그는 대개 책에 코를 박고 있었다. 스타 운동선수였던 그는 해티즈버그에 있는 고등학교를 2등으로 졸업했고, 자신의 영웅 제시 오언스Jesse Owens(베를린 올림픽대회에서 육상 4종목 금메달을 획득하고 세계기록을 세운 미국의 단거리 육상선수-옮긴이)가 다녔기 때문에 선택한 오하이오 주립대학교에서 장학금을 받고 건축공학을 공부했다.

하지만 브라운의 진짜 꿈은 비행기 조종사였다. 제시가 여섯 살이었을 때, 아버지와 지역 에어쇼에 갔는데, 그곳에서 복엽기(수평 날개가 두 쌍인 초기의 비행기-옮긴이)의 곡예비행과 윙 워커wing walker(밀집된 지역에서 항공기가 지상 활주를 하는 동안에 항공기끼리 충돌을 피하기 위해 항공기의 날개 위를 걸으면서 유도하는 사람-옮긴이)들이 죽음을 무릅쓰고 오직 낙하산을 타고 안전하게 지상으로 내려오는 것을 보았다. 그날 이후 그는 비행기를 조종하고 싶었다. 그는 램프 불빛 아래서 《파퓰러 에이비에이션Popular Aviation》(1920년대에 창간된 항공잡지-옮긴이) 잡지가 너덜너덜해질 때까지 읽었다. 사람들은 종종 그의 순진한 야망을 경멸했다. "흑인은 비행기를 탈 수 없기 때문에 그가 비행기를 탈 수 없다"고 가족과 친구들은 늘 그에게 얘기했다. 그러나 트루먼 대통령이 1947년에 미군의 완전한 흑백인종 통합을 시도하자, 제시는 조종사가 되기 위해 해군에 입대하기로 결정했다.

그는 일리노이Illinois주와 아이오와Iowa주에서 3년 동안 훈련을 받았고, 그 후 플로리다Florida주 펜사콜라Pensacola(플로리다주 북서부에 있는 도시-옮긴이)에서 그러먼Grumman사의 F8F 베어캣Bearcat과 F6F 헬캣Hellcat 조종을 배웠고, 그 후 보우트Vought사의 F4U 코르세어 조종을 배웠다. 1949년 미 해군 소위로 임관하여 로드아일랜드Rhode Island의 퀀셋 포인트Quonset Point 해군 항공기지로 발령받았고, 그곳에서 톰 허드너를 만났다.

허드너는 키가 크고 밝은 푸른 눈과 홀쭉하고 긴 턱을 가진 매력적인 남자였다. 26세 총각 '허드Hud'는 알려진 대로 스카치를 즐겨 마시고 파이프 담배를 피우는 것을 좋아했다. 그는 매사추세츠Massachusetts주 폴 리버Fall River(매사추세츠주 남동부에 있는 도시-옮긴이)에서 위엄 있는 싱글 스타일shingle-style(미국의 인기있는 건축양식-옮긴이)의 빅토리아풍 집에서 자랐다. 그의 아버지는 하버드 대학을 졸업했고, 성공적인 식료품점 체인을 소유하고 있었다. 대공황의 위기에서도 그의 가족은 거의 고통을 겪지 않았다. 허드너의 형제 중 2명은 하버드 대학에 다녔고, 다른 1명은 프린스턴 대학에 다녔다. 그의 가족에게는 하녀가 있었고, 어린 톰은 오후 내내 라크로스lacrosse(각각 10명의 선수로 이뤄진 두 팀이 그물채 같은 것으로 공을 던지거나 잡으며 하는 하키 비슷한 경기-옮긴이) 경기를 하거나 트랙을 뛰면서 시간을 보냈다. 해군 역사가이자 소설가인 시오도어 테일러Theodore Taylor는 그를 "영화배우형 미남"이라고 썼다. 그는 해안가에 있는 가족의 집에서 여름을 보냈고, 그곳에서 "항해를 많이 했고, 특히 4명의 마스터fourmasters(중세 아일랜드 역사 연대기-옮긴이)와 호레이쇼 혼블로워 선장Captain Horatio Hornblower(나폴레옹 전쟁 당시 지략과 용기로 전쟁을 승리로 이끈 한 영국 함장-옮긴이)에 관한 책을 읽는 것을 좋아했다." 허드너는 필립

허드너는 필립스 앤도버와 아나폴리스 해군사관학교를 다녔고, 1947년에 졸업했다. 그는 부모로부터 의무에 대한 헌신과 노블레스 오블리주를 배웠다. 허드너는 안락한 삶을 좋아했지만, 속물과는 거리가 멀었다. 브라운과 달리, 허드너는 처음에는 비행기를 조종하고 싶지 않았으나, 이후 하늘에서 깊은 고요함을 느끼게 되었고, 모두로부터 조종사에 적합한 반사신경과 재능을 타고났다고 인정받았다. 〈사진 출처: Naval History & Heritage Command〉

스 앤도버Phillips Andover(매사추세츠주 앤도버에 있는 대학예비학교-옮긴이)와 아나폴리스Annapolis 해군사관학교를 다녔고, 1947년에 졸업했다. 그는 부모로부터 의무에 대한 헌신과 노블레스 오블리주noblesse oblige(사회 고위층 인사에게 요구되는 높은 수준의 도덕적 의무-옮긴이)를 배웠다. 허드너는 안락한 삶을 좋아했지만, 속물과는 거리가 멀었다.

브라운과 달리, 허드너는 비행기를 조종하고 싶지 않았다. 그의 첫 비행은 분명 불길했다. 그는 비행기 멀미로 점심을 먹지 못했다. 하지만 해군사관학교 졸업생으로서 허드너는 이쪽으로 진로를 선택하고 해군을 위해 일해야 했다. 비행기를 조종하기로 결정한 것은 아주 사소한 이유 때문이었다. 비행기 조종사가 멋져 보였고, 소녀들이 비행기 조종사를 좋아한다고 들었기 때문이다. 결국 허드너는 비행을 좋아하게 되었을 뿐만 아니라 잘하게 되었다. 그는 하늘에서 깊은 고요함을 느꼈고, 타고난 반사신경과 본능을 가진 것 같았다. 그는 해군에서 성공하겠다는 계획을 세웠다. 모두들 그가 재능을 타고났다고 인정했다.

≡

코르세어 편대는 희뿌연 어둠을 뚫고 날아갔다. 북서쪽을 향해 해안에서부터 날아올라간 그들은 산을 가로지르는 길, 타버린 바리케이드와 파괴된 차량들로 꽉 막힌 길을 따라갔다. 바깥과 비교해 상대적으로 따뜻한 조종석 앉아 시속 250마일(402킬로미터)이 넘는 속도로 비행하면서 조종사들은 이 겨울에 오지에서 일어났던 재앙을 상상할 수 없었다. 브라운과 허드너는 침묵을 지키며 난기류를 뚫고 날아갔고, 때때로 나란히 날아가는 서로의 모습을 바라보기도 했다.

비행기들은 45분 만에 계곡이 있는 지역에 도달했다. 그곳에는 텐트들이 있었고, 주변에는 참호들이 구축되어 있었으며, 포병들이 주위를 에워싸고 있었고, 땅을 평평하게 골라놓은 곳이 있었는데 알고 보니 활주로였다. 이곳은 산속에 자리 잡은 군사용 텐트 도시이자 전시 이동식 예배소tabernacle(이스라엘 민족이 광야 생활을 할 때 이동할 수 있게 장막으로 만든 성전-옮긴이)인 하갈우리였다. 수백 발의 포격으로 연기가 자욱했고, 차량들은 하얀 배기가스의 장막 속에서 공회전을 하고 있었다. 허드너에게 이 얼어붙은 마을은 그가 젊은 시절에 보았던 그림을 떠올리게 했는데, 갈리아Gaul(고대 로마인이 갈리아인이라고 부르던 사람들. 켈트족이 BC 6세기부터 살던 지역. 북이탈리아, 프랑스, 벨기에 일대-옮긴이) 외곽에 진지를 구축한 고대 로마 군단의 겨울 야영지 같았다.

수십 대의 코르세어와 A-1 스카이라이더Skyraider(6·25전쟁에서 활약한 미 해군 항공기-옮긴이)들이 하갈우리 상공을 선회하며 지상의 명령을 기다리고 있다. 브라운과 허드너는 편대의 운항 흐름에 맞춰 날면서 헤드폰으로 들려오는 무선교신 내용에 따랐다. 선회하는 조종사들은 고공에서 수송기들이 활주로에 있는 것을 볼 수 있었는데, 일부 수송기는 증원군을 쏟아내고 있었고, 일부 수송기는 전장에서 발생한 사상자를 싣고 있었다.

선회하던 코르세어 조종사들은 마침내 명령을 받았다. 유담리를 향해 북쪽으로 날아가서 서쪽 호숫가를 따라 길이 없는 황무지 상공을 비행하라는 것이었다. 그날 아침, 1만 명에 이르는 대규모 중공군 증원군이 하갈우리를 노리고 남쪽으로 진군하는 것이 목격되었다고 한다. 코르세어 편대의 임무는 적군의 규모와 행방을 확인하는 것이었다. 그리고 가능하면 적군을 공격하는 것이었다.

브라운과 허드너는 기총 조준기를 세우고 연발 로켓을 장전한 채 다른 코르세어 조종사들과 함께 북쪽으로 향했다. 그들은 나무 꼭대기 높이까지 낮게 하강하여 호수 주위를 지나는 흙길을 따라갔다. 이 군사작전이 있기 한 달 전에 브라운은 처음으로 장진호 상공을 비행한 적이 있었는데, 당시 그는 그곳이 타의 추종을 불허할 만큼 아름답다고 생각했다. 늦가을의 이른 단풍과 산의 야생화에 둘러싸인 빛나는 푸른 호수였다. 그는 데이지에게 그것에 대해 편지를 썼었다. 이렇게 조용한 곳을 본 적이 없었다. 하지만 지금은 눈으로 뒤덮여 있었고, 안개가 자욱한 회색빛 금단의 장소였다.

코르세어들은 30분 동안 광범위한 지역을 수색했지만, 정찰 임무는 실패였다. 중공군의 흔적이 없었다. 그들은 분명히 거기에 있었다. 교묘하게 숨어 있을 뿐이었다. 3시경, 하갈우리에서 북쪽으로 17마일쯤 떨어진 소몽리라는 마을 근처에서 눈에 보이지 않던 중공군이 무기를 들고는 하늘을 향해 발사했다. 그들이 쏜 총알이 제시 브라운이 조종하는 코르세어 211의 얇은 알루미늄 기체에 맞아 연료관에 구멍이 생겼다. 그것은 100만 분의 1 확률로 아주 드문 경우였다. 브라운은 엔진의 진동 때문에 그 소리를 듣지 못했다.

다른 코르세어 조종사의 걱정스러운 목소리가 무전기를 통해 흘러나왔다. "제스, 뭔가 잘못됐어. 연료가 새는 것 같아!"

브라운이 이리저리 둘러봤지만, 아무것도 볼 수 없었다. 하지만 허드너는 확인할 수 있었다. "탈출용 낙하산이 있으니까 괜찮아."

브라운은 계기판을 확인하고, 오일 압력 게이지 바늘이 빠르게 떨어지는 것을 보았다. 엔진은 기름이 연료관에서 새어나오면서 점점 더 뜨거워졌다. 브라운은 그것을 막기 위해 할 수 있는 것이 아무것도 없었다. 분노가 치밀어 올랐다. 마찰항력으로 인해 비행기 안이 요동쳤고, 엔진이 불타고 있었다.

브라운은 자신이 다시 하갈우리로 돌아갈 수 없다는 것을 알았다. 낙하산으로 탈출해서 착륙하기에는 이미 고도가 너무 낮았다. 불시착 외에 다른 방법이 없었다. 그는 서둘러 그렇게 했다.

"불시착한다." 브라운이 무전기로 말했다.

브라운이 지형을 훑어보았지만 괜찮은 곳을 찾을 수 없었다. 그곳은 장진호 지역으로, 가파른 능선과 계곡이 뒤섞여 있었고, 대부분이 작은 소나무로 덮여 있었다. 엔진의 실린더 18개가 제대로 작동하지 않았고, 프로펠러가 덜컥거리면서 연기가 자욱했다. 코르세어 211기는 급격하게 하강하고 있었다. 허드너가 따라갔고, 둘 다 넓고 평탄한 지역을 찾았다.

브라운은 북쪽으로 10시 방향 0.5마일 정도 전방에 바위가 박혀 있는 사발 모양의 비교적 평평한 개간지를 발견했다. 마을 사람들이 여름철에 가축들에게 풀을 뜯어 먹이는 산간 목초지 같아 보였다. 널빤지로 된 판잣집이 들판 가장자리에 있었다. 만약 그가 저쪽으로 활공할 수 있다면, 그는 비행기를 착륙시킬 수 있을지도 몰랐다.

"착륙하겠다." 브라운이 공터에 시선을 고정시킨 채 말했다. 그의 목소리는 몹시 차분했다.

허드너는 그의 옆에서 비행하며 착륙 절차에 대해 그에게 말해주었다. 얼마 지나지 않아, 브라운은 보조연료탱크를 버리고 네이팜을 방출하고 언덕에 로켓을 발사했다. 폭발 화재 가능성을 최소화하고 비행기를 가볍게 하기 위한 조치였다.

목표가 가까워지자, 브라운은 목초지가 착륙하기에는 아쉬운 점이 많다는 것을 알게 되었다. 목초지는 그다지 평평하지 않았고, 작은 나무들이 많이 있었으며, 커다란 바위들이 눈밭 아래 숨겨져 있었다. 하지만 착륙해야만 했다. 브라운은 교범에 따라 자신의 캐노피가 제자리에 고정될 때까지 캐노피를 뒤로 젖혔다. 비행기가 아래쪽으로 활강하면서 차가운 공기가 얼굴 위로 덮쳤다. 허드너는 여전히 그의 날개 옆에서 무전기를 통해 격려의 말을 전했다.

브라운은 가능한 한 오랫동안 기체 앞부분을 높게 했지만 통제력을 잃고 있었다. 비행기는 비행을 멈췄다. 브라운이 추락할 준비를 하자, 허드너는 코르세어의 조종간을 뒤로 젖히고 안전한 곳으로 올라갔다.

엄청난 떨림과 함께 브라운의 6톤 무게의 항공기는 지상을 강타했고, 눈과 잔해 구름을 일으켰다. 그 충격으로 프로펠러 날개가 파괴되어 경사면으로 파편들이 날아갔다. 몇 초 동안 코르세어 211기는 눈 속으로 미끄러지면서 삐걱거리는 소리와 함께 심하게 흔들리더니 마침내 연기를 내뿜으며 멈춰섰다.

≡

지난 며칠 동안, 제32전투기편대 대원들은 장진호 주변에 대한 비행 임무를 수행했다. 브라운과 허드너는 다양한 상황에서 근접공중지원에 나서 적을 공격하고 폭격하는 등 수많은 출격 임무를 완수했다. 끔찍한 사건이 있기 전날인 어제, 브라운은 주요 보급로 위 숲에 숨어 있던 수백 명의 중공군을 몰아내는 데 도움을 주었다. 그 중공군들은 계곡에서 해병대를 기습할 준비를 하고 있었음이 틀림없었다. 브라운과 허드너와 몇몇 동료들은 공격 명령을 받았다. 네이팜탄으로 많은 수의 중공군을 불태워버리고, 50구경의 기관총 사격으로 벌집을 만들어버렸다. 아래를 내려다보니, 브라운의 눈에 산 채로 불타며 숲에서 도망치는 가여운 중공군 병사가 보였다. 그는 팔을 위로 쳐든 채 도움을 요청하고 있었다. 하지만 네이팜 젤리는 등에 달라붙어 옷을 태우고 있었다.

제2차 세계대전이 끝날 무렵 처음 사용된 네이팜 B는 비교적 신형 무기에 속했다. 많은 조종사들은 이 무기를 아주 불쾌하게 생각했다. 강한 화학약품 냄새와 살이 탈 때 나는 독특한 악취가 때때로 전쟁터에서 솟아올라 조종석까지 스며들었다. 브라운은 그 무기를 사용하는 것에 대해 걱정했다. 그날 밤, 레이테함에서 그는 허드너와 비행대대의 다른 조종사들과 함께 제독의 식당에 앉았다. 허드너는 파이프를 뻐끔뻐끔 빨고 있었고, 승무원들은 브랜디를 한 잔씩 나눠주었다. 축하연이었다. 그들은 단 1명의 사상자도 발생하지 않고 성공적으로 공격을 마쳤다. 하지만 전기작가 애덤 마코스에 따르면, 브라운은 그날 밤 낙담했다. 브라운은 허드너에게 이렇게 말했다. "한 남자가 불길에 휩싸인 채 달리고 있었는데, 그 모습이 잊혀지지가 않아. 그것이 제일 괴로워."

허드너는 그에게 생기를 되찾아주려고 애썼다. 그가 말했다. "문제는 오늘 우리가 목숨을 구해준 사람들을 볼 수 없다는 거야."

브라운은 더 이상 식당에 머물지 않았다. 그는 자신의 선실을 정리하고 데이지에게 편지를 쓰며 긴 밤을 보냈다. 장진호를 둘러싼 그날의 사건들은 그를 괴롭혔고, 그녀에게 편지를 쓰는 것만이 머리를 맑게 할 수 있는 유일한 방법이었다. 그는 형편이 안 되어 데이지에게 결혼반지를 사주지 못한 것이 미안했다. 그들은 신혼여행을 가지 못했다. 그는 자신이 번 여분의 돈으로 생명보험에 들었다. 그는 항상 자신과 데이지, 그리고 딸이 함께 하는 미래, 그리고 꿈의 집을 머릿속에 그리고 있었다. 그는 매일 밤 다시 스케치를 했다. 그는 편지를 쓰느라 늦게까지 깨어 있었다. 아침에 그는 배 안에 있는 우편물함에 편지를 집어넣었다.

내 사랑하는 천사여, 나는 너무나 외롭소. 하지만 나는 스스로 자제하려고 노력하고, 우리가 함께하게 될 때 우리가 즐길 수 있는 즐거움에 대해 생각한다오. 그래서 가끔 눈물이 조금씩 나기도 하오. 지난 며칠간 우리는 중공군의 속도를 늦추고, 포위된 해병대원들을 지원하기 위해 상당히 많은 비행을 했소. 지상에 있는 불쌍한 사람들을 돕는다면, 여기 있는 모든 조종사들은 추락할 때까지 비행할 수 있을 거요.
낙담하지 마오, 나의 천사여. 하나님을 믿고 온 힘을 다해 그분을 믿으면 일이 잘 풀릴 거라는 걸 알고 있소. 우리는 예전처럼 지금 그분이 필요하오. 나와 함께 믿음을 가집시다. 그분이 우리를 꿰뚫어 보고 있으며 우리는 머지않아 다시 함께하게 될 거요. 난 당신이 조금 더 기운을 내면 좋겠소. 나의 천사여, 더 힘을 냅시다. 당신 남편은 당신을 진심으로 사랑하오. 어느 누구보다도 당신을 사랑하오.

Chapter 40

지상 추락

/

장진호 동쪽

● 톰 허드너 중위는 친구의 일에 절망하며 추락 지점을 선회했다. 눈기둥이 걷히면서 잔해의 전체 모습이 드러났다. 제시 브라운의 코르세어의 긴 기수는 심하게 망가졌다. 기수는 아주 큰 충격을 받아 일그러져 거의 반으로 갈라져 있었다. 비행기는 파열된 호스, 찢어진 전선, 잘린 엔진 덮개 조각들로 뒤엉켜 있었다.

허드너는 무전기를 통해 브라운에게 연락하려고 몇 번이고 시도했지만, 정적만 흘렀다. 그가 다시 선회한 뒤 낮게 접근했을 때, 그는 그가 살아 있음을 확신했다. 브라운이 그에게 손을 흔들고 있었던 것이다.

그때, 허드너는 무전기를 통해 환호하는 목소리를 들었다. 잠시 잊고 있었지만, 더 높은 상공에는 편대의 다른 코르세어들이 대기하고 있었다. 그들은 브라운이 불시착하는 것을 지켜보고 있었다. "헬리콥터를 부르겠다." 조종사 중 한 명이 말했다. "그리고 톰, 제시가 밖으로 나가면, 비행기를 파괴해"라고 덧붙였다. 허드너는 이해했다. 그 비싼 냉전시대의 기술이 적의 손에 넘어가는 것보다는 가능하다면 비행기를 날려버려 산산조각 내는 것이 더 나았다.

무전기가 칙칙 울렸다. "메이데이! 메이데이!"

브라운은 여전히 조종석 안에 있었다. 다친 걸까? 왜 그는 캐노피를 닫지 않았을까? 저 아래는 너무나 추웠다.

이제 허드너는 더 놀라운 것을 발견했다. 브라운의 비행기에서 연기가 피어오르고 있었다. 비행기 잔해에 불이 붙었던 것이다. 아마 엔진에서 발생한 마그네슘 폭발이 원인이었을 것이다. 허드너는 브라운의 바로 앞, 항공기의 뒤틀린 기수 안에 200갤런의 연료탱크가 있다는 것을 알고 있었다. 만약 불이 붙었다면 희망은 없었다.

브라운이 계속 손을 흔들었다.

허드너는 다시 한 번 궤도를 돌고, 그리고 또 한 번 더 돌았다. 그는 이 상황에서 자신이 무엇을 해야 하는지 알고 있었다. 그는 매뉴얼에서 배웠다. 그는 마음을 단단히 먹고 돌아서야 했다.

하지만 그는 양심의 가책을 느끼고 있었다. 그는 해군 규정 위반으로 군법회의에 회부될 수도 있는 다른 선택을 하려고 생각하고 있었다.

그는 자신의 코르세어를 비스듬히 하고는 목초지 쪽으로 급강하했다. "내려간다." 그가 편대 동료들에게 무전으로 말한 것은 이것이 전부였다. 동료들의 허락이나 조언을 구하는 것이 아니었다. 그것은 선언이었다. 위쪽에서는 아무도 말을 하지 않았다.

≡

톰 허드너는 추락한 비행기 근처의 평탄한 곳을 향해 곧장 능선을 따라 기동했다. 브라운처럼 기계적인 문제가 있었던 것이 아니었기 때문에 허드너는 하강을 제어하면서 착륙할 수 있었다. 그럼에도 불구하고 그는 엄청난 힘으로 지면에 충돌했고, 그로 인해 비틀린 금속과 부러진 프로펠러 날개가 요동쳤다. 앞 유리는 산산조각이 났다. 허드너는 비행기가 미끄러지다가 멈추자, 캐노피를 뒤로 젖히고 조종석에서 기어나오려고 했다. 하지만 통증이 심해 움찔했다. 그는 자신의 척추뼈에 금이 갔을지도 모른다고 생각했다. 엔진은 차가운 공기 속으로 김을 내뿜었다. 그는 뒤를 돌아 여전히 연기를 내뿜고 있는 브라운의 비행기를 보았다.

허드너는 재빨리 행동해야 한다는 것을 알고 있었다. 그는 즉시 조종석에서 몸을 일으킨 뒤 날개에서 눈 위로 뛰어내렸다. 그는 통증으로 얼굴을 찡그리며 브라운의 코르세어를 향해 비탈길을 올라갔다. 그 순간 심장이 덜컹했다. 새로운 발자국이 눈 위에 가로질러 나 있었다. 중공군일까? 북한군일까? 들판 끝에 있는 버려진 것처럼 보이는 판잣집 안에 누가 숨어 있는 건 아닐까? 산바람 때문에 헬멧이 요란하게 울렸다. 그는 목소리가 들린다고 생각했다. 38구경 권총을 꺼내 허공에 총을 쏘았다. 그리고 또 한 번. 잠시 기다렸지만 아무도 판잣집에서 나오지 않았다.

용기를 얻은 허드너는 오르막길을 다시 고통스럽게 올랐다. 그는 브라운의 비행기 오른쪽으로 다가가 날개를 타고 기어올랐다. 브라운을 내려다본 허드너는 너무 놀라서 가슴이 덜컥 내려앉았다. 작가 애덤 마코스에 따르면, 브라운의 입술은 "파랬고, 귀는 얼어서 부서질 것처럼 보였다. 그는 팔짱을 낀 채 숨을 헐떡이며 미친 듯이 떨고 있었다. 손가락은 추위로 얼어서 갈고리 모양으로 굳어 있었다."

"제시"

"톰." 브라운이 이를 악물며 말했다. "난 여기 갇혔어."

"헬기가 오고 있어." 허드너가 말했다. 그는 친구를 보았다. 브라운의 몸통이 갈갈갈기 찢어진 금속에 뒤틀려 있었다. 조종실 한쪽 벽은 안으로 찌그러져 있었다. 허드너는 브라운의 등이 부러졌을까 봐 걱정했다. 내상을 입었을 수도 있었고, 쇼크를 입었을 수도 있었다. 얼굴은 잿빛이었고, 밀랍 같았다. 브라운은 귀가 아팠고, 손가락이 너무 뻣뻣해서 거의 움직일 수 없었다. 허드너는 니트 모자를 브라운의 머리 위에 씌우고, 감각을 잃은 두 손을 스카프로 감쌌다.

잠시 조종석을 살펴본 허드너는 충돌 직후에 일어났던 일들을 추측할 수 있었다. 허드너는 브라운이 서둘러 낙하산에서 벗어나 연기가 나는 비행기에서 탈출하기 위해 장갑과 헬멧을 벗다가 손이 닿지 않는 조종석 바닥에 떨어뜨렸고, 그 순간 그가 그 안에 갇혀버렸다는 것을 알게 되었다. (헬멧에는 마이크와 헤드셋이 장착되어 있었는데, 충돌 후 허드너와 무전으로 의사소통을 할 수 없었던 이유를 이제야 알게 되었던 것이다.)

연기가 점점 짙어지고 있었고, 허드너는 비행기가 폭발할까 봐 걱정했다. 브라운도 그랬다. "우리는 여기서 나가기 위해 뭔가를 해야 해." 브라운이 말했다.

허드너는 "무엇 때문에 네가 꼼짝 못하는지 좀 보자"라고 말했다. 그는 조종석으로 몸을 기울인 채 연기를 피해가며 문제를 파악했다. 튀어나온 계기판이 브라운의 오른쪽 허벅지를 짓누르고 있었다. 그를 끌어내야 했다. 허드너는 적당한 발판을 찾은 다음 브라운을 팔로 움켜잡았다. 셋을 세고 힘껏 잡아당겼지만 꿈쩍도 하지 않았다. 브라운은 고통으로 몸을 움찔했다. 허드너는 손을 잡고 다시 당겼다. 소용 없었다. 브라운은 정말로 그 안에 끼어 꼼짝도 하지 못했다. 허드너는 쇠지렛대와 도끼가 필요하다고 생각했다. 어쩌면 그를 꺼내기 위해서는 절단기가 필요할지도 모른다고 생각했다.

브라운은 여전히 침착함을 유지했지만, 고통스러워했고, 기력이 떨어지고 있었으며, 호흡이 거칠어졌다. 허드너는 공포스럽게 피어오르는 연기를 바라보았다. 그는 날개에서 뛰어내려 눈을 퍼서 가장 짙게 연기가 나는 엔진 내부로 밀어넣었다. 점점 더 많이 눈을 넣었다. 불이 약간 꺼지다가 다시 타올랐다.

3시 40분쯤, 허드너는 서둘러 자신의 비행기로 가서 무전을 보냈다. 편대의 몇몇 코르세어들이 여전히 머리 위를 선회하고 있었고, 조종사들은 추락한 비행기에 접근할지도 모르는 중공군을 찾기 위해 주변을 샅샅이 살피고 있었다. 허드너는 "제시가 안에 갇혀 있다"라고 무전을 보냈다. "등이 부러졌을지도 모른다. 하지만 그의 심장은 뛰고 있어."

허드너는 하늘을 응시했고, 코르세어가 시계 방향으로 돌고 있는 것을 보았다. 이것은 구조 헬기가 오고 있다는 것을 의미하는 해군 신호였다. 아주 반가운 소식이었다. 하늘에서 햇살이 점점 사라지면서 허드너는 비행기들이 곧 이곳을 빠져나가 레이테함의 갑판으로 돌아가야 한다는 것을 알았다.

4시쯤, 코르세어는 강하했고, 한 대씩 목초지에서 윙윙거렸다. 그들의 작별인사 방식이었다. 브라운은 팔을 들어 올려 대답했다. 비행기들은 추락한 2대의 비행기 옆을 지나면서 날개를 흔들었고, 그런 다음 호수를 넘어 동쪽으로 향해 날아갔다.

≡

이제 그들만 남겨졌다. 부상당한 2명의 조종사는 얼어붙은 황무지로 둘러싸인 적진에 있었다. 비록 혼자가 아니었지만, 허드너는 두려웠다. 중공군이 자신들을 찾는 것은 시간문제라는 것을 알고 있었다. 브라운의 비행기에서 피어오른 연기의 흔적이 그들의 존재를 알리고 있었다. 허드너의 머릿속에 여러 생각이 맴돌았다. 중공군이 그 자리에서 우리를 죽일까? 아니면 포로로 잡을까? 이렇게 혹독한 지역에서 포로로 잡히면 어떻게 될까? 해가 점점 기울어가자, 그는 몸을 떨면서 자신의 38구경을 만지작거렸지만, 그것이 거의 도움이 되지 않을 거라는 사실을 알고 있었다.

허드너는 다시 친구를 향해 돌아섰다. 그는 브라운이 죽어가고 있는 것을 볼 수 있었다. 그의 호흡은 약해졌고, 힘들어 보였다. 머리가 앞으로 처졌다. 눈은 공허하고 생기를 잃었다.

≡

시코르스키SIKORSKY 헬기는 산 위에서 어색하게 윙윙거리는 잠자리처럼 보였고, 회전날개의 진동이 바위에 울렸다. 헬리콥터 조종사 중위 찰리 워드Charlie Ward는 둥글납작한 코를 가진 이 헬기를 착륙시키려고 바람과 싸웠다. 허드너는 조종사를 안내하기 위해 적색 연막 불꽃을 터뜨렸다. 워드는 3개의 타이어를 내렸고, 눈 위에 헬기를 착륙시켰다. 그는 엔진이 꺼지면 다시 시동을 걸지 못할 까 봐 걱정이 되어 엔진을 끄지 않고 시동을 걸어놓았다.

워드는 프로펠러가 회전하면서 만들어진 눈보라 속으로 뛰어들었고, 깜짝 놀라며 허드너에게 인사했다. 둘은 친구였다. 허드너는 헬리콥터의 윙윙거리는 소리 속에서 큰 소리로 상황을 설명하려 했다. 워드는 눈을 가늘게 뜨고 말했다. "제시가 저기에 있어? 이런, 젠장."

워드는 시코르스키에서 도끼와 소화기를 꺼내어 허드너와 함께 브라운의 비행기로 급히 달려갔다. 허드너는 날개 위로 뛰어올라가 먼저 도끼를 움켜쥐고 브라운을 꼼짝 못하게 가둬놓은 버클이 채워진 계기판을 도끼로 내리쳤다. 하지만 도끼날이 튕겨나갔다. 그는 각도를 조절하면서 몇 번이고 다시 시도했다. 도끼 손잡이를 지렛대로 사용하여 불룩하게 튀어나온 금속을 다시 들어올리려고 했지만, 소용이 없었다.

그때 소화기로 엔진의 불을 끄던 워드가 도끼를 가지고 다가왔다. "이봐, 미시시피." 워드가 말했다. "거기를 붙잡아!" 워드는 온 힘을 다해 크게 소리쳤다. 그는 할 수 있는 모든 수단을 다해 친구를 구하려고 했다. 브라운은 "생기 없는 눈빛으로, 그들의 노력을 지켜보면서 반쯤 미소를 지었다." 그러나 아무 소용이 없었다. 그는 여전히 갇혀 있었다.

그리고 그는 빠르게 악화되고 있었다. 추위가 그를 사로잡고 있었다. 워드와 허드슨 둘 다 그것을 볼 수 있었다. 잠시 후, 그들은 브라운을 구해내기 위해 다리를 절단해야 하는지 의논했다. 허드슨은 엉덩이에 날카로운 칼을 차고 있었다. 그 순간, 브라운이 끼어들며 말했다. "어서 해. 내 다리를 잘라내, 톰." 허드슨은 그것을 생각했지만 끔찍한 일을 할 수는 없었다. 몇 분 후, 브라운이 침묵을 깼다. "데이지에게 내가 그녀를 얼마나 사랑하는지 말해줘."

"그럴게, 제시." 허드너가 말했다.

브라운은 의식을 잃었다. 호흡이 거의 느껴지지 않았고, 가는 숨소리만이 느껴졌다. 얼마 후 그는 숨이 완전히 멎었다. 워드는 도끼를 내려놓았다. 그가 말했다. "그가 움직이지 않아."

허드너는 당황한 채 넋을 놓고 비행기 옆을 서성거렸다. "하갈우리에 절단기가 있었어야 했다고!" 그가 소리쳤다.

브라운을 더 자세히 살펴본 워드가 고개를 저었다. "그가 죽은 것 같아, 톰." 두 사람 모두 그를 살펴보았고, 의심의 여지가 없었다. 제시 브라운 소위는 그렇게 죽었다.

허드너는 이 불편한 진실을 차마 받아들일 수 없었고, 곧바로 뒤따르는 진실을 마주할 수도 없었다. 그들은 지금 떠나야 했고, 여기 산비탈에 브라운을 버려야 했다. 아마도 적에게 벌거벗겨지고 훼손당할 것이다. 시코르스키는 야간 비행 장비가 없었고, 어둠이 내리기 전까지 몇 분밖에 시간이 없었다. 최소한 시신을 수습할 수 있도록 브라운의 고정된 다리를 잘라내는 것에 대해 생각했다. 하지만 결국, 더 나은 생각을 해냈다. 엔진은 마그네슘 폭발로 계속 연기가 났고, 언제라도 점화될 수 있었다. 그들은 아침에 브라운의 유해를 되찾기로 했다.

여전히 허드너는 혼란상태에 빠져 있었다. "갈 거야? 여기 있을 거야?" 워드가 물었다. 그는 허드너에게 만약 여기 이 산에 남아 있는다면, 틀림없이 죽을 것이라고 상기시켰다.

정신을 차린 허드너는 워드를 따라 시코르스키로 돌아가 기체 안으로 들어갔다. 시코르스키 헬기가 비행기 잔해 위로 상승하자, 허드너는 유리에 얼굴을 대고 바라보았다. 그는 비싼 비행기를 파괴했다. 그는 해군 규칙을 위반했다. 친구는 죽어서 쓰레기 더미에 남겨졌다. 자신도 부상을 입었다. 그리고 며칠 후면 군법회의에 회부될 것이라고 확신했다.

시코르스키 헬기는 어두워지는 산봉우리 위를 넘어 기세를 몰아 고토리를 향해 남쪽으로 빠르게 날아갔다.

내 마음이 말을 할 수만 있다면. 내 굶주린 팔이 당신을 감싸줄 수 있다면. 종종 9시만 되면 그날의 모든 외로움이 나를 덮치는 것 같소. 그러면 그동안 참아왔던 모든 눈물을 더 이상 참을 수 없어, 그저 외로움과 비참함 속에 누워 마음껏 울기만 하오.

여보, 난 이제 문을 닫고 선실로 올라가야 하오. 내일 비행기를 타야 하오. 하지만 당신이 내게 처음 키스한 이후로 내 마음은 하늘을 떠다녔고, 그리고 당신이 나를 사랑할 때 너무나 환상적이었소. 가능한 한 빨리 다시 편지하겠소.

당신의 헌신적이고 사랑스럽고 영원한 남편

제시

Chapter 41

빌어먹을 다리를 만들어 드리겠습니다

/

황초령 고개, 고토리 남쪽

● 스미스 장군이 하갈우리에서 탈출할 계획을 세우고 있을 때, 바다로 향하는 탈출로에 새로운 문제가 생겼다. 고토리 바로 아래 황초령 고갯길에서 중공군이 콘크리트 다리를 폭파해 통행을 불가능하게 만들었다고 항공정찰대 조종사들이 보고했다. 몇 주 전에 스미스가 산악지대로 들어가는 길에 처음 보았을 때 걱정했던 바로 그 다리였다. 장진호의 물을 아래 계곡으로 운반하는 수문을 가로지르는 불안정한 구조의 다리였다. 스미스는 만약 항공정찰대의 보고가 사실이라면, 탈출 계획이 위태로워질 수도 있다고 생각했다.

스미스는 전차, 트럭, 지프, 구급차, 트랙터, 불도저 등 1,000대 이상의 차량을 보유하고 있었다. 호송대열의 길이는 몇 마일에 달할 것이다. 차량들은 부상자와 사망자를 수송할 것이고, 부대가 해안으로 탈출하는 데 필요한 모든 식량과 보급품들을 수송할 것이었다. 원칙적으로 스미스는 장비를 버리지 않고 중공군에게 귀중한 것을 남기지 않기로 결정했다. 하지만 지금, 탈출구는 봉쇄된 것 같았다. 스미스의 사단본부 분위기는 어두웠다. 작전참모 알파 바우저 대령은 상황을 이렇게 보았다. "이 소식을 들었을 때, 나는 개인적으로 절망감과 비슷한 감정을 느꼈다."

12월 6일, 스미스는 복원 프로젝트에 대해 논의하기 위해 공병참모인 존 패트리지 중령을 다시 소환했다. 불과 일주일 전 패트리지는 많은 사람들이 할 수 없다고 말했던 하갈우리 비행장을 마무리했고, 그 이후로 그의 팀은 도로 보수와 주보급로의 장애물을 치우느라 바빴다. 스미스는 특이하게도 장진호 전투가 공학 기술의 싸움임이 입증되었다는 것을 인식하기 시작했다. 이제 여기에 패트리지의 천부적 재능으로 풀어야 할 훨씬 더 골치 아픈 문제가 있었다.

두 사람은 잠시 대화를 나눴고, 패트리지는 파괴된 교량 현장을 직접 봐야 한다고 말했다. 그는 소형 정찰기를 타고 하갈우리 비행장을 이륙하여 눈 덮인 산을 넘어 남쪽으로 방향을 틀었다. 정찰기는 고토리를 지나 몇 마일 더 얼어붙은 공기를 뚫고 나아가 황초령 고개에 도착했다. 패트리지는 현장을 둘러본 뒤 중공군이 저지른 일을 전부 파악할 수 있었다. "빌어먹을, 상황이 정말 심각하군." 패트리지가 말했다.

중공군 전투공병들이 폭파해 끊어진 다리에는 돌더미들이 어지럽게 널려 있었고 철근들이 뒤틀려 있었다. 거기에는 폭이 20피트 정도 되는 큰 구멍이 나 있었다. 중공군이 했을 것으로 추정되는 큰 폭발로 수압관 penstock(수력발전소에서 사용하는-옮긴이)이 파열되지 않은 것이 놀라울 따름이었다. 만일 그랬다면 물이 폭포처럼 쏟아져 시설물을 완전히 쓸어버렸을지도 몰랐다. 패트리지는 좁은 길이 나 있는 산비탈이 너무 가팔라서 폐허가 된 교량 주변에 우회로를 건설할 수도, 내리막길에 임시 난간을 건설할 수도 없었다.

설상가상으로 패트리지는 중공군이 주보급로에서 수백 야드 떨어진 곳에 또 다른 멋진 선물을 남겨둔 것을 발견했다. 그곳에는 한때 산과 길 위로 운행되던 케이블카의 선로를 떠받치고 있는 트레슬trestle(강철제 주행로를 탑 모양의 강철제 다리로 지지한 강구조물의 총칭-옮긴이)이 있었다.

미 해병대 공병들이 중공군에 의해 파괴된 황초령 수문교를 점검하고 있다. 〈사진 출처: U. S. Air Force〉

중공군은 콘크리트 기둥에서 트레슬을 날려버렸고, 떨어진 이 트레슬이 주보급로를 가로막고 있었다. 패트리지는 이 거대한 금속의 무게가 몇 톤이 될지 추측할 수 없었다. 하지만 그는 그것이 무너진 다리보다 훨씬 더 큰 장애물이 될 수 있다고 걱정했다.

패트리지는 소형 비행기로 그 지점을 계속 선회하며 모든 각도에서 조사했다. 그는 조종사에게 더 잘 볼 수 있도록 아래로 내려가라고 지시했다. 그제서야 그는 수천 명의 중공군들이 주변 산비탈에 진지를 구축하고 있는 것을 보았다. 쑹스룬 장군의 군대는 이곳에서 큰 전투를 준비하고 있었다. 폭파된 다리 주변에서 이따금씩 군인들이 소총을 공중으로 겨누고 비행기를 향해 쐈다. 패트리지가 더 낮게 비행하면 중공군이 쏜 총에 맞을지도 몰랐다.

분명 중공군은 이 지역의 취약성을 인식했고, 이미 이 지역을 이용하기 위해 노력을 기울였다. 이들은 중국 공산군 제60사단 병력들로, 고토리에서 남하하는 해병대의 행진을 막기 위해 전력을 다하라는 명령을 받았다. 『손자병법』을 탐독한 쑹스룬 장군은 많이 인용되고 있는 고대 철학자의 교훈을 잘 알고 있었다. "고양이가 쥐구멍에 있으면 1만 마리의 쥐가 감히 나오지 못하고, 호랑이가 여울을 지키면 1만 마리의 사슴이 건너가지 못한다." 황초령 고개가 쥐구멍이었고, 쑹스룬 장군의 제60사단이 고양이였다. 여기서 중공군은 결연하게 전투를 벌일 예정이었다. 미군이 산을 탈출하여 해안으로 빠져나가는 것을 막을 수 있는 마지막 기회였다.

패트리지는 얼어붙은 조종석에서 몸을 떨며 무감각해진 손가락으로 메모를 하려고 애썼다. 베어낸 통나무로 다리를 건설할 시간도, 이용할 수 있는 재료도 없다는 것을 알고 있었다. 또한, 이곳에 공병들이 자주 사용하는 조립식 트러스truss(부재가 휘지 않게 접합점을 핀으로 연결한 골조 구조-옮긴이)를 이용해 임시 철제 교량을 설치할 수도 없을 것이라고 생각했다. 패트리지는 뭔가 다른 것을 고안해내야 했다. 셔먼Sherman 전차의 무게를 견뎌낼 수 있을 만큼 완전무결하고 튼튼하면서도 신속하게 만들 수 있는 것이어야 했다. 그 현장을 몇 번 더 확인한 후, 마침내 한 가지 아이디어가 떠올랐다.

≡

하갈우리로 돌아오자, 패트리지는 좀 더 조사하고 몇 가지 경우를 스케치한 다음, 스탈린의 초상화가 붙어 있는 사단본부에서 스미스와 다시 만났다. 패트리지는 스미스에게 황초령 고개의 상황이 암담해 보였고,

지형이 불리하며, 중공군을 제거하는 것이 어려울 것이라고 말했다. 스미스는 그 길을 따라 이동했던 그 장소를 떠올리고는 그 문제들이 얼마나 까다로운지 이해했다. 스미스는 "그곳은 사단이 통과해야 했던 가장 어려운 좁은 골짜기였다"라고 썼다. 중공군을 칭찬할 수밖에 없었다. 그들은 "우리를 괴롭힐 최고의 장소를 찾은 것이었다."

좋은 소식은 패트리지가 다리를 고칠 수 있다고 생각했다는 것이다. 패트리지는 스미스에게 트레드웨이 다리Treadway span(조립식 임시 교량의 일종-옮긴이)의 변형 버전을 만들 것이라고 보고했다. 이것은 보통 강과 운하 위에 뜨도록 설계된 부교 스타일의 장비로, 현장에서 이동식 중형 철제 프레임 부품을 볼트로 조립하는 방식이었다.

"트레드웨이?" 스미스가 어리둥절해하며 물었다. 그는 이곳에 트레드웨이 부품이 없다는 걸 알고 있었다.

패트리지는 일본에 일부가 있으며, 그것들을 즉시 비행기로 수송할 할 수 있다고 말했다.

"어떻게 그것들을 여기로 가져올 건가?" 스미스는 궁금해하며 물었다.

"공중투하하면 됩니다."

스미스는 회의적이었다. "이 방식이 이전에도 시도된 적이 있나?"

"들어본 적 없습니다, 장군님"

그것은 대담한 해결책, 데우스 엑스 마키나deus ex machina(고대 그리스극에서 자주 사용하던 극작술. 초자연적인 힘을 이용하여 극의 긴박한 국면을 타개하고, 이를 결말로 이끌어가는 수법-옮긴이)였다. 문제는 트레드웨이의 각 구간은 무게가 2,900파운드(1,315킬로그램)나 나간다는 것이었다. 특히 산악지대의 희박한 공기에서 그 정도의 무거운 화물을 한 번에 투하하면, 보통 크기의 비행기가 어떻게 될지 아무도 알지 못했다. 중량 배분weight distribution을 잘못하면, 항공기가 위험할 정도로 휘청거릴 수도 있었고, 어쩌면 통제불능상태가 되어 회전할 수도 있었다. 그것을 시험해보고 싶을 만큼 숙련되거나 미친 조종사는 많지 않았다. 게다가 아무도 트레드웨이 구조물이 투하된 뒤 온전할지 확신하지 못했다. 그것들이 지면에 떨어져 부딪칠 때 찌그러지거나 산산조각이 나지 않을까? 패트리지는 군이 그렇게 무거운 물품을 충분히 느리게 낙하시킬 수 있는 대형 낙하산을 만들었는지는 알지 못했다.

그럼에도 그는 이 계획이 효과가 있을 수 있다고 믿었고, 빨리 시작되기를 간절히 원했다. 그의 생각은 트레드웨이 부품들을 고토리를 둘러싼 보호구역 안에 떨어뜨리는 것이었다. 그곳에서 부품들을 회수하여 대형 브록웨이Brockway(1912년에 만들어진 대형 트럭 제조사-옮긴이) 트럭에 실으면 된다고 보았다. 육군 제58공병대대는 우연히 고토리에 이 2대의 거대한 유틸리티 차량을 이미 보유하고 있었다. 브록웨이 트럭은 무게가 6톤으로 교량을 구축할 목적으로 설계되었기 때문에, 스미스의 군대가 산길을 방어하는 적 대부분을 제거하기만 하면 트레드웨이 부품을 현장에 전달할 수 있었다.

패트리지는 여러 팀의 공병들을 모으면 가능한 한 빨리 다리를 조립할 수 있다고 했다. 중공군의 포격을 받으면서 동시에 다리를 건설하는 것이 자신의 대원들에게는 쉽지 않은 일이라는 것을 알고 있었지만, 그들은 이미 하갈우리 비행장을 건설하는 동안 비슷한 조건에서 일한 경험이 있었다. 스미스가 중공군을 어느 정도 막아낼 수 있다면, 패트리지는 자신의 부하들이 몇 시간 안에 그것을 조립할 수 있을 것이라고 했다. 일단 긴 호송대가 수리된 다리 위를 지나가면, 철거반이 즉시 패트리지의 작품을 파괴하여 중공군이 사용하지 못하게 만들 예정이었다.

스미스는 이 말에 귀를 기울였다. 이 계획에 장점이 있다고 생각했다. 그러다가 스미스가 일이 잘못될지도 모른다며 걱정하기 시작하자, 평소 말수가 적고 침착한 패트리지는 점점 화가 났다. "젠장, 장군님!" 그가 쏘아붙였다. "제가 한강을 도하시켰습니다. 제가 하갈우리에 비행장을 만들었습니다. 그리고 고토리에 빌어먹을 다리를 만들어 드리겠습니다!"

스미스는 그의 폭발에 껄껄 웃었다. 중령이 장군을 욕하는 소리를 듣고도 전혀 놀라지 않았다. 그는 패트리지의 즉흥성을 좋아했고, 그의 대담하고 참신한 아이디어가 좋았다. 거기에는 뭔가 고전주의(단정한 형식미를 중시하며 조화, 균형, 완성 따위를 추구하려는 창작 태도-옮긴이)와도 같은 측면이 있다고 스미스는 생각했다. 패트리지의 해법은 승산 없는 시도일 수도 있었지만, 스미스가 가진 유일한 해결책이었다. 한 해병대원이 말했듯이 "공중에서 떨어진 그렇게 빈약한 실 같은 다리가 해병대원과 육군 병사들을 살리거나 죽게 만들 수 있었다."

스미스는 공병에게 즉시 출발하라고 명령했다.

≡

그날 오후, 공군의 대형 수송기 C-119가 함흥의 연포 비행장에서 트레드웨이 부품 1개를 싣고 날아갔다. 조종사는 논 위 상공을 빙빙 돈 다음 밝은 오렌지색 패널로 표시된 낙하지점의 경계 내에 무거운 화물을 떨어뜨리라는 명령을 받았다. 비교적 통제된 조건에서 무슨 일이 일어날지 알기 위해 서둘러 준비한 리허설이었다. 승무원들은 트레드웨이 부품을 성공적으로 낙하시켰지만, 함흥에서 찾을 수 있는 가장 큰 24피트(7.3미터) 낙하산으로는 불충분하다는 것이 판명되었다. 트레드웨이 부품이 곤두박질치면서 충격으로 찌그러졌고, 굴러가다가 박혀 먼지구름을 일으켰다. 하지만 적어도 조종사는 추락하지 않았다.

이 테스트를 통해 고토리에 실제로 투하하기 위해서는 패트리지에게 훨씬 더 큰 낙하산이 필요하다는 것이 확인되었다. 일본에서 육군 장비 전문가들이 날아와 밤새 계산을 하고, 로프를 감고, 낙하산을 만들었다. 연포 비행장에는 100명 이상의 승무원들이 새벽까지 비행기에 짐을 싣고 준비하느라 고생했다. 이런 시도는 이전에 해본 적이 없었기 때문에 그들은 이 도전에 흥분했다. 장비 전문가들은 각 강철 부품을 지상 800피트(244미터) 상공에서 투하해야 하며, 양쪽 끝에 48피트(14.6미터) 낙하산 2개를 매달아야 한다고 결정했다. 장비 전문가들은 이 정도면 각 부품을 투하하기에 충분하다고 확신했지만, 이것도 어디까지나 추측에 불과했다.

다음날 아침 대형 수송기 1개 편대가 각각 귀중한 강철 조각을 싣고 고토리로 향할 예정이었다. 패트리지는 더 이상 테스트를 할 여유가 없다는 것을 알고 있었다. 이번에는 실제로 실행할 계획이었다.

Chapter 42

가장 고통스런 시간

/

고토리

● 12월 7일 아침 9시 30분에 프로펠러 소리가 공기를 갈랐다. 대형 수송기 3대가 하늘을 가로질러 머리 위에서 빙빙 돌았다. 한 쌍의 꼬리날개가 있고 동체가 뚱뚱한 수송기의 화물적재량이 한계에 이른 것 같았다. 지상의 신호수들은 작은 마을 바로 바깥의 얼어붙은 들판에 흩어져서 화물투하구역의 경계를 표시하기 위해 밝은 오렌지색 패널을 펼치기 시작했다. 존 패트리지 중령은 쌍안경을 통해 지켜보았다. 스미스 장군이 곁에 서 있었다. 오늘 수송기가 투하하는 것에 자신들의 운명이 달려 있음을 알고 있는 수백, 수천 명의 해병대원들도 지켜보았다.

대형 수송기 중 1대가 지상에서 약 1,000피트(305미터) 상공까지 내려왔다. 주위 언덕에서는 중공군이 느리게 나는 수송기를 향해 사격을 가했다. 영하의 바람이 부는 가운데 수송기 뒷문이 열렸다. 그리고 수송기의 격실에서 승무원들은 수송기 옆에 트레드웨이 부품을 단단히 고정시킨 밧줄 하나를 제외한 모든 밧줄을 풀었다. 조종사는 지상의 오렌지색 판넬을 발견하고는 800피트(244미터) 상공으로 내려와 추력 레버를 뒤로 젖힌 다음, 화물 담당관에게 명령을 내렸다. "투하!"

2,900파운드 교량 부품을 투하하기 위해 즉석에서 만든 절차는 정교

했다. 루브 골드버그Rube Goldberg는 몇 초 안에 완벽하게 이뤄져야 하는 하는 관련 작업들을 수행해야 했다. 조종사의 신호로 수송기의 가운데 부분에서 커다란 강철 조각을 꺼내기 위해 격실에 서 있던 승무원이 도끼로 마지막 남은 밧줄을 자르면, 다른 승무원은 쐐기 모양의 망치로 마지막 교량 부품을 날려 보내기 위해 대기할 것이다. 이와 동시에 세 번째 승무원이 수송기가 이탈할 때 트레드웨이 부품을 안전하게 후류로 유도하기 위해 설계된 스프링이 달린 감속 낙하산을 투하할 것이다. 이 작은 낙하산은 차례대로 2개의 더 큰 낙하산을 작동시켜 트레드웨이 부품이 떨어지는 것을 막을 것이다.

이 모든 절차는 시계처럼 정확하게 수행되어야 했고, 조종사는 낙하지점에 정확하게 투하해야 한다는 목표를 달성하기 위해 적절한 고도와 속도로 비행해야 했다. 목표지점은 마을을 둘러싼 몇 백 제곱야드 정도의 제한된 좁은 평지였다. 트레드웨이 부품을 이렇게 많은 시설과 텐트, 의료진이 밀집한 고토리에 직접 투하하면 큰 피해를 입힐 수도 있었고, 심지어 사람을 죽일 수도 있었다. 교량 부품이 경계 외곽으로 떨어지면 중공군이 이를 차지하게 될 것이다. 그리고 만약 주변 산으로 떨어져버리면 회수가 불가능했다.

이제 첫 번째 수송기가 화물을 떨어뜨렸다. 수송기는 가벼워진 하중에 갑자기 반응하면서 공중에서 흔들렸지만, 곧 안정을 되찾았다. 화물이 매달린 낙하산은 빠른 속도로 연달아 펴졌고, 천천히 지상을 향해 떨어졌다. 철제 대들보는 브록웨이 유틸리티 트럭에서 멀지 않은 곳에 있는 현장에 무사히 착륙했다. 고토리 주둔지에서 지켜보던 해병대원들은 일제히 함성을 지르며 벙어리 장갑을 낀 손으로 손뼉을 쳤다.

다른 2대의 수송기가 급강하하여 다른 트레드웨이 부품도 성공적으로 착륙했다. 그 후 5대의 대형 수송기가 더 도착했고, 5개의 교량 부품을 더 투하했다. 그중 1개의 부품이 방어선 밖으로 떨어졌고, 예상대로 중공군이 덤벼들어 끌고 갔다. 이것 때문에 패트리지는 걱정이 두 배로 늘

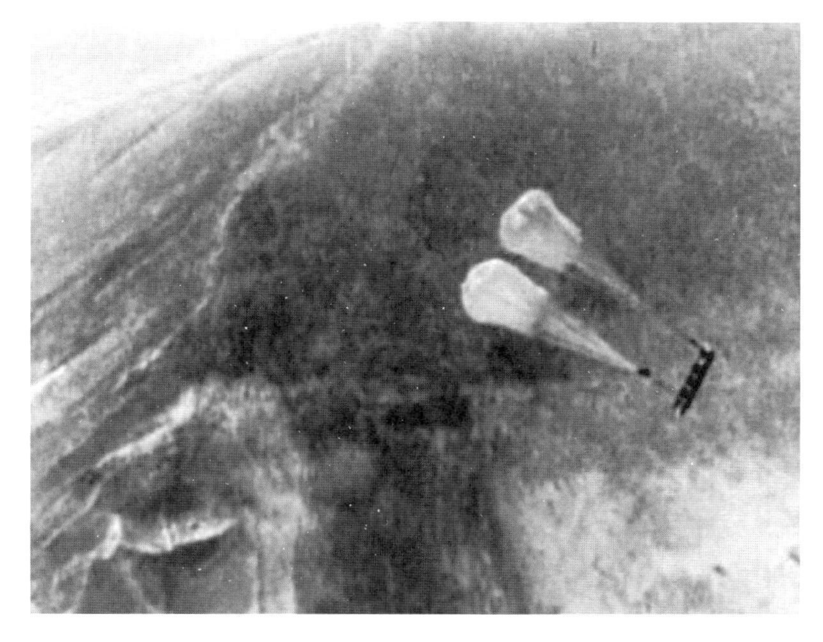

1950년 12월 7일 트레드웨이 경간 1개가 낙하산에 매달린 채 투하되고 있다. 〈사진 출처: U. S. Air Force〉

어났다. 중공군이 떨어진 교량 부품을 조사한다면 황초령 고갯길을 복구하려는 미군의 의도를 완전히 파악할 수도 있었기 때문이다. 그렇게 되면 중공군이 교량 현장의 방어를 증강할 수 있었다.

그리고 낙하산 하나가 제대로 펴지지 않아 또 다른 트레드웨이 부품이 너무 빨리 떨어졌다. 그것은 얼어붙은 땅에 부딪쳐 수리할 수 없을 정도로 파손되었다. 하지만 3개의 부품은 안전하게 착륙했다. 오후가 끝날 무렵, 브록웨이 트럭 승무원들은 6개의 온전한 부품을 되찾을 수 있었고, 그것으로 충분했다. 한편, 또 다른 수송기가 도착하여 다리의 바닥 역할을 하는 절단된 합판을 다량 투하했다. 패트리지는 안심했다. 수송기가 1대도 추락하지 않았고, 다친 사람도 없었다. 그는 자신의 계획을 실행하는 데 필요한 모든 것을 확보했다. 이제 곧 공병이 착수할 수 있게 되었다.

≡

다음날인 12월 8일 오전 중반쯤, 장비와 교량 부품을 실은 2대의 대형 브록웨이 트럭이 눈보라가 치는 가운데 고토리를 출발했다. 패트리지와 해병대 공병들은 육군 제58트레드웨이교량중대의 찰스 워드Charles Ward와 그의 교량팀과 함께 동행했다. 호머 리첸버그의 제7해병연대 소속 대원들이 대형 트럭 2대 앞에서 기동하면서 적 지역을 소탕했다. 코르세어가 시야를 가리는 눈보라 때문에 출격할 수 없어서 공중 엄호가 없는 전투는 시작부터 더욱 치열했다. 화물을 잔뜩 실은 각각의 브록웨이 트럭은 도로 위에서 소중히 보살핌을 받는 뚱뚱한 여왕벌처럼 자신의 군인 벌떼에 의해 극진히 보호받고 있었다.

파괴된 다리를 향해 가던 호송대는 멈춰섰다. 중공군이 2대의 대형 트럭과 귀중한 화물을 파괴하기 위해 계속해서 도로에 포탄을 투하했다. 어둠이 내리자, 리첸버그는 브록웨이 트럭에게 후미로 이동하라고 명령했다. 박격포의 포격이 너무 심해서 그것들이 손상될 위험이 있었기 때문이다. 브록웨이 트럭은 중요한 교량 부품을 운반할 뿐만 아니라, 경간 건설에 필요한 호이스트hoist(화물을 들어 올리는 장치-옮긴이), 크랭크, 윈치, 크레인을 운반하고 있었다. 패트리지가 말했다. "유압식 작동 시스템을 갖춘 트럭들은 필수 장비가 취약했다. 우리는 그 트럭들을 그곳에서 빼내야만 했다."

그래서 브록웨이 트럭들은 방향을 바꿔서 길 후미의 보호구역으로 이동했다. 첫 번째 트럭은 주차공간처럼 보이는 평평한 곳을 향해 달려갔다. 바로 그때, 운전병은 뭔가 무섭게 갈라지는 소리를 들었고, 그제서야 무슨 일이 일어나고 있는지 깨달았다. 그곳은 단단한 땅이 아니라 얼어붙은 연못이었다. 물기둥이 얼음 아래에서 솟아올랐다. 결국 얼음이 깨졌다. 처음에 버둥거리던 브록웨이 트럭이 가라앉았다. 차가운 물속에서 엔진이 끽끽 소리를 내며 꺼졌다. 운전병은 다시 시동을 걸 수 없었다.

정말 꼼짝도 하지 않았다. 모터가 물에 빠져 멈춰버렸다.

다른 브록웨이 트럭이 연못 가장자리로 다가와 빠진 차량을 끌어냈다. 30분 동안 엔진의 회전속도를 높이며 안간힘을 다했다. 돌아가는 바퀴가 눈 위에서 크게 소리를 내며 흙덩이를 튀겼다. 마침내 그 고장난 트럭이 얼음으로 뒤덮인 채 연못에서 모습을 드러냈지만, 엔진이 망가진 것이 분명했다. 패트리지와 부하들은 절망에 빠졌다. 한 해병대 관계자는 "그들은 가슴이 아팠다. 믿을 수 없다는 듯이 웅크리고 서서 눈을 가늘게 뜨고 지켜보았다"라고 말했다. 밤이 되자 패트리지는 그 상황을 처리하려고 애썼다. 그는 "나에게는 그때가 군사작전 중 가장 고통스런 때였다"라고 말했다.

Chapter 43

황초령 수문교를 건너다

/

황초령

● 12월 9일 아침 첫 햇살이 비칠 때 눈보라가 걷혔다. 이 행복한 날씨의 변화는 패트리지 중령의 교량 건설 계획의 모든 것을 바꾸어놓았다. 그것은 코르세어가 공중에서 중공군을 위협할 수 있다는 것을 의미했다. 또한 그것은 과적 상태인 브록웨이 트럭들과 함께 임무를 수행 중이던 공병들이 이제 교량 건설 현장에 도착할 수 있을 것이라는 합리적인 기대를 할 수 있게 되었다는 것을 의미했으며, 파괴된 다리에 갇힌 1만 4,000명의 미군들이 성공적으로 바다로 탈출할 수 있는 가능성이 있다는 것을 의미했다.

오전 내내 해병대원들은 그 다리에서 치열한 소규모 전투를 벌였다. 산에는 포격이 가해졌고, 코르세어는 로켓과 네이팜탄으로 산비탈을 붉게 물들였다. 정오가 되자 적의 요새가 무너졌다. 100명 이상의 중공군이 항복했다. 승리 소식이 무전으로 전해졌고, 보병중대의 보호를 받는 공병들이 고토리에서 주보급로를 따라 3마일을 내려와 무사히 현장에 도착했다. 패트리지의 부하들과 육군 교량 전문가 중위 찰스 워드의 부하들은 작업 장소로 이동했다.

하지만 잠시 후, 패트리지와 워드는 끔찍한 사실을 발견했다. 지난 며칠 동안, 중공군이 다리를 더 파괴했던 것이다. 간격은 이제 가로 29피트로 패트리지의 추정치보다 약 9피트가 더 넓어졌다. 트레드웨이 부품을 볼트로 서로 연결해도 22피트밖에 되지 않는 상황에서 이는 끔찍한 문제가 아닐 수 없었다. 당황한 공병들은 머리를 긁적이며 몇 가지 측정을 더 했다.

운 좋게도 한 공병 병사가 근처에서 철로 침목 더미들을 발견했고, 목공병들이 다리 아래 약 8피트 되는 곳에 여전히 매달려 있는 선반 위에 그 침목 더미들을 쌓자고 제안했다. 이 선반은 트레드웨이 경간과 실제 간격의 차이를 메울 수 있을 정도로 넓었다.

패트리지는 그의 아이디어가 마음에 들었다. 다른 이유를 생각해낼 필요가 없었다. 해병대가 회유하거나 통제할 수 있는 모든 신체 건강한 중공군 포로를 포함하여 100명이 넘는 사람들이 이 교량 건설에 투입되었다. 그들은 동상에 걸린 발로 비틀거리며 침목을 가져오고, 모래주머니로 토대를 쌓고, 망치로 두드리고 톱질하면서 조각 위에 조각을 쌓았다.

나무로 만든 비계scaffolding(건축공사 시 높은 곳에서 일할 수 있도록 설치하는 임시가설물-옮긴이)가 깊은 곳에서부터 도로 높이까지 천천히 올라왔다. 그러나 거칠게 절단된 목재들의 속이 텅 빈 접합부는 위험할 정도로 흔들렸다. 패트리지는 그것을 안정시키기 위한 밸러스트ballast(레일 및 침목으로부터 전달되는 차량 하중을 노반에 넓게 분산시키고 침목을 일정한 위치에 고정시키는 기능을 하는 자갈 또는 콘크리트 등의 재료를 말함-옮긴이)가 필요했다. 모래주머니가 바닥난 공병들은 충분한 양의 흙을 파내려 했지만, 얼어붙은 땅은 철처럼 단단했다. 그 후 기괴하지만 불가피한 해결책이 강구되었다. 그들은 그 틈새를 중공군 시체로 메우기로 했다.

교량 작업 현장 부근에서 벌어진 전투에서 수백, 수천 명의 중공군이 전사했다. 중공군 시체들은 피비린내 나는 산비탈에 널려 있었고, 도랑과 개울에 누워 있었고, 참호에 처박혀 있었다. 그들은 자신들이 파괴한 다리를 향해 몸을 숙이고 목숨을 바쳐 방어하는 듯했다. 그 시체들을 구조적인 재료로 사용하는 것이 끔찍한 처방으로 보일 수도 있었지만, 괴로움과 고통에 찬 창백한 얼굴로 뒤틀린 채 얼어붙은 그 시체들을 눈보라가 치는 그곳에 그대로 내버려두는 것보다는 나을 수도 있었다. 적어도 그들 중 일부는 다리의 하부 구조 안에 매장되는 것이었다.

세부작업 사항에 따라 시체를 모아 경간의 틈새로 떨어뜨리는 암울한 작업을 시작했다. 그 당시에는 이상했지만, 그렇게 끔찍하지는 않았다. 그들이 보고 행한 것, 그리고 그들에게 행한 것, 영혼에 또 다른 상처를 가하는 것은 또 다른 공포였다. 격자 모양의 테두리틀은 인간 밸러스트로 채워졌고, 공병들은 교량 부품의 무게를 충분히 견딜 수 있을 만큼 안정적인 구조라고 확인했다.

브록웨이 트럭이 앞으로 나아갔고, 유압 크레인이 강철 부분을 제자리에 고정시켰다. 한 해병대 관계자는 "작업자들이 조심스럽게 공중 줄타기를 하면서 스페이서spacer(철근 콘크리트의 기둥, 보 등의 철근에 대한 콘크리트의 피복 두께를 정확하게 유지하기 위한 받침-옮긴이)와 패스너fastener(분리되어 있는 것을 잠그는 데 쓰는 기구-옮긴이)를 볼트로 조였고, 언덕 근처에 있는 중공군 저격수들은 빈 공간에서 작업하는 공병들을 겨냥하여 총을 쐈다"라고 말했다. 공사가 진행되는 동안 해병대원들은 고지를 정찰하며 마지막 중공군까지 제거했다.

공병들은 몇 시간 동안 작업했다. 마침내 금속 트레드웨이 사이에 두꺼운 합판을 깔았고, 그 경간조립교는 완성되었다. 패트리지는 시험 운행을 명령했다. 지프가 그 위를 천천히 지나갔다. 다리는 약간 가라앉고 삐걱거리는 소리가 났지만, 계속 버텼다.

패트리지는 대기 중인 사단 차량 대열에 경간이 수리되어 마침내 탈출을 시작할 수 있다는 것을 알리기 위해 고갯길 꼭대기로 차를 몰면서 기쁨을 감추지 못했다. 이곳에서 시작해 후방으로 하갈우리까지 이어지는 1,400여 대의 차량 행렬이 이 순간을 기다리고 있었다. 바퀴 달린 기계들—앰뷸런스, 수송 트럭, 하프 트랙, 대포, 구난차, 불도저, 제설기, 전차—이 뱀처럼 꼬리에 꼬리를 물고 10마일을 꿈틀꿈틀 기어갈 것이다. 영국 왕립해병대뿐만 아니라 미 해병대와 미 육군 장병 1만 4,000여 명이 산 아래로 행진하거나 차를 몰고 내려갈 것이다. 전투부대로 장진호까지 밀고 들어갔던 그들은 이제 총과 장비를 그대로 휴대하고 같은 길로 빠져나올 것이다.

패트리지가 교량 현장으로 돌아오자, 늦은 오후의 길어지는 그림자 속에서 처음 10여 대의 차량이 줄지어 다리를 건너기 시작했다. 이동 대열은 기민하게 움직이는 것처럼 보였다. 하지만 경간을 건너던 커다란 불도저가 바닥 합판 중 하나를 무너뜨렸다. 그 불도저가 너무 무거워서 바닥판이 갈라지면서 무너졌다. 불도저의 앞부분이 깊은 구렁에 빠져 기울어졌다. 겁에 질린 운전병이 빠져나왔지만, 다리의 북쪽을 향해 다시 이동하는 것도 무리였다. 대열 전체가 정지했고, 이 무거운 장애물이 제거될 때까지 그대로 있었다. 패트리지가 해결책을 고민했다. 어둠이 내려앉자, 그의 앞에 놓인 과제는 해결하기 더욱 어려워졌다.

그 후 윌프레드 프로서Wilfred Prosser라는 기술 하사가 앞으로 나서며 그 손상된 기계를 위험에서 구하겠다고 자원했다. 대부분의 설명에 따르면, 프로서는 사단 전체에서 최고로 뛰어난 도저 운영자였기 때문에 배짱이 두둑했다. 그는 다리 옆으로 비켜서서 불도저의 좌석으로 올라갔다. 프로서는 불도저의 날blade을 능숙하게 다루어 차량을 바로잡을 수 있었다. 이어서 손전등의 유도를 받아 뒤로 물러나면서 무사히 땅으로 돌아오자, 박수가 터져나왔다.

패트리지의 공병들은 바닥 합판이 무너진 다리를 수리할 방법을 찾아야 했다. 그들은 무너진 중앙에 있는 합판을 빼내고 강철 트레이웨이를 몇 인치만 떨어지게 간격을 재조정하기로 결정했다. 이 새로운 방식에 따르면, 폭이 넓은 차량은 경간의 바깥쪽 가장자리를 따라 주행하고, 좁은 차량은 안쪽 가장자리를 따라 주행해야 했다. 이것이 효과가 있을 것이라고 패트리지는 생각했지만, 운전병들에게 귀중한 몇 인치를 없애는 것을 의미했다. 무너진 합판을 제거하면 금속 경간 사이 틈은 사실상 검은 허공에 불과했다. 운전병들이 다리를 건널 때 타이어를 정확한 위치에 놓지 않으면 허공으로 떨어질 위험이 있었다. 각 차량은 앞뒤에서 손전등을 들고 있는 경계 검사팀과 함께 조금씩 움직여야 했다.

패트리지는 새 계획을 승인했다. 그의 부하들은 무너진 합판을 제거하고 철제 트레이웨이의 간격을 조정하기 시작했다. 한 시간 정도 지나 작업이 완료되자, 차량들은 다시 움직일 수 있었다. 운전병들은 현기증과 싸우며 깊은 심연을 가로질러 천천히 움직였다. 안내병을 믿어야 했고, 아래를 내려다보지 않았다. 패트리지의 개조된 다리는 위험했지만, 효과가 있는 것 같았다.

≡

산 아래 800야드(732미터) 지점에 또 다른 장애물이 나타났다. 박살난 철길은 여전히 길을 가로막고 있었는데, 마치 어리석은 거인이 던져놓은 원치 않는 장난감 같았다. 패트리지의 부하들은 이것이 부서진 교량보다 더 힘든 장애물이라고 생각했다. 공병들은 아주 크고 흉물스러운 금속을 하나하나 날려버려야만 했다. 시간이 걸리는 일이었지만, 패트리지는 시간이 없었다.

데이비드 페핀David Peppin 중위가 소규모 팀을 조직해 불도저를 끌고 철길을 조사하러 갔다. 페핀은 근처 산에서 흐르는 하천을 살펴보았다. 하천의 대부분은 얼어붙었지만, 여전히 물이 조금씩 흘러내리고 있었다. 물길은 도로와 만난 곳에서 철길 트레슬 아래까지 흘러 얼어붙어 있었다.

페핀은 한 가지 아이디어가 떠올랐다. 그는 이렇게 회상했다. "장난삼아 나는 불도저 운전병에게 불도저의 날을 트레슬에 들이박고 무슨 일이 일어나는지 보라고 말했다." 불도저 운전병은 이상하다고 생각했지만, 기꺼이 시도했다. 그렇게 하자, 아주 우스꽝스러운 일이 벌어졌다. 불도저 운전병이 한 번 들이박자, 그렇게 무게가 많이 나가는 트레슬이 아이스하키 링크 위의 퍽처럼 쉽게 미끄러졌다. 몇 초 안에 작은 불도저는 길에서 트레슬을 치워버렸다.

이제 아무것도 패트리지의 길을 가로막지 못했다. 함흥으로 가는 길과 바다로 가는 길은 깨끗했다. 병력과 차량의 긴 행렬이 산에서 쏟아져 나와 패트리지의 믿기 힘든 건축물을 건넜다. 교량이 하늘로 수송되고, 곡예사들이 조립하고, 부분적으로 적의 얼어붙은 시체를 버팀목으로 사용해 만든 다리였다. 패트리지는 "빌어먹을 다리를 만들어 드리겠습니다"라고 한 자신의 약속을 지켰다. 몇 시간 뒤 모든 대원들이 다리를 건너면, 그의 부하들은 다리를 다시 폭파할 예정이었다.

밤새도록 병력과 장비들이 계속 몰려와 함흥 쪽으로 난 가파른 길을 따라 내려갔다. 멀리서 포성이 울리는 것을 제외하고는 대열은 조용했다. 대원들은 거의 말을 하지 않았다. 그들은 자신들의 시련이 끝났음을 느꼈고, 그 깨달음과 함께 감정의 파도가 밀려왔다. 그날 밤 도로에서 패트리지는 희망적이면서도 왠지 묘한 기분이 들었다. 그는 이렇게 회상했다. "모든 것이 빛나고 있는 것 같았다. 조명은 없었지만 그래도 잘 보이는 것 같았다. 포격이 있었고, 많은 포탄이 발사되는 소리가 들렸다. 위에서 많은 발과 많은 차들이 뽀드득뽀드득 소리를 냈다. 대열 한쪽에는 많은 북한 난민들이, 반대쪽에는 해병대원들이 걷고 있었다. 가끔 아기 우는 소리가 들렸다. 길가에는 소들이 있었다. 이 모든 것에서 우리가 바라던 일반적인 안도감을 느끼다니, 내 인생에서 경험했던 그 어떤 것보다도 더 묘한 기분이 들었다."

Chapter 44

우리는 너를 남한에서 다시 만날 거야

/

함흥

● 배석은 자신이 태어난 집에서 불과 몇 블록 떨어져 있는 만세교에서 소총을 팔에 걸고 하루 종일 서 있는 것이 꿈같은 일이라고 생각했다. 그는 침입자 같다고 느꼈고, 자기 고향에 있는 유령처럼 느껴졌다. 그의 임무는 다리를 건너는 사람들을 심문하고, 출입증을 확인하고, 수상한 행동을 감시하는 것이었다. 그는 아는 얼굴을 찾으며 군중을 훑어보았지만, 아는 얼굴이 자신을 발견하면 어떻게 될까 두려웠다. 배석은 미군 동료들에게 자신이 진짜 누구인지 말할 수 없었고, 이러한 사실을 숨기는 자신이 싫었다. 그는 미군이 모든 북한 사람들을 공산주의자라고 생각한다고 들었다. 그는 마치 이것이 어느 곳에서나 주어지는 임무인 것 처럼 자신의 주변 환경에 무관심한 척하려고 애썼다. 그는 할 일이 있었고, 엄격하고 사무적인 태도를 취하기 위해 열심히 노력해야만 했다.

며칠이 지났다. 만세교에서의 근무는 끊임없이 계속되었다. 배석은 쉴 틈이 없었다. 그는 검문소에서 벗어나 가족을 찾기 위해 도시 안으로 갈 수 있도록 두 시간의 여유를 갖기를 바랐다. 용기를 내어 미군 상관에게 오후 휴가를 신청하려고 했다. 그러나 감히 그러지 못했다. 어쨌든 아직

그러한 요구가 그들을 당황하게 만들 수도 있었고, 너무 많은 것이 밝혀질 수도 있다는 것을 우려했다.

그러던 어느 날, 알몬드 장군과 미군 사령부는 새로운 명령을 하달했다. 정오가 되자 함흥은 봉쇄되었다. 아무도 다리를 건너 도시로 들어가는 것이 허락되지 않았다. 통행증을 소지하고 있는 미군이나 한국군을 제외하고, 모든 통행은 무기한 중단되었다.

이번 명령의 목적은 과밀한 도시의 혼잡을 완화하고, 미군 스스로 조직화하여 흥남으로 가는 길을 순조롭게 만들기 위해서였다. 그리고 산에서 밀려오는 민간인 난민들과 다양한 위장을 하고 그 속에 숨어 있을 수 있는 북한 게릴라나 중공군 침투자들을 막기 위해서였다.

그러나 이 금지령은 현지인들에게도 똑같이 적용되었다. 명령이 내려졌을 때 우연히 도심을 벗어난 함흥 시민들은 생활로 복귀하고 가족과 재회할 수 없었다. 정오가 되면, 문은 즉시 닫힐 예정이었다. 이 수천 명의 불행한 사람들은 미군이 떠나고 이동 정지가 해제될 때까지 도시 밖에 갇혀 있어야 했다. 알몬드의 명령은 분명했다. 예외는 없었다.

검문소 옆 지프에는 확성기가 장착되어 있었다. 정오에 배석은 명령을 발표하라는 지시를 받았다. 그는 하기 싫었지만, 선택의 여지가 없었다. 그의 말이 귀에 거슬리는 스피커를 통해 발표되자, 강 건너편에서 공황 상태에서 분노에 차 우는 소리가 들렸다. 인파가 다리 서쪽을 가득 메우기 시작했다. 거칠게 요구하는 소리가 들렸다. 사람들은 망연자실해했다. 그들은 당국에 욕설을 퍼붓고 허공에 주먹을 휘둘렀다. 일부는 얼어붙은 강으로 뛰어들어 헤엄쳐 건너려고 했다. 미군이 다이너마이트를 다리 밑바닥에 설치하고 더 이상의 횡단을 막기 위해 다리를 폭파하려 했다는 소문이 돌았다.

배석은 산에서 내려온 굶주린 피난민들, 겁먹은 할아버지 할머니, 엄마 젖을 먹고 우는 어린이 등 이렇게 가슴 아픈 광경을 본 적이 없었다. 냄비를 묶은 농부들이 마지막 소지품을 가득 채운 그릇들을 두드려 댔다. 이 사람들은 장진호 전투 현장에서 목숨을 걸고 눈 속을 용감하게 헤치고 집단으로 도피해서 내려왔다. 그런데 다리가 차단되면서 이곳이 믿을 수 없는 종착점이 되어버렸다.

배석은 그들을 막고, 그들의 희망을 꺾고, 그들을 돌려놓기 위해 그곳에 있었다. 정말 끔찍한 임무였다. 그에게 내려진 명령은 작은 앰프를 통해 다리의 서쪽에서 그들을 멈추게 하고, 가능한 한 강한 어조로 그들에게 더 이상 오지 말라고 명령하는 것이었다. 만약 그들이 계속 온다면, 배석은 소총을 공중에 겨누고 경고 사격을 하라는 지시를 받았다. 그래도 만약 그들이 계속 온다면, 군중 속으로 직접 총을 쏴야 했다.

그는 그렇게 할 수 없다고 생각했다. 자국민에게 발포할 수는 없었다. 그는 그런 일이 일어나지 않기를 기도했다.

≡

며칠 후, 만세교에서 근무 중이던 배석은 용기를 내어 미군 상관에게 한 시간 동안 쉴 수 있게 해줄수 있느냐고 물었다. 놀랍게도 그 장교는 "물론이지, 그렇게 해"라고 말했다. 배석은 고맙다는 인사를 하고 붐비는 거리로 사라졌다. 그는 서둘러야 한다고 생각했다. 함흥 시내의 지도는 그의 머리에 들어 있었다. 모든 골목과 지름길을 알고 있었다.

그는 쿵쾅거리는 발자국 소리를 내며 옛 동네 안으로 들어가 어린 시절의 집으로 향했다. 발걸음을 내디딜 때마다 그는 점점 흥분되기 시작했다. 좌회전, 우회전, 그리고 도착했다. 그는 안도의 한숨을 내쉬었다. 집은 여전히 그대로 있었다. 4년 동안 크게 달라진 것이 없었지만, 버려진 듯 안은 조용하고 어두웠다.

그는 불안하게 문으로 다가가 노크했다. 잠시 시간이 흘렀지만 아무도 대답하지 않았다. 그는 또 문을 두드렸다. "아버지!" 그가 소리쳤다. "엄마! 나야, 배석이!" 아무도 대답하지 않자, 그는 직접 문을 열었다. 어쨌든 그것은 그의 집이었으니까.

그는 머리를 안으로 숙이고 어둠침침한 안방을 들여다보았다. 안방은 어수선했다. 가구가 쌓여 있고, 잡동사니들이 여기저기 흩어져 있었다. 그는 집 안을 더 자세히 살펴보다가 숨이 턱 막히는 소리를 들었다.

"배석이! 너냐?"

갑자기 아버지와 어머니, 형제자매들이 그를 향해 달려왔다. 그들은 포옹하며 입맞춤을 했다. 아버지는 뒤로 물러서서 놀란 눈으로 그를 바라보았다. 미 육군 제복을 입고 헬멧을 쓰고 이렇게 책임감 있고 진지해 보이는 이 다 큰 어른이 누구란 말인가?

부모님의 눈에는 눈물이 고였지만, 그들은 대부분의 감정을 내면에 숨겼다. 참을성이 많은 분들이었다. 그들은 감정을 드러내지 않았다. 하지만 배석은 뭔가 잘못되었다는 것을 알 수 있었다. 부모님의 얼굴에는 걱정스러운 표정이 역력했고, 방 안에도 질병처럼 걱정이 가득했으며, 모든 분위기가 어두웠다. 배석의 깜짝 귀향으로 느꼈던 기쁨은 이내 사라졌다.

그때 배석은 여동생이 없다는 것을 깨달았다. 집을 둘러보았다. "순자는 어디 있어요?"라고 물었다. 그가 남쪽으로 떠났을 때 그 애는 겨우 세 살이었다. 지금은 일곱 살이었다.

아버지는 고개를 가로저으며 시선을 돌렸다. 침울해진 방 안 분위기에 배석은 그 애가 죽었다고 생각했다.

"아니, 아니다." 아버지가 말했다. "순자는 잘있다. 하지만 다시는 그 애를 볼 수 없을 것 같아 두렵단다."

"왜요, 아버지? 뭐가 잘못됐어요?"

아버지는 집 주위에 쌓여 있는 물건들을 가리켰다. "우리는 남쪽으로 갈 거다. 내일 떠난다. 모든 준비가 되었다." 아버지는 배가 기다리고 있는 흥남까지 트럭을 타고 갈 것이라고 설명했다. 그들은 영원히 이 마을을 떠날 작정이었다. 몇 가지 물건은 가지고 가지만, 소지품 대부분은 친구나 먼 친척들에게 나누어주었다. 남한에서 새로운 삶을 살고자 했다. 아버지는 "우리는 너를 다시 만나기 위해 서울에 갈 계획이었다"라고 말했다.

"순자는요?"

"그 애는 강 건너편에 있단다." 배석의 아버지는 미군이 아무도 다시 도시로 건너오지 못한다는 명령을 내릴 때 그 애가 사촌들을 찾아갔다고 설명했다. 그때 다리가 폐쇄되었다. 아버지는 경찰에 애원했고, 미군에게 그 상황을 설명하려 했지만 소용이 없었다. 순자는 반대편에 갇혀 그들이 찾으러 갈 수 없었다. 그들은 곤경에 처했다. 그들은 막내딸을 남겨두고 가야 할까? 아니면 탈출 계획을 포기하고 집에 머물면서 상상할 수 없는 폭력에 휘둘리고 파괴될 가능성이 있는 도시에서 모험을 해야 할 것인가?

배석은 듣고자 하는 모든 것을 들었다. "가야겠어요." 그가 말했다. "제가 순자를 찾아봐야겠어요." 집에 5분도 채 있지 않았다. 그는 몸을 돌려 문을 열고 나갔다.

다시 만세교를 향해 성큼성큼 걸어오는 배석의 마음속에는 묘한 감정이 소용돌이쳤다. 왜 여기 있는 거지? 마치 운명이 그를 이 정확한 순간에 이 정확한 장소로 인도한 것 같았다. 그는 상황을 생각해보았고, 그것을 이해할 다른 방법이 없다고 판단했다. 그는 겸손하고 성실한 청년이었지만, 지금은 사명감으로 가득 차 있었다. 오직 그만이 여동생을 구할 수 있었고, 오직 그만이 가족 전체를 온전하게 만들 수 있었다. 이 도시를 아는 사람, 영어를 할 줄 아는 사람, 군대와 연결된 사람, 당국이 믿을 수 있는 사람, 여동생이 통과할 수 없는 바로 그 검문소를 지키도록 지정된 사람이 그였다.

배석은 자신의 모든 것을 걸어야 한다는 것을 알고 있었다. 그는 다리로 돌아와 곧장 미군 상관에게로 갔다. "제가 꼭 말씀드려야 할 것이 있습니다." 그가 말했다. "저는 서울에서 태어나지 않았습니다. 여기가 제

고향입니다. 여기가 제가 자란 곳입니다. 우리 가족이 여기 있습니다. 그들은 내일 배를 타고 떠납니다. 하지만 제 여동생은 저쪽에 있습니다." 그는 강 건너편을 가리켰다. "그 애는 건널 수가 없습니다."

그는 미군이 자신의 말을 이해했는지 확신하지 못했다. 그는 아직도 자신의 영어가 얼마나 능숙한지 확신이 서지 않았다. 자신이 너무 많은 말을 했을까 봐 두려워했고, 두려워하는 것은 당연했다. 지난 한 주 동안 이곳 함흥에서 배석은 은신처가 드러나고 정체가 밝혀져서 잔인하게 두들겨 맞고 감옥으로 끌려간 북한 청년들을 목격했다.

배석이 불쑥 말했다. "우리 가족은 공산주의자가 아닙니다. 공산주의자였던 적도 없습니다. 그들은 남쪽에서 살고 싶어합니다."

그 미군 장교는 배석에게 들은 것을 정리하면서 잠시 침묵했다. 그러고는 고개를 끄덕이며 무덤덤하게 "알겠다"라고 말했다. 그는 근처 지프 쪽으로 향했다. "가자."

그는 시동을 걸었고, 검문소 바리케이드를 통과해 만세교를 가로질러 도시의 서쪽 외곽을 향해 질주했다. 배석은 조수석에 앉아 최선을 다해 방향을 알려주었다. 그는 사촌들이 어디에 사는지 정확하게 알지 못했지만, 기억이 그를 올바른 방향으로 안내했다. 이웃들이 논농사를 포기한 곳에서 멀지 않은 외곽에 있는 작은 기와집이었다. 지프가 정지하자, 뛰쳐나가 계단을 뛰어 올라갔다. "순자야!" 그가 소리쳤다. "순자야!"

그 애가 문 앞으로 나왔지만, 혼란스럽고 불안했다. 왜 군인이 집 안으로 뛰어들어왔지? "순자야, 배석 오빠야." 그가 말했다. "오빠." 헬멧을 쓰고 군복을 입은 그를 순자는 알아보지 못했다. 그러나 그때 순자의 얼굴에 미소가 떠올랐다. 순자는 그에 대해 많은 것을 기억하지는 못했지만, 사진과 가족들의 얘기를 통해 그를 알고 있었다. 그는 남쪽으로 탈출한 전설 속의 큰오빠였다. 순자는 그를 다시 볼 수 있을까, 아니면 그가 단지 사진첩 속의 희미해진 이미지로 남을까 궁금해하며 자랐다. "배석 오빠!"라고 외치며 순자는 두 팔로 배석의 다리를 감싸 안았다.

하지만 그는 순자와 그러고 있을 시간이 없었다. 그는 지프가 공회전하고 있는 거리를 가리키며 말했다. "순자야, 지금 당장 가야 해."

"어디로 가?" 순자는 도시에서 무슨 일이 일어나고 있는지, 왜 오빠가 유령처럼 갑자기 나타났는지 이해하지 못했다.

"설명할 시간이 없어. 우리는 집에 가야 해. 엄마와 아빠에게."

순자는 이 상황을 받아들였지만, 사촌들을 걱정했다. "같이 갈 수 있어?"

"아니." 배석이 말했다. "이제 작별인사를 해야 해."

사촌 중 한 명인 장미는 가장 친한 친구이자 놀이 친구로 동갑이었다. 이 두 아이는 떨어질 수 없는 사이였다. 장미는 따라가겠다고 애원했다. 순자가 가는 곳이면 어디든 장미도 따라가고 싶었다. 순자의 가족이 결코 돌아오지 않을 배에 승선하게 되리라는 것을 장미가 알았는지 여부는 분명치 않다. 하지만 두 아이 모두 이것이 마지막 작별인사가 될지도 모른다는 것을 느끼기 시작했다.

장미가 울기 시작했고, 통곡하며 비명을 질렀다. 순자도 울고 있었다. 장미는 순자를 움켜쥐고 놓지 않았다. 마침내 배석이 끼어들어 감정을 통제하지 못하는 두 소녀를 물리적으로 떼어놓아야 했다. 그는 순자를 끌어안고 지프로 달려갔다. 그들이 탄 지프가 굉음을 내며 길로 내려가는 동안 장미의 비명소리는 그칠 줄 몰랐다.

배석은 우는 여동생을 안고 있었다. 동생을 데려오는 데 성공했지만, 성공했다고 느끼지 못했다. 지프가 덜컹거리면서 강을 향해 동쪽으로 달릴 때, 그가 생각한 것은 자신이 얼마나 이 전쟁을 혐오하는지와 전쟁이 사람들에게 선택을 강요한다는 것뿐이었다.

만세교 입구에서 헌병들이 손을 흔들었고, 그들은 서쪽에서 대기하고 있는 피난민들 사이를 뚫고 들어갔다. 배석은 난민들의 얼굴에 어린 쓰라림과 낙담을 읽을 수 있었고, 같은 동포로서 넘을 수 없는 장벽을 자신은 여유롭게 넘을 수 있다는 것에 대해 죄책감을 느꼈다. 지프는 강을 건너 동쪽 검문소에서 잠시 멈췄다. 다시 헌병이 그들을 끝까지 통과시켰다. 배석은 순자와 함께 여기서부터는 걸어갈 수 있다는 뜻을 내비쳤지만, 상관은 여기서 멈추지 않고 이 상황을 끝까지 보고 싶다고 말했다. 그들은 군중을 헤치고 도심으로 향했다.

곧 집 앞에 지프가 서자, 배석과 순자가 내렸다. 문 앞에서 기다리고 있던 부모님은 감정이 복받쳤다. 일단 눈물이 멈추자, 온 가족이 안도의 웃음을 터뜨렸다. 그들은 기쁨으로 가득 차서 활짝 웃고 있었다. 심지어 순자까지도.

배석이 지체하지 않고 말했다. "가야 해요." 그들은 집 밖에서 지프의 엔진이 공회전하는 소리를 들을 수 있었다. 아버지는 그를 물끄러미 쳐다보았다. 아버지가 말했다. "우리는 너를 다시 만날 거야, 남한에서."

Chapter 45

우리는 신의 가호 속에서 걸었다

/

함흥

● 다음날 온종일 대원들은 산을 내려와 충적평야(하천에 의해 운반된 토사가 쌓여 형성된 평야-옮긴이)와 저 너머의 바다를 향해 나아갔다. 그들은 부르릉거리는 트럭 옆 얼어붙은 길에서 우렁찬 소리를 내며 걸었다. 도중에 특정한 급커브 도로에서 적은 매복공격, 저격수의 사격 등으로 여전히 자신을 드러냈다. 그러나 중공군은 대부분 포기한 듯했다. 미군이 빠져나가고 있었고, 어떤 것도 그들을 막을 수 없었다.

행렬 위로 비행하는 AP통신 기자는 그것이 이상하게 아름답다고 생각했다. 그는 "공중에서 본 행군은 장엄함과 비장함을 모두 지녔다. 성경에 나오는 화려한 행사 같았다"라고 말했다. 대원들은 임시 부목과 지팡이에 의지한 채 다리를 절었다. 그들의 팔은 깁스를 한 채 팔걸이에 걸려 있었고, 걸을 때마다 그들의 더러운 붕대는 찢어졌다. 피묻은 옷은 낡았고, 파편에 찢어져 있었다. 많은 대원들이 낙하산 실크를 머리에 두르고 있었고, 수척하고 기름투성이인 데다가 엉망으로 망가져 있었다. 피부에는 비늘이 달려 있었다. 수염이 수북했고, 기름투성이였으며, 야생 영양처럼 냄새가 났다.

하지만 그들은 자랑스러웠다. 바다를 향해 행군할 때, 행군 대열에서

황초령 고갯길과 진흥리 사이의 길을 지나고 있는 해병대원들.〈사진 출처: U. S. Marine Corps History Division | OFFICIAL USMC PHOTO | CC BY 2.0〉

묘한 감정이 느껴졌다. 그것은 슬픔도, 승리도, 안도감도 아니었다. 그 묘한 감정은 더 정확하게 말하면 전 세계를 경멸하는 일종의 오만함으로 묘사할 수도 있었다. 그들은 뭔가를 보았고, 뭔가의 일부였고, 영원히 살 것 같다는 느낌이 들었다.

그들은 자신 안에 내재해 있는 줄도 모르고 용기를 찾아 헤매야 했던 전쟁터에서 그들의 순수함을 잃었다. 위대한 전투의 참가자들이 종종 말하는 진부한 표현이었지만, 그것은 사실이었다. 그들은 이제 그들만의

눈을 맞으며 행군하는 해병대원. 해병대원들은 자신 안에 내재해 있는 줄도 모르고 용기를 찾아 헤매야 했던 전쟁터에서 그들의 순수함을 잃었다. 그들은 이제 그들만의 형제애가 형성되었다. 얼어붙은 장진호에서 살아남은 그들은 스스로를 "초신 퓨(Chosin Few)"(장진호에서 살아남은 소수라는 뜻)라고 부르기 시작했다. 그들은 산으로 진군해 들어갔고, 이제 완전히 다른 사람들이 되어 진군해 나오고 있었다. 〈사진 출처: WIKIMEDIA COMMONS | Public Domain〉

형제애가 형성되었다. 얼어붙은 장진호에서 살아남은 그들은 스스로를 "초신 퓨Chosin Few"(장진호에서 살아남은 소수라는 뜻-옮긴이)라고 부르기 시작했다. 형제애는 해병대원들의 대열에서 물결처럼 번져 전쟁구호로 분출되었다.

모두를 축복해주소서, 모두를 축복해주소서
공산주의자, 유엔군, 그리고 모두들
중공군이 하갈우리를 공격했지
그리고 '미 해병대'의 의미를 알게 되었다네.
그래서 우리는 그들 모두에게 작별인사를 하고 있네.
산을 뚫고 우리는 집으로 천천히 가고 있네.
눈은 지프에 타고 있는 사람의 엉덩이에 닿을 정도로 많이 내리네.
하지만 누가 지프를 타고 있지?
모두를 축복해주소서.

그들은 산으로 진군해 들어갔고, 이제 완전히 다른 사람들이 되어 진군해 나오고 있었다. 해병대 역사가 로버트 레키Robert Leckie는 "그들은 그곳에 있다가 돌아왔다. 그들은 활활 타오르고 얼어붙는 지옥을 번갈아 겪었고, 그곳에 가지 않은 창백하고 보잘것없는 영혼들을 위한 찬란한 경멸을 노래하고 있었다"라고 썼다.

해병대와 함께 걸어 나오는 《타임-라이프》의 사진작가 데이비드 더글러스 던컨David Douglas Duncan은 "그들은 비극적인 리듬의 빠르고 느린 박자에 맞춰 걸었다"라고 썼다. 그는 길가에 앉아 반쯤 얼어붙은 콩이 담긴 C-레이션을 숟가락으로 떠먹고 있는 젊은 해병대원을 발견했다. 던컨은 "그 해병대원의 눈은 멍했다. 동물적 생존 본능의 모습마저 앗아간 추위가 그의 얼굴에 스며들었다"라고 말했다. 던컨이 그 해병대원에게 물었다. "만약 소원을 들어줄 수 있다면, 어떤 소원을 말할 건가요?" 그 해

고토리 인근에서 C-레이션을 데우고 있는 해병대원들. 〈사진 출처: U. S. Marine Corps History Division | OFFICIAL USMC PHOTO | CC BY 2.0〉

병대원은 잠시 생각했다. 그런 다음 콩을 먹는 것을 멈추고는 지난 전쟁을 연상시키는 관용구가 되어버린 "저에게 내일을 주세요Give me tomorrow"라는 말로 답했다.

≡

해병대의 선봉이 고지의 갈라진 틈을 지나자, 갑자기 파노라마 같은 전경이 눈앞에 펼쳐졌다. 저 아래 해안 평야가 함흥과 흥남의 쌍둥이 도시에 펼쳐져 있었고, 그 너머 항구에는 반짝이는 함대가 정박해 있었다. 해병대원들은 기쁨의 눈물을 흘렸다. 그들은 바다에 특별한 애착을 가지고 있었다. 그곳은 그들의 자연 서식지였다. 산 아래에는 따뜻한 식사와 고향에서 온 편지, 병원과 비행장, 그리고 염분을 머금은 도시가 있었다. 그 광경을 보고 그들의 의욕이 솟구쳤고, 대열은 좀 더 빨리 움직였다.

그들이 내려옴에 따라 수은주가 점점 올라갔다. 그들은 하얀 얼음의 세계에서 갈색 진흙의 세계로 나오기 시작했다. 수동에 도착하자, 해병대원들은 날씨가 따뜻하다는 것을 느꼈다. 한 상병이 말했다. "우리가 계곡에 도착했을 때, 날씨는 마치 미네소타에서 플로리다로 온 것과 같았다. 더 이상 춥지 않았다." 혹한으로 잠시 봉합된 대원들의 상처에서 다시 피가 흐르고 감염 징후가 보이는 것을 제외하고, 이것은 가장 반가운 일이었다.

해병대의 측면을 따라 수많은 피난민들도 길을 따라 줄지어 내려왔다. 수천 명의 민간인들이 산에서 내려왔다. 구부정한 노인, 어린아이와 함께 있는 엄마, 이미 인생의 슬픔을 본 냉담한 눈을 가진 아이들이 그들 중에 섞여 있었다. 피난민들은 등에 오리나 닭, 사진이나 가재도구 몇 개를 끈으로 묶은 지게를 지고 있었다. 어떤 사람들은 전쟁으로 인해 집뿐만 아니라 마을 전체를 잃었다. 일부는 중공군이 그들에게 복수할까 봐 두려워했다. 사람들은 굶주리고 있었고 어디로 가야 할지 몰랐다. 그들은 미 해병대원들을 따라나섰다. 그들은 해안에 도착하면, 미군 당국을 설득해 이 전쟁으로 황폐해진 땅을 떠나 차를 얻어 타고 남쪽 어딘가에 정착할 수 있기를 바랐다.

한 해병대원은 피난민들이 "갈색 강물처럼 침울하게 움직이며 바다를 향해 악착같이 걸어가고 있었다"라고 썼다. 미군은 그들을 불쌍히 여겼지만, 자신들의 이동 대열과 섞이도록 내버려 둘 수는 없었다. 그들은 행군 속도를 늦추었을 뿐만 아니라, 해병대원들이 농민 옷을 입은 중공군이 이동하는 피난민 무리에 숨어들어 수류탄을 던지거나 숨겨진 무기를 휘두르는 것을 경험했기 때문에 헌병대가 피난민들이 접근하지 못하게 했다.

그 대열이 진흥리 마을에 이르렀을 때, 해병대원들은 알몬드 장군이 그들을 위해 보낸 육군 제3사단의 보호구역 안으로 들어가게 되었다. 장진호 지역은 그들의 후방에 있었고, 그들의 시련은 끝났다. 모두가 그것을 느낄 수 있었다. 이제 함흥까지 직진하면 되었다. 몇몇은 트럭으로, 다른 몇몇은 기차로 갔지만, 대부분의 대원들은 자존심 때문이라도 마지막 15마일(24킬로미터)을 걸어가야 한다고 주장했다.

대부분의 해병대원들은 흥남항에 집결된 수송선단이 자신들을 위한 것이고, 됭케르크Dunkirk 철수작전 규모의 해상수송작전으로 북한에서 제10군단 전체를 철수시키기 위한 것이라는 것을 알고 있는 듯했다. 그러나 많은 해병대원들은 어쩌면 함흥의 안전지대에서 겨울을 나면서 강력한 주둔지를 마련하고 봄철에 공세를 재개할 수도 있다고 가정하면서 해안을 향해 행군했다.

가장 열렬한 해병대원들에게 이것은 가정일 뿐만 아니라 그들이 분명히 바라는 바였다. 그들이 겪은 모든 일들에도 불구하고, 그들은 지금 짐을 싸고 가야 한다는 생각에 견딜 수가 없었다. 그들은 함흥을 결말이 아닌 막간으로 생각하고 싶었다. 그들에게는 여전히 더 많은 전투가 남아 있었기 때문에 그들은 올리버 스미스의 다음 명령을 듣고 싶어 안달이 났다. 한 해병대원이 말했다. "나는 그가 나를 구해줄 것을 알기 때문에 그를 따라 지옥까지 갈 것이다."

≡

스미스의 해병대가 또 다른 공격을 감행하기 위해 임시 피난처로 가는 것일 수도 있다는 가능성은 후퇴라는 단어가 주는 실망감을 덜어주었다. 그들은 진짜 후퇴하고 있는 것이었을까? 의심할 여지 없이, 중공군은 그들을 전쟁터에서 몰아냈다. 그러나 스미스의 부하들 대부분은 자신을 승리자로 생각하고 있었다. 조지프 오언 중위는 "우리는 (수동에서) 처음 만난 중공군들을 내쫓았고, 트레드웨이 경간조립교를 건널 때도 그들을 쫓아냈어요. 항복한 것은 그들이지, 우리가 아니라고요. 그런데 후퇴라니요?"라며 자랑스럽게 말했다.

해병대의 관점에서 볼 때, 모든 전투는 형사적 처벌을 받을 수도 있는 정보요원들의 오판에서 비롯된 전략적 재앙이었다. 그러나 일단 전투가 개시되면, 그들의 군사작전은 감격적인 일련의 전술적 승리로 전개되었다. 함흥을 향한 행군을 전투 후퇴라고 부르든 다른 방향에서의 공격이라고 부르든 제1해병사단은 중공군 7개 사단과 또 다른 3개 사단의 일부를 제거하며 빠져나왔다. 쑹스룬 장군의 제9병단은 전투부대로서 무력화되었다. 그의 사단 중 2개는 완전히 전멸했고, 다시는 전쟁터에서 볼 수 없었다.

해병대는 중공군에게 놀라운 사상자를 안겨주었다. 쑹스룬의 군대는 약 3만 명이 전사하고 1만 2,500명 이상이 부상을 입었다. (한편 미 해병대는 750명의 전사자와 3,000명의 부상자와 200명 미만의 실종자가 발생했다.) 마오쩌둥은 엄밀히 말해 장진호 전투에서 승리를 주장할 수 있었지만(그는 큰 소리로 그렇게 주장했다), 그것은 기껏해야 너무 많은 희생을 치르고 얻은 승리였다. 한 설명에 따르면, 마오쩌둥은 "적을 궤멸하는 데는 실패했지만, 적을 물리친 용서할 수 없는 죄를 저질렀다"라고 말했다.

본국에서 해병대의 탈출에 관한 이야기는 이미 '서사시'로 널리 묘사되고 있었다. 스미스가 중공군의 함정에서 빠져나왔다는 소식에 대중은 흥분했다. 《타임》지는 "해병들의 기동전은 미군 역사상 유례 없는 전투였다. 그 전투에는 바탄Bataan 전투[1], 안지오Anzio 상륙작전[2], 밸리 포지Valley Forge[3], 크세노폰Xenophon의 『아나바시스Anabasis』[4]에 묘사된 '1만 명의 후퇴'와

---

1 제2차 세계대전 당시 일본 제국이 필리핀을 점령하기 위한 의도로 침공한 필리핀 점령 계획의 일부로, 바탄 죽음의 행진 등 일본의 전쟁범죄가 여실하게 드러난 전투다.(옮긴이)

2 제2차 세계대전 당시 연합군은 산악지대에서 방어전을 펼치는 독일군의 방어선을 뚫기 힘들어 이탈리아 로마 남쪽의 항구도시 안지오에 상륙을 감행하여 교두보를 확보했으나 전투가 교착상태에 빠져 많은 인명피해를 입는 등 결국 실패로 끝났다.(옮긴이)

3 미국 독립전쟁 중에 대륙군이 동계에 주둔한 곳으로 필라델피아에서 북서쪽으로 약 20마일 떨어진 펜실베이니아에 위치하고 있다. 굶주림과 질병 그리고 동상으로 1778년 2월말경에는 거의 2,500명의 미합중국 군인들이 사망했다.(옮긴이)

4 고대 그리스의 철학자인 크세노폰이 대표작. BC 401년 리디아 왕국의 태수 키루스가 형인 페르시아왕 아르타크세르크세스 2세의 왕위를 탈취하려고 그리스인 용병 1만과 반란을 일으켰다. 쿠낙사 전투에서 키루스와 그리스의 장군이 전사하자 크세노폰이 전군全軍을 지휘하여 아르메니아의 산중을 횡단하고 고난을 극복하면서 6개월 후 1만의 대군을 퇴각시켜 BC 400년 흑해 연안으로 나와 해안을 따라 무사히 귀국했다. 『아나바시스』는 이때의 이야기를 담은 종군기다.(옮긴이)

같은 요소가 있었다"라고 썼다. 한국에서 비극적인 나쁜 소식이 전해진 일주일 동안 모든 미국 국민들은 이 감동적인 헤드라인을 접하고 결집하는 것 같았다. 트루먼 대통령은 워싱턴에서 "역대 최고의 전투 후퇴 중 하나이며, 해병대는 예전의 크세노폰을 엄청난 차이로 이겼다"라고 장진호 전투를 칭찬했다. 트루먼의 한국 내 연락담당관인 프랭크 로우 장군은 이에 동의한 뒤, 제1해병사단을 "내가 보거나 들은 전부투대 중에서 가장 효율적이고 용감한 전투부대"라고 말하기까지 했다.

스미스 장군은 훨씬 더 겸손했다. 장진호에서 성공한 주된 이유는 "계획이 있었고, 그 계획이 실행되었기 때문이다"라고 주장했다. 스미스는 말했다. "나는 우리가 해야 할 일을 알고 있었고, 우리가 그것을 할 수 있다는 것을 단 한 순간도 의심하지 않았다" 또한, 그는 자신의 사단이 특별하다는 사실도 인정했다. "나는 나의 장교들과 대원들보다 더 훌륭한 조직을 지휘한 적이 없다"라고 말했다. 그러나 스미스는 장진호에서 무언가 다른 형언할 수 없고 초월적인 일이 일어났다고 느꼈다. 훗날 그는 이렇게 말했다.

"어떤 사람들은 우리의 성공적인 탈출이 기적이라고 말했다. 또 다른 어떤 사람들은 그 결과를 장교와 대원들의 개인적인 용기와 결단력 덕분이라고 말했다. 하지만 그것보다 더 많은 것이 요구되었다. 연대장 중 한 명이 이렇게 요약했다. '나는 신앙심이 깊은 사람은 아니지만, 우리가 신의 가호 속에서 걸었다는 것을 느꼈다.'"

군사사학자들은 장진호의 성공은 전적으로 올리버 스미스라는 한 사람의 어깨에 달려 있었다. 유명한 육군 전투 역사가인 S. L. A. 마셜Marshall은 스미스를 미국 역사에서 가장 인정받지 못한 장군 중 한 명이라고 생각했다. 마셜은 "장진호 전투는 아마도 미국 역사상 가장 빛나는 사단급 위업일 것"이라고 썼다. "스미스는 담대한 침착함으로 그것을 해냈다. 전투에서 이 위대한 해병은 전사戰士라기보다는 대학교수 같은 태도를 보였다. 그러나 우리의 군대는 인간의 마음을 이렇게 깊이 들여다볼 수 있는 지휘관들을 거의 알아보지 못했다. 그의 가장 위대한 군사작전은 위대한 믿음에서 기적이 나올 수 있다는 것을 읽고 이해하는 모든 사람들에게 더 완벽한 리더십의 영감을 주는 고전이 되었다."

≡

올리버 스미스 장군은 12월 10일 산에서 내려왔다. 흥남의 임시 본부에서 그는 아내 에스더의 편지 한 묶음을 전달받았다. 처음에 그것을 전달받았을 때는 걱정과 불안이 밀려왔지만, 그것을 읽는 순간 엄청난 안도감과 큰 기쁨을 느꼈다. 그녀는 "당신이 자랑스럽다는 표현만으로는 부족합니다"라고 썼다. "당신의 행진은 '역방향 공격', '바다를 향한 전투 행진' 등으로 다양하게 불리고 있습니다. 그러나 내가 가장 좋아하는 설명은 '뛰어난 도덕적 승리'라는 것입니다." 에스더는 또 다른 편지에서 "당신의 차분함과 자제력에 대한 존경심이 세월이 흐를수록 커집니다"라고 썼다.

스미스는 수척해졌고, 몇 주간 제대로 잠을 자지 못한 것이 얼굴에 역력했다. 그러나 해안에 도착하자마자, 상태가 좋아졌다. 그는 전쟁의 역경이 그의 적성에 맞는 것 같았다. 그는 훗날 이렇게 말했다. "내 인생에서 산에서 보냈을 때만큼 건강이 좋았던 적은 없었다. 사람은 너무 바쁘면 자신의 건강에 대해서는 잊기 마련이니까."

이제 스미스는 맥아더가 함흥에서 모든 병력을 철수시켜 남쪽에 있는 부산 근처로 재집결시킨 다음 훗날 전투를 재개하기로 결정했다는 것을 확실히 알게 되었다. 이것은 스미스가 바라는 것이 아니었다. 그는 알몬드처럼 함흥-흥남을 무한정 혹은 최소한 봄까지 확보하고 있을 수 있다고 믿었다. 이상한 일이지만, 스미스는 이번만은 제10군단장의 말에 전적으로 동의했다. 사실 지난 한 주 동안, 스미스와 알몬드는 관계가 좋아진 것까지는 아니었지만, 최소한 서로에 대한 화가 누그러진 상태였다. 알몬드는 방침을 바꾸었고, 압록강을 위한 잘못된 질주에 발휘했던 것과

▲ 1950년 12월 11일 해안의 얼음을 뚫고 흥남 앞바다로 이동하고 있는 제7해병연대원. 〈사진 출처: U. S. Marine Corps History Division | OFFICIAL USMC PHOTO | CC BY 2.0〉

▼ 1950년 12월 흥남에서 철수하기 위해 베이필드함(USS Bayfield, APA-33)에 탑승하는 미 해병대. 〈사진 출처: Naval History & Heritage Command〉

같은 열성적인 지략으로 철수하는 데 도움을 주었다. 적어도 그의 에너지와 열정은 전염성이 있었다. 스미스는 "알몬드와 내가 항상 의견이 일치하지는 않았지만, 우리가 장진호에서 나왔을 때 그는 여전히 전의로 가득 차 있었다"라고 썼다.

알몬드는 해병대가 장진호에서 능력을 발휘한 것에 대해 칭찬 이외에 할 말이 없었다. 놀랍게도 알몬드는 스미스의 사단에 대해 이렇게 말했다. "우리나라의 어떤 전쟁에서도 이들보다 더 용감하게 싸운 사람들은 없었다."

그러나 스미스와 알몬드의 바람에도 불구하고 제10군단 전체가 북한을 떠나고 있었고, 제1해병사단은 거의 즉시 철수하게 되었다. 해병대가 흥남에 도착한 직후, 그들은 배에 승선할 준비를 하라는 지시를 받았다. 알몬드는 장진호에서 겪었던 고난을 감안할 때 해병대원들이 먼저 철수해야 한다고 말했다. 그들은 그럴 자격이 있었다.

지난 며칠 동안, 인천과 상황이 바뀌어 흥남항 해변이 거대한 군수 물자 저장고가 되었다. 부두를 따라 탄약과 연료, 차량과 의약품 더미가 시시각각으로 늘어났다. 해군 함정, 상선, LST, 수송 및 기타 선박 100여 척이 알몬드의 제10군단 9만 명의 병력뿐만 아니라 수톤의 화물을 기다리며 항구에 정박해 있었다. 이렇게 다양한 구조 함대가 집결한 것은 엄청나게 힘든 병참상의 노력과 잔인한 마감 시한에 맞추기 위해 막대한 비용을 들여 필사적으로 긁어모은 결과였다.

제3사단과 제7사단의 부대가 함흥-흥남 일대에 20마일의 외곽 방어선을 구축했는데, 이 방어선은 철수가 진행됨에 따라 축소하도록 예정되어 있었다. 한 달 후 마지막 배가 출항하면, 축소된 방어선은 아예 사라질 것이다. 중공군은 즉시 그 방어선을 탐색하며 괴롭히려고 시도했는데, 한 예로 죽은 미군 시체에서 벗긴 미군 제복을 입고 위장하기도 했다. 그러나 미 육군 포병대의 곡사포가 서쪽과 북쪽 고지를 강타하면서, 중공군은 해상수송작전이 계속되는 동안 대체로 거리를 유지했다.

≡

스미스의 3개 연대는 12월 12일까지 모두 부두로 진입했다. 처음에는 리첸버그의 제7연대, 그 다음은 머레이의 제5연대, 그 다음은 풀러의 제1연대였다. 다음날, 전체 사단 해병 2만 2,215명이 안전하게 배에 탑승하자, 배는 항해하기 시작했다. 어떤 배에서 대원들은 더럽고 누더기가 된 옷을 벗고 뜨거운 샤워라는 사치를 누렸다. 그들은 원하는 모든 물을 사용할 수 있다는 말을 들었다. 피부가 붉게 변할 때까지, 뼈에서 냉기를 빼낼 때까지 샤워기 밑에 서 있었다. 어떤 대원들은 수치심 없이 울 수 있었던 것은 이번이 처음이라고 말했다. 그들의 눈물이 물과 조심스럽게 섞여 물줄기를 따라 흘러내렸다.

해병대 중 한 명인 잭 라이트Jack Wright 일병은 다음과 같이 회상했다. "내가 몸을 말리고 있을 때, 누군가가 나에게 뜨거운 커피 한 잔을 가져다주었다. 내가 새 옷을 입자, 그들은 나에게 낡은 옷을 어떻게 하고 싶냐고 물어봤다. 나는 '죽은 모든 것들처럼 묻어달라'라고 말했다."

해군 군의관들이 배에 올라 대원들을 검사했다. 그들은 괴저의 징후를 살피면서 최악의 상태를 분류했다. 셔먼 리히터Sherman Richter 하사가 기억을 떠올렸다. "그들은 우리 군화를 잘랐다. 한 군의관이 줄을 따라 걸어가며 동상에 걸린 발가락들을 검사했다. '치료, 치료, 절단, 치료, 절단, 치료, 치료.'"

스미스 장군은 자신의 배에 탑승하기 전에 수십 명의 해병대원들이 새로 묻힌 흥남 묘지에서 추도식을 주관했다. 그는 전투 중에 체중이 얼마나 줄었는지를 가리기 위해 두꺼운 겨울 파카를 입었다. 군종목사가 "증오가 멈추고 전쟁이 영원히 끝나기를"이라고 말한 후 스미스가 추도사를 하기 위해 나섰다. 그가 헬멧을 벗자, 그의 하얀 머리카락이 이제 막 덮은 붉은 점토 무덤들과 대조적으로 아주 선명하게 빛났다.

스미스는 "이런 상황에서 우리의 감정을 말로는 표현하기 어렵습니다.

장진호에서 철수한 뒤 흥남 사단 묘지에서 전사자 추도식에 참석한 올리버 스미스 제1해병사단장. 훗날 스미스는 이렇게 말했다. "어떤 사람들은 우리의 성공적인 탈출이 기적이라고 말했다. 또 다른 어떤 사람들은 그 결과를 장교와 대원들의 개인적인 용기와 결단력 덕분이라고 말했다. 하지만 그것보다 더 많은 것이 요구되었다. 연대장 중 한 명이 이렇게 요약했다. '나는 신앙심이 깊은 사람은 아니지만, 우리가 신의 가호 속에서 걸었다는 것을 느꼈다.'" 〈사진 출처: U. S. Marine Corps History Division | OFFICIAL USMC PHOTO | CC BY 2.0〉

여기에 누워 있는 이 사람들은 원칙을 지지하기 위해 고향에서 멀리 떨어진 이곳에서 싸우다 죽었습니다. 그들이 이곳에서 한 일에 대한 기억은 우리에게 영원히 남아 있을 것입니다"라고 말했다. 스미스는 길게 늘어선 십자가에 일일이 조의를 표했으며, 나팔수는 파도 소리로 더 이상 음악이 들리지 않을 때까지 구슬픈 〈탭스Taps〉(군인들의 장례식 때 연주되는 진혼곡-옮긴이)를 연주했다.

그 후 스미스는 베이필드Bayfield함에 승선해 남쪽으로 출항할 준비를 했다. 멀리 눈 덮인 산등성이에 중공군이 몰려들고 있었다. 베이필드함은 12월 15일에 닻을 올리고 항구를 빠져나와 다른 해병대 수송선단에 합류했다. 곧 이 배들은 동해를 항해했고, 북한의 고지들은 멀어지고 있었다. 선실에서 스미스는 부하들에게 크리스마스 메시지를 쓰기 시작했다. "우리는 미래가 어떻게 될지 모른다. 그러나 우리는 해병대가 항상 가지고 있는 자신감으로 미래와 마주할 수 있다는 것을 알고 있다. 우리는 감사해야 할 것이 많다. 우리는 불굴의 정신으로 최고의 시험대에서 벗어났다."

에필로그

판테온에서

● 9만 명의 제10군단 장병들이 배에 승선해 철수한 후, 미군 지휘관들은 중대한 결정을 내렸다. 그들은 가능한 한 많은 북한 민간인들을 구조하는 데 관심을 돌리기로 했다. 그 거대한 인도주의적 노력은 다름 아닌 에드워드 알몬드 장군이 주도했다. 그의 말에 따르면, 거의 10만 명의 피난민들이 배 안으로 밀려들었고, 1만 4,000명 이상이 상선 화물선인 메러디스빅토리호SS Meredith Victory에 탑승하여 남한에서 새로운 삶을 위해 항해했다.

그리고 12월 마지막 주에 폭파전문가들이 항구 전체에 폭발물을 설치했다. 해군 함포도 이 도시를 향해 발사할 준비가 되어 있었다. 그들이 떠난 뒤 엄청난 불꽃이 연속적으로 일어나면서 항구는 중공군이 진입해 이용할 수 있는 그 어떠한 것도 남김 없이 완전히 파괴되었다.

마지막 미군이 크리스마스 이브에 흥남을 떠났다. 쌓스룬 장군이 말했다. "그들은 떠났다. 우리는 그들을 막을 수 없었다."

1950년 12월 19일, 흥남의 그린 비치에 있는 LST에 탑승할 준비를 하고 있는 한국 피난민들. 사진 왼쪽에 난민 중 일부가 소달구지에 실은 소지품을 어선으로 옮기고 있다. 〈사진 출처: Naval History & Heritage Command〉

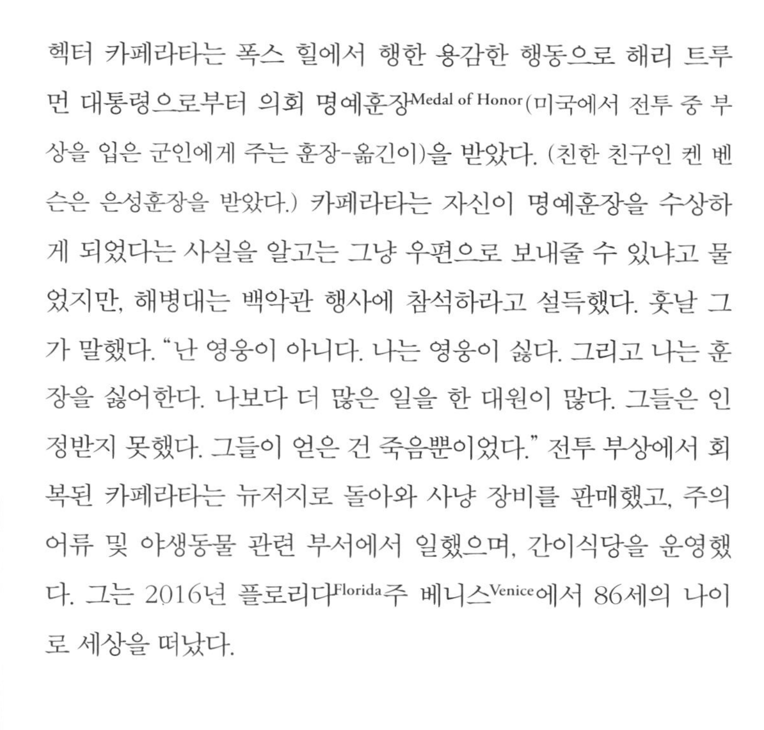

헥터 카페라타는 폭스 힐에서 행한 용감한 행동으로 해리 트루먼 대통령으로부터 의회 명예훈장Medal of Honor(미국에서 전투 중 부상을 입은 군인에게 주는 훈장-옮긴이)을 받았다. (친한 친구인 켄 벤슨은 은성훈장을 받았다.) 카페라타는 자신이 명예훈장을 수상하게 되었다는 사실을 알고는 그냥 우편으로 보내줄 수 있냐고 물었지만, 해병대는 백악관 행사에 참석하라고 설득했다. 훗날 그가 말했다. "난 영웅이 아니다. 나는 영웅이 싫다. 그리고 나는 훈장을 싫어한다. 나보다 더 많은 일을 한 대원이 많다. 그들은 인정받지 못했다. 그들이 얻은 건 죽음뿐이었다." 전투 부상에서 회복된 카페라타는 뉴저지로 돌아와 사냥 장비를 판매했고, 주의 어류 및 야생동물 관련 부서에서 일했으며, 간이식당을 운영했다. 그는 2016년 플로리다Florida주 베니스Venice에서 86세의 나이로 세상을 떠났다.

≡

역사적인 흥남 철수 당시 이배석의 전 가족은 안전하게 남한으로 내려왔다. 이배석은 전쟁이 끝날 때까지 유엔군에 복무했고, 다시 서울에서 의학 공부를 했다. 그는 방사선과 의사가 되었고, 미국으로 이주한 후 오하이오Ohio주에서 뛰어난 의사로서의 경력을 쌓았다. 메러디스빅토리호를 타고 가족과 함께 흥남에서 구조된 아내 미영과 배석은 신시내티Cincinnati에 살고 있다. 오늘날, 흥남 철수 중에 구조된 생존자들의 후손은 100만 명이 넘는다.

≡

비행사 제시 브라운의 사체와 비행기는 끝까지 회수되지 못했다. 추락 며칠 후 해군 조종사가 네이팜탄을 투하했고, 파손된 비행기는 불길에 휩싸였다. 브라운을 구하려는 시도를 인정받아, 톰 허드너는 의회 명예훈장을 받았다. 트루먼 대통령이 워싱턴에서 훈장을 수여하자 제시 브라운의 미망인 데이지 브라운은 눈물을 흘리며 눈시울을 붉혔다. 1973년까지 해군에 복무했던 허드너는 북한 정부와 협상을 벌였지만, 브라운의 유해를 찾아 귀환시키는 데 실패했다. 허드너는 2017년 93세의 나이로 매사추세츠Massachusetts주 콩코드Concord에서 사망했으며, 알링턴 국립묘지Arlington National Cemetery에 안장되었다. 그를 기리기 위해 해군 구축함에 토머스 허드너Thomas Hudner라는 이름이 명명되었다.

≡

폭스 힐에서 보여준 리더십으로 윌리엄 얼 바버 대위도 의회 명예훈장을 받았다. 그는 일본에 있는 군 병원에서 산산조각이 난 엉덩이뼈를 치료한 후 해병대에서 계속 복무를 했고, 1970년에 전역했다. 그는 2002년 캘리포니아California주 어바인Irvine에서 사망했다.

≡

수동과 장진호 전투에서 공적을 세운 츄이엔 리는 해군 수훈장과 은성훈장, 그리고 2개의 퍼플 하트Purple Hearts(미국에서 전투 중 부상을 입은 군인에게 주는 훈장-옮긴이)를 받았다. 이후 그가 명예훈장을 받게 하기 위해 전우, 친구, 가족이 노력했지만, 지금까지 성공하지 못했다. 리는 1968년 소령으로 해병대에서 전역했다. 그는 2014년 워싱턴 D. C.에서 사망했다.

≡

오랫동안 군병원에서 심각한 안면 상처 치료를 받고 정교한 치아 재건 과정을 거쳐 회복된 존 엔시 중위는 해군 수훈장과 은성훈장을 받았으며, 자신의 고향인 아칸소로 돌아와 주류 판매점을 운영하며 가족을 부양했다. 그는 후에 분리주의 주지사 오발 포버스Orval Faubus의 정책에 반대하며 주 상원위원에 도전했지만 실패했다. 베트남 전쟁 동안 엔시는 해병대에 재입대하려 했으나 신체검사에서 불합격했다. 검사관들은 그가 전투병력으로서 요구되는 필요한 수의 치아를 가지고 있지 않다고 지적했다. 그는 "나는 베트공 그 개자식들을 깨물 계획이 없다"라고 말했다. 엔시는 말년의 대부분을 멕시코에서 보냈고, 1986년에 사망했다.

≡

잭 채프먼 일병은 북한에서 전쟁포로로 33개월을 보냈는데, 거의 사망에 이르게 할 뻔한 총알이 아직도 두개골에 박혀 있었다. (그는 마침내 1960년에 총알을 제거했다. 그는 여전히 그것을 유물로 간직하고 있다.) 채프먼은 1953년에 석방되어 미국으로 돌아가 공군에서 군생활을 계속했고, 대학 구내 경찰서장을 지냈다. 은퇴한 그는 아내와 함께 뉴멕시코New Mexico주 산타페Santa Fe에서 살고 있다.

≡

장진호 동쪽에서 시련을 겪고 비행기로 후송된 육군 병사 에드 리브스는 몇 년 동안 군 병원을 드나들어야 했다. 심한 동상으로 인해 발과 손가락을 모두 절단했다. 그는 한국에서의 군복무를 마치고 곧바로 결혼하여 6명의 자녀를 낳았고, 컴퓨터 프로그래머로 활동했으며, 남아메리카에서 선교사로 오랜 세월을 보냈다. 그는 2010년 애리조나Arizona주 프레스콧Prescott에서 사망했다.

≡

중공의 한국전쟁 개입 이후 몇 달 동안, 더글러스 맥아더는 베이징과 다른 중국 도시에 원자폭탄을 투하해야 한다고 강력하게 요구했고, 심지어는 만주 국경 지역에 핵 울타리의 일종인 영구적인 방사능 지역을 구축해야 한다는 제안까지 했다. 1951년 4월, 그는 해리 트루먼에 의해 지휘권을 박탈당했다. 트루먼은 훗날 다음과 같이 말했다. "그가 멍청한 개자식이었지만, 나는 그것 때문에 그를 해고하지는 않았다. 나는 그가 대통령의 권위를 존중하지 않았기 때문에 해고했다." 트루먼은 임기를 마치고 1972년 캔자스시티Kansas City에서 사망했다. 그는 미주리Missouri주 인디펜던스Independence에 있는 트루먼 대통령 도서관 및 박물관 구내에 묻혔다.

≡

에드워드 알몬드 장군은 계속해서 한국에서 제10군단을 지휘했고, 몇 번의 중공군의 공세에서 대승을 거두었다. 그는 1951년 한국을 떠나 미 육군전쟁대학U.S. Army War College 총장을 지냈다. 2년 후 육군에서 전역한 그는 앨라배마Alabama에서 보험사 중역으로 일했다. 1979년 사망하여 알링턴 국립묘지에 안장되었다.

≡

한국전쟁은 휴전협정이 체결된 1953년 7월까지 계속되었다. 이 전쟁은 사실상 교착상태로 끝났다. 남북의 경계는 원래 교전이 시작되었던 부근에 그어졌다. 38선으로부터 멀지 않은 곳에 '비무장지대'가 설치되었다. 미 국방부에 따르면, 3만 3,651명의 미군이 전쟁터에서 전사했고, 250만 명으로 추정되는 한국 민간인들이 목숨을 잃었다고 한다. 엄밀히 말하면 전쟁은 아직 끝나지 않았다. 휴전협정은 '어떠한 최후의 평화적 해결책'도 제공해주지 못했다. 그 이후 남북한은 전쟁준비태세를 유지하고 있다.

≡

1951년 5월까지 한국에서 제1해병사단장을 역임한 올리버 프린스 스미스는 캠프 펜들턴 해병기지 사령관으로 임명되었다. 그는 1955년 4성 장군으로 전역했고, 1977년 크리스마스날 캘리포니아주 로스 알토스Los Altos에 있는 자택에서 매일 돌보던 장미 정원과 과일나무에 둘러싸인 채 잠을 자던 중에 사망했다. 13년 동안 홀로 살았던 스미스의 나이는 84세였다.

≡

장진호의 생존자인 윌리엄 홉킨스William Hopkins는 자신의 지휘관에 대해 이렇게 말했다. "올리버 P. 스미스에게 항상 감사한다. 그는 손자孫子가 요구하는 모든 자질인 지혜, 성실, 인간성, 엄격함, 용기를 겸비했다." 해병대 수석역사학자 베니스 프랭크Benis Frank는 "올리버 프린스 스미스 장군이 영예로운 자리를 지키는 해병 영웅들을 위한 판테온pantheon(로마에 있는 로마 시대 신전-옮긴이)이 어딘가에 있을 것이라고 확신한다"라고 말했다.

≡

스미스의 손녀 게일 시슬러Gail Shisler는 스미스가 사망 당시, 서재에 있는 낡은 녹색 가죽의자 뒤편에서 "스미스의 사단이 바다로 향하는 서사적 전투 경로를 보여주는" 손으로 그린 장진호 지도를 보았다고 했다. 그녀는 또한 다음 사항에 주목했다. "장진호에서 나올 때 신었던 군화인 할아버지의 정원용 부츠는 뒷문 옆 벤치 아래에 놓여 있었다."

감사의 말

● 이 책을 집필하기 위해 가장 중요했던 부분은 여러 장진호 전투 참전용사들과 시간을 보내는 것이었다. "초신 퓨"는 고통의 가장 깊은 의미를 알고 있는 극기심이 강하고 불 같은 성미를 가진 사람들었다. 나는 그들의 집에서, 그리고 그들의 모임에서 많은 사람들을 만나면서 20개 이상의 주를 여행했다. 그들은 제1해병사단에서 스미스 장군 휘하에서 복무한 사람들이 대부분이었으나, 육군, 해군 또는 공군 참전용사도 있었고, 몇몇은 그 전투에서 포로가 된 민간인도 있었다. 그들의 이야기가 이 책의 생명선이다. 나는 그들의 선한 정신, 솔직함, 그리고 많은 경우에 차라리 방해받지 않고 떠나보내고 싶은 기억을 다시 되살려야 하는 그 의지에 대해 말로 표현할 수 없을 만큼 감사하다. 나는 그들이 오래전 북한의 산속에서 그 얼음처럼 차가운 시련의 장소에서 무엇을 견뎌냈는지 도저히 상상할 수 없다.

내가 인터뷰한 참전용사는 다음과 같다. 해리슨 에이저Harrison Ager, 로버트 아리아스Robert Arias, 로버트 아얄라Robert Ayala, 토머스 비어드Thomas Beard, 레이시 베테아Lacy Bethea, 우디 버크헤드Woody Birckhead, 레이번 블레어Rayburn Blair, 리처드 보넬리Richard Bonelli, 프레드 보로비에츠Fred Borowiec, 해리

버크Harry Burke, 헥터 카페라타Hector Cafferata, 프랭클린 "잭" 채프먼Franklin "Jack" Chapman, 리너스 치즘Linus Chism, 왓슨 크럼비Watson Crumbie, 노먼 뎁툴라Norman Deptula, 켄 다우어Ken Dower, 래리 엘웰Larry Elwell, 로버트 에젤Robert Ezell, 샘 폴섬Sam Folsom, 로버트 게인스Robert Gaines, 레이먼드 갈랜드Raymond Garland, 존 에드워드 그레이John Edward Gray, 맥스 게르네시Max Guernesey, 빌 홀Bill Hall, 로버트 하불라Robert Harbula, 로버트 할리Robert Harley, 로버트 히메리히 발렌시아Robert Himmerich y Valencia, 톰 허드너Tom Hudner, 랠프 제이콥스Ralph Jacobs 박사, 밥 존슨Bob Johnson, 유진 존슨Eugene Johnson, 매너트 케너디Manert Kennedy, 리처드 크뇌벨Richard Knoebel, 존 리John Y. Lee, 제임스 매키너리James McInerney, 찰스 맥컬러Charles McKellar, 랠프 밀턴Ralph Milton, 조지프 모덴티Joseph Mordente, 빌 파가니니Bill Paganini, 케네스 팝Kenneth Popp, 에드워드 로니Edward Rowny 장군, 듀안 트로브릿지Duane Trowbridge, 엘머 셰체프Elmer Schearf, 엘리엇 소트리로Elliott Sortillo, 프레드 소지오Fred Sozio, 윌리엄 스틸William Steele, 제임스 스튜어트James Stewart 박사, 그리고 스탠리 울프Stanley Wolf 박사.

특히 이배석 박사와 사랑스런 그의 아내 미영씨는 신시내티 자택으로 나를 초대해주시고, 너무나도 맛있는 한식을 대접해주시고, 전쟁 기간과 북한에서의 탈출에 대한 특별한 이야기를 들려주셔서 감사하게 생각한다. 나는 이미 그들을 미주리주 스프링필드Springfield에서 열린 장진호 모임에서 만난 적이 있었다. 그 누구도 파란만장하고 아름답고 때로는 비극적인 가족사가 막판에 반전과 행운을 맞게 되는 이와 같은 이야기를 결코 지어낼 수 없을 것이다. 이 이야기는 한국전쟁이 2차적으로 미국 전쟁이라는 것을 잊은 사람들에게 다시 이것을 상기하게 만든다.

三

나는 베이징 출신인 센트럴 오클라호마 대학University ofCentral Oklahoma 역사학자 리샤오빙李小兵 박사에게 이 전투에 대한 중국인들의 시각에 대해 많은 통찰력을 주신 것에 대해 감사하게 생각한다. 리 박사는 중공군의 장진호 경험에 대해 서술된 첫 번째 책인 『They Came In Waves: The Chinese Attack on Chosin』의 원고 초안을 친절하게도 공유해주었다. 내가 대만에서 장진호 전투에 참가한 많은 중공군 참전용사들을 찾는 데 도움을 준 나의 든든한 연구원 사이먼 린Simon Lin에게도 감사드린다. 또한, 홍콩에서 활동하는 역사학자 데이비드 장David Chang도 도움을 주었다. 앤아버Ann Arbor의 미시간 대학에 있는 나의 좋은 친구 데이비드 정Y. David Chung 교수는 한국 문화와 역사에 대한 많은 통찰력을 제공해주었다.

애초에 장진호에 대한 글을 쓰도록 권유해주신 세계적인 시나리오 작가이자 로즈 장학생이며, 베트남 참전 해병대원인 나의 친구 빌 브로일스Bill Broyles에게 감사드린다. 나는 또한 2015년에 좋은 조건에서 펠로우십fellowship을 할 수 있게 해준 산타페 연구소Santa Fe Institute의 빌 밀러Bill Miller를 비롯한 여러분에게 깊은 감사를 드린다. 나는 그 기간 이 책을 위한 아이디어와 연구 전략들을 많이 구상할 수 있었다. 외딴 목장 지대에 있는 글쓰기 수련회를 통해 영감을 주고 활력을 불어넣어준 와이오밍에 있는 유 크로스U Cross 재단에도 깊은 감사를 드린다.

초기에 나는 보스턴Boston에 있는 필름 포스Film Posse의 다큐멘터리 영화 제작자 랜달 맥로우리Randall MacLowry와 조연출 레베카 테일러Rebecca Taylor와 유대관계를 맺었고, 2016년 가을 PBS 프로그램 〈아메리칸 익스피어리언스The American Experience〉에서 처음 방영된 맥로우리의 혹독한 전쟁 다큐멘터리 〈장진호 전투The Battle of Chosin〉의 역사 자문으로 활동한 것이 행운이었다. 〈아메리칸 익스피어리언스〉는 영화 제작과 관련하여 진행된 모든 인터뷰의 구술기록을 이용할 수 있게 해주었고, 이는 수천 페이지에 달하는 상당한 구술기록 아카이브였다. 보스턴에 있는 WGBH 방송국의 마크 새멜스Mark Samels, 수전 벨로우즈Susan Bellows, 존 브레다John Bredar, 짐 던포드Jim Dunford에게도 감사드린다.

나는 전설적인 《라이프》지 사진작가 데이비드 더글러스 던컨에게 감사드리고 싶다. 그의 장진호 전투 사진들은 상징적이고 잊을 수 없는 것들이었다. 100세의 던컨은 프랑스 프로방스Provence에 있는 집으로 나를 초대했고, 전투에 대한 기억을 공유했다. 던컨과 나를 연결해준 전《타임라이프》 편집장 리처드 스톨리Richard Stolley에게도 감사드린다. 런던의 유니언 잭 클럽Union Jack Club에서 나는 운 좋게도 영국 왕립해병대 독립코만도 마지막 생존자 41명의 재회에 함께했다. 그 축제 행사와 관련하여 나는 이 모든 것을 가능하게 만들어준 린 블랙맨Lin Blackman뿐만 아니라, 특히 장진호 참전용사인 고든 페인Gordon Payne, 케네스 윌리엄스Kenneth Williams, 존 언더우드John Underwood, 시릴 블랙맨Cyril Blackman, 그리고 장진호의 참전용사들에게 감사드린다.

배턴 루지Baton Rouge에서는 고인이 된 돈 페이스Don Faith 대령의 딸 바바라 브로일스Barbara Broyles가 친절하게도 아버지의 개인 서류, 사진, 유물을 이용할 수 있게 해주었다. 나는 아버지의 미공개 전쟁 편지를 공유해준 산타페에 사는 제임스 폴크Jamie Polk 중령에게도 신세를 졌다. 그의 선친은 도쿄에 있는 맥아더 사령부의 고위 육군 정보장교였다. 또한, 고인이 된 존 옌시의 가족, 특히 스튜어트 옌시Stuart Yancey와 로라 네브Laura Neve에게 가족 기념품과 편지를 공유해주고, 리틀록Little Rock에서 좋은 시간을 내준 것에 대해 감사한다. 맥아더 아칸소군역사박물관MacArthur Museum of Arkansas Military History의 스테판 매카티어Stephan McAteer는 나에게 귀중한 시간을 내주어 옌시 컬렉션을 보여주었다.

나는 이 프로젝트의 초기 단계에서 몇 명의 끈질긴 연구원들과 함께하는 축복을 받았다. 특히 질리언 브래실Gillian Brassil과 조엘 르퀴어Joel LeCuyer의 영리하고 끈질긴 노력에 감사드린다. 또한, 앨리슨 굿윈Allison Goodwin은 장진호 전투에 대한 중국의 시각을 다룬 귀중한 연구를 해주었고, 대만과 중국 본토에서 마지막으로 생존한 장진호 전투 참전용사 몇 명을 찾을 수 있도록 도와주었다. 그레이엄 사이즈Graham Sides는 나의 자료들을 정리하고 나의 책을 구성하는 데 큰 도움을 주었다.

전투에 대한 접점과 통찰을 아낌없이 공유해준 줄리 프레셔스Julie Precious(최고의 장진호 다큐멘터리 〈페이스 특수임무부대Task Force Faith〉의 제작자 겸 감독)에게 감사드린다. 또한, 장진호 전문가인 애쉬튼 오메스Ashton Ormes 대령에게도 감사드린다. 샤르메인 프랑수아 그리피스Charmaine Francois-Griffith는 나를 전투 참전용사들과 연결해주는 데 큰 도움이 되었다. 피트 맥클로스키Pete McCloskey는 친절하게도 한국에 대한 기억을 공유하고 나를 몇몇 장진호 생존 해병대원과 연결해주었다. 『디보션Devotion』의 저자인 애덤 마코스Adam Makos는 친절하게도 나에게 용감한 한국전쟁 비행사 몇 명을 소개해주었다.

인디펜던스의 트루먼 대통령 도서관Truman Presidential Library에서 특히 기록보관사 샘 러세이Sam Rushay와 랜디 소웰Randy Sowell에게 감사드리고 싶다. 노포크Norfolk에 있는 맥아더 도서관 및 기록보관소MacArthur Library and Archives의 짐 조벨Jim Zobel은 큰 도움이 되었다. 버지니아 콴티코에 있는 해병대 기록보관소Marine archives에서 나의 연구는 아네트 아메르만Annette Amerman, 프레드 앨리슨Fred Allison 박사, 짐 긴터Jim Ginther 박사의 노력 덕분에 매우 성과가 있었다. 또한, 나는 콴티코에서 올리버 스미스의 손녀이자 장군의 전기를 쓴 저자인 멋진 게일 쉬슬러Gail Shisler와 만날 수 있는 특권을 얻었다. 나는 그녀의 지적인 통찰력과 따뜻한 응원에 감사드린다. 그녀가 "할아버지"라고 부른 사람은 훌륭한 분이었다.

내가 연구를 위해 멀리 여행을 다니는 동안 여러 사람들이 나를 초대해주었다. 이런 점에서 나는 특히 텍사스의 조지George와 신디 겟쇼Cindy Getschow, 타우스Taos의 드 본틴de Bontin 가족, 워싱턴의 제시카 골드스타인Jessica Goldstein과 피터 브레슬로Peter Breslow, 신시내티의 앨리사 브랜트Alysa Brandt와 제이 스토우Jay Stowe, 런던의 사라Sarah와 벤 포트나Ben Fortna에게 감사드리고 싶다.

내가 전속 저널리스트로 활동하면서 객원 교수로 있었던 콜로라도 대학의 여러분들이 이 책의 많은 것들을 연구하고 집필하는 데 상당한 영감을 주었다. 특히 이안Ian과 수잔 그리피스Susan Griffis, 앤Anne과 데이브 핸슨Dave Hanson뿐만 아니라 스티븐 헤이워드Steven Hayward 박사와 질 티펜탈러Jill Tiefenthaler 총장의 우정과 성원에 감사드린다.

≡

ICM의 내 오랜 친구 슬론 해리스Sloan Harris는 변함없고 지칠 줄 모르는 나의 지지자다. 나는 이 책을 집필하는 동안 그가 보내준 성원에 대한 고마움을 이루 다 말로 표현할 수 없다. 또한, ICM의 헤더 카파스Heather Karpas, 헤더 부숑Heather Bushong, 알렉사 브라흐메Alexa Brahme, 윌 왓킨스Will Watkins에게 진심으로 감사를 드린다. 더블데이Doubleday 출판사의 담당 편집자인 빌 토머스Bill Thomas는 근본적인 힘을 제공해주었다. 그의 끊임없는 에너지와 열정이 없었다면, 이 책은 나오지 못했을 것이다. 또한, 더블데이에서 처음부터 이 프로젝트를 믿고 지지해준 토드 도우티Todd Doughty에게도 감사드린다.

나의 아내 앤 굿윈 사이즈Anne Goodwin Sides는 나의 방황과 부족한 글을 격려해준 성자聖者다. 그녀의 훌륭한 안목과 옳은 판단은 항상 내가 견고한 입장을 견지할 수 있게 해준다.

참고문헌에 대해

● 이 책에 나오는 이야기들은 주로 해병대와 육군 기록보관소에서 발견한문서들과 다양한 구술 보고서, 그리고 수십 명의 장진호 참전용사들과의 인터뷰를 기반으로 하여 쓴 것이다. 현존하는 장진호 전투 관련 문헌은 방대할 뿐만 아니라 생생하며 다양하다. 나는 운이 좋게도 많은 훌륭한 출판물들 덕분에 장진호 전투에 대한 견고하고 방대한 토대를 구축할 수 있었다. 장진호 전투는 아마도 제2차 세계대전 이후 미국이 참전한 모든 전쟁까지는 아니더라도, 한국전쟁에서 가장 풍부한 자료를 남긴 전투일 것이다. 그 이유는 장진호 전투가 미국 역사상 가장 장엄한 격돌 중 하나이기 때문이다. 이처럼 사람이 살기 힘든 산악 지형과 혹독한 날씨 하에서 적과 접전을 벌이면서 수많은 어려움을 극복하고 용감하게 싸운 개인의 사례를 많이 남긴 자랑스런 전투는 거의 찾아보기 힘들다. 극한의 상황은 원초적인 생존 본능, 뜨거운 전우애, 그리고 좀처럼 보기 힘든 즉흥적인 정신을 표면화시켰다.

내 서사에 도움이 된 훌륭한 책들을 모두 밝히기에는 너무 길어서 한정된 지면에 다 실을 수 없지만 몇 가지만 골라서 언급하고 싶다. 가장 먼저 마틴 러스Martin Russ의 『Breakout』은 전체 교전, 개별 부대 이동 및 전장에서 일어난 일상적인 경험에 대해 더 자세하게 알고 싶은 모든 사람들에게 장진호 전투에 대해 상세하게 설명해주고 있다. 해병대 출신으로 훈장을 받은 러스는 예리한 관찰자, 날카로운 작가, 그리고 철저한 연구자였으며, 그의 설명은 20년이 지난 지금까지도 눈에 두드러진다. 로버트 레키Robert Leckie의 『March to Glory』는 현대적 감성으로는 미사여구가 다소 많이 사용되었다는 느낌을 줄지 모르지만, 전투에 대한 즉각적이고 본능적인 느낌을 받고 싶다면 이 활기차고 영적인 작은 책을 읽는 것보다 더 좋은 방법은 없다. 에릭 햄멜Eric Hammel의 『Chosin: Heroic Ordeal of Korean War』는 흥미롭고 독창적인 세부사항과 일급 기사들로 가득한 의미 있는 책이다. 역사학자(그리고 한국전쟁 참전용사) 스탠리 와인트라우브Stanley Weintraub는 『A Christmas Far From Home』와 『MacArthur's War』라는 두 권의 훌륭한 책에서 전투의 양상을 다루었다. 중국인의 관점에서 나는 3권의 책이 특히 도움이 된다는 것을 확인했다. 러셀 스퍼Russell Spurr의 『Enter the Dragon』, 세르게이 곤차로프Sergei N. Goncharov · 존 루이스John W. Lewis · 쉬에 리타이Xue Litai의 『Uncertain Partners』, 그리고 중국계 미국인 역사학자 샤오빙 리Xiaobing Li가 썼지만 출간되지 않은 획기적인 『They Came in Waves』이다.

더 큰 지정학적 냉전뿐만 아니라 충돌하는 자아와 이데올로기를 이해하는 데 관심이 있는 사람들이라면, 위대한 언론인이자 역사가인 데이비드 할버스탬David Halberstam이 쓴 『The Coldest Winter』을 읽어야 한다. 이 책은 그의 사후에 출간되었다. 나는 그가 세상을 떠나기 몇 년 전에 그를 만나는 특권을 누렸다. 비판적인 시선으로 본다면 아마도 가장 좋은 설명은 전쟁터에서 한 소총중대의 경험을 생생하고 솔직하게 기록한 조지프 오언Joseph Owen의 『Colder Than Hell』이다. 내가 확인한 잘 알려지지 않은 참전용사의 기록물 중 또 다른 통찰력 있는 기록물은 윌리엄 홉킨스William Hopkins의 『One Bugle, No Drums』이다. 해병대의 전반적인 전투 상황을 다룬 또 다른 중요 작품으로는 에드윈 시몬스Edwin Simmons

의 『Frozen Chosin: U. S. Marines at the Changjin Reservoir』, 그리고 몬트로스Montross와 캔조나Canzona의 『U. S. Marine Operations in Korea, 1950-53: Volume III, the Chosin Reservoir Campaign』을 들 수 있다.

폭스 힐에서 일어난 일을 알고 싶어하는 사람이라면, 밥 드루리Bob Drury와 톰 클래빈Tom Clavin이 쓴 『The Last Stand of Fox Company』를 보면 된다. 이 책은 현장에서 일어난 일들을 자세하고 담고 있다. 제시 브라운과 톰 허드너의 이야기는 애덤 마코스의 『Devotion』에 상세하게 담겨 있다. 이 책은 우연히 만난 뛰어난 조종사 2명의 우정을 담은 최고의 작품이다. 더 많은 것을 알고 싶은 사람들은 시오도어 테일러Theodore Taylor의 『The Flight of Jesse Leroy Brown』과 데이비드 시어스David Sears의 『Such Men As These』을 참고하면 좋을 것이다. 장진호 동쪽에 있던 미 육군 부대가 겪은 비극적인 시련은 로이 애플먼Roy Appleman의 『East of Chosin』에 자세하게 묘사되어 있다. 미 육군이 겪은 수난 중에서도 좀 더 개인적 이야기를 알고 싶다면, 존 에드워드 그레이John Edward Gray의 솔직한 자서전인 『Call to Honor』를 추천한다. 생존자 에드 리브스는 자신이 겪은 잔인하고 가슴 아프고 고통스러운 경험을 『Beautiful Feet & Real Peace』에서 묘사했다.

올리버 스미스 장군의 강한 결단력에 대해서는 여러 권의 책이 다루고 있지만, 지금까지 최고로 평가받는 책은 게일 쉬슬러Gail Shisler의 『For Country and Corps: The Life of General Oliver P. Smith』이다. 스미스의 손녀인 쉬슬러는 이 전기에서 사적인 감정을 절제하면서 스미스의 인간성을 객관적으로 보여주고 있다. 스미스의 전공에 대한 훌륭한 분석은 토마스 릭스Thomas Ricks의 『The Generals: American Military Command from World War II to Today』에서 찾을 수 있다.

많은 일류 언론인들과 사진작가들이 직접 장진호 전투를 취재하기 위해 함께해주었다. 그 책임을 맡은 사람들 중 한 명이 《뉴욕 헤럴드New York

Herald》 기자인 마거릿 히긴스인데, 그녀는 『War in Korea: The Report of a Woman Combat Correspondent』라는 매력적인 참전록에 자신이 본 것들을 자세하게 담았다. 그리고 《타임 라이프》 사진작가 데이비드 더글러스 던컨David Douglas Duncan의 잊혀지지 않는 사진과 에세이는 『This is War!』라는 다소 특이한 책 제목으로 출판되었다. 저널리스트가 쓴 한국전쟁에 관한 가장 훌륭한 책 중 하나로, 내가 특히 인천-서울의 이야기에 많이 참고했던 책은 재능있는 영국의 저널리스트 레지널드 톰슨Reginald Thompson이 쓴 『Cry Korea』이다.

한국전쟁을 분석하는 전통주의적 시각을 반박하는 '수정주의' 학자 중에서 최근 몇 년 동안 시카고 대학의 브루스 커밍스Bruce Cumings만큼 한국 역사와 문화의 큰 맥락에서 한국전쟁을 설명한 사람은 없을 것이다. 북한에 퍼부은 미군의 항공작전이 잔혹하고 때로는 쓸데없는 과잉이었음을 묘사하는 데 있어서 그보다 더 솔직한 사람은 없다. 커밍스의 『The Korean War: A History』는 필수적인 작품이다. 또 다른 '수정주의' 학자인 I. F. 스톤Stone의 『The Hidden History of the Korean War, 1950-51』도 있다. 이 책은 한국전쟁에 대한 전통주의적 시각에 대해 많은 의문을 제기하는 전설적인 수정주의자가 쓴 낯설고 충격적이지만 훌륭한 책이다.

장진호 전투는 소설책에서도 폭넓게 다루어져왔다. 적어도 5권의 소설—제임스 브래디James Brady의 『The Marines of Autumn』, 제프 샤라Jeff Shaara의 『The Frozen Hours』, 웹 그리핀WEB Griffin의 『Retreat Hell!』, 닉 라글랜드Nick Ragland와 톰 슈웨트먼Tom Schwettman의 『The Savior』, 그리고 로버트 올스테드Robert Olmstead의 문학소설 『The Coldest Night』—이 장진호 전투를 다루고 있다.

한국국방안보포럼(KODEF)은 21세기 국방정론을 발전시키고 국가안보에 대한 미래 전략적 대안을 제시하기 위해 뜻있는 군·정치·언론·법조·경제·문화 마니아 집단이 만든 사단법인입니다. 온·오프라인을 통해 국방정책을 논의하고, 국방정책에 관한 조사·연구·자문·지원 활동을 하고 있으며, 국방 관련 단체 및 기관과 공조하여 국방 교육 자료를 개발하고 안보의식을 고양하는 사업을 하고 있습니다. http://www.kodef.net

KODEF 안보총서 109

데스퍼레이트 그라운드

ON DESPERATE GROUND

★ 절망의 땅 장진호의 미 해병과 불굴의 영웅들 ★

초판 1쇄 발행 | 2021년 6월 15일
초판 4쇄 발행 | 2024년 2월 28일

지은이 | 햄프턴 사이즈
옮긴이 | 박희성
펴낸이 | 김세영

펴낸곳 | 도서출판 플래닛미디어
주소 | 04044 서울시 마포구 양화로6길 9-14 102호
전화 | 02-3143-3366
팩스 | 02-3143-3360
블로그 | http://blog.naver.com/planetmedia7
이메일 | webmaster@planetmedia.co.kr
출판등록 | 2005년 9월 12일 제313-2005-000197호

ISBN | 979-11-87822-59-2 03900